高等院校"十三五"规划教材

U0653195

大学语文

主　编　　李建华　王翚

编写人员（以姓氏笔画为序）

千仲明　林　宁　杨晓英
周　彤　於　鲸　赵锁龙
钟翠红　唐根希　葛　辉
董自厚　蒯　宏

南京大学出版社

图书在版编目(CIP)数据

大学语文 / 李建华,王羣主编. — 南京:南京大学出版社,2017.8(2018.重印)

高等院校"十三五"规划教材

ISBN 978 - 7 - 305 - 18710 - 0

Ⅰ.①大… Ⅱ.①李… ②王… Ⅲ.①大学语文课—高等学校—教材 Ⅳ.①H193.9

中国版本图书馆 CIP 数据核字(2017)第 113119 号

☞ 扫一扫可申请教师教学资源　　　☞ 扫一扫可见学生学习资源

出版发行　南京大学出版社
社　　址　南京市汉口路 22 号　　　邮编　210093
出 版 人　金鑫荣

丛 书 名　高等院校"十三五"规划教材
书　　名　大学语文
主　　编　李建华　王　羣
责任编辑　孙　珍　吴　华　　　　编辑热线 025 - 83596997

照　　排　南京理工大学资产经营有限公司
印　　刷　南京京新印刷有限公司
开　　本　787×1092　1/16　印张 22.25　字数 541 千
版　　次　2017 年 8 月第 1 版　　2018 年 1 月第 2 次印刷
印　　数　4001～9000
ISBN　978 - 7 - 305 - 18710 - 0
定　　价　54.80 元

网　　址:http://www.njupco.com
官方微博:http://weibo.com/njupco
微信服务号:njuyuexue
销售咨询热线:(025)83594756

前　言

　　何谓"语文"? 迄今尚无达诂。虽语文课程教育在国民教育中所扮演的重要角色几无疑义,然近百年来,"大学语文"课程在高等教育课程设置中却遭遇几度兴废。简而论之,兴,以其价值功能凸显而兴;废,以其价值功能模糊而废。可庆幸者,当今正处其教育功能凸显之期。

　　2014 年,教育部印发的《完善中华优秀传统文化教育指导纲要》(以下简称《纲要》)要求大学阶段,"深入学习中国古代思想文化的重要典籍,理解中华优秀传统文化的精髓,强化学生文化主体意识和文化创新意识;深刻认识中华优秀传统文化是中国特色社会主义植根的沃土,辩证看待中华优秀传统文化的当代价值,正确把握中华优秀传统文化与中国化马克思主义、社会主义核心价值观的关系"。希望高校通过课程教育"引导学生完善人格修养,关心国家命运,自觉把个人理想和国家梦想、个人价值与国家发展结合起来,坚定为实现中华民族伟大复兴的中国梦不懈奋斗的理想信念"。要实现这样的教育目标,很有必要有一门课程进行专门的引导,反观百年语文的发展历程,"大学语文"课程可谓当仁不让。

　　上个世纪 70 年代末,南京大学党委书记兼校长匡亚明先生提出:"理科学生要学习大学语文,文科学生更要学好大学语文。"率先在南京大学恢复"大学语文"课。他认为,大学语文包含了文、史、哲、经、政等有关内容。主张有两条线贯穿其中,一条线是可以培养、锻炼、提高学习者的文字表达能力,包括阅读古文的能力。另一条是能够丰富大学生的文化修养,以及大学生的性格塑造、品德端正、治学为人等方面的知识。匡老的观点不仅明示了"大学语文"的课程价值,同时揭示了该课程教材不是一般的文本选编,"大学语文"课程具有固定域和随变域两大域境,前者更强调传承,后者更要求与时俱进,由此对于"大学语文"教材必然会提出随变随新的要求。

　　教育部的《纲要》发行已有三年,所谓纲举目张,正有待于我们落实于具体的一个个教学实践环节中;而当今信息社会中,"大学语文"课程在甄别信息、熔炼信息、整合信息、创造信息(有效言说)的训练方面,与高校其他平台课程相比,正不断凸显其独特的价值。传统语文教材以字词解析、文本评析为核心的教材编辑模式显然已经不能完全满足信息社会中语文教学新价值的实现。中小学语文从字、词、句、段、篇到各种文体训练等的教学方式,主要培养学生有章法地进行"怎么说"的能力,而今天的"大学语文"更需要立足大数据环境,培养学生准确清晰地"说什么"的能力。这一切,都促使我们尽快力行,去选编一本新的"大学语文"教材。

　　为此,我们在教材的基本框架、选篇、文本的教学结构设计等方面进行了多番研讨,最终编定的教材主要具有两个特色。

一、突出传统文化的认知训练

教育部《纲要》对大学阶段传统文化教育的指导性意见为："大学阶段,以提高学生对中华优秀传统文化的自主学习和探究能力为重点,培养学生的文化创新意识,增强学生传承弘扬中华优秀传统文化的责任感和使命感。"

本教材选文共81篇,其中中国古代文本占了67篇,选文题材丰富,尤其注意选编了大量在个体生命或家国的转折关头,如何思考、如何抉择的诗文,以陶炼学生的生命意识和家国情怀;同时设计了对传统文化进行去芜存菁的知识引导,引导学生追古抚今,辨析各种思想文化的当下价值。在教材中,我们设计了"文本拓展"四大模块,将学生导入大数据环境中,创设"认知冲突",利用练习模块,对相关论题进行头脑风暴训练,培养学生的批判性读写能力,培育创新思维。

二、突出人文—信息的融合

在当前的大数据时代,互联网和其他信息通信技术需要语文"新读写能力"来充分发挥学习者的潜能,这种"新读写能力"有待于我们在"大学语文"课堂上阐释并展示读写能力和技术之间的交互关系;有待于我们在"大学语文"课堂上训练学生基于庞杂数据的批判性读写能力,以及在纷繁复杂的数据中迅速进行抽取、熔炼、组合、呈现的读写能力;有待于我们在"大学语文"课堂上引导学生用社会建构的方式来进行传统文本解读,使传统文本焕发出新的时代生命力。因此,我们在教材编写时既沿承了"大学语文"教材浓厚人文性的一贯特色,同时强化信息语文特色,使学生在使用这本教材学习时,能够随时获得超文本阅读体验,培养"新读写能力"。主要表现在:

(一)选文方面:有意识地选编一些可以文本互证的篇目,构建文本之间的信息网,也便于教师在课程设计时可以根据需要进行专题组合;

(二)注释方面:在字词解析的同时引入其他文本中与此相关的例句,展示字词意义来龙去脉的信息链;

(三)文本拓展:用"点评辑要""旁观博览"以及知识性专题网站和公众号的推荐(通过微信扫一扫版权页上的二维码可见),设计了便于进行课内外教学立体架构的知识情境;在练习模块中结合文本内容,设计了基本思维导图训练,强化学生在信息芜杂的大数据环境中利用有效信息进行思考、言说的能力。

本教材提出信息语文的概念,本身是一种尝试和探索。语文从来就离不开信息流,本教材的尝试则是基于当前信息技术对社会影响日趋广泛的现实,主动将语文教学设计与信息技术相结合,希望培养学生一种更为立体的思维模式。然,因学有未逮,我们也深知跨出的这一步有着多少的冒昧和浅陋,更不知道在教材使用过程中究竟能达到多少预期效果。因此,我们非常希望能得到使用本教材的师生给我们提出批评指正,我们将结合教学实际和大家提供的宝贵经验,及时修正,不断完善。

编　者

2017 年 8 月

目 录

中国古代文学

中国现当代文学

《诗 经》

《诗经》是我国最早的诗歌总集。先秦称为《诗》,汉尊为经典,始称《诗经》。共收西周初年至春秋中叶的民歌和朝庙乐章311篇,其中《小雅》有"笙诗"6篇,有目无诗,实际存数为305篇。全书分为风、小雅、大雅、颂四体。"风"共160篇,分为《周南》《召南》《邶风》《鄘风》《卫风》《王风》《郑风》《齐风》《魏风》《唐风》《秦风》《陈风》《桧风》《曹风》《豳风》,这些风诗分属不同的地区(国),又称为"十五国风";"小雅"共74篇,大部分是西周后期及东周初期贵族宴会的乐歌,小部分是批评当时朝政过失或抒发怨愤的民间歌谣;"大雅"共31篇,多西周初年作品,其作者主要是上层贵族;"颂"共40首,则是祭祀神明的诗歌。

汉代传诗者有齐(今文)、鲁(今文)、韩(今文)、毛(古文)四家。齐诗、鲁诗先后亡于魏和西晋,韩诗仅存《外传》,毛诗晚出,独传至今,今称《诗经》皆指毛诗。

伯 兮①

伯兮朅兮②,邦之桀兮③。伯也执殳④,为王前驱⑤。
自伯之⑥东,首如飞蓬⑦。岂无膏沐⑧? 谁适⑨为容!
其雨其雨,杲杲⑩出日。愿言⑪思伯,甘心首疾。

---

① 选自《诗经·卫风》。
② 伯:兄弟姐妹中长者称伯,此处指其丈夫。朅(qiè):英武的样子。
③ 邦:国家。桀:通"杰",杰出的人。
④ 殳(shū):一种用竹或木制成的,一端有尖有棱无刃,起撞击或前导作用的古代兵器。
⑤ 前驱:军队前锋。
⑥ 之:往。
⑦ 飞蓬:一种野草。南宋朱熹《诗经集传》:"蓬,草名,其华如柳絮,聚而飞,如乱发也。"
⑧ 膏沐:润发、洗沐。朱熹《诗经集传》:"膏,所以泽发者;沐,涤首去垢也。"
⑨ 适(dí):悦。
⑩ 杲(gǎo)杲:明亮的样子。
⑪ 愿言:愿,郑玄《毛诗笺》:"愿,念也。"思念殷切的样子。言:然,助词。

焉得**谖草**①?言树之背②。愿言思伯,使我心痗③。

黍　离④

彼黍⑤离离,彼稷⑥之苗。行迈靡靡⑦,中心摇摇⑧。知我者,谓我心忧;不知我者,谓我何求。悠悠**苍天**,此何人哉?

彼黍离离,彼稷之穗。行迈靡靡,中心如醉。知我者,谓我心忧;不知我者,谓我何求。悠悠苍天,此何人哉?

彼黍离离,彼稷之实。行迈靡靡,中心如噎。知我者,谓我心忧;不知我者,谓我何求。悠悠苍天,此何人哉?

女曰鸡鸣⑨

女曰鸡鸣,士曰昧旦⑩。子兴⑪视夜,明星⑫有烂。将翱将翔⑬,弋凫与雁⑭。

弋言加之⑮,与子宜之⑯。宜言饮酒,与子偕老。**琴瑟**在御⑰,莫不静好⑱。

---

① 谖草:谖:忘。谖草即萱草。萱草别名众多,有"金针""黄花菜""忘忧草""宜男草""疗愁""鹿箭"等名。

② 言:乃。树:种植。背:《毛诗正义》:"背,北堂也。"一说,背:借为"琣(bù)",小瓦盆。

③ 痗(mèi):病。

④ 选自《诗经·王风》。

⑤ 黍(shǔ):朱熹《诗经集传》:"黍,谷名。苗似芦,高丈余,穗黑色,实圆。"清·程瑶田《九谷考》:"黍,今之黄米。"离离:清·王先谦《诗三家义集疏》:"'离离'者,状其有行列也。"即成排成行的样子。

⑥ 稷:朱熹《诗经集传》:"谷名。一名穄,似黍而小,或曰:粟也。"程瑶田《九谷考》:"稷,今之高粱。"

⑦ 迈:行。靡靡:《毛诗正义》:"靡靡,犹迟迟也。"缓慢的样子。

⑧ 中心:心中。摇摇:一作"愮愮",《毛诗正义》:"忧无所愬(诉)。"

⑨ 选自《诗经·郑风》。

⑩ 朱熹《诗经集传》:"昧,晦(昏暗)。旦,明也。昧旦,天欲旦,昧晦未辨之际也。"

⑪ 子:此处是"女"对"士"的称呼。兴:起来。

⑫ 明星:指启明星。

⑬ 汉·刘熙《释名》:"翱,敖(同遨)也,言敖游也。翔,佯也,言仿佯(仿佯,游荡徘徊)也。"

⑭ 朱熹《诗经集传》:"弋,缴射,谓以生丝系矢而射也。""凫,水鸟,如鸭,青色,背上有文(同纹)。"

⑮ 言:语助词。加:射中。一说放,放到豆中(豆:古代的盛器和礼器,像高脚盘,本用来盛黍稷,供祭祀用,后用来盛肉酱与肉羹)。

⑯ 宜:佐酒的菜肴。

⑰ 御:用。一说放琴瑟的支架。

⑱ 静:安。

知子之来之①,**杂佩**②以赠之。知子之顺之③,杂佩以问之④。知子之好之,杂佩以报之⑤。

文本拓展

一、知识链接

☞ 谖草

谖草又名忘忧草。西晋·张华编撰的《博物志》载:"萱草,食之令人好欢乐,忘忧思,故曰忘忧草。"《诗经》孔颖达疏:"北堂幽暗,可以种萱",北堂即代表母亲之意。古时候游子要远行时,会在北堂种萱草,希望减轻母亲对孩子的思念,忘却烦忧。唐·孟郊《游子诗》写道:"萱草生堂阶,游子行天涯。慈母倚堂门,不见萱草花。"元·王冕《偶书》道:"今朝风日好,堂前萱草花。持杯为母寿,所喜无喧哗。"

宋·王楙《野客丛书·萱堂桑梓》:"今人称母为北堂萱,盖祖《毛诗·伯兮》诗:'焉得谖草,言树之背。'……其意谓君子为王前驱,过时不反,家人思念之切,安得谖草种于北堂,以忘其忧,盖北堂幽阴之地,可以种萱。初未尝言母也,不知何以遂相承为母事。"萱草又名"宜男草",西·周处所编《风土记》云:"妊妇佩其草则生男",故称此名。

☞ 黍离

关于黍离的诗歌背景,主要有两种说法,不同的说法对于诗歌解读的影响大不相同。

《毛诗正义》在《黍离》前的小序里称:"《黍离》,闵(通'悯')宗周(宗周即镐京,代指西周王朝)也。周(按:此周指迁都洛邑后的东周)大夫行役,至于宗周,过故宗庙宫室,尽为禾黍。闵周室之颠覆,彷徨不忍去,而作是诗也。"这种解说在后代得到普遍接受,"黍离之悲"成为一个重要典故,用以代指亡国之痛。依此解释,最后一句"此何人哉"之"何人"代指亡国君主。

《韩诗外传》则称:"昔尹吉甫信后妻之谗而杀孝子伯奇,其弟伯封求而不得,作《黍离》之诗。"依此解释,最后一句"此何人哉"之"何人"则隐指伯封之母,尹吉甫后妻。

☞ 苍天

中国古人对于天的称呼主要有五种,不同的称呼往往代表不同的情境:尊而君之,则称皇天;元气广大,则称昊天;仁覆闵下,则称旻天;自上降鉴,则称上天;据远视则苍苍然,则称苍天。

---

① (句末)之:助词,无义。下同。
② 杂佩:将几种不同形状的单件玉佩,用彩线以不同的方式串联在一起。
③ 顺:爱。汉·郑玄《毛诗笺》:"顺,谓与己和顺。"朱熹《诗经集传》:"顺,爱。"
④ 问:朱熹《诗经集传》:"问,遗(wèi)也。"即赠送。
⑤ 报:回报,报答。

☞　鸡鸣

从字面上来看,"鸡鸣"指公鸡打鸣,但这个词在中国古代的时间计算中有特定的意义。与现在的一天24小时制不同,中国古代采取十二时辰制,一个时辰即现在的两个小时。十二时辰从西周开始就分别称为:夜半、鸡鸣、平旦、日出、食时、隅中、日中、日昳、晡时、日入、黄昏、人定。汉代太初年间,实行了太初历,又用十二地支来表示,以夜半23点至1点为子时,1至3点为丑时,3至5点为寅时,依次递推。

☞　琴瑟

琴瑟传说由伏羲发明。琴初为五弦,周初增为七弦,瑟二十五弦。都由梧桐木制成,带空腔,饰以美玉。琴用于当着贵宾的面弹奏,是古代家庭音乐会乐器;瑟用于屏风后的弹奏,作为宾客吃喝闲谈的背景音乐。琴与瑟可以合奏,琴在台前,瑟在台后或台侧的屏风后,古人以弹奏琴瑟象征夫妻亲密和谐。

☞　杂佩

周人崇尚美玉,《礼记·玉藻》记载:"凡带必有佩玉……君子无故,玉不去身,君子于玉比德焉。"而杂佩是一种组合玉器。毛传云:"杂佩者,珩、璜、琚、瑀、冲牙之类。"朱熹《诗经集传》描述得更详细:"杂佩者,左右佩玉也。上横曰珩,下系三组,贯以蠙珠(蠙音 pín。蠙珠即珍珠)。中组之半,贯一大珠曰瑀,末悬一玉,两端皆锐曰冲牙。两旁组半,各悬一玉,长博而方曰琚,其末各悬一玉,如半璧而内向曰璜。又以两组贯珠,上系珩两端,下交贯于瑀,而下系于两璜。行则冲牙触璜而各有声也。"据考古发现,西周玉器在礼制中具有重要代表意义,特别是大型组合玉佩更是身份与地位的象征。用玉多少、佩饰的复杂程度、长短成为区别身份地位高下的重要标志之一。身份愈高,用玉愈多,佩饰愈复杂,长度愈长。这样的佩饰同时起着节步的作用,要求走路时步子等称,"步行则有环骊之声"(《礼记·经解》),彰显视觉、听觉双重审美效果。

二、点评辑要

● 评《诗经》

子曰:诗三百,一言以蔽之,曰:思无邪。

(《论语·为政》)

子曰:兴于诗,立于礼,成于乐。

(《论语·泰伯》)

子曰:小子!何莫学夫诗?诗可以兴,可以观,可以群,可以怨。迩之事父,远之事君;多识于鸟兽草木之名。

(《论语·阳货》)

王者之迹息而《诗》亡,《诗》亡然后《春秋》作。

(《孟子·离娄下》)

诗者,志之所之也,在心为志,发言为诗,情动于中而形于言,言之不足,故嗟叹之,嗟叹之不足,故咏歌之,咏歌之不足,不知手之舞之足之蹈之也。情发于声,声成文谓之音,治世之音安以乐,其政和;乱世之音怨以怒,其政乖;亡国之音哀以思,其民困。故正得失,动天地,感鬼神,莫近于诗。先王以是经夫妇,成孝敬,厚人伦,美教化,移风俗。故诗有六义焉:一曰风,二曰赋,三曰比,四曰兴,五曰雅,六曰颂。

(《毛诗序》)

国风好色而不淫,小雅怨诽而不乱,若《离骚》者可谓兼之矣!

(汉·司马迁《史记·屈原列传》)

● **评《诗经·卫风·伯兮》**

刺时也,言君子行役为王前驱,过时而不反焉。

(《毛诗序》)

伯兮……,一章二章赋也,三章比而后赋也。四章赋也。

(汉·申培《诗说》)

卫宣公之时,蔡人、卫人、陈人从王伐郑伯也,为王前驱久,故家人思之。

(汉·郑玄《诗经笺》)

始则首如飞蓬,发已乱矣,然犹未至于病也。继则甘心首疾,头已痛矣,而心尚无恙也。至于使我心痗,则心更病矣。其忧思之苦何如哉!

(清·方玉润《诗经原始》)

● **评《诗经·王风·黍离》**

元城刘氏曰:"常人之情,于忧乐之事,初遇之,则其心变焉。次遇之,则其变少衰。三遇之,则其心如常矣。至于君子忠厚之情则不然,其行役往来,固非一见也。初见稷之苗矣,又见稷之穗矣,又见稷之实矣,而所感之心,终始如一,不少变而愈深,此则诗人之意也。"

(宋·朱熹《诗经集传》)

然诗之兴,有随所见相因,而及不必同时所真见者,如此,诗因苗以及穗因穗以及实。因苗以兴心摇。因穗以兴心醉。因实以兴心噎。由浅而深,循次而进。又或因见实而追言苗穗,皆不必同时所真见……此乃作诗托兴之一体也。

(元·刘玉汝《诗缵绪》)

"王风",东迁以后,平王之诗,风雅皆具也。朱子云:"平王徙居东都,王室遂卑,与诸侯无异,故其诗不为雅而为风。"又云:"诗亡,谓《黍离》降为国风,而雅亡也。"……愚按:凡诗有关乎君国大体者为雅,出于民间怀感为风。"王风"《黍离》、《兔爰》,变雅也;《采葛》……变风也;《扬之水》……或可为风,或可为雅。故谓"王风"本为雅体者固非,谓"王风"悉为风体者亦非也。

(明·许学夷《诗源辩体》)

三章只换六个字,而一往情深,低回无限。

(清·方玉润《诗经原始》)

● **评《诗经·郑风·女曰鸡鸣》**

女曰鸡鸣,刺不德也。陈古义以刺今不说(读"悦")德而好色也。

(《毛诗序》)

鸡鸣同兴,思配无家,执佩持凫,莫使致之。

(汉·焦延寿《易林·丰之艮》)

诗人述贤夫妇相警戒之词。

（宋·朱熹《诗经集传》）

只是夫妇帏房之诗，然而见此士女之贤矣。

（清·姚际恒《诗经通论》）

此男女相悦之诗。

（屈万里《诗经释义》）

三、旁观博览

1. 清·王先谦：《诗三家义集疏》，中华书局 2011 年版。
2. 王力：《诗经韵读　楚辞韵读》，中华书局 2014 年版。
3. 向熹：《诗经词典》，商务图书馆 2014 年版。
4. 程俊英：《诗经译注》，上海古籍出版社 2012 年版。
5. 扬之水：《诗经名物新证》，天津教育出版社 2012 年版。

四、思考练习

1. 结合《诗经》篇章，制作一张桥型图说明《诗经》中的植物在诗歌中的表现价值。

2. “焉得谖草，言树之背”之“背”有两种解释：《毛传》：“背，北堂也。”一说，背：借为“踣(bù)”，小瓦盆。结合原文，分析哪种解释更为贴切。

3. 以下内容二选一，进行写作练习。(1) 以思妇的口吻，结合原诗大意，给“伯”写一封家书。(2) 以“知我者，谓我心忧；不知我者，谓我何求”作为诗歌尾句，结合现实生活中遭遇的彷徨困惑，用重章叠句的手法，写一首现代诗。

屈　原

　　屈原(前 340? —前 278),战国楚人。名平,字原;又名正则,字灵均。楚怀王时任左徒、三闾大夫,主张联齐抗秦。后遭靳尚等人诬陷,被放逐,作《离骚》。顷襄王时再遭谗毁,谪于江南。见楚国政治腐败,无力挽救,于五月初五投汨罗江而死。屈原所写诗篇,文辞优美,对后世文学的发展有巨大影响。其作品,据《汉书·艺文志》谓为 25 篇,汉代王逸《**楚辞**章句》定为《离骚》《九歌》(11 篇)《天问》《九章》(9 篇)《远游》《卜居》《渔夫》,后三篇后人多疑非屈原作。

东皇太一①

　　吉日兮辰良②,穆将愉兮上皇③。抚长剑兮玉珥④,璆锵鸣兮琳琅⑤。
瑶席兮玉瑱⑥,盍将把兮琼芳⑦。蕙肴蒸兮兰藉⑧,奠桂酒兮椒浆⑨。

---

　　① 选自《楚辞章句》。该篇为《九歌》第一篇。
　　② 日:甲乙,天干,表示日期。辰:寅卯,地支,表示时辰。
　　③ 穆:恭敬。愉:宴乐。上皇:东皇太一,即伏羲。
　　④ 抚:持。玉珥:这里指玉制的剑柄与剑身相连处两旁突出的部位,该部位又称剑镡、剑鼻、剑口、剑环。
　　⑤ 璆(qiú)、锵:美玉碰撞发出的声音。《孔子世家》:"環珮玉声璆然。"《玉藻》:"古之君子必佩玉,进则揖之,退则扬之,然后玉锵鸣也。"琳琅:美玉名。至此主要描摹神的态度及佩饰,实则描写的是扮演神的巫的仪表服饰。
　　⑥ 瑶:美玉。瑱(zhèn):通"镇",压席子的玉镇,此处专指压神位之席。
　　⑦ 盍(hé):聚合。把:持。琼:玉枝,巫持玉枝作舞。
　　⑧ 蕙:气味芳香的草。肴:用蕙草蒸肉。藉(jiè):垫底的东西。《易经·系辞》:"藉用白茅。"
　　⑨ 奠:置。桂酒:切桂投酒中。椒浆:用花椒渍入浆。浆:《周礼》四饮之一,《周礼·天官·酒正》:"辨四饮之物,一曰清,二曰医,三曰浆,四曰酏(yǐ)。"汉·郑玄注:"浆,今之酨(zài)浆也。"是一种带有醋味的酒。至此极力渲染陈设的精美和饮馔的丰盛。

扬枹兮拊鼓①,疏②缓节兮安歌,陈竽瑟兮浩倡③。
灵偃蹇兮姣服④,芳菲菲⑤兮满堂。五音纷兮繁会⑥,君欣欣兮乐康⑦。

山　鬼⑧

《庄子》曰:山有夔⑨。《淮南子》曰:山出嘄阳。楚人所祠,岂此类乎?

若有人兮山之阿⑩,被薜荔兮带女罗⑪。既含睇兮又宜笑⑫,子慕予兮善窈窕⑬。
乘赤豹兮从文狸⑭,辛夷车兮结桂旗⑮。被石兰兮带杜衡⑯,折芳馨兮遗所思⑰。余处幽篁兮终不见天⑱,路险难兮独后来⑲。
表⑳独立兮山之上,云容容㉑兮而在下。杳冥冥兮羌昼晦㉒,东风飘兮神灵雨㉓。留灵修

---

①　扬:举起。枹(fú):通"桴",鼓槌。拊:击打。
②　疏:希缓。
③　陈:陈列。浩:大。至此描述祭祀者亲自举枹击鼓,灵巫缓节而舞,徐歌相和,陈列竽瑟,大倡作乐,竭尽所能愉悦神灵。
④　灵:灵巫。偃蹇:舞动的姿态。姣:美好的样子。姣也通"妖"。服:饰也。
⑤　菲菲:指花草的香味浓郁。至此描述巫以乐舞降神,神降于巫身的情境。
⑥　五音:宫、商、角、徵、羽。纷:盛大的样子。繁:众多。繁会:错杂之意。
⑦　欣欣:喜悦的样子。康:安康。君:东皇太一。欣欣:和悦的样子。至此描述备乐娱乐神灵,愿神喜乐安宁。
⑧　选自《楚辞章句》。该篇为《九歌》第九篇。
⑨　夔:人面,龙形,有角,一条腿的兽。相传为尧、舜时的乐官。
⑩　若:好像。章太炎《新方言》中读"若"为"诺"。有人:即山鬼。阿(ē):曲隅,山角落。
⑪　被(pī):披。薜荔(bì lì):蔓生香草名,这里指薜荔做成的衣裳。带:动词,把……当成带子,即系着。女罗:罗,通"萝"。女罗又名兔丝、松萝,也是蔓生植物。
⑫　睇(dì):微微斜视看人的样子。宜笑:口齿美好,适合开口笑。
⑬　子:与下文的"公子""君""灵修"一样,指山鬼思慕的对象。予:山鬼自称,下文"余""我""山中人"都属山鬼自称。窈窕:形貌品德俱佳。《说文解字》:"方言曰:美心为窈,美状为窕。"至此描摹山鬼美好的形貌和喜悦的心情。
⑭　狸:通"貍"。文狸:毛色有花纹的狸猫。从:使……跟随。
⑮　辛夷:又名木笔、迎春,香草名。结:编织。桂旗:用桂枝做的旗。
⑯　石兰、杜衡:香草名。衡:通"蘅"。
⑰　芳馨:泛指香花香草。遗(wèi):赠与。所思:思慕的人。
⑱　幽:深。篁(huáng):竹丛。幽篁:幽深的竹林。终:始终。
⑲　后来:迟来,晚来。
⑳　表:突出地,区别于一般地。
㉑　容容:山上云飘动的样子。
㉒　杳:深远的样子。冥冥:黑暗。杳冥冥:指天色阴暗。羌:语气词。晦:阴暗。
㉓　飘:对风的形容。《诗经·桧风》:"匪风飘兮。"雨:动词,降雨。

兮憺①忘归,岁既晏兮孰华予②。

　　采三秀③兮于山间,石磊磊兮葛蔓蔓④。怨公子兮怅⑤忘归,君思我兮不得闲⑥。

　　山中人兮芳杜若⑦,饮石泉兮荫松柏⑧。君思我兮然疑作⑨。雷填填兮雨冥冥⑩,猨啾啾
兮狖夜鸣⑪。风飒飒兮木萧萧⑫,思公子兮徒离忧⑬。

文本拓展

一、知识链接

☞ 楚辞

　　"楚辞"的含义:第一,诗体,指战国时楚国地域的新诗体。第二,西汉·刘向编的骚体类
文章总集,收录了战国楚人屈原、宋玉、景差诸人之赋,附以汉人模仿屈原赋体所作的作品,
计16篇,因都具有楚地的文学样式、方言声韵、风土色彩,故名楚辞。"楚辞"之名,西汉初已
有之;按照中国传统经史子集的分类,《楚辞》是最为古老的集部作品。东汉时期,王逸加入
自己和班固的作品,分章加注成《楚辞章句》17卷,宋·洪兴祖作《补注》,朱熹作《集注》8卷,
《辩证》2卷,《后语》6卷,历代为楚辞做注者盛丰。

☞ 九歌

　　《九歌》是战国楚人屈原据湘、沅间祭神的民间乐曲加工而成,有《东皇太一》《云中君》
《湘君》《湘夫人》《大司命》《少司命》《东君》《河伯》《山鬼》《国殇》《礼魂》计11篇,内容丰富,
既描写了楚国宗祖的功德和英雄业绩,又表现了楚地的山川神祇和自然风物,以及神话故事
和历史传说,是屈原诸赋中最富魅力的诗篇,在中国诗歌史上有重要地位。历代学者对于明
明有11篇却名为《九歌》做出了各种猜想,迄今尚无定论。

---

　① 憺(dàn):安稳,泰然。
　② 晏:晚。孰:谁。华:同"花",这里指使……年轻。
　③ 三秀:灵芝草的别名,灵芝一年开花三次,故称"三秀"(植物吐穗开花称秀)。
　④ 磊磊:乱石堆积。蔓蔓:蔓延。
　⑤ 怅:惆怅,失望。
　⑥ "君思"句:你是想念我的,但抽不出时间来(与我相会)。实则为山鬼自我排遣心里失落之语。
　⑦ 芳杜若:像杜若(香草名)一样芳香。
　⑧ 石泉:山中的泉水。荫松柏:以松柏为荫。
　⑨ 然:信。疑:不信。作:起。此句意为:你是否想念我呢? 我将信将疑。
　⑩ 填填:雷声。冥冥:雨的样子。
　⑪ 猨:即猿。啾啾(jiū):猿的哀叫声。狖(yòu):长尾猿。
　⑫ 飒飒(sà):风声。萧萧:风吹树木的声音。
　⑬ 徒:徒然。离:通"罹",此处指自找忧愁。

☞　**东皇太一**

按照东汉·王逸的说法："太一,星名,天之尊神,祠在楚东,以配东帝,故曰东皇。"清代学者戴震的说法是："古未有祀太一者,以太一为神名殆起于周末。汉成帝因方士之言立其祠东南郊,唐至宋祠之尤重。盖自战国时奉为祈福神,其祀益隆。"

☞　**山鬼**

按照宋·洪兴祖《楚辞补注》和明末清初学者王夫之的说法,山鬼是狒狒、山魈这类动物。清·王闿运则认为："鬼,谓远祖,山者,君象。祀楚先君无庙者也。"现代学者郭沫若则认为山鬼即巫山神女。至于山鬼究竟指什么,学术界也是莫衷一是。

二、点评辑要

● 评《九歌》

西南海之外,赤水之南,流沙之西,有人珥两青蛇,乘两龙,名曰夏后开(启),开(启)上三嫔于天,得《九辩》与《九歌》以下。

(《山海经·大荒西经》)

大抵荆州率敬鬼,尤重祠祀之事,昔屈原为制《九歌》,盖由此也。

(《隋书·地理志》)

楚俗祠祭之歌,今不可得而闻矣。然计其间,或以阴巫下阳神,以阳主接阴鬼,则其辞之亵慢淫荒,当有不可道者。

(宋·朱熹《楚辞辩证》)

《九歌》属于"送神之曲",十篇各祀一种神灵,可分为三组:第一组天神,东皇太一(天之尊神)、云中君(云神)、大司命(主人寿之神)、少司命(主子嗣之神)、东君(太阳神);第二组地祇,湘君、湘夫人(湘水配偶神)、河伯(河神)、山鬼(山神);第三组人鬼,国殇(死于国事者)。

(清·王夫之《楚辞通释》)

《楚辞·九歌》两言以蔽之,曰:乐以迎来,哀以送往。

(清·刘熙载《艺概》)

传说中九歌本是天乐。《九歌》中《东皇太一》属于祭歌;《国殇》属于挽歌;《东君》《云中君》《湘君》《湘夫人》《大司命》《少司命》《河伯》《山鬼》属于恋歌,用独白或对话的形式抒写悲欢离合的情绪。

(近代·闻一多《什么是九歌》)

● 评《山鬼》

《山鬼篇》不作人佞鬼语,奇;作鬼佞人之词,更奇。若有人兮山之阿,无端说鬼,惝恍幻妙。披薜荔兮带女萝,鬼中安得有此高士? 既含睇兮又宜笑,鬼中安得有此美人? 子慕予兮善窈窕,鬼趣也。折芳馨兮遗所思,鬼韵也。乘赤豹兮从文狸,鬼与从也。凭空点缀,字字奇绝。

(清·贺贻孙《骚筏》)

三、旁观博览

1. 汉·王逸 注,宋·洪兴祖 补注:《楚辞章句 楚辞补注》,中华书局 1957 年版。

2. 宋·朱熹 撰：《楚辞集注》，中华书局 2015 年版。

3. 闻一多：《伏羲考》，上海古籍出版社 2006 年版。

4. 闻一多：《神话与诗》，华东师范大学出版社 1997 年版。

5. 陈子展：《楚辞直解》，上海古籍出版社 1988 年版。

四、思考练习

1.《东皇太一》详细描述了祭祀时人物的行止仪态以及祭祀的陈设、仪式等，请用现代文将此整理成一份举行"东皇太一"祭祀仪式的预备文案。

2. 你认为"山鬼"是爱情诗还是祭祀诗，为什么？

3. 如果把"若有人兮山之阿，被薜荔兮带女罗。既含睇兮又宜笑，子慕予兮善窈窕。"当作一段爱的表白，请模仿这种描写逻辑，即地点—服饰—形象—曾经的情感互动，结合自我感情经历或者从影视小说中获得的情感体验，用现代文写一小段爱的文字。

老 子

　　老子，生卒年不详。姓李，名耳，又称老聃，楚国苦县厉乡曲仁里(今河南省鹿邑县)人，周守藏室之史(负责管理东周王室图书馆)。老子是中国古代伟大的哲学家和思想家，道家学派的创始人。老子的思想主张是"无为"，其所著《道德经》中包括大量朴素辩证法观点。老子的哲学思想及其道家学派，对中国历代思想文化的发展产生了深远的影响。

　　传说孔子曾求学于老子，孔子对老子的评价是："鸟，吾知其能飞；鱼，吾知其能游；兽，吾知其能走。走者可以为罔，游者可以为纶，飞者可以为矰。至于龙，吾不能知，其乘风云而上天。吾今日见老子，其犹龙耶！"

道德经(节选)

道可道

　　道可道①，非常道②。名可名③，非常名④。无⑤，名天地之始；有⑥，名万物之母。故常无，欲以观其妙⑦；常有，欲以观其徼⑧。此两者，同出⑨而异名，同谓之玄⑩。玄之又玄，众妙之门⑪。(第一章)

---

　　①　道可道：前一个"道"用作名词，原指路，引申为原理、原则、规律；后一个"道"用作动词，指言说。
　　②　常道：常，马王堆帛书《老子》中用"恒"，避汉文帝刘恒讳，改作"常"，指永恒。道：先验的、永恒的宇宙本体。
　　③　名可名：前一个"名"用作名词，指概念；后一个"名"用作动词，指称谓，犹言"叫得出"。
　　④　可道之道，可名之名，指事造形，非其常也。故不可道，不可名也。
　　⑤　无：指道。
　　⑥　有：万有，指可识可见有形象之具体事物。
　　⑦　妙：奥妙。万物始于微而后成，始于无而后生。故通过常无的空虚之境的发生，可以观始物之妙。
　　⑧　徼(jiào)：归终，意指边界。
　　⑨　出：韩非《解老》："始，谓之出。"出：萌芽，开端。
　　⑩　玄：《说文》："玄，幽远也。"任继愈说："玄，深黑色，是《老子》中的一个重要概念，有深远看不见的神秘意思。"
　　⑪　门：总门径。

天下皆知美之为美

天下皆知美之为美,斯恶已①。皆知善之为善,斯不善②已。故有无相生③,难易相成④,长短相较⑤,高下相倾⑥,音声相和⑦,前后相随⑧。是以圣人处无为⑨之事,行不言之教⑩,万物作焉而不辞⑪,生而不有⑫,为而不恃⑬,功成而弗居⑭。夫唯弗居,是以不去⑮。(第二章)

不尚贤

不尚贤,使民不争;不贵难得之货,使民不为盗;不见可欲,使民心不乱⑯。是以圣人之治,虚其心,实其腹⑰;弱其志,强其骨⑱。常使民无知无欲,使夫智者不敢为也。为无为,则无不治⑲。(第三章)

道冲而用之或不盈

道冲而用之或不盈,渊兮似万物之宗⑳。挫其锐,解其纷,和其光,同其尘。湛兮似或存㉑,吾不知谁之子,象帝之先㉒。(第四章)

---

① 斯:则,就。恶:丑。
② 不善:恶。
③ 相生:相互依存。
④ 成:成就。相反相成的意思。
⑤ 较:表现、显现。长短相较指长短是相对的,有了长才显出短。
⑥ 倾:斜,依靠。
⑦ 和:和谐。
⑧ 随:出现。
⑨ 无为:即心性顺于自然,不刻意作为。
⑩ 不言之数:不用言词说教的教化。
⑪ 作:兴起。不辞:不拒绝,无为而治的意思。
⑫ 有:据为私有。
⑬ 为而不恃:圣人有所作为,但不求达到什么目的。恃:凭借、依靠。
⑭ 功成而弗居:事情做成功了,但不自居有功。
⑮ 不去:不会失去。
⑯ 尚:崇尚,尊崇。贤:才能。贵:以……为贵。不可见欲,使民心不乱:不催生人的欲望,民心就安定了。
⑰ 虚:意指心灵宁静与清净之极致,没有忧虑和私欲。虚其心:心灵虚静寡欲。实其腹:生活安饱。
⑱ 弱:柔韧。强:强健。弱其志:意志柔韧。强其骨:体魄强健。
⑲ 为无为:顺应事物的自然本性,不刻意地作为。为无为,则无不治:指按照无为的原则处理社会事务,那么没有什么不能治理好。
⑳ 冲:通"盅"。盅,《说文解字》:"盅,器虚也。"道冲:道体虚空。盈:充满。本句意指道体为虚而作用无穷。渊:渊深。宗:宗主。
㉑ 湛:澄净寂灭之意。似或存:似无而有实存。
㉒ 帝:天帝。象帝之先:道似在天帝之先,这里意指道先天地生。

谷神不死

谷神不死,是谓玄牝①。玄牝之门,是谓天地根。② 绵绵若存,用之不勤。③(第六章)

上善若水

上善若水。水善利万物而不争,处众人之所恶④,故几于道。⑤ 居善地⑥,心善渊⑦,与善仁,言善信,正⑧善治,事善能,动善时。夫唯不争,故无尤⑨。(第八章)

有物混成

有物混成,先天地生。⑩ 寂兮寥兮⑪,独立不改,周行而不殆⑫,可以为天下母。吾不知其名,字之曰道,强为之名,曰大⑬。大曰逝⑭,逝曰远⑮,远曰反⑯。故道大,天大,地大,王亦大。域中有四大⑰,而王居其一焉⑱。人法地⑲,地法天,天法道,道法自然。(第二十五章)

道生一

道生一,一生二,二生三,三生万物⑳。万物负阴而抱阳,冲气以为和㉑。人之所恶,唯

---

① 谷:形容虚空。神:形容不测的变化。不死:喻变化的不停歇。玄:幽深不可测。牝(pìn),是有所受而能生物者也。玄牝:深远得看不见的能产生万物的创造体。
② 微妙的母性之门,是天地的根源。
③ 它连绵不绝地永存着,作用无穷无尽。
④ 停留在众人所厌恶的地方。
⑤ 上善之人,如水之性。道如水之德,化育万物,不据为己有。道无水有,故曰,几也。水所以最接近于道。
⑥ 地:低下。《荀子·儒效篇》:"至下谓之地。"东汉·刘熙《释名》:"地,底也,其体底下载万物也。"
⑦ 渊:深。心善渊指心如深渊莫测。
⑧ 正:通"政",指行政。
⑨ 尤:怨咎。只因为有不争的美德,所以没有怨咎。
⑩ 混然不可得而知,而万物由之以成,故称混成。这种浑朴的状态处于天地分明之前。
⑪ 寂:静,没有声音。寥:空虚。
⑫ 周行:循环运行。殆:假借为"怠",懒惰。
⑬ 强:勉强。大:强调"道"所呈现出的无边无际、无穷无尽,无法用世间的任何词汇来表述,故称勉强。
⑭ 曰:则,就。逝:运作。
⑮ 远:极,强调没有穷尽。
⑯ 反:强调"道"的循环性特点。
⑰ 王:通"人"。这里应为"人亦大"。四大,道、天、地、人也。域中:宇宙。
⑱ 宇宙中有四大,人居其一。
⑲ 法:以……为法则。
⑳ 《淮南子·天文》:"道始于一,一而不生,故分而为阴阳,阴阳合和而万物生,故曰'一生二,二生三,三生万物'。"万物本源于一,一源自无,一二三的数字揭示了宇宙创生从无到有的过程。
㉑ 一代表混沌,二指阴阳二气,三代表和气。天下万物都是阴阳和合而成。冲:涌摇。

孤、寡、不谷,而王公以为称①。故物或损之而益,或益之而损。②。人之所教,我亦教之。强梁者不得其死,吾将以为教父。③(第四十二章)

大成若缺

大成若缺,其用不弊。④ 大盈若冲,其用不穷。⑤ 大直若屈⑥,大巧若拙⑦,大辩若讷⑧。躁胜寒⑨,静胜热。清静为天下正⑩。(第四十五章)

文本拓展

一、知识链接

☞ 《道德经》

又名《老子》,春秋末期老子所著。《道德经》是我国最早的一本哲学专著,也是四言体的韵体散文。它所提出的"道"是中国哲学思想的最高范畴,鲁迅先生认为中国文化的根柢在道家。它所提出的"大音希声""有无相生""大成若缺""大巧若拙""涤除玄览""美""丑""善""恶""虚静""朴""道""正奇""玄鉴""气""无""有""无为""虚无"等是中国哲学与文化的基本范畴。《道德经》思想博大精深,包容兼蓄了哲学、美学、政治、兵法、伦理等思想内容。

《老子》今本分上下篇,五千余字。世传本有汉·河上公和三国魏·王弼两家注,1973年12月马王堆汉墓出土有帛书《老子》甲本和乙本。

二、点评辑要

关尹、老聃乎,古之博大真人哉!

(《庄子·天下篇》)

---

① 《道德经》三十九章有言:故贵必以贱为本,高必以下为基,是以侯王自谓子孤寡,不谷。是其以贱为本也。孤:孤独。寡:少德。不谷:不善。《左传·僖公四年传》:"岂不谷是为?"杜预注:"孤寡不谷,诸侯谦称。"

② 一切事物,减损它有时反而得到增加,增加它反而有时得到减损。有塞翁失马的意思。

③ 强梁者:强暴的人。父:始,或谓本、规矩。教父指根本或指导思想。本句意指强暴的人不得好死,我把它当作施教的宗旨。

④ 大成:最完美的东西。缺:欠缺。用:作用。弊:衰竭。最完美的东西好像有欠缺一样,但是它的作用是不会衰竭的。

⑤ 盈:充盈。冲:空虚。最充盈的东西像空虚一样,但是它的作用是不会穷尽的。

⑥ 屈:曲。最正直的东西像弯曲一样。随物而直,直不在一,故若屈。

⑦ 最灵巧的东西像笨拙一样。大巧,因自然以成器,不造为异端,故若拙。

⑧ 讷:拙嘴笨舌。最好的辩才像口讷一样。大辩因物而言,己无所造,故若讷。

⑨ 躁:任继愈解:"躁,《说文》作趮,疾走叫作趮。天冷时,跑跑跳跳,可以不冷,与下文'静胜热'对照。"

⑩ 可参见第十五章:孰能浊以止,静之徐清? 孰能安以久,动之徐生?

道家者流,盖出于史官,历记成败存亡祸福古今之道,然后知秉要执本,清虚以自守,卑弱以自持,此君人(清·王念孙认为"君人"当作"人君")南面之术也,合于尧之克攘(让),《易》之嗛嗛(嗛通"谦"),一谦而四益(四益:天益、地益、神益、人益),此其所长也。及放者为之(放:荡也),则欲绝去礼学,兼弃仁义,曰独任清虚可以为治。

(汉·班固《汉书·艺文志》)

《老子》之书,其几乎可一言而蔽之。噫!崇本息末而已矣。观其所由,寻其所归,言不远宗,事不失主。文虽五千,贯之者一;义虽广瞻,众则同类。解其一言而蔽之,则无幽而不识。每事各为意,则虽辩而愈惑。

(三国魏·王弼《老子指略》)

道者,儒之本也;儒者,道之末也。先以为阴阳之术,众于忌讳,使人拘畏;而儒者博而寡要,劳而少功;墨者俭而难遵,不可遍循;法者严而少恩,伤破仁义。唯道家之教,使人精神专一,动合无形,包儒墨之善,总名法之要,与时迁移,应物变化,指约而易明,事少而功多,务在全大宗之朴,守真正之源者也。

(晋·葛洪《抱朴子内篇·明本》)

上(宋太宗赵光义)读《老子》,语侍臣曰:"伯阳(即老子)五千言,读之甚有益,治身治国,并在其内。至云:'善者吾亦善之,不善者吾则不善之。'(按:应为'善者吾善之,不善者吾亦善之,德善'。)此言善恶无不包容。治身治国者其术如是,若每事不能容纳,则何以治天下哉!"

(宋·李攸《宋朝事实》)

又久之,见本经云:民不畏死,奈何以死惧之?当是时,天下初定,民顽吏弊,虽朝有十人而弃市,暮有百人而仍为之,如此者岂不应经之所云?朕乃罢极刑而因役之,不逾年而朕心减恐。

朕虽菲材,惟知斯经乃万物之至根,王者之上师,臣民之极宝,非金丹之术也。

(明·朱元璋《明注道德经·序》)

三、旁观博览

1. 三国魏·王弼 注,楼宇烈 校释:《老子道德经注校释》,中华书局 2008 年版。
2. 朱谦之:《老子校释》,中华书局 1984 年版。
3. 李零:《郭店老子校读记》,北京大学出版社 2002 年版。
4. 陈鼓应:《老子注译及评介》,中华书局 1984 年版。
5. 高亨:《老子正诂》,中国书店出版社 1988 年影印本版。

四、思考练习

1. 请梳理道家和道教的关系,做一张括号图。
2. 请探讨"第三章"是否具有当代价值。
3. 请列举一个日常道理,分析它的适用性和局限性,说明为什么它不是"常道"。

《论语》

《论语》是一部语录体的散文集,它是孔子的门人和再传弟子所辑录的孔子及其弟子的言行录,全面反映了孔子的哲学、政治、文化和教育思想,是儒家思想的奠基作品。宋儒把《论语》和《孟子》《大学》《中庸》合称为"四书"。《论语》首创"语录体",共20篇、492章,每篇又分若干章,言简意丰,含蓄凝练;在记言的同时,传达了人物的神情态度及性格特点,其中一些精辟的言论成为人们习用的格言和成语,对后世有很大影响。

论语(节选)

孟懿子①问孝。子曰:"无违②。"樊迟御③,子告之曰:"孟孙问孝于我,我对曰:'无违。'"樊迟曰:"何谓也?"子曰:"生,事之以礼;死,葬之以礼,祭之以礼。"(《为政》)

子曰:"君子**不器**④。"(《为政》)

子曰:"不患无位,患所以立⑤;不患莫己知⑥,求为可知也⑦。"(《里仁》)

子曰:"不愤不启⑧;不悱不发⑨;举一隅⑩,不以三隅反⑪;则不复也⑫。"(《述而》)

子曰:"不在其位,不谋其政。"(《泰伯》)

---

① 孟懿子:鲁国大夫。姓孟孙,名何忌,谥号懿。
② 无违:不违背礼。
③ 樊迟:孔子弟子,名须。御:驾驶马车。
④ 器:限定了具体用途的器物。
⑤ 所以立:拥有与所处职位相匹配的才德。
⑥ 莫己知:即"莫知己",指没有人知道自己。
⑦ 可知:可为人知的真才实学。
⑧ 愤:愤懑,有求而不得知的知识困境。启:开导。
⑨ 悱:想说却不知怎么说。发:引导使之学会怎么表达自己的观点。
⑩ 隅(yú):角,指一个方面。
⑪ 反:回应。"三隅反"指触类旁通。
⑫ 复:再。指再告诉他。

子曰:"大哉,**尧**之为君也!巍巍乎!唯①天为大,唯尧则之②。荡荡乎③,民无能名焉④。巍巍乎,其有成功也⑤!焕乎⑥,其有文章⑦!"(《泰伯》)

子夏为莒父宰⑧,问政。子曰:"无欲速⑨,无见小利;欲速则不达,见小利则大事不成。"(《子路》)

子曰:"君子和而不同⑩,小人同而不和。"(《子路》)

子贡⑪问曰:"有一言而可以终身行之者乎?"子曰:"其'恕'乎!己所不欲,勿施于人。"(《卫灵公》)

子曰:"巧言⑫乱德,小不忍则乱大谋。"(《卫灵公》)

孔子曰:"益者三友,损者三友。友直⑬,友谅⑭,友多闻,益矣。友便辟⑮,友善柔⑯,友便佞⑰,损矣。"(《季氏》)

子曰:"**乡原**⑱,德之贼也⑲。"(《阳货》)

📖 文本拓展

一、知识链接

☞ 孔子

孔子(前551—前479)是殷代后裔,春秋末期鲁国人。名丘,字仲尼。孔子三岁丧父,由母亲悉心教养。三岁时,即以"知礼"著称于乡党;52岁时任鲁国大司寇,55岁不得志于鲁,开始周游列国,宣传自己的政治主张;68岁应召回鲁国,删《诗》《书》,定

---

① 唯:独。
② 则:以……为准则,效法。
③ 荡荡:广远的样子。
④ 无能名焉:无法用言语来形容述说。
⑤ 成功:成就的功业、事业。
⑥ 焕乎:光明的样子。
⑦ 文章:指礼乐制度。
⑧ 子夏:卫国人。姓卜,名商,字子夏。莒父(fǔ):鲁国邑名,今山东莒县西南。
⑨ 速:这里指迅速出政绩。
⑩ 和:因应以协调。同:苟同,屈己从人。
⑪ 子贡:卫国人。姓端木,名赐,字子贡。
⑫ 巧言:表面上聪明合理,实则充满私欲谋算的话。
⑬ 友直:结交正直的朋友。友:结交。
⑭ 谅:诚信。
⑮ 便辟(pián pì):谄媚逢迎。
⑯ 善柔:工于媚悦而不诚实。
⑰ 便佞(pián nìng):花言巧语,言不符实。
⑱ 原:通"愿",谨厚的样子。
⑲ 贼:伤害。

《礼》《乐》,修《春秋》,序《易》传。终年 73 岁。孔子是儒家学派的创始人。汉代以来的两千多年,孔子被尊为圣人,孔子的儒家学说成为中国思想文化的正统,影响深远。孔子又是伟大的教育家,主张"有教无类",强调教育在国家政治架构中的重要作用,被尊奉为"万世师表"。

☞ 不器

"不器"的字面意思是不要像固定了具体用途的器物。《易经·系辞》:"形而上者谓之道,形而下者谓之器,化而裁之谓之变,推而行之谓之通,举而措之天下之民,谓之事业。"此说传为孔子所述,故也可以这么说,孔子并不是绝对推崇"不器",贬低"器",在他看来,一个社会总要有那么一群人,以通才为目标,追求贯通万事万物的道理,使自己的德性修养和视野胸怀达到一个相对的高度,进行社会的顶层设计和发展规划。

☞ 尧

根据古史记载,尧善用人才,命羲仲、和仲观察天文,制定历数;命舜典祭祀、同律度、修礼教、明政刑,使天下安定,四方顺服。在他死后,百姓哀悼他如同哀悼自己的父母。而他坚持"终不以天下之病而利一人"(《史记·五帝本纪》),实行禅让,传位给更有德行的舜而不是传给儿子,并告诫舜:"四海穷困,天禄永终。"(《论语·尧曰》)这些都体现出尧是一位能超越私人欲望,以天下百姓安乐幸福为使命的古代君主。

☞ 乡原

万子曰:"一乡皆称原人焉,无所往而不为原人,孔子以为德之贼,何哉?"曰:"非之无举也,刺之无刺也。同乎流俗,合乎污世;居之似忠信,行之似廉洁,众皆悦之,自以为是,而不可与入尧舜之道,故曰德之贼也。孔子曰:'恶似而非者:恶莠,恐其乱苗也;恶佞,恐其乱义也;……恶乡愿,恐其乱德也。'"(《孟子·尽心下》)

乡愿是那种看起来挑不出任何毛病,但也没有任何坚持的人,他对任何事都没意见,对任何人都不会批评。为人处世非常圆熟,不愿意得罪任何人。换种角度说,他周围的人中,好人说不出他哪里不好,坏人也对他没什么意见,这类人会把社会搞得是非不分,善恶不明,所以孔子认为这类人的行事处世方式很不利于社会道德建设。

二、点评辑要

● 评孔子

《诗》有之:"高山仰止,景行行止。"虽不能至,然心向往之。余读孔氏书,想见其为人。适鲁,观仲尼庙堂车服礼器,诸生以时习礼其家,余祇回留之不能去云。天下君王至于贤人众矣,当时则荣,没则已焉:孔子布衣,传十余世,学者宗之。自天子王侯,中国言"六艺"者折中于夫子,可谓至圣矣!

(汉·司马迁《史记·孔子世家》)

孔子的东西不是一种思想,而是一种生活。

(梁漱溟《东西文化及其哲学》)

这个地球上曾有过的最幸福的并且最值得人们尊敬的时期,那就是人们遵从孔子法则的时期。

([法]伏尔泰《哲学词典》)

可以用两种方式理解孔子的原训和后人的释义之间的关系。一种是惯用的把孔子作为掩盖无数富于创造精神的个人的新观点的手段,另一种是把孔子作为一个"合伙"人,在文化价值不断变迁的过程中,后代的思想家一次又一次地将他改头换面。按照后一种看法,孔子是一个团体、一个社会、一个活的传统。

([美]郝大维,安乐哲《孔子哲学思微》)

● 评《论语》

《鲁论语》二十篇,皆孔子弟子记诸善言也。

(汉·刘向《别录》)

《论语》者,孔子应答弟子、时人及弟子相与言而接闻于夫子之语也。当时弟子各有所记,夫子既卒,门人相与辑而论纂,故谓之《论语》。

(汉·班固《汉书·艺文志》)

《论语》,记孔子与弟子所语之言也。论,伦也,有伦理也。语,叙也,叙己所欲言也。

(汉·刘熙《释名·释典》)

义理精纯,文体质简。

(清·崔述《洙泗考信录》)

三、旁观博览

1. 李学勤主编:《论语注疏》,北京大学出版社 1999 年版。
2. 杨伯峻:《论语译注》,中华书局 2012 年版。
3. 钱穆:《孔子传》,生活·读书·新知三联书店 2002 年版。
4. 牛泽群:《论语札记》,北京燕山出版社 2003 年版。
5. [美]郝大维、安乐哲:《孔子哲学思微》,江苏人民出版社 2012 年版。

四、思考练习

1. 参阅司马迁《史记·孔子世家》,用一张思维导图来展现孔子的一生。
2. 如果碰到生活习惯、思想观念都与你差异很大的同学,你会怎样与他相处?
3. 结合"子夏为莒父宰"一章,写一篇时事评论。

庄　子

庄子(前 369? —前 286),姓庄,名周,字子休,梁国蒙县(今河南商丘东北)人。曾担任漆园吏,与梁惠王、齐宣王、楚威王同时代,齐楚尝聘庄子为相,不应。庄子著书 10 余万言,《汉书·艺文志》载:"《庄子》五十二篇",今流传《庄子》33 篇,分为内篇(7 篇)、外篇(15 篇)、杂篇(11 篇)。内篇的思想、文风基本一致,当属于庄子自著。外、杂篇兼有其后学之作,还窜录了其他学派的个别篇章。内篇谈道家理之根本,外篇谈修道德之士的事迹,杂篇则明于理事。

《庄子》善于假托寓言故事说理,语言汪洋恣肆,瑰丽诡谲,富于浪漫色彩。

开元二十五年(737),唐玄宗诏号庄子为"南华真人",《庄子》为《南华真经》。

大宗师(节选)①

子桑户、孟子反、子琴张三人相与友②,曰:"孰能相与于无相与③,相为于无相为④?孰能登天游雾,挠挑无极⑤,相忘以生,无所终穷?"三人相视而笑,莫逆于心,遂相与为友。

莫然有间⑥,而子桑户死,未葬。孔子闻之,使子贡往侍事焉⑦。或编曲⑧,或鼓琴,相和而歌曰:"嗟来⑨桑户乎!嗟来桑户乎!而已反其真⑩,而我犹为人猗⑪!"子贡趋而进曰:"敢问临

---

① 选自《庄子集解 庄子集解内篇补正》。

② 子桑户、孟子反、子琴张:三人皆虚构人名。相与友:相交为朋友。

③ 孰:谁。相与于无相与:相交在无所谓的关系中,意指相互间没有利益关系。

④ 为(wèi):帮助。相为于无相为:相交在没有互相帮助的关系中。

⑤ 挠挑:婉转循环的意思。无极:无穷。

⑥ 莫然:即"漠然",淡淡之意。有间:有了一段时间,不久。

⑦ 侍事:指协助丧事。

⑧ 或:其中一人。编曲:编作曲辞。

⑨ 嗟来:表感叹的歌辞。

⑩ 而:通"尔",你。反:通"返"。反其真:返归自然,返归大道。

⑪ 猗(yī):句尾助词。

尸而歌,礼乎①?"二人相视而笑曰:"是恶知礼意?"②

子贡反,以告孔子曰:"彼何人者邪? 修行无有,而外其形骸③,临尸而歌,颜色不变,无以命之④。彼何人者邪?"孔子曰:"彼,游方之外者也,而丘,游方之内者也⑤。外内不相及,而丘使女往吊之,丘则陋矣。彼方且与造物者为人⑥,而游乎天地之一气⑦。彼以生为附赘县疣⑧,以死为决疣溃痈⑨。夫若然者,又恶知死生先后之所在? 假于异物,托于同体⑩;忘其肝胆,遗其耳目;反复终始,不知端倪;芒然彷徨乎尘垢⑪之外,逍遥乎无为之业⑫。彼又恶能愦愦然为世俗之礼⑬,以观⑭众人之耳目哉!"

子贡曰:"然则夫子何方之依⑮?"孔子曰:"丘,天之戮民也⑯。虽然,吾与汝共之⑰。"子贡曰:"敢问其方?"孔子曰:"鱼相造乎水,人相造乎道。⑱ 相造乎水者,穿池⑲而养给;相造乎道者,无事而生定⑳。故曰:'鱼相忘乎江湖,人相忘乎道术。'"子贡曰:"敢问畸人㉑?"曰:"畸人者,畸于人而侔于天㉒。故曰:天之小人,人之君子;人之君子,天之小人也。"

---

① 趋:急步走。敢问:请问。临尸:对着尸体。礼乎:合礼吗?

② 二人:指孟子反、子琴张。是:指子贡。

③ 修行无有:信仰并实践虚无之道。外其形骸:把他们的身体置之度外。

④ 颜色:面色。颜色不变:面不改容,指没有一点悲伤之情。无以命之:无法形容。命:名,形容。

⑤ 方:区域。方之内:六方之内,指现实世界,即所谓尘世。游方之内,即所谓入世。游方之外,超脱于现实世界,即所谓出世。

⑥ 方且:正要。人:偶。为人:犹为偶,为友。

⑦ 一气:指道的作用。道的作用是支配着天地万物的,所以叫天地之一气。游乎天地之一气,即顺着道的作用而游。

⑧ 附赘:附属在身体上的多生的肉块。县:通"悬"。疣(yóu):俗称千日疮。悬疣,长在身体上的毒疮。意指把生死看得很淡。

⑨ 痈:毒疮。句意为把死看作归于道的解脱。

⑩ 假、托:都是寄托的意思。异物:相互不相干的物体。同体:从大道的角度看,万物皆同体。

⑪ 尘垢:指现实世界。

⑫ 无为:意指修道。业:事。

⑬ 愦愦(kuì)然:烦乱的样子。为:实行。世俗之礼:指儒家的礼。

⑭ 观:示。这里是被动用法,给人看。

⑮ 何方:指问方之内还是方之外。依:从,选择。

⑯ 戮:刑戮。天之戮民:受天惩罚的人。

⑰ 共:通"拱",向,向往。共之:指向往方外。

⑱ 造:至。这句以鱼得水比喻人得道。造乎水者鱼之乐,造乎道者人之乐。

⑲ 穿:通。穿池:通往水池。

⑳ 生:通"性"。生定:心性安详。无事:虚静。鱼得水则养给,人得道则性定。指想要达到与道合一的境界,要修炼内心,使心虚静而无事,无事便能心性安详,不为外物所动,与天同体。此为庄子修道要旨。

㉑ 畸(jī):不正常。畸人:异人,不平常的人。

㉒ 侔(móu):等。侔于天:与天齐一。

文本拓展

一、知识链接

☞ 《大宗师》

通篇论道和修道。大宗师篇中借许由之口称作"吾师乎"的天道，或天道的体现者"古之真人"。天道为万物之宗，万众之师，故叫大宗师。道为万物的本源，世界从它产生，万物由它赋性形。天地日月、星辰鬼帝由它主宰。因而古之真人，无为而顺应自然，无我而混同于自然，达到天人合一的境界。达到这种境界则无生无死，唯天命是从，这是本篇的宗旨。

孔子与颜回在《大宗师》谈"坐忘"。颜回曰："堕肢体，黜聪明，离形去知，同于大通，此谓坐忘。"坐忘是道家修心的功夫和境界，从而达到清心寡欲，忘记自我，与道合一，即天人合一的境界。

二、点评辑要

以本为精，以物为粗，以有积为不足，澹然独与神明居，古之道术有在于是者，关尹、老聃闻其风而悦之。建之以常无有，主之以太一。

（《庄子·天下篇》）

其学无所不窥，然其要本归于老子之言。故其著书十万余言，大抵率寓言也。

（汉·司马迁《史记·老子韩非子列传》）

其文则汪洋辟阖，仪态万方，晚周诸子之作，莫能先也。

（近代·鲁迅《汉文学史纲要》）

中国山水花鸟画的基本境界的老庄思想及禅宗思想也不外乎于静观寂照中，求返于自己深心的心灵节奏，以体合宇宙内部的生命节奏。

（宗白华《论中西画法的渊源与基础》）

老庄所建立的最高概念是"道"，他们的目的是要在精神上与道为一体，亦即是所谓"体道"，——但若通过工夫在现实人生中加以体认，即将发现他们之所谓道，实际上是一种最高的艺术精神，这一直要到庄子始为显著。

（徐复观《中国艺术精神》）

（老子的道德思想）是观水德而领悟出来，庄子是由人性体验而得。

（龚乐群《老子异同》）

三、旁观博览

1. 清·王夫之：《庄子衍 庄子通 庄子解》，中华书局 2009 年版。
2. 清·王先谦，刘武：《庄子集解 庄子集解内篇补正》，中华书局 1987 年版。
3. 曹础基：《庄子浅注》，中华书局 1982 年版。
4. 徐复观：《中国艺术精神》，商务印书馆 2010 年版。
5. 蒙文通：《先秦诸子与理学》，广西师范大学出版社 2006 年版。

四、思考练习

1. 将"畸人"说结合现实生活中各种生理上的非健全人士,绘制一份气泡图,并分别注明他们"侔于天"的具体表现。

2. "天之小人,人之君子;人之君子,天之小人也。"请结合中国历史,分析传统"君子"的基本特征,并简要说明这些"人之君子"为何与"天道"相悖。

3. 将从"子桑户、孟子反、子琴张三人相与友"到"而我犹为人猗"这段文字,用现代文改写成一段小故事。

《战国策》

《战国策》是一部历史学著作。它是一部国别体史书，又称《国策》，记载了西周、东周及秦、齐、楚、赵、魏、韩、燕、宋、卫、中山各国之事，记事年代起于战国初年，止于秦灭六国，约有240年的历史。分为12策，33卷，共497篇，主要记述战国时期游说之士的政治主张和言行策略，也可说是游说之士的实战演习手册。本书亦展示了东周战国时代的历史特点和社会风貌，是研究战国历史的重要典籍。

《战国策》作者并非一人，成书并非一时，书中文章作者大多不知是谁。西汉刘向编定为33卷，书名亦为刘向所拟定。

乐毅报燕王书①

昌国君乐毅为燕昭王合五国之兵②而攻齐，下七十余城，尽郡县之，以属燕。三城③未下，而燕昭王死。惠王即位，用齐人反间④，疑乐毅，而使骑劫⑤代之将。乐毅奔赵，赵封以为望诸君⑥。齐田单欺诈骑劫⑦，卒败燕军，复收七十余城以复齐。燕王悔，惧赵用乐毅承燕之弊以伐燕。燕王乃使人让⑧乐毅，且谢之曰："先王⑨举国而委将军。将军为燕破齐，报先王之仇，天下莫不振动。寡人岂敢一日而忘将军之功哉！会先王弃群臣⑩，寡人新即位，左右⑪

---

① 选自《战国策·燕策》。
② 五国之兵：燕、赵、楚、韩、魏五国联军。
③ 三城：指齐国的聊城、莒、即墨三城，都在今山东省。
④ 用齐人反间：齐将田单放出谣言，说乐毅想反叛燕国，自己做齐王。燕惠王信以为真。
⑤ 骑劫：燕国将领。
⑥ 望诸君：赵国给乐毅的封号。
⑦ 欺诈骑劫：齐将田单向燕军诈降，骑劫被蒙蔽。又用千余头牛，角上缚兵刃，尾上扎苇草灌油，夜间点燃牛尾，猛冲燕军营帐，并以数千敢死队随后冲杀，大败燕军，杀死骑劫。
⑧ 让：责备。
⑨ 先王：燕惠王之父燕昭王。
⑩ 弃群臣：君王去世的婉转说法。
⑪ 左右：燕惠王身边亲近之人。

误寡人。寡人之使骑劫代将军者,为将军久暴露于外,故召将军且休计事①。将军过听②,以与寡人有隙③,遂捐④燕而归赵。将军自为计则可矣,而亦何以报先王之所以遇将军之意乎?"

望诸君乃使人献书报燕王曰:"臣不佞⑤,不能奉承⑥先王之教,以顺左右之心⑦。恐抵斧质之罪⑧,以伤先王之明,而又害于足下⑨之义,故遁逃奔赵。自负以不肖⑩之罪,故不敢为辞说⑪。今王使使者数⑫之罪,臣恐侍御者之不察先王之所以畜幸臣之理⑬,而又不白⑭于臣之所以事先王之心,故敢以书对⑮。"

"臣闻贤圣之君不以禄私其亲,功多者授之;不以官随其爱,能当者处之。故察能而授官者,成功之君也;论行而结交者,立名之士也。臣以所学者观之,先王之举错⑯,有高世之心,故假节于魏王⑰,而以身得察于燕。先王过举,擢之乎宾客之中⑱,而立之乎群臣之上,不谋于父兄,而使臣为亚卿⑲。臣自以为奉令承教,可以幸无罪矣,故受命而不辞。先王命之曰:'我有积怨深怒于齐,不量轻弱,而欲以齐为事。'臣对曰:'夫齐,霸国之余教也,而骤胜之遗事也⑳。闲于甲兵㉑,习于战攻。王若欲伐之,则必举天下而图之。举天下而图之,莫径于结赵矣㉒。且又淮北㉓、宋地㉔,楚、魏之所同愿也㉕。赵若许约,楚、赵尽力,四国攻之,齐可大

---

① 休:休养。计事:商议国事。
② 过听:误信流言。
③ 隙:裂痕,引申为怨仇之意。《史记·乐毅列传》:"惠王自为太子时,尝不快于乐毅。"
④ 捐:抛弃。
⑤ 臣:乐毅自称。不佞:不才,没有才智。谦辞。佞:有才智。
⑥ 奉承:秉承,领受。
⑦ 左右:书信中对对方的尊称,表不敢直接称对方,只称呼对方的左右执事者。这句针对惠王遁词"左右误寡人"而发。
⑧ 抵:遭受。斧质:刀斧与砧板,杀人的器械。
⑨ 足下:对对方的尊称。古时用于尊者,后代只用于同辈。
⑩ 不肖:不贤。自谦之词。
⑪ 为辞说:用言词辩解。
⑫ 数:列举,责备。
⑬ 侍御者:侍侯国君的人,实指惠王。畜幸:畜养宠信。
⑭ 白:明白。
⑮ 对:答。
⑯ 举错:举措。错:通"措"。
⑰ 假节:凭借符节。节:外交使臣所持凭证。乐毅本任职于魏,奉魏王之命出使燕国,燕昭王正筑黄金台招徕贤士,遂留燕。
⑱ 擢:提拨。之:我。乎:通"于"。
⑲ 亚卿:官名,地位仅次于上卿。
⑳ 霸国:齐桓公曾称霸诸侯,故称齐国为霸国。余教:留下的教化。骤胜:多次战胜。遗事:往事。
㉑ 闲:通"娴",娴熟,熟练。甲兵:铠甲兵器,借指军事。
㉒ 径:快速,直接。
㉓ 淮北:淮河以北地区,是齐国属地。
㉔ 宋地:今江苏铜山、河南商丘、山东曲阜之间的地区,为齐所吞并。
㉕ 楚欲得淮北,魏欲得宋,皆为齐所占领。

破也。'先王曰:'善。'臣乃口受令,具符节,南使臣于赵,顾反命①,起兵随而攻齐。以天之道,先王之灵,河北之地②,随先王举而有之于济上③。济上之军奉令击齐,大胜之。轻卒锐兵,长驱至国,齐王逃遁,走莒④,仅以身免。珠玉财宝,车甲珍器,尽收入燕。大吕陈于元英⑤,故鼎反于历室⑥,齐器设于宁台⑦,蓟丘之植⑧,植于汶篁⑨,自五伯以来⑩,功未有及先王者也。先王以为惬其志,以臣为不顿命⑪,故裂地而封之,使之得比乎小国诸侯。臣不佞,自以为奉令承教,可以幸无罪矣,故受命而弗辞。"

"臣闻贤明之君,功立而不废,故著于《春秋》。蚤⑫知之士,名成而不毁,故称于后世。若先王之报怨雪耻,夷万乘之强国⑬,收八百岁⑭之蓄积,及至弃群臣之日,余令诏后嗣之遗义,执政任事之臣,所以能循法令、顺庶孽者⑮,施及萌隶⑯,皆可以教于后世。臣闻善作者不必善成⑰,善始者不必善终。昔者伍子胥⑱说听乎阖闾,故吴王远迹至于郢⑲;夫差弗是也,赐之鸱夷⑳,而浮之江。故吴王夫差不悟先论㉑之可以立功,故沉子胥而弗悔;子胥不蚤见主之不同量㉒,故入江而不改㉓。"

"夫免身功,以明先王之迹者,臣之上计也。离㉔毁辱之非,堕㉕先王之名者,臣之所大恐也。临不测之罪,以幸为利者,义之所不敢出也。"

---

① 顾反命:刚回来复命,言神速。反:通"返"。
② 河北:黄河以北地区。
③ 济上:凡言某水上,皆指水北。济水之上,指山东北部地。
④ 莒:今山东省莒县。
⑤ 大吕:钟名。元英:燕国宫殿名。
⑥ 故鼎:指齐国掠夺的燕鼎,复归燕国。历室:燕国宫殿名。
⑦ 宁台:燕国宫殿名,在今河北省宛平县。
⑧ 蓟丘:燕国都城,今河北省宛平县、北京市西南。
⑨ 汶篁:齐国汶水边的竹田。
⑩ 五伯:春秋五霸,指齐桓公、晋文公、宋襄公、秦穆公、楚庄王。一说齐桓公、晋文公、楚庄王、吴王阖闾、越王勾践。
⑪ 不顿命:不辜负使命。顿犹坠。
⑫ 蚤:通"早"。
⑬ 夷:平定。万乘:一万辆兵车,指大国。
⑭ 八百岁:齐国建国于西周初年(约前1066),至齐湣王败于燕昭王,历经约八百年。
⑮ 庶孽:非正妻所生的子女。庶孽容易作乱,应使之顺从。
⑯ 施:施展、给予。萌隶:指百姓。萌:通"氓"。教令推行到百姓和徒隶。
⑰ 善作者:善于开创事业的人。善成:善于守业。
⑱ 伍子胥:即伍员,春秋时楚国人,因开罪楚平王而逃亡吴国,吴王阖闾伐楚,伍子胥为之谋划,五战五捷,后遭谗害,被新君吴王夫差赐死。
⑲ 远迹:在远方留下足迹,指长途伐楚。郢:楚国都城,今湖北省江陵西北。
⑳ 鸱(chī)夷:皮革制的口袋。伍子胥被夫差赐死后,尸体被夫差以鸱夷相裹投入江中。
㉑ 先论:预见。指伍子胥认为吴不灭越则越将灭吴的预见。
㉒ 量:气量。
㉓ 不改:《史记·伍子胥传》作"不化",《索隐》:"言子胥怨恨,故虽投江而神不化,犹为波涛之臣也。"
㉔ 离:通"罹",遭受。
㉕ 堕:败坏。

"臣闻古之君子,交绝不出恶声[①];忠臣之去也,不洁其名[②]。臣虽不佞,数奉教于君子矣。恐侍御者之亲左右之说,而不察疏远之行也,故敢以书报。唯君之留意焉!"

📖 文本拓展

一、知识链接

☞ 乐毅报燕王书前传

燕王哙当国之时干了一件春秋战国时期独一无二的事,就是将王位禅让给相国子之,自己对子之称臣,于是,国内大乱,太子平、将军市被聚众作乱,中山国、齐国也乘机攻燕。哙死于这场战乱中,之后赵国送燕公子职入燕为王,即为燕昭王。

昭王即位后用厚礼招聘贤人,史载"乐毅自魏往、邹衍自齐往、剧辛自赵往,士争趋燕"。燕昭王二十八年(前284),昭王用乐毅为上将军,联合赵、楚、韩、魏诸国攻齐,乐毅攻破齐国,占领齐国七十多城。燕国还向南进军,攻占了中山国许多地方。燕昭王使燕国跻身于列强之列,成为战国七雄之一。公元前279年,昭王因病去世,子继位,为燕惠王,此时乐毅尚率军在齐国境内,惠王派骑劫代乐毅,乐毅奔赵。齐人大破燕军,杀死骑劫。燕惠王因而写信给乐毅,希望乐毅回燕国相助,乐毅写了《报燕王书》作答。

☞ 苏轼《乐毅论》

扫一扫可见苏轼《乐毅论》原文

二、点评辑要

● 评《战国策》

战国之时,君德浅薄,为之谋策者,不得不因势而为资,据时而为□(按:此处疑脱字,故下空一格)。故其谋扶急持倾,为一切之权,虽不可以临国教,化兵革,(亦)救急之势也。皆高才秀士,度时君之所能行,出奇策异智,转危为安,运亡为存,亦可喜,皆可观。

(汉·刘向《战国策书录》)

《国策》,史家流也。其文辩博,有焕而明,有婉微,有约而深,太史公之所考本也。自汉称为《战国策》,杂以短长之号,而有苏、张纵横之说。学者讳之置不论,非也。夫史氏之法,具记一时事辞,善恶必书,初无所决择。楚曰檮杌,书恶也。鲁曰《春秋》,善恶兼也。司马

---

① 交绝不出恶声:即使友情断绝也不说对方的不是。
② 不洁其名:指不毁其君而自洁。

《史记》、班固《汉书》,有《佞幸》等列传,学者岂以是为不正,一举而弃之哉?

(宋·鲍彪《战国策注序》)

　　周衰,列国兵争,始重辞命,然犹出入《诗》《书》,援据遗《礼》,彬彬焉为先王流风余韵存焉!坏烂而莫之存者,莫胜于战国。当时之君臣,惴惴然惟欲强此以弱彼;而游谈驰骋之士,逆探巧合,强辩深语,以斗争诸侯,矜奢妻子。虽其计不可行,言不可践,苟有欲焉,无不售也;苟有隙焉,无不投也。卒之诸侯不能有其国,大夫不能有其家,而苏秦之属不旋踵,势败而身偾。由此观之,非循末沿流,不知其本故耶?

(元·陈祖仁《战国策校注序》)

● 评《乐毅报燕王书》

善读此文者,必能知其为诸葛《出师》之蓝本也。其起首、结尾,比《出师》更胜无数倍。

(清·金圣叹《天下才子必读书》)

三、旁观博览

1. 汉·刘向 集录,范祥雍 笺证:《战国策笺证》,上海古籍出版社 2006 年版。
2. 宋·姚宏,鲍彪 等注:《战国策》,上海古籍出版社 2015 年版。
3. 清·金圣叹:《天下才子必读书》,安徽文艺出版社 2003 年版。
4. 朱本军:《政治游说战国策译读》,首都师范大学出版社 2015 年版。

四、思考练习

1. 中国历史上常称"伴君如伴虎",请列举一个例子,用复流程图展示"飞鸟尽,良弓藏。狡兔死,走狗烹"的原因及影响。
2. 从本文来分析乐毅得以善终的原因。
3. 将"臣闻贤明之君"这段话翻译成白话文,注意保留文中谦敬坦荡的文字风格。

孟 子

孟子(前 372? —前 289?),名轲,今山东人,是孔子之孙孔伋的再传弟子。战国时期伟大的思想家、教育家、政治家,儒家学派的代表人物,与孔子并称"孔孟",曾游历齐、宋、滕、魏、鲁等诸国,希望效法孔子推行自己的政治主张,前后历时 20 多年;但孟子的仁政学说,被认为"迂远而阔于事情",最后他退居讲学,"序《诗》《书》,述仲尼之意,作《孟子》七篇"(《史记·孟子荀卿列传》)。

夫子加齐之卿相①

公孙丑②问曰:"夫子加齐之卿相③,得行道焉④,虽由此霸王⑤,不异矣⑥。如此,则动心否乎⑦?"

孟子曰:"否! 我四十不动心。"

曰:"若是,则夫子过孟贲远矣⑧。"

曰:"是⑨不难,告子⑩先我不动心。"

曰:"不动心有道乎⑪?"

---

① 选自《孟子·公孙丑上》。
② 公孙丑:公孙,姓;丑,名。孟子弟子,齐国人,有政事之才。
③ 夫子:指孟子。加:被任命,处在其位。卿相:公卿宰相。
④ 行道:推行自己的政治主张。
⑤ 虽:即使。霸王:成为霸主或君王。
⑥ 不异:不异于(古之霸王),即以卿相之位行霸王之事。
⑦ 动心:因为畏惧艰难而心有所动。
⑧ 孟贲:古代勇士之名。
⑨ 是:这。
⑩ 告子:名不害,与孟子同时而年长于孟子,曾受教于墨子。
⑪ 道:方式方法。

　　曰:"有。北宫黝之养勇也①,不肤挠②,不目逃③,思以一豪挫于人④,若挞之于市朝⑤,不受于褐宽博⑥,亦不受于万乘之君⑦;视刺⑧万乘之君,若刺褐夫,无严⑨诸侯,恶声至⑩,必反之⑪。孟施舍之所养勇也⑫,曰:'视不胜,犹胜也⑬;量敌而后进⑭,虑胜而后会⑮,是畏三军者也⑯。舍岂能为必胜哉⑰?能无惧而已矣。'孟施舍似曾子⑱,北宫黝似子夏⑲。夫二子之勇⑳,未知其孰贤㉑,然而孟施舍守约也㉒。昔者曾子谓子襄曰㉓:'子好勇乎㉔?吾尝闻大勇于夫子矣㉕。自反而不缩㉖,虽褐宽博,吾不惴焉㉗;自反而缩,虽千万人,吾往矣㉘。'孟施舍之守气㉙,又不如曾子之守约也。"

---

① 北宫黝:复姓北宫,名黝。养勇:培养勇气的方式方法。
② 肤挠:肌肤受到刺激而有所举动。挠:退却。
③ 目逃:眼睛遇到刺激而逃避。
④ 以:因为。豪:通"毫",指毛发。挫于人:受人挫伤,此指被人拔去一根毛发。
⑤ 挞:受到鞭打。市朝:集市之类的众人聚合之处。
⑥ 受于:受辱于。褐:粗布衣服。褐宽博:粗布做成的宽大衣服,此指地位贫贱的人。
⑦ 万乘之君:拥有万辆战车的大国君主。
⑧ 刺:此指刺杀。
⑨ 无严:不畏惧。严:畏惧。
⑩ 恶声至:有人对他说出不好的言辞。
⑪ 反之:还报对方,即"以牙还牙"。
⑫ 孟施舍:即上文所指的孟贲。所养勇:指养勇的方式方法。
⑬ 犹:好比。
⑭ 量敌:料敌,估量敌人的强弱。进:前进。
⑮ 虑胜:与"量敌"互文,想好取胜之道。会:交手。
⑯ 是:这。畏三军:指畏惧强大的敌军。
⑰ 舍:即孟施舍。岂能:怎能。为必胜:算准一定取胜。
⑱ 曾子:孔子弟子,姓曾,名参。
⑲ 子夏:孔子弟子,姓卜,名商,字子夏。
⑳ 夫:此。二子:指北宫黝和孟施舍。
㉑ 其:他们。孰:谁。
㉒ 守约:简约,守住要点。
㉓ 谓:对某人说。子襄:曾子弟子。
㉔ 子:古时对男子的尊称。好:偏好,嗜好。
㉕ 尝:曾经。夫子:此指孔子。
㉖ 自反:自我反思。缩:直,符合正义。
㉗ 不惴:不使人惊恐。
㉘ 往:前往,勇往直前。
㉙ 守气:能够守住勇气。

文本拓展

一、知识链接

☞ 《孟子》

儒家经典著作,一书7篇,是战国时期孟子的言论汇编,记录了孟子与其他诸家思想的争辩,由孟子及其弟子共同编撰而成。《孟子》记录了孟子的治国思想、政治观点(仁政、民为本、王霸之辨、格君心之非)和政治行动,成书约在战国中期。其学说出发点为性善论,主张德治。南宋时朱熹将《孟子》与《论语》《大学》《中庸》合在一起称"四书"。《孟子》一书35 000多字,理论精粹宏博,文字雄健优美。

二、点评辑要

● 评《孟子》

帝王公侯遵之,则可以致隆平,颂清庙;士大夫蹈之,则可以尊君父,立忠信;守志励操者仪之,则可以崇高节,抗浮云。

(汉·赵岐《孟子注》)

尧以是传之舜,舜以是传之禹,禹以是传之汤,汤以是传之文、武、周公,周公传之孔子,孔子传之孟轲。轲之死,不得其传焉。

(唐·韩愈《韩昌黎集·原道》)

周公殁,圣人之道不行。孟轲死,圣人之学不传。道不行,百世无善治;学不传,千载无真儒。

(宋·程颐《伊川文集》)

人皆可以为尧舜一语,此孟子继往圣开后学一大节目。

(清·黄宗羲《孟子师说·曹交章》)

孔子不可知,欲以知孔子,莫若假途于孟子。

(近代·康有为《孟子微》)

孟子之道,在本质上为一由本而末,由内而外,亦由末反本,摄外于内之一道。人之行于此道,亦同时为人之自别于禽兽,自尽其与禽兽异之心性,以使其心之志向上兴起之道。

(唐君毅《中国哲学原论》)

● 评《知言养气章》

知言养气,虽是两事,其实相关,正如致知、格物、正心、诚意之类。若知言,便见得是非邪正。义理昭然,则浩然之气自生。

(宋·黎靖德《朱子语类》)

凡人之动心与否,固在其加卿相行道之时也。枉道事人,曲学阿世,皆从此始矣。我四十不动心者,不动其行一不义,杀一不辜,而得天下有不为之心也。

(清·顾炎武《日知录》)

不动心,即大学之正心。不为外物所诱,则心能正,如北辰居其所。

(清·宋翔凤《孟子赵注补正》)

三、旁观博览

1. 宋·朱熹:《四书章句集注》,中华书局 2011 年版。
2. 李学勤 主编:十三经注疏标点本《孟子注疏》,北京大学出版社 2000 年版。
3. 陈大齐:《孟子待解录》,华东师范大学出版社 2012 年版。
4. 黄俊杰:《中国孟学诠释史论》,社会科学文献出版社 2004 年版。
5. 林镇国 编著:《儒者的良心——孟子》,中国友谊出版公司 2013 年版。

四、思考练习

1. "不动心"三个字,在儒家、佛教里的意义是不一样的,试绘制一张双重气泡图进行比较说明。
2. 试比较北宫黝与孟施舍的养勇、孟施舍与曾子的守约有什么不同。
3. "自反而不缩,虽褐宽博,吾不惴焉;自反而缩,虽千万人,吾往矣。"根据历代史料,写一个践行以上句意的人物故事。

司马迁

司马迁(前145—前90?),字子长,夏阳(今陕西韩城南)人,一说龙门(今山西河津)人。西汉时期伟大的史学家、文学家和思想家,史学家司马谈之子。司马迁早年受学于孔安国、董仲舒,漫游各地,了解风俗,采集传闻。初任郎中,奉使西南。汉武帝元封三年(前108)任太史令,继承父业,著述历史。因替李陵败降匈奴之事辩解而受官刑,后任中书令。他以其"究天人之际,通古今之变,成一家之言"的史识创作了《**史记**》,开创了用纪传体著述历史的先声。

史记·项羽本纪(节选)①

项籍者,下相人也②,字羽。初起时③,年二十四。其季父④项梁,梁父即楚将项燕⑤,为秦将王翦所戮者也⑥。项氏世世为楚将,封于项⑦。故姓项氏。

项籍少时,学书不成⑧,去⑨;学剑,又不成,项梁怒之。籍曰:"书足以记名姓而已。剑一人敌,不足学,学万人敌。"于是项梁乃教籍兵法,籍大喜,略知其意,又不肯竟学⑩。项梁尝有栎阳逮⑪,乃请蕲狱掾曹咎书抵栎阳狱掾司马欣⑫,以故事得已⑬。项梁杀人,与籍避仇于

---

① 《史记》共12本纪,将项羽列入本纪足见司马迁对项羽历史地位的肯定。
② 下相:秦县名,县治在今江苏省宿迁市。
③ 初起时:开始起兵。项羽初起兵时间在秦二世元年(前209)。
④ 季父:叔父。
⑤ 项燕:楚国名将,曾击破秦将李信二十万大军。秦王政二十三年(前224),秦将王翦率军六十万击楚,虏楚王,项燕立昌平君为王。次年,王翦击破楚军,昌平君死,项燕自杀。
⑥ 戮:杀。指项燕与王翦作战,兵败自杀。
⑦ 项:秦县名,县治在今河南项城东北。先秦人常以所在地名为姓,如陈、蔡等。
⑧ 学书:指认字。
⑨ 去:舍弃。
⑩ 竟:终。
⑪ 栎(yuè)阳逮:因犯罪而被栎阳官府逮捕。栎阳:秦县名,县治在今陕西省西安市临潼区东北。
⑫ 蕲(qí):秦县名,县治在今安徽省宿州市。狱掾(yuàn):狱吏。掾为佐贰官吏的通称。抵:送达。此句谓请蕲县狱吏曹咎写了封信给栎阳狱吏司马欣。
⑬ 因为这个缘故事情得以了结。已:了结。

吴中①,吴中贤士大夫皆出项梁下②。每吴中有大徭役③及丧,项梁常为主办④,阴以兵法部勒宾客及子弟⑤,以是知其能⑥。秦始皇帝游会稽⑦,渡浙江⑧,梁与籍俱观。籍曰:"彼可取而代也。"梁掩其口,曰:"毋妄言⑨,族矣⑩!"梁以此奇籍⑪。籍长八尺余⑫,力能扛鼎⑬,才气过人,虽吴中子弟,皆已惮籍矣⑭。

　　秦二世元年七月,陈涉等起大泽中⑮。其九月,会稽守通⑯谓梁曰:"江西皆反⑰,此亦天亡秦之时也。吾闻先即制人,后则为人所制。吾欲发兵,使公及桓楚将⑱。"是时桓楚亡在泽中。梁曰:"桓楚亡,人莫知其处,独籍知之耳。"梁乃出,诫⑲籍持剑居外待。梁复入,与守坐,曰:"请召籍,使受命召桓楚。"守曰:"诺。"梁召籍入。须臾⑳,梁眴㉑籍曰:"可行矣!㉒"于是籍遂拔剑斩守头。项梁持守头,佩其印绶㉓。门下大惊,扰乱,籍所击杀数十百人㉔。一府中皆慴伏㉕,莫敢起。梁乃召故所知豪吏㉖,谕以所为起大事,遂举吴中兵。使人收下县㉗,得精兵八千人。梁部署吴中豪杰为校尉、候、司马㉘。有一人不得用,自言于梁。梁曰:"前时

---

① 吴中:今江苏省苏州市一带。
② 出项梁下:不及项梁。
③ 大徭役:指大规模差使。
④ 主办:主持。
⑤ 阴:暗中。部勒:组织,部署。
⑥ 以是知其能:因此大家了解到项梁过人的能力。
⑦ 会(kuài)稽:秦三十六郡之一,在今苏南、浙江一带,治所在今江苏省苏州市。
⑧ 浙江:钱塘江的旧称。
⑨ 毋妄言:不要瞎说。
⑩ 族:灭族。
⑪ 奇籍:认为项藉不同凡俗。奇:以为特异。
⑫ 八尺余:约相当于 1.90 米。汉尺一尺为今 23 厘米。
⑬ 扛(gāng)鼎:举鼎。
⑭ 吴中子弟:指吴地的土著人家子弟。惮:害怕。
⑮ 陈涉:即陈胜。大泽:乡名,在今安徽省宿州市刘村集。
⑯ 通:殷通,当时为会稽郡代理郡守。
⑰ 江西:长江从九江到南京的一段,由西南流向东北,古人因称今皖北一带并淮河下游为江西,因称皖南、苏南一带为江东。
⑱ 桓楚:楚国将领。
⑲ 诫:吩咐。
⑳ 须臾:一会儿。
㉑ 眴(shùn):使眼色。
㉒ 可行矣:可以行动了。这里是双关语。
㉓ 印绶:指官印。绶:穿系印纽的带子。
㉔ 数十百人:数十人,乃至上百人。
㉕ 慴(zhé)伏:因恐惧而屈服。
㉖ 故所知豪吏:从前所结识的有势力的官吏。
㉗ 下县:指会稽郡所辖各县。
㉘ 校尉、候、司马:泛指将军以下各级军官。校尉地位在将军下,候地位次于校尉,司马为军中主管司法的官。

某丧,使公主①某事,不能办,以此不任用公。"众乃皆伏②。于是梁为会稽守,籍为裨将③,徇下县④。

广陵人召平于是为陈王徇广陵⑤,未能下。闻陈王败走,秦兵又且至,乃渡江矫陈王命⑥,拜梁为楚王上柱国⑦。曰:"江东已定,急引兵西击秦。"项梁乃以八千人渡江而西。闻陈婴已下东阳⑧,使使欲与连和俱西⑨。陈婴者,故东阳令史⑩,居县中,素信谨⑪,称为长者⑫。东阳少年杀其令,相聚数千人,欲置长,无适用⑬,乃请陈婴。婴谢不能,遂强立婴为长,县中从者得二万人。少年欲立婴便为王⑭,异军苍头特起⑮。陈婴母谓婴曰:"自我为汝家妇,未尝闻汝先古之有贵者⑯。今暴⑰得大名,不祥。不如有所属,事成犹得封侯,事败易以亡。非世所指名也⑱。"婴乃不敢为王,谓其军吏曰:"项氏世世将家,有名于楚,今欲举大事,将非其人,不可。我倚名族,亡秦必矣。"于是众从其言,以兵属项梁。项梁渡淮,黥布、蒲将军亦以兵属焉⑲。凡六七万人,军下邳⑳。

    ……

项梁使沛公及项羽别攻城阳㉑,屠之。西破秦军濮阳东㉒,秦兵收入濮阳。沛公、项羽乃攻定陶㉓。定陶未下,去,西略地至雍丘㉔,大破秦军,斩李由㉕。还攻外黄㉖,外黄未下。

────────────────

① 主:主办。
② 伏:通"服"。
③ 裨(pí)将:副将。
④ 徇(xùn):镇抚。
⑤ 徇:巡行。陈王:指陈涉。广陵:秦县名,在今江苏省扬州市。
⑥ 矫:假托。
⑦ 上柱国:楚武官名,地位仅次于令尹。
⑧ 东阳:秦县名,县治在今安徽省天长市西北。
⑨ 使使:派使者。西:向西行。
⑩ 令史:县令属下的小吏。
⑪ 信谨:诚实恭谨。
⑫ 长者:忠厚老成的人。
⑬ 无适用:没有合适的人选。
⑭ 便:即,就。
⑮ 异军苍头特起:建立一支独特的军队,以青布裹头,以显示与众不同。
⑯ 先古:上世,祖上。
⑰ 暴:突然。
⑱ 世所指名:指为世人所注目。
⑲ 黥布:即英布,项羽的猛将,后投刘邦,封淮南王,因谋反被杀。蒲将军:史失其名。
⑳ 下邳(pī):秦县名,县治在今江苏省睢宁县西北。
㉑ 城阳:秦县名,县治在今山东省菏泽市东北。
㉒ 濮阳:秦县名,县治在今河南省濮阳市南。
㉓ 定陶:秦县名,县治在今山东省菏泽市定陶区西北。
㉔ 略:攻取。雍丘:秦县名,县治在今河南杞县。
㉕ 李由:前丞相李斯之子,时为三川郡守。
㉖ 外黄:秦县名,县治在今河南省杞县东北。

　　项梁起东阿，西，比①至定陶，再破秦军，项羽等又斩李由，益②轻秦，有骄色。宋义乃谏项梁曰："战胜而将骄卒惰者败。今卒少惰矣，秦兵日益，臣为君畏之。"项梁弗听。乃使宋义使于齐。道遇齐使者高陵君显③，曰"公将见武信君乎？"曰："然。"曰："臣论武信君军必败。公徐行即免死，疾行则及祸。"秦果悉起兵益章邯，击楚军，大破之定陶，项梁死。沛公、项羽去外黄攻陈留④，陈留坚守不能下。沛公、项羽相与谋曰："今项梁军破，士卒恐。"乃与吕臣军俱引兵而东。吕臣军彭城东⑤，项羽军彭城西，沛公军砀⑥。

　　章邯已破项梁军，则以为楚地兵不足忧，乃渡河击赵，大破之。当此时，赵歇⑦为王，陈余为将，张耳为相，皆走入巨鹿城。章邯令王离、涉间围巨鹿⑧，章邯军其南，筑甬道⑨而输之粟。陈余为将，将卒数万人而军巨鹿之北，此所谓河北之军也。

　　楚兵已破于定陶，怀王恐，从盱台之⑩彭城，并项羽、吕臣军自将之。以吕臣为司徒⑪，以其父吕青为令尹⑫，以沛公为砀郡长，封为武安侯，将砀郡兵。

　　初，宋义所遇齐使者高陵君显在楚军，见楚王曰："宋义论武信君之军必败，居数日，军果败。兵未战而先见败征⑬，此可谓知兵矣。"王召宋义与计事而大说之，因置以为上将军⑭；项羽为鲁公，为次将，范增为末将，救赵。诸别将皆属宋义，号为卿子冠军⑮。行至安阳⑯，留四十六日不进。项羽曰："吾闻秦军围赵王巨鹿，疾引兵渡河，楚击其外，赵应其内，破秦军必矣。"宋义曰："不然。夫搏牛之虻不可以破虮虱。⑰ 今秦攻赵，战胜则兵罢⑱，我承其敝；不胜，则我引兵鼓行⑲而西，必举秦矣。故不如先斗秦、赵⑳。夫被坚执锐㉑，义不如公；坐而运

---

①　比：等到。

②　益：逐渐。

③　高陵君显：高陵君是封号，显为人名。

④　陈留：秦县名，县治在今河南省开封市东南。

⑤　军：驻扎。彭城：秦县名，在今江苏省徐州市。

⑥　砀（dàng）：秦县名，并为砀郡治所，在今安徽省砀山南。

⑦　赵歇：战国七雄之一赵国王族后裔。

⑧　巨鹿：秦县名，当时亦为巨鹿郡治所，在今河北省平乡西南。

⑨　甬道：两侧筑墙为屏障的通道。

⑩　之：到。

⑪　司徒：古代掌教化的官。这里可能是虚号。

⑫　令尹：楚国的最高行政长官。

⑬　征：征兆。

⑭　上将军：军队的主帅。

⑮　卿子冠军：当时楚军对最高统帅宋义的称呼。卿子：对男子的尊称，与称公子含义近似。

⑯　安阳：古邑名，在今山东省曹县东南。

⑰　"夫搏牛"句：意思是攻击牛的虻，不能用来破（牛身上的）虱子。比喻楚军的主要目标是击秦，而不在于攻破包围巨鹿的章邯。虻（méng）：牛虻。虮虱：虱子。虮为虱卵。

⑱　罢：通"疲"，疲劳。

⑲　鼓行：击鼓而行。指大张旗鼓地进军。

⑳　先斗秦、赵：让秦、赵先打起来。

㉑　被：通"披"。被坚执锐：披上坚固的盔甲，手持锐利的兵器，指冲锋陷阵。

策①,公不如义。"因下令军中曰:"猛如虎,很②如羊,贪如狼,强不可使者③,皆斩之!"乃遣其子宋襄相齐,身送之至无盐④,饮酒高会⑤。天寒大雨,士卒冻饥。项羽曰:"将戮力⑥而攻秦,久留不行。今岁饥民贫,士卒食芋菽⑦,军无见粮⑧,乃饮酒高会,不引兵渡河因赵食⑨,与赵并力攻秦,乃曰:'承其敝。'夫以秦之强,攻新造之赵⑩,其势必举赵。赵举而秦强,何敝之承!且国兵新破,王坐不安席,埽⑪境内而专属于将军,国家安危,在此一举。今不恤士卒而徇其私⑫,非社稷⑬之臣!"项羽晨朝上将军宋义,即其帐中斩宋义头,出令军中曰:"宋义与齐谋反楚,楚王阴令⑭羽诛之。"当是时,诸将皆慑服,莫敢枝梧⑮,皆曰:"首立楚者,将军家也。今将军诛乱。"乃相与共立羽为假⑯上将军。使人追宋义子,及之齐,杀之。使桓楚报命于怀王。怀王因使项羽为上将军。当阳君⑰、蒲将军皆属项羽。

项羽已杀卿子冠军,威震楚国,名闻诸侯。乃遣当阳君、蒲将军将卒二万渡河,救巨鹿。战少利⑱,陈余复请兵。项羽乃悉引兵渡河,皆沉船,破釜甑⑲,烧庐舍,持三日粮,以示士卒必死⑳,无一还心㉑。于是至则围王离,与秦军遇,九战,绝其甬道,大破之,杀苏角,虏王离。涉间不降楚,自烧杀。

当是时,楚兵冠诸侯。诸侯军救巨鹿下者十余壁㉒,莫敢纵兵㉓。及楚击秦,诸将皆从壁上观㉔。楚战士无不一以当十。楚兵呼声动天,诸侯军无不人人惴恐㉕。于是已破秦军,项

---

① 运策:运筹。
② 很:指不服从命令。
③ 强:倔强,固执。以上几句,都暗指项羽。
④ 无盐:秦县名,县治在今山东东平东南。
⑤ 高会:盛大宴会。
⑥ 戮力:合力。
⑦ 芋菽:薯类和豆类。
⑧ 见粮:现粮。见:通"现"。
⑨ 因赵食:凭借赵地,取粮而食。
⑩ 新造:新建立。
⑪ 埽(sǎo)境内:指倾楚地之兵。埽:通"扫(扫)"。
⑫ 徇:曲从。
⑬ 社稷:古代帝王、诸侯所祭祀的土神和谷神,是国家的象征。
⑭ 阴令:密令,暗中命令。
⑮ 枝梧:指抵触、不服从。
⑯ 假:代理。
⑰ 当阳君:黥布的封号。
⑱ 少利:稍有进展。
⑲ 甑(zèng):瓦器,用以蒸煮食物。
⑳ 必死:决死。项羽破釜沉舟后,楚兵断了后路,只有拼死击秦兵。
㉑ 无一还心:不让一人有畏缩后退之心。
㉒ 壁:营垒。
㉓ 纵兵:出兵。
㉔ 从壁上观:依凭营垒观战。
㉕ 惴恐:恐惧。

羽召见诸侯将，入辕门^①，无不膝行而前^②，莫敢仰视。项羽由是始为诸侯上将军，诸侯皆属焉。

......

是时，汉兵盛食多，项王兵罢食绝。汉遣陆贾^③说项王，请太公，项王弗听。汉王复使侯公^④往说项王，项王乃与汉约，中分天下。割鸿沟以西者为汉，鸿沟而东者为楚。项王许之，即归汉王父母妻子。军皆呼万岁。汉王乃封侯公为平国君，匿弗肯复见。曰："此天下辩士，所居倾国^⑤，故号为平国君。"项王已约，乃引兵解^⑥而东归。

汉欲西归。张良、陈平说曰："汉有天下太半^⑦，而诸侯皆附之。楚兵罢，食尽，此天亡楚之时也，不如因其机而遂取之。今释弗击，此所谓'养虎自遗患'也。"汉王听之。汉五年，汉王乃追项王至阳夏南^⑧，止军，与淮阴侯韩信、建成侯彭越期会而击楚军。至固陵^⑨，而信、越之兵不会。楚击汉军，大破之。汉王复入壁，深堑^⑩而自守。谓张子房曰："诸侯不从约，为之奈何？"对曰："楚兵且破，信、越未有分地^⑪，其不至固宜。君王能与共分天下，今可立致也^⑫。即不能，事未可知也。君王能自陈以东傅海^⑬，尽与韩信；睢阳以北至谷城^⑭，以与彭越：使各自为战^⑮，则楚易败也。"汉王曰："善。"于是乃发使者告韩信、彭越曰："并力击楚，楚破，自陈以东傅海与齐王，睢阳以北至谷城与彭相国^⑯。"使者至，韩信、彭越皆报曰："请今进兵。"韩信乃从齐往，刘贾军从寿春^⑰并行，屠城父^⑱，至垓下^⑲。大司马周殷叛楚^⑳，以舒屠六^㉑。举九江兵，随刘贾、彭越，皆会垓下，诣项王。

项王军壁垓下，兵少食尽，汉军及诸侯兵围之数重。夜闻汉军四面皆楚歌，项王乃大惊曰："汉皆已得楚乎？是何楚人之多也！"项王则夜起，饮帐中。有美人名虞，常幸从；骏马名

---

① 辕门：军门。古代行军以车为阵，营前竖车辕相对为门，故称辕门。

② 膝行：跪在地上，用双膝行进，以示畏惧之心。

③ 陆贾：刘邦的谋士。

④ 侯公：史失其名。

⑤ 倾国：倾覆国家。含义与"平国"相反。

⑥ 解：通"懈"，放松戒备。

⑦ 太半：大半。

⑧ 阳夏（jiǎ）：秦县名，县治在今河南省太康县。

⑨ 固陵：秦县名，县治在今河南省太康县南。

⑩ 深堑：深挖壕沟。

⑪ 未有分地：没有明确的封地。

⑫ 致：招来。

⑬ 自陈以东傅海：意谓从陈地往东一直到海边。陈：秦郡名，郡治在今河南淮阳县。傅：紧靠。

⑭ 睢阳：秦县名，县治在今河南省商丘市南。谷城：秦县名，县治在今山东省东阿县南。

⑮ 各自为战：为自己的利益而战。

⑯ 彭相国：彭越，曾为魏相国。

⑰ 寿春：秦县名，县治在今安徽省寿县。

⑱ 城父：古邑名，在今安徽省亳州市东南

⑲ 垓（gāi）下：古地名，在今安徽省灵璧县东南。

⑳ 周殷：项羽的将领。

㉑ 以舒屠六（lù）：以舒地之军屠杀六地的军民。舒：秦县名，县治在今安徽舒城。六：秦县名，县治在今安徽六安。

骓,常骑之。于是项王乃悲歌慷慨,自为诗曰:"力拔山兮气盖世,时不利兮骓不逝①。骓不逝兮可奈何,虞兮虞兮奈若何!"歌数阕②,美人和之。项王泣数行下,左右皆泣,莫能仰视。

于是项王乃上马骑,麾下壮士骑从者八百余人,直夜溃围南出③,驰走。平明④,汉军乃觉之,令骑将灌婴以五千骑追之。项王渡淮,骑能属⑤者百余人耳。项王至阴陵⑥,迷失道,问一田父⑦,田父绐⑧曰:"左。"左,乃陷大泽中⑨,以故汉追及之。项王乃复引兵而东,至东城⑩,乃有二十八骑。汉骑追者数千人。项王自度不得脱,谓其骑曰:"吾起兵至今八岁矣,身七十余战,所当者破,所击者服,未尝败北,遂霸有天下。然今卒困于此,此天之亡我,非战之罪也。今日固决死,愿为诸君快战⑪,必三胜之⑫,为诸君溃围、斩将、刈旗⑬,令诸君知天亡我,非战之罪也。"乃分其骑以为四队,四向⑭。汉军围之数重。项王谓其骑曰:"吾为公取彼一将。"令四面骑驰下,期山东为三处⑮。于是项王大呼驰下,汉军皆披靡⑯,遂斩汉一将。是时,赤泉侯⑰为骑将,追项王,项王瞋目而叱之,赤泉侯人马俱惊,辟易⑱数里。与其骑会为三处。汉军不知项王所在,乃分军为三,复围之。项王乃驰,复斩汉一都尉,杀数十百人。复聚其骑,亡其两骑耳。乃谓其骑曰:"何如?"骑皆伏曰:"如大王言!"

于是项王乃欲东渡乌江⑲。乌江亭长舣船待⑳,谓项王曰:"江东虽小,地方千里,众数十万人,亦足王也。愿大王急渡。今独臣有船,汉军至,无以渡。"项王笑曰:"天之亡我,我何渡为!且籍与江东子弟八千人渡江而西,今无一人还,纵江东父兄怜而王我,我何面目见之?纵彼不言,籍独不愧于心乎?"乃谓亭长曰:"吾知公长者,吾骑此马五岁,所当无敌,尝一日行千里,不忍杀之,以赐公。"乃令骑皆下马步行,持短兵㉑接战。独籍所杀汉军数百人。项王

---

① 逝:奔驰。

② 数阕:几遍。阕:量词。乐曲终止一次曰一阕。

③ 直夜:当夜。溃围:指冲出重围。

④ 平明:天刚亮。

⑤ 属:跟随。

⑥ 阴陵:秦县名,县治在今安徽定远西北。

⑦ 田父:种田老人。

⑧ 绐(dài):欺骗。

⑨ 大泽:低洼多水之地。

⑩ 东城:秦县名,县治在今安徽省定远县东南。

⑪ 快战:痛痛快快地打一仗。

⑫ 三胜之:即指下文溃围、斩将、刈旗三事。

⑬ 刈(yì):砍倒。

⑭ 四向:分别朝着四个方向。

⑮ 期山东为三处:约定在山的东面分三处会合。

⑯ 披靡:本指草随风倒伏。此处形容汉军之溃退。

⑰ 赤泉侯:指杨喜,当时尚未封侯。

⑱ 辟易:指因惊惧而退避。辟:通"避"。易:改变地方。

⑲ 乌江:渡口名,在今安徽省和县东北四十里处,位于长江西岸。

⑳ 舣(yǐ)船:移船靠岸。

㉑ 短兵:短小轻便的兵器。

身亦被十余创①，顾见汉骑司马吕马童②，曰："若非吾故人乎?"马童面之③，指王翳曰："此项王也。"项王乃曰："吾闻汉购④我头千金，邑万户，吾为若德。"乃自刎而死。王翳取其头，余骑相蹂践⑤争项王，相杀者数十人。最其后，郎中骑杨喜，骑司马吕马童，郎中吕胜、杨武，各得其一体。五人共会其体⑥，皆是。故分其地为五⑦：封吕马童为中水侯，封王翳为杜衍侯，封杨喜为赤泉侯，封杨武为吴防侯，封吕胜为涅阳侯。

项王已死。楚地皆降汉，独鲁不下。汉乃引天下兵欲屠之，为其守礼义，为主死节，乃持项王头视鲁⑧，鲁父兄乃降。始，楚怀王初封项籍为鲁公，及其死，鲁最后下，故以鲁公礼葬项王谷城。汉王为发哀，泣之而去。诸项氏枝属⑨，汉王皆不诛。乃封项伯为射阳侯。桃侯、平皋侯、玄武侯皆项氏，赐姓刘。

太史公曰⑩：吾闻之周生曰"舜目盖重瞳子⑪"，又闻项羽亦重瞳子。羽岂其苗裔邪⑫? 何兴之暴也! 夫秦失其政，陈涉首难，豪杰蜂起，相与并争，不可胜数。然羽非有尺寸⑬，乘势起陇亩之中⑭，三年，遂将五诸侯⑮灭秦，分裂天下，而封王侯，政由羽出，号为"霸王"，位虽不终，近古以来⑯未尝有也。及羽背关怀楚⑰，放逐义帝而自立，怨王侯叛己，难矣。自矜功伐⑱，奋其私智而不师古⑲，谓霸王之业，欲以力征⑳经营天下，五年卒亡其国，身死东城，尚不觉寤㉑而不自责，过矣。乃引"天亡我，非用兵之罪也"，岂不谬哉!

---

① 被十余创：受了十几处伤。

② 顾：回头看。骑司马：骑兵官名。

③ 面之：转身背着项羽。面：通"偭"(miǎn)，背(向)。吕马童追赶项王，此时背过身去。

④ 购：悬赏。

⑤ 蹂践：践踏。

⑥ "五人"句：五人拼合验证是不是项羽的肢体。

⑦ 分其地为五：将原来悬赏的万户封邑分成五份。

⑧ 视鲁：给鲁人看。视：示。

⑨ 枝属：宗属。

⑩ 太史公曰：以下是赞语。《史记》中的评论，一般分为两种情况，在篇首的称序，在篇末的称赞，多为补充说明全篇内容以及对人物事件的评论。太史公：作者自称。

⑪ 周生：西汉儒生。重瞳子：一只眼睛里有两个瞳孔，中国历史上著名的重瞳子有舜、晋文公、项羽、李煜等。

⑫ 苗裔：后代。

⑬ 非有尺寸：没有尺寸之地作根基。

⑭ 起陇亩之中：指崛起于平民之间。

⑮ 五诸侯：指赵、齐、燕、魏、韩五国义军。指战国七雄中除了秦、楚以外的其他五诸侯国。

⑯ 近古以来：指春秋、战国以来。

⑰ 背关怀楚：留恋楚地，放弃关中。背：舍弃。项羽定都故乡彭城，放弃了秦都关中。

⑱ 自矜功伐：指居功自傲。自矜：自负，自夸。

⑲ 奋：逞。

⑳ 力征：武力征讨。

㉑ 觉寤：醒悟。寤：通"悟"。

文本拓展

一、知识链接

☞ 《史记》

《史记》原名《太史公书》，作者司马迁，西汉史学家。该书记载了从上古传说中的黄帝时期至汉武帝元狩元年(前 122)长达 3000 多年的历史，鲁迅誉之为"史家之绝唱，无韵之离骚"。全书 130 篇，包括 12 本纪、30 世家、70 列传、10 表、8 书，对后世的影响极为深远，列"二十四史"之首。

☞ 怀王

楚义帝熊心(？—公元前 206)，芈姓，熊氏，名心。楚怀王熊槐之孙。楚国被秦国灭亡后，熊心在乡间以牧羊为生。

项梁起事后，谋士范增认为秦朝灭亡六国，楚最无罪。且自从怀王到秦国后一去不返，楚人怀念他至今。因此建议项梁在民间寻找楚怀王的后人，以从民望。由此熊心被拥立为楚怀王。后项梁败亡，熊心以宋义为上将军，培植自己的势力，并与诸将约定先入关中者为王。公元前 206 年 10 月，刘邦攻破咸阳，率先入关中。在封王问题上熊心坚持"如约"，项羽因此怀恨，名义上尊熊心为"义帝"，实则将其架空，自立为"西楚霸王"，定都彭城，行天子事，分封各路诸侯。同年，项羽将熊心徙往长沙郴县(今湖南郴州)，暗中指令英布等将熊心弑杀。第二年，刘邦得到熊心的死讯，令三军发丧，缟素三日，随之讨伐项羽，楚汉之战由此拉开帷幕。

公元前 202 年，刘邦统一天下，将熊心以帝王规格安葬，并称其墓为皇陵。

☞ 项羽本纪中的成语(按文章中出现顺序排列)

取而代之
原文：秦始皇帝游会稽，渡浙江，梁与籍俱观。籍曰："彼可取而代也。"

才气过人
原文：籍长八尺余，力能扛鼎，才气过人，虽吴中子弟，皆已惮籍矣。

先发制人，后发制于人
原文：秦二世元年七月，陈涉等起大泽中。其九月，会稽守通谓梁曰："江西皆反，此亦天亡秦之时也。吾闻先即制人，后则为人所制。"

异军突起
原文：东阳少年杀其令，……少年欲立婴便为王，异军苍头特起。

搏牛之虻
原文：项羽曰："吾闻秦军围赵王巨鹿，疾引兵渡河，楚击其外，赵应其内，破秦军必矣。"宋义曰："不然。夫搏牛之虻不可以破虮虱。"

作壁上观
原文：当是时，楚兵冠诸侯。诸侯军救巨鹿下者十余壁，莫敢纵兵。及楚击秦，诸将皆从壁上观。

不可胜计

原文:陈余亦遗章邯书曰:"白起为秦将,南征鄢郢,北坑马服,攻城略地,不可胜计,而竟赐死。"

秋毫无犯

原文:项伯即入见沛公。沛公奉卮酒为寿,约为婚姻,曰:"吾入关,秋毫不敢有所近,……"

项庄舞剑,意在沛公

原文:于是张良至军门见樊哙,樊哙曰:"今日之事何如?"良曰:"甚急!今者项庄拔剑舞,其意常在沛公也。"

目眦尽裂

原文:哙曰:"此迫矣,臣请入,与之同命。"哙即带剑拥盾入军门。交戟之卫士欲止不内,樊哙侧其盾以撞,卫士仆地,哙遂入,披帷西向立,嗔目视项王,头发上指,目眦尽裂。

劳苦功高

原文:樊哙曰:"……怀王与诸将约曰:'先破秦入咸阳者王之。'今沛公先破秦入咸阳,……劳苦而功高如此,未有封侯之赏,而听细说,欲诛有功之人,此亡秦之续耳,窃为大王不取也。"

人为刀俎,我为鱼肉

原文:沛公曰:"今者出,未辞也,为之奈何?"樊哙曰:"大行不顾细谨,大礼不辞小让。如今人方为刀俎,我为鱼肉,何辞为!"

不足与谋

原文:亚父受玉斗,置之地,拔剑撞而破之,曰:"唉!竖子不足与谋。夺项王天下者,必沛公也。吾属今为之虏矣。"

衣锦夜行 沐猴而冠

原文:项王见秦宫室皆以烧残破,又心怀思欲东归,曰:"富贵不归故乡,如衣绣夜行,谁知之者!"说者曰:"人言楚人沐猴而冠耳,果然。"项王闻之,烹说者。

一决雌雄 斗智不斗力

原文:楚、汉久相持未决,丁壮苦军旅,老弱罢转漕。项王谓汉王曰:"天下匈匈数岁者,徒以吾两人耳,愿与汉王挑战,决雌雄,毋徒苦天下之民父子为也。"汉王笑谢曰:"吾宁斗智,不能斗力。"

养虎遗患

原文:汉欲西归。张良、陈平说曰:"汉有天下太半,而诸侯皆附之。楚兵罢,食尽,此天亡楚之时也,不如因其机而遂取之。今释弗击,此所谓'养虎自遗患'也。"汉王听之。

各自为战

原文:(刘邦)谓张子房曰:"诸侯不从约,为之奈何?"对曰:"……君王能自陈以东傅海,尽与韩信;睢阳以北至谷城,以与彭越:使各自为战,则楚易败也。"

四面楚歌 慷慨悲歌

原文:项王军壁垓下,兵少食尽,汉军及诸侯兵围之数重。夜闻汉军四面皆楚歌,项王乃大惊曰:"汉皆已得楚乎?是何楚人之多也!"项王则夜起,饮帐中。有美人名虞,常幸从;骏马名骓,常骑之。于是项王乃悲歌慷慨,自为诗曰:"力拔山兮气盖世,时不利兮骓不逝。骓不逝兮可奈何,虞兮虞兮奈若何!"

所向披靡

原文:汉军围之数重。项王谓其骑曰:"吾为公取彼一将。"令四面骑驰下,期山东为三处。于是项王大呼驰下,汉军皆披靡。

无颜见江东父老

原文:于是项王乃欲东渡乌江。乌江亭长……谓项王曰:"江东虽小,地方千里,众数十万人,亦足王也。……"项王笑曰:"天之亡我,我何渡为!且籍与江东子弟八千人渡江而西,今无一人还,纵江东父兄怜而王我,我何面目见之?纵彼不言,籍独不愧于心乎?"

不可胜数

原文:太史公曰:……夫秦失其政,陈涉首难,豪杰蜂起,相与并争,不可胜数。

乘势而起 政由己出

原文:太史公曰:……然羽非有尺寸,乘势起陇亩之中,三年,遂将五诸侯灭秦,分裂天下,而封王侯,政由羽出,号为"霸王"。

经营天下

原文:太史公曰:……谓霸王之业,欲以力征经营天下。五年卒亡其国,身死东城,尚不觉寤而不自责,过矣。

二、点评辑要

● 评《史记》

通才著书以百数,惟太史公为广大,余皆丛残小论。

(汉·桓谭《新论》)

司马迁发愤作《史记》百三十篇,先达称为良史之才。其以伯夷居列传之首,以为善而无报也;为《项羽本纪》,以踞高位者非关有德也。及其序屈原、贾谊,辞旨抑扬,悲而不伤,亦近代之伟才。

(汉·刘歆《西京杂记》)

吾尝以为迁有大罪二,其先黄老,后"六经",退处士,进奸雄,盖其小小者耳。所谓大罪二,则论商鞅、桑弘羊之功也。

(宋·苏轼《东坡志林》)

汉司马迁绌石室金匮之书,据《左氏》《国语》,推《世本》《战国策》《楚汉春秋》,采经摭传,罔罗天下放失旧闻,考之行事,驰骋上下数千载间。首记轩辕,至于麟止,作为纪、表、世家、书、传,后之述者不能易此体也。唯其是非不谬于古人,褒贬出于至当,则良史之材矣。

(宋神宗赵顼《资治通鉴序》)

司马迁才高,识亦高,但粗率。《太史公书》疏爽,班固书密塞。

(宋·朱熹《朱子语类》)

《诗》《书》《春秋》之后,惟太史公号称良史,作为纪、传、书、表。纪、传以述理乱兴衰,八书以述典章经制。后之执笔操简牍者,卒不易其体。

(元·马端临《文献通考·自序》)

司马氏以命世之才,旷代之识,高视千载,创立《史记》。本纪、年表祖《春秋》之凡例,六书(编者注:疑误,应为八书)、世家、列传变《国风》之条目。班氏父子因之,用炎汉一代之彝典,整齐其文,后史家之体要,炳如日星。

(清·钱谦益《汲古阁毛氏新刻十七史序》)

太史公诚史界之造物主也,其书亦常有国民思想,如项羽而列诸本纪,孔子、陈涉而列诸世家,儒林、游侠、刺客、货殖而为之列传,皆有深意存焉。其为立传者,大率皆于时代极有关系之人也,而后世之效颦者则胡为也。

(近代·梁启超《中国史界革命案》)

……虽背《春秋》之义,固不失为史家之绝唱,无韵之《离骚》矣。惟不拘于史法,不囿于字句,发于情,肆于心而为文。

(近代·鲁迅《汉文学史纲要》)

● 评《项羽本纪》

项王……以本纪为名,非惟羽之僭盗,不可同于天子;且推其序事,皆作传言,求谓之纪,不可得也。或曰:迁纪五帝、夏、殷,亦皆列事而已,子曾不之怪,何独尤于《项纪》哉?对曰:不然。夫五帝之与夏、殷也,正朔相承,子孙递及,虽无年可著,纪亦何伤。如项羽者,事起秦余,身终汉始,殊夏氏之后羿,似黄帝之蚩尤。譬诸闰位,容可列纪;方之骈拇,难以成编。且夏、殷之纪,不引他事,夷、齐谏周,实当纣日,而析为列传,不入殷篇。《项纪》则上下同载,君臣交杂,纪名传体,所以成嗤。

(唐·刘知几《史通》)

太史公叙立义帝以后,气魄一日盛一日,杀义帝以后,气魄一日衰一日,此是纪中大纲领主意,其开合驰骤处具有喑呜叱咤之风。

……(巨鹿之战)项羽最得意之战,太史公最得意之文。《垓下歌》悲壮呜咽,与《大风》各自模写帝王兴衰气象。

(明·唐顺之《精选批点史记》)

篇中写羽,不但无帝王气度,亦全不是大将身份,不过一骑将耳。既前于宋义口中点出,以后击田荣、击汉、击彭越、击陈留外黄,凡写战胜,无非亲在行间者,至于用郑昌而败,用萧公角而败,用薛公而败,用曹咎、司马欣而败。其与汉相持,必写其自披甲持戟临阵挑战,此骑将之枭雄者也。故后段写二十余骑字以结之。且前杀会稽守,写籍所击杀数十百人,后于结处,亦写独籍所杀汉军数十百人,写尽匹夫之勇矣。

(清·王又朴《史记读法》)

羽之神勇,千古无二;太史公以神勇之笔,写神勇之人,亦千古无二。迄今正襟读之,犹觉喑呜叱咤之雄,纵横驰骋于数页之间,驱数百万甲兵,如大风卷箨,奇观也。

当是时,秦纲懈而维驰,天下叛之,英雄杂沓并起,千头万绪,棼如乱丝,太史以一笔写之,或插序,或陪序,或带序,或附传,无不丝丝入扣,节节归根,步骤井然不乱,后之作史者,谁有此笔力?

此篇中纪羽由微而盛,由盛而亡,中以义帝为关捩。羽未弑义帝以前,由裨将,而次将,而上将,而诸侯上将军,至分封则为西楚霸王。始以八千而西,俄而二万,俄而六七万,至新丰鸿门则四十万,其兴也勃焉。及弑帝则日衰矣……至垓下,所谓四十万者,忽为八百余,二百余,二十八骑,至无一人还,其亡也忽焉。一牧羊儿耳,所系如此,可见名义在人心,不可没也。

(清·李晚芳《读史管见》)

　　案项王自叙七十余战,史公所记独巨鹿、垓下两战为详。巨鹿之战全用烘托法,无一及战事,而于垓下显出项羽兵法及斩将搴旗之功。项羽英雄,史公自是心折,亦由其好奇,于势穷力尽处自显神通。巨鹿、鸿门、垓下三段,自是史公《项羽纪》中聚精会神、极得意文字。

(清・郭嵩焘《史记札记》)

　　《羽纪》以将才为主,其于战争极意铺张,正见其短,所谓一将之任则有余也。曾文正云:如此长篇,只记一事,古今所罕。

(近代・吴汝纶《桐城先生点勘史记》)

三、旁观博览

　　1. 汉・司马迁:《史记》,中华书局 2013 年版。
　　2. 韩兆琦评注:《史记》,岳麓书社 2011 年版。
　　3. 张大可:《司马迁评传》,商务印书馆 2013 年版。
　　4. [日]泷川资言:《史记会注考证》,上海古籍出版社 2015 年版。

四、思考练习

　　1.《项羽本纪》中出现的人物很多,请参阅《史记・项羽本纪》,将所有有名姓的人物列出,做一幅人物关系图。
　　2. 后人认为义帝之死是项羽由盛转败的关键,你是否认同? 为什么?
　　3. 从"项王军壁垓下"到"封吕胜为涅阳侯",请将这段文字改成一个题为"项羽之死"的故事。

汉乐府

乐府本是秦汉时期采集民间歌谣或文人的诗来配乐,以备朝廷祭祀或宴会时演奏之用的机构。后世将乐府采集的歌谣或诗歌称为"乐府诗",或简称"乐府"。汉乐府是继《诗经》、《楚辞》之后兴起的一种新诗体。后来有不入乐的诗歌也被称为乐府或拟乐府。

汉乐府是继《诗经》之后,古代民歌的又一次大汇集,它用通俗的语言创作贴近生活的作品,由杂言逐渐向五言过渡。汉乐府采用叙事写法,刻画人物细致入微,创造人物性格鲜明,故事情节较为完整。《陌上桑》和《孔雀东南飞》是汉乐府民歌的代表作。

上山采蘼芜[①]

上山采蘼芜[②],下山逢故夫[③]。
长跪[④]问故夫,新人[⑤]复何如?
新人虽言好,未若故人姝[⑥]。
颜色[⑦]类相似,手爪[⑧]不相如。
新人从门入,故人从阁去[⑨]。
新人工织缣,故人工织素[⑩]。

---

① 选自南朝徐陵辑《玉台新咏》。

② 蘼芜(mí wú):一种香草,叶子风干可以做香料。古人相信蘼芜可使女性多子。

③ 故夫:前夫。

④ 长跪:直身而跪。古人席地而坐,坐时两膝据地,以臀部著足跟。跪则伸直腰股,以示庄敬。

⑤ 新人:新娶的妻子,对前妻而言。

⑥ 姝:好。

⑦ 颜色:姿色,容貌。

⑧ 手爪:指纺织等女红。

⑨ 阁(gé):旁门,小门。新妇从正面大门被迎进来,故妻从旁边小门被送出去。一荣一辱,一喜一悲,尖锐对照。这两句是弃妇的话,当故夫对她流露出一些念旧之情的时候,她忍不住重提旧事,诉一诉当时所受委屈。

⑩ 缣(jiān)、素:都是绢。素色洁白,缣色带黄,素贵缣贱。

织缣日一匹,织素五丈余①。
将缣来比素,新人不如故。

文本拓展

一、知识链接

☞ 弃妇诗

中国古代诗歌中有一类专门描写弃妇的诗篇,从诗经开始,历代诗人都有诗歌反映弃妇这一形象,有的是直说其事,有的则是政治寓托。《上山采蘼芜》就是一首反映弃妇的诗篇,这首通过人物对话来表现思想内容的叙事诗,后人往往将它与《诗经》中的《卫风·氓》《邶风·谷风》与汉乐府民歌中的《白头吟》《怨歌行》等名篇相提并论。从故夫和弃妇的对话中,可以明显地读出故夫与弃妇久别重逢互倾衷肠时流露出的爱与无奈,反映了汉代夫权社会中女性地位的卑下。

☞ 七出

《孔子家语·本命解》:"妇有七出三不去。七出者:不顺父母者,无子者,淫僻者,嫉妒者,恶疾者,多口舌者,窃盗者。"《仪礼·丧服》:"出妻之子为母。"唐·贾公彦疏:"七出者:无子,一也;淫佚,二也;不事舅姑,三也;口舌,四也;盗窃,五也;妒忌,六也;恶疾,七也。"

二、点评辑要

"颜色类相似",言其表也;"手爪不相如",言其用也。
巧拙既殊,钝捷亦异,而爱憎取舍,一切反之。

(明·张琦评语,摘自《两汉文学史参考资料》)

"新人从门入"两句必须作为弃妇的话才有味,因为故夫说新不如故,是含有念旧的感情的,使她听了立刻觉得要诉诉当初的委屈,同时她不能即刻相信故夫的话是真话,她还要试探试探。这两句话等于说:既然故人比新人好,你还记得当初怎样对待故人吗? 也等于说:你说新人不如故人,我还不信呢,要真是这样,你就不会那样对待我了。这么一来就逼出男人说出一番具体比较。

(余冠英《乐府诗选》)

三、旁观博览

1. 宋·郭茂倩:《乐府诗集》,中华书局1979年版。
2. 吴相洲:《乐府学概论》,人民文学出版社2015年版。
3. 周仕慧:《乐府诗体式研究》,北京大学出版社2013年版。
4. 张煜:《乐府诗题名研究》,北京大学出版社2013年版。

---

① 匹、丈:都是古代度量单位。一匹长四丈,宽二尺二寸。

5. 向回：《乐府诗本事研究》，北京大学出版社 2013 年版。
6. 曾智安：《乐府诗音乐形态研究》，北京大学出版社 2013 年版。

四、思考练习

1. 请对《孔雀东南飞》和《上山采蘼芜》的男女主人公进行比较分析，分别绘制一幅双重气泡图。
2. 根据《上山采蘼芜》的诗意，找寻一首在意境上最贴近的现代歌词。
3. 请揣摩诗中男子的心理，写一篇不少于 300 字的内心独白。

古诗十九首

古诗十九首,首见于梁代昭明太子萧统编纂的《**文选**》。唐李善注曰:"并云'古诗',盖不知作者。或云枚乘,疑不能明也。"有一种说法认为作者是西汉文学家枚乘,但李善不置可否。因为作者的姓名已不可知,所以编排的时候放在东汉李陵诗歌的前面。现在学界一般认为,这十九首五言诗都是东汉时候的作品。"古诗十九首"的出现标志着古代五言诗发展至巅峰状态。

生年不满百

生年不满百,常怀千岁忧。
昼短苦夜长,何不秉烛游①!
为乐当及时,何能待来兹②?
愚者爱惜费③,但为后世嗤④。
仙人王子乔⑤,难可与等期⑥。

驱车上东门

驱车上东门⑦,遥望郭北墓⑧。

---

① 秉:执,古代夜间燃烛以照明,需要人用手拿着,故称"秉烛"。"秉烛游",犹言作长夜之游。

② 来兹:即"来年"。《春秋公羊传》:"诸侯有疾曰负兹。"注:"兹,新生草也。"这是兹的本义,《吕氏春秋》:"今兹美禾,来兹美麦。"注:"兹,年也。"这是引申义,因为草生一年一次,故训"兹"为"年"。

③ 费:费用,指钱财。

④ 嗤:轻蔑地笑。

⑤ 王子乔:传说中的仙人。

⑥ 等:同,指同样成为仙人。期:待,全句指成仙之事不是普通人所能期待。

⑦ 上东门:洛阳城东面三门中最北头的城门。李善注《文选》中阮籍《咏怀诗》引《河南郡图经》(洛阳在汉代是河南郡的郡治):"东有三门,最北头曰上东门。"

⑧ 郭北墓:指洛阳城北的北邙山,是著名的坟墓区。

白杨何萧萧，松柏夹广路①。
下有陈死人②，杳杳即长暮③。
潜寐④黄泉下，千载永不寤⑤。
浩浩阴阳移⑥，年命如朝露⑦。
人生忽如寄⑧，寿无金石固。
万岁更相送⑨，圣贤莫能度⑩。
服食求神仙⑪，多为药所误。
不如饮美酒，被服纨与素⑫。

文本拓展

一、知识链接

☞　《文选》

《文选》又称《昭明文选》，是中国现存最早的一部诗文总集，由南朝梁武帝的长子昭明太子萧统组织文人共同编选，故称作《昭明文选》。全书共 60 卷，分为赋、诗、骚、七、诏、册、令、教、文、表、上书、启、弹事、笺、奏记、书、檄、对问、设论、辞、序、颂、赞、符命、史论、史述赞、论、连珠、箴、铭、诔、哀、碑文、墓志、行状、吊文、祭文等类别。《文选》所选作家上起先秦，下至梁初。全书"略古详近"，但"不录存者"诗文，因此没有收入当时尚健在的作家。作品则以"事出于沉思，义归乎翰藻"为原则，没有收入经、史、子书。后代研究《文选》形成"选学"，有唐李善注本与五臣注本以及二者合起来的六臣注本。

☞　王子乔

据刘向《列仙传》载，王子乔为周灵王太子晋也。好吹笙，作凤鸣。浮丘公接上嵩山，三

---

①　白杨、松柏：古人多在墓前种植白杨、松树、柏树等，作为标志。广路：即墓道。北邙山是权贵的墓地，故墓前有广阔的墓道。
②　陈死人：久死的人。《庄子·寓言》："人而无人道，是之谓陈人也。"郭象注："陈，久也。"
③　杳杳：幽暗的样子。即：就，犹言"身临"。长暮：长夜。意思是，人死后葬入坟墓，就好比永远身陷长夜中。故中国古代称坟墓为"夜台"。
④　寐：睡。潜寐，一作"寐潜"，意思相同。
⑤　寤（wù）：醒。
⑥　浩浩：水流无边无际的样子。阴阳：就是时间。古人以春夏为阳，秋冬为阴。《庄子·知北游》："阴阳四时运行。"该句意为岁月无穷。
⑦　年命：犹言"寿命"。朝露：早晨的露水，太阳一晒就蒸发了。该句意为生命短暂。
⑧　忽：匆匆。寄：寄居，指不久就归去。《尸子》："人生于天地之间，寄也。"这两句形容人生的短促。
⑨　万岁：犹言"自古"。更：更迭。
⑩　度：通"渡"，即"超越"。这句是说圣贤也无法超越生死。
⑪　服食："服"即食，服食在习惯上专用于道家吃长生不老之药。崔豹《古今注》："淮南（指淮南王刘安）服食求仙，遍礼方士。"
⑫　被：同"披"，被服就是穿着。纨、素：白色的丝织品。"素"是绢的统称，"纨"指的是细绢。这句话指穿上精美绸缎，图个眼前快活。

十余年,仙去。

☞ 郭北墓

东汉光武帝建武十一年(35),城阳恭王刘祉死,葬于北邙,之后王侯卿相多安葬此地,兆邙山逐渐成为著名的公墓地区。魏曹植《宋应氏诗》、唐张籍《北邙行》,都是哀悼死者的诗歌。

☞ 白杨 松柏

古代墓地上多种树木用来坚固坟茔的土壤,并作为标志,便于后人祭拜。仲长统《昌言》:"古之葬者,松柏、梧桐,以识其坟也。"同时,墓旁植树还分等级,《太平御览》:"《礼系》曰:'天子坟树松,诸侯树柏,卿大夫树杨,士树榆,尊卑差也。'"

☞ 黄泉

黄泉指深到有泉水的地下。古代以白、青、黄、赤、黑,对应金、木、土、火、水,地就是土,故色黄。

二、点评辑要

● 评《古诗十九首》

言志乃诗人之本意,咏物特诗人之余事。"古诗"、苏、李、曹、刘、陶、阮,本不期于咏物,而咏物之工,卓然天成,不可复及。其情真、其味长、其气盛,视《三百篇》几于无愧,凡以得诗人之本意也。

古今诗人推及陈王及《古诗》第一,此乃不易之论。

(宋·张戒《岁寒堂诗话》)

诗之难,其《十九首》乎。蓄神奇于温厚,寓感怆于平和;意愈浅愈深,词愈近愈远;篇不可句摘,句不可字求。

古诗短体如《十九首》,长体如《孔雀东南飞》,皆不假雕琢,工极天然,百代而下,当无继者。

(明·胡应麟《诗薮·内编》)

《十九首》所以为千古至文者,以能言人同有之情也。人情莫不思得志,而得志者有几?虽处富贵,慊慊犹有不足,况贫贱乎?志不可得而年命如流,谁不感慨?人情于所爱,莫不欲终身相守,然谁不有别离?以我之怀思,猜彼之见弃,亦其常也。夫终身相守者,不知有愁,亦复不知其乐,乍一别离,则此愁难已。逐臣弃妻与朋友阔绝,皆同此旨。故《十九首》虽此二意,而低回反复,人人读之皆若伤我心者,此诗所以为性情之物,而同有之情,人人各具,则人人本自有诗也。但人人有情而不能言,即能言而言不能尽,故特推《十九首》以为至极。

(清·陈祚明《采菽堂古诗选》)

无题之诗,天籁也;有题之诗,人籁也。天籁易工,人籁难工。《三百篇》《古诗十九首》,皆无题之作,后人取其诗中首面之一二字为题,遂独绝千古。

(清·袁枚《随园诗话》)

理明句顺,气敛神藏,是谓平淡。如《十九首》岂非平淡乎?苟非绚烂之极,未易到此。

(清·黄子云《野鸿诗的》)

《十九首》须识其"天衣无缝"处,"一字千金,惊心动魄"处,"冷水浇背,卓然一惊"处。此皆昔人甘苦论定之言,必真解了证悟,始得力。

(清·方东树《昭昧詹言》)

● 评"生年不满百"

"生年不满百"四语,《西门行》亦掇之。古人不讳重袭,若相援尔。览《西门》终篇,固咸自铄古诗,然首尾语精,可二也。

(明·徐祯卿《谈艺录》)

或又疑《生年不满百》一篇隳括古乐府而成之,非汉人所作,是犹读魏武《短歌行》而疑《鹿鸣》之出于是也,岂其然哉?

(清·钱大昕《古诗十九首说序》)

(起四句)奇情奇想,笔势峥嵘飞动。

(清·方东树《昭昧詹言》)

● 评"驱车上东门"

"服食求神仙,多为药所误",亦不得已而归之酒,曰:"不如饮美酒,被服纨与素。"至于被服纨素,其趣愈悲,而其情益可怜矣!

(明·王世贞《艺苑卮言》)

此诗另是一宗笔墨,一路喷泼,不可遏抑,韩潮苏海,皆本于此。上东门在洛阳东北,故次句接曰"遥望郭北墓"。因"白杨""松柏",想到"黄泉""死人";"陈"之妙,"永"字妙。此处越说得狠,下文越感慨得透。"浩浩"二句,从上咏叹而出,言所以有生有死者,因阴阳换移所致,故危若"朝露",不能固同金石。虽万岁千秋,只是生者送死,生者复为后生所送;即至圣贤,莫能逃度。言至此,将遥遥千古,茫茫四海,一扫净光矣。意者其在神仙乎? 然"服食求神仙,多为药所误",夫复何益! "饮美酒"而"被纨素",且乐现在罢了。

(清·朱筠《古诗十九首说》)

此诗意激于内,而气奋于外,豪宕悲壮,一气喷薄而下。前八句夹叙、夹写、夹议,言死者。"浩浩"以下十句,言今生人。凡四转,每转愈妙,结出归宿。

(清·方东树《昭昧詹言》)

"生年不满百,常怀千岁忧。昼短苦夜长,何不秉烛游?""服食求神仙,多为药所误。不如饮美酒,被服纨与素。"写情如此,方为不隔。

(近代·王国维《人间词话》)

三、旁观博览

1. 隋树森 编:《古诗十九首集释》,中华书局 1959 年版。
2. 马茂元:《古诗十九首初探》,陕西人民出版社 1981 年版。
3. 曹旭:《古诗十九首与乐府诗选评》,上海古籍出版社 2011 年版。

四、思考练习

1.《古诗十九首》处处都透着一种"失意沉沦"之意,请至少梳理五篇,绘制树形图说明分别体现了怎样的"失意沉沦"。

2. 清·吴淇曰:"此篇末二句(不如饮美酒,被服纨与素)从《唐风·山有枢》来。'美酒'即'子有酒食','纨素'即'子有衣裳','不如'二字,即自'何不日鼓瑟'之'何不'二字化出。"你是否认同这种联系? 为什么?

3. 请就"生年不满百""驱车上东门"两首诗,编一个小故事。

曹 植

曹植(192—232),字子建,沛国谯(今安徽省亳州市)人。三国时期著名文学家,建安文学代表人物。魏武帝曹操之子,魏文帝曹丕之弟,与曹操、曹丕合称为"建安三曹"。有《曹子建集》。

洛神赋①

黄初三年②,余朝京师③,还济洛川④。古人有言,斯水之神,名曰宓妃⑤。感宋玉对楚王说神女之事⑥,遂作斯赋。其辞曰:

余从京域,言归东藩⑦,背伊阙⑧,越轘辕⑨,经通谷,陵景山⑩。日既西倾,车殆⑪马烦。

---

① 选自梁·萧统编《文选》(中华书局 1977 年版)。洛神:传说宓(fú)羲氏之女溺死洛水而为神,故名洛神,又名宓妃。

② 黄初三年:即公元 222 年。黄初:魏文帝曹丕年号(220—226 年)。

③ 京师:指魏都洛阳。

④ 济洛川:渡过洛水。洛川:洛水,源出陕西冢岭山,向东流经河南洛阳,注入黄河。

⑤ 宓(fú)妃:即洛神。

⑥ 宋玉对楚王说神女之事:宋玉与楚襄王对答梦遇巫山神女事,有《高唐》《神女》二赋。

⑦ 东藩:东方的藩国。古代天子分封诸侯,如藩篱之卫王室,因称诸侯国为藩国。曹植封国在鄄城(即今山东省鄄城县),位于洛阳之东。

⑧ 伊阙:山名,即龙门山。《水经注·伊水注》载:"昔大禹疏以通水,两山相对,望之若阙,伊水历其间北流,故谓之伊阙矣。"山在洛阳南,曹植东北行,故曰背。

⑨ 轘(huán)辕:山名,在今河南省偃师县东南。唐李吉甫《元和郡县志》载:"道路险阻,凡十二曲,将去复还,故曰轘辕。"

⑩ 陵:登。景山:山名,在今河南省偃师县南。

⑪ 殆:通"怠",懈怠。烦:疲乏。

尔乃①税驾②乎蘅皋③，秣驷④乎芝田，容与⑤乎阳林⑥，流眄⑦乎洛川。于是精移神骇⑧，忽焉思散，俯则未察，仰以殊观⑨。睹一丽人，于岩之畔。乃援御者而告之曰："尔有觌⑩于彼者乎？彼何人斯，若此之艳也！"御者对曰："臣闻河洛之神，名曰宓妃。然则君王所见，无乃是⑪乎！其状若何？臣愿闻之。"

余告之曰："其形也，翩若惊鸿，婉若游龙。荣曜⑫秋菊，华茂春松。仿佛兮若轻云之蔽月，飘飖⑬兮若流风之回⑭雪。远而望之，皎若太阳升朝霞；迫⑮而察之，灼⑯若芙蕖出渌波⑰。秾纤得衷⑱，修短合度。肩若削成，腰如约素⑲。延颈秀项⑳，皓质㉑呈露。芳泽无加，铅华弗御。㉒云髻峨峨㉓，修眉联娟㉔。丹唇外朗，皓齿内鲜。明眸善睐㉕，靥辅承权㉖。瑰姿艳逸，仪静体闲。柔情绰态，媚于语言。奇服旷世，骨像应图㉗。披罗衣之璀粲兮，珥瑶碧之华

---

① 尔乃：承接连词，于是就。
② 税驾：解马停车。税：通"脱"。
③ 蘅皋：长着杜蘅的河岸。蘅：杜蘅，香草名。皋：岸。
④ 秣驷：喂马。秣：喂。驷：一车四马，此泛指驾车之马。
⑤ 容与：悠然安闲的样子。
⑥ 阳林：地名，一作"杨林"。
⑦ 流眄：举目四望。
⑧ 精移神骇：谓神情恍惚。
⑨ 殊观：少见的异常现象。
⑩ 觌(dí)：看见。
⑪ 无乃是：莫非就是(洛神)。
⑫ 曜：光鲜。
⑬ 飘飖：动荡不定。
⑭ 回：旋转。
⑮ 迫：靠近。
⑯ 灼：灿烂。
⑰ 渌(lù)波：清澈的水波。
⑱ 秾纤得衷：身材丰满与细瘦恰到好处。秾：花木繁盛，这里指人体丰腴。纤：细小，这里指人体苗条。
⑲ 约素：一束白绢，引申为白绢束紧的腰身，形容苗条。
⑳ 延颈秀项：修长美丽的脖子。延：修长的。
㉑ 皓质：洁白的肌肤。
㉒ "芳泽"二句：指不施脂粉。泽：润肤的油脂。铅华：粉。古代烧铅成粉，故称铅华。弗御：不施御用。
㉓ 峨峨：高耸的样子。
㉔ 联娟：微微弯曲的样子。
㉕ 睐：顾盼。
㉖ 靥辅承权：颧骨下方的面颊上有个小酒窝。靥(yè)：酒窝。辅：面颊。承权：在颧骨之下。权：通"颧"，颧骨。
㉗ 骨像：骨格形貌。应图：指与画中人相当。

琚①。戴金翠之首饰，缀明珠以耀躯。践②远游之文履③，曳④雾绡之轻裾⑤。微幽兰之芳蔼⑥兮，步踟蹰于山隅。

于是忽焉纵体⑦，以遨以嬉。左倚采旄⑧，右荫桂旗⑨。攘皓腕⑩于神浒⑪兮，采湍濑⑫之玄芝⑬。余情悦其淑美兮，心振荡而不怡。⑭无良媒以接欢兮，托微波而通辞。⑮愿诚素⑯之先达兮，解玉佩以要⑰之。嗟佳人之信修⑱兮，羌习礼而明诗⑲。抗琼珶以和予⑳兮，指潜川而为期㉑。执眷眷之款实兮㉒，惧斯灵之我欺。感交甫之弃言㉓兮，怅犹豫而狐疑。收和颜㉔而静志兮，申礼防以自持㉕。

于是洛灵感焉，徙倚彷徨㉖。神光离合，乍阴乍阳。㉗竦轻躯以鹤立，若将飞而未翔。践椒途㉘之郁烈，步蘅薄㉙而流芳。超㉚长吟以永慕兮，声哀厉而弥长。

———————

① 珥：珠玉耳饰，这里用作动词，佩戴。瑶碧：美玉。华琚：刻有花纹的佩玉。
② 践：穿。
③ 远游：鞋名。文履：饰有花纹图案的鞋子。
④ 曳：拖。
⑤ 雾绡（xiāo）之轻裾：一种由轻薄丝织品做成的裙子。雾绡：轻薄如雾的绡。绡：生丝。裾：裙边。
⑥ 微：轻微。芳蔼：香气。
⑦ 纵体：轻举身体。
⑧ 采旄（máo）：彩旗。采：通"彩"。旄：旗杆上旄牛尾饰物，此处指旗。
⑨ 桂旗：以桂木做旗杆的旗帜。
⑩ 攘（rǎng）皓腕：捋起袖子，露出洁白的手腕。
⑪ 神浒：为洛神所游之水边地。浒：水边。
⑫ 湍濑：石上急流。
⑬ 玄芝：黑色灵芝草，传说中的神草。玄：黑色。
⑭ "余情"二句：我喜欢她的淑美，不觉内心忐忑不安。怡：悦。
⑮ "无良媒"二句：没有合适的媒人去沟通，只能借助微波来传递话语。微波：一说指目光。
⑯ 诚素：真诚的情意。素：通"愫"，情愫。
⑰ 要：通"邀"，约请。
⑱ 信修：确实美好。
⑲ 羌：发语词。习礼：懂得礼法。明：善于言辞。这句意指洛神有很好的文化修养。
⑳ 抗：举起。琼珶（dì）：美玉。和：应答。
㉑ "指潜川"句：指深水发誓，约期相会。潜川：深渊，一说指洛神所居之地。期：会。
㉒ 执眷眷之款实：抱着恋恋不舍的真诚心意。
㉓ 交甫：指郑交甫。《文选》李善注引《神仙传》："切仙一出，游于江滨，逢郑交甫。交甫不知何人也，目而挑之，女遂解佩与之。交甫行数步，空怀无佩，女亦不见。"弃言：背弃承诺。
㉔ 收和颜：收敛笑容。
㉕ 申：施展。礼防：礼能防乱，故称礼防。自持：自我约束。
㉖ 徙倚彷徨：留连徘徊。
㉗ "神光"二句：洛神身上放出的光彩忽聚忽散，忽明忽暗。
㉘ 椒途：涂有椒泥的道路，一说指长满香椒的道路。椒：花椒，有浓香。
㉙ 蘅薄：杜蘅丛生地。
㉚ 超：惆怅。

　　尔乃众灵杂遝①,命俦啸侣②。或戏清流,或翔神渚,或采明珠,或拾翠羽。从**南湘之二妃**③,携汉滨之游女④。叹匏瓜⑤之无匹兮,咏牵牛⑥之独处。扬轻袿⑦之猗靡⑧兮,翳修袖以延伫⑨。体迅飞凫⑩,飘忽若神。凌波微步,罗袜生尘。⑪ 动无常则,若危若安⑫。进止难期,若往若还。转眄流精⑬,光润玉颜。含辞未吐,气若幽兰。华容婀娜,令我忘餐。

　　于是**屏翳**⑭收风,川后⑮静波。冯夷⑯鸣鼓,女娲清歌。腾文鱼以警乘⑰,鸣玉鸾⑱以偕逝。六龙俨⑲其齐首,载云车之容裔⑳,鲸鲵㉑踊而夹毂㉒,水禽翔而为卫。于是越北沚㉓,过南冈,纡素领㉔,回清阳㉕。动朱唇以徐言,陈㉖交接㉗之大纲。恨人神之道殊兮,怨盛年之莫当㉘。抗罗袂㉙以掩涕兮,泪流襟之浪浪㉚。悼良会之永绝兮,哀一逝而异乡㉛。无微情以效爱㉜兮,献江

---

① 杂遝(tà):众多的样子。

② 命俦啸侣:指呼朋唤友。俦:伙伴、同类。

③ 南湘之二妃:湘水二女神,指帝舜的两位妃子娥皇和女英。

④ 汉滨之游女:汉水之女神,即前注中郑交甫所遇之神女。

⑤ 匏(páo)瓜:星名,又名天鸡,在河鼓星东。

⑥ 牵牛:即牛郎星,又名天鼓,与织女星各处天河之旁。

⑦ 袿(guī):女子的上衣。

⑧ 猗(yī)靡:随风飘动的样子。

⑨ 翳(yì):遮蔽。延伫:久立。

⑩ 凫:水中野鸭。

⑪ "凌波"二句:在水波上细步行走,溅起的水沫附在罗袜上如同尘埃一般。凌:踏。尘:指细微四散的水沫。

⑫ 若危若安:时而惊险,时而平稳。

⑬ "转眄"句:转眼顾盼之间流露出奕奕神采。流精:形容目光流转而有神采。

⑭ 屏翳:传说中的风神

⑮ 川后:传说中的河神。

⑯ 冯(píng)夷:传说中的水神。

⑰ 腾文鱼以警乘:文鱼腾越,作为车驾的警卫。腾:升。文鱼:神话中一种能飞的鱼。警:警卫。乘:车乘。

⑱ 玉鸾:鸾鸟形壮的玉制车铃,动则发声。

⑲ 六龙:相传神出游多驾六龙。俨:庄严的样子。

⑳ 容裔:安详的样子。

㉑ 鲸鲵(ní):即鲸鱼。雄曰鲸,雌曰鲵。

㉒ 毂(gǔ):车轮中用以贯轴的圆木,这里指车。

㉓ 沚:水中小块陆地。

㉔ 纡(yū):回。素领:白皙的脖颈。

㉕ 回清阳:回转清秀的眉目。

㉖ 陈:述说。

㉗ 交接:交往。

㉘ 莫当:不能相逢。

㉙ 抗:举起。袂:衣袖。

㉚ 浪浪:形容泪流不止。

㉛ 一逝而异乡:一旦分别便天各一方。

㉜ 效爱:表达爱慕之意。

南之明珰①。虽潜处于太阴②,长寄心于君王。忽不悟其所舍③,怅神宵④而蔽光。

于是背下陵高⑤,足往神留。遗情想像,顾望怀愁。冀灵体之复形⑥,御轻舟而上溯。浮长川⑦而忘返,思绵绵而增慕。夜耿耿而不寐,沾⑧繁霜而至曙。命仆夫而就驾,吾将归乎东路⑨。揽騑辔以抗策,怅盘桓而不能去。⑩

📖 文本拓展

一、知识链接

📖 洛神赋

《洛神赋》,又作《感甄赋》,是曹魏时期文学家曹植创作的辞赋名篇。曹植模仿战国时期楚国宋玉《神女赋》中对巫山神女的描写,叙述自己在洛水边与洛神相遇的故事。该赋虚构了作者与洛神的邂逅以及彼此间的思慕之情,描写了洛神美丽绝伦的形象与人神之间的飘渺迷离之恋。最后,由于人神之道不同而分离,抒发了无限的悲伤怅惘之情。《洛神赋》在故事情节、人物形象描写上多有借鉴宋玉《神女赋》。全篇大致可分为六段:第一段写作者从洛阳回封地时,看到"丽人"宓妃伫立山崖;第二段写宓妃容仪服饰之美;第三段写洛神既识礼仪又善言辞,作者非常爱慕她;第四段写洛神为"君王"之诚所感后的情状;第五段为全篇寄意之所在;第六段写别后作者对洛神的思念。全赋辞采华美,想象力十分丰富,虽描写的是人神之恋,似乎有所寄托。

📖 神女

战国时楚国辞赋家宋玉所作《高唐赋》《神女赋》描述了楚王与神女的爱情故事。

📖 南湘之二妃

即娥皇和女英,是湘水之神。刘向《列女传》载:尧将两个女儿嫁给舜,长女娥皇为皇后,次女女英做妃子,后来舜到南方巡游,死于苍梧,二女闻讯前往,在湘江上哭悼大舜,之后跳江殉夫。也有一种说法是二女路过湘江时不幸淹死。

---

① 明珰:以明珠作的耳环。
② 太阴:指洛神所居之处,极其幽远。
③ 不悟:不见,未察觉。所舍:停留、止息之处。
④ 宵:通"消",消失。
⑤ 背下:离开低地。陵高:登上高处。
⑥ 冀灵体之复形:希望洛神能再次现形。
⑦ 长川:指洛水。
⑧ 沾:被⋯⋯沾湿。
⑨ 东路:回归东藩之路。
⑩ "揽騑辔"二句:当手执马缰,举鞭欲策之时,却又怅然若失,徘徊依恋,无法离去。騑(fēi):驾车时车旁之马。这里泛指驾车之马。辔:马缰绳。抗策:扬起马鞭。

☞　**屏翳**

传说中的神,《吕氏春秋》认为是云神,三国史学家韦昭认为是雷神,《山海经》认为是雨神,曹植在《诘洛文》中写"河伯典泽,屏翳司风",又认为是风神。

二、点评辑要

● **评曹植**

嗟呼!陈思之于文章也,譬人伦之有周、孔,鳞羽之有龙凤,音乐之有琴笙,女工之有黼黻。俾尔怀铅吮墨者,抱篇章而景慕,映余辉以自烛。

(梁·钟嵘《诗品》)

谢灵运尝云:"天下才共有一石,曹子建独得八斗,我得一斗,自古及今同用一斗,奇才敏捷,安有继之。"

(唐·李瀚《蒙求集注》)

子建柔情丽质,不减文帝,而肝肠气骨,时有块垒处,似为过之。

(明·钟惺《古诗归》)

子建既擅凌厉之才,兼饶藻组之学,故风雅独绝。不甚法孟德之健笔,而穷态极变,魄力厚于子桓。要之,三曹固各成绝技,使后人攀仰莫及。

(清·陈祚明《采菽堂古诗选》)

● **评《洛神赋》**

以《洛神》比陈思他赋,有似异手之作;故知天机启,则律吕自调;六情滞,则音律顿舛也。

(南朝·沈约《南齐书·陆厥传》)

《洛神赋》,子建寓言也,好事者乃造甄后以实之。使果有之,当见诛于黄初之朝矣。唐彦谦云:"惊鸿瞥过游龙去,虚恼陈王一事无。"似为子建分疏者。

(宋·刘克庄《后村先生大全集》)

植既不得于君,因济洛川作为此赋,托辞宓妃以寄心文帝,其亦屈子之志也。

(清·何焯《义门读书记·文选》)

按《文选·洛神赋》注载子建感甄事,极为荒谬……然则《洛神》一赋,乃其悲君臣之道否,哀骨肉之分离,托为神人永绝之词,潜处太阴,寄心君王,贞女之死靡他,忠臣有死无贰之志,小说家附会"感甄",李善不知而误采之,不独污前人之行,亦且污后人之口。

(清·朱乾《乐府正义》)

即《洛神》一赋,亦纯是爱君恋阙之词。其赋以"朝京师,还济洛川"入手,以"潜处于太阴,寄心于君王"收场,情词亦至易见矣。盖魏文性残刻而薄宗支,子建遭谗谤而多哀惧,故形于诗者非一,而此亦其类也。首陈容色以表其才,次言性修以表其德,继以狐疑为忧,终以交结为愿,岂非诗人讽托之常言哉?不解注此赋者,何以阑入甄后一事,致使忠爱之苦心,诬为禽兽之恶行,千古奇冤,莫大于此。予久持此论,后见近人张君若需《题陈思王墓》诗云:"白马诗篇悲逐客,惊鸿词赋比湘君。"卓识鸿议,瞽论一空,极快事也。

(清·潘德舆《养一斋诗话》)

三、旁观博览

1. 余冠英 选注:《三曹诗选》,中华书局 2012 年版。
2. 王玫:《曹植传》,中华书局 2012 年版。
3. 仇鹿鸣:《魏晋之际的政治权力与家族网络》,上海古籍出版社 2015 年版。

四、思考练习

1. 绘制一幅树形图,展示《洛神赋》对后世艺术的影响体现在哪些方面。
2. 你认为《洛神赋》是"感甄"还是"感士不遇"? 为什么?
3. 根据(1)Who——关于谁? (2)What——发生什么事? (3)When——什么时候发生的? (4)Where——在哪里? (5)Why——为什么会发生? 这五点给本文故事做一张表格。

左 思

左思(250?—305),字太冲,齐国临淄(今山东省淄博市)人,西晋著名文学家。左思相貌丑陋却才华出众。晋武帝时,因妹左棻被选入宫,遂举家迁居都城洛阳,任秘书郎。晋惠帝时,依附权贵贾谧,为贾谧"二十四友"之一。永康元年(300),因贾谧被诛,遂退居宜春里,专心著述,后移居冀州,不久病逝。其《三都赋》影响极大,曾引起"洛阳纸贵"。另外,其《咏史》诗、《娇女诗》也很有名,成就更在《三都赋》之上。

咏史(其二)①

郁郁涧底松②,离离山上苗③。
以彼径寸茎④,荫此百尺条。
世胄蹑高位⑤,英俊沉下僚⑥。
地势使之然,由来非一朝。
金张藉旧业,七叶珥汉貂⑦。
冯公岂不伟,白首不见招⑧。

---

① 左思《咏史》诗共八首,皆托古人古事抒发自己的胸怀与不平之气,本篇原是第二篇。左思曾以《三都赋》名震京都,但奠定其文学地位的,是其《咏史》诗八首。

② 郁郁:茂盛的样子。涧:山涧。涧底松:比喻位卑才高的寒士。

③ 离离:下垂的样子。苗:初生的草木。山上苗:山上小树。

④ 彼:指山上苗。径寸茎:即一寸粗的茎。

⑤ 胄:长子。世胄:世家子弟。蹑(niè):登、占据。

⑥ 英俊:英才,优秀的人才。下僚:下级官员,即属员。

⑦ 七叶:七代。珥(ěr):插。汉貂:汉代侍中、中常侍的帽子上,皆插貂尾。这两句是指金、张两家的子弟凭借祖先世业,七代任汉朝贵官。

⑧ 冯公:指冯唐,汉文帝时人,怀才不遇,年老了还只做中郎署长这样的小官。伟:奇伟。不见招:不被进用。

▓ 文本拓展

一、知识链接

☞ 咏史（其二）

该诗以山上苗和涧底松为喻，反映了门阀社会里"上品无寒门，下品无士族"的现象，抒发了寒门庶族人才受压抑的愤慨之情。

☞ 金张藉旧业

金，指汉金日（mì）磾（dī），本匈奴王子，降汉后得到汉武帝的赏识，他家自汉武帝至汉平帝，七代为内侍。（见《汉书·金日磾传》）张，指张汤，汉武帝时廷尉，自汉宣帝以后，张汤家族有十余人为侍中、中常侍。《汉书·张汤传》云："功臣之世，唯有金氏、张氏，亲近宠贵，比于外戚。"

二、点评辑要

● 评左思

谢康乐尝言："左太冲诗，潘安仁诗，古今难比。"

（梁·钟嵘《诗品》）

太冲一代伟人，胸次浩落，洒然流咏。似孟德而加以流丽，仿子建而独能贵简。创成一体，垂示千秋。其雄在才，而其高在志。有其才而无其志，语必虚矫；有其志而无其才，音难顿挫。

（清·陈祚明《采菽堂古诗选》）

● 评《咏史》

左思奇才，业深覃思，尽锐于《三都》，拔萃于《咏史》，无遗力矣。

（南朝·刘勰《文心雕龙·才略篇》）

太冲《咏史》，景纯《游仙》，皆晋人杰作。《咏史》之名，起自孟坚，但指一事。魏杜挚《赠毋丘俭》，叠用八古人名，堆垛寡变。太冲题实因班，体亦本杜，而造语奇伟，创格新特，错综震荡，逸气干云，遂为古今绝唱。

（明·胡应麟《诗薮》）

咏史者不过美其事而咏叹之，隐括本传，不加藻饰，此正体也。太冲多自摅胸臆，乃又其变。

（清·何焯《义门读书记》）

太冲《咏史》，不必专咏一人，专咏一事，咏古人而己之性情俱见。此千秋绝唱也。后惟明远、太白能之。

（清·沈德潜《古诗源》）

三、旁观博览

1. 叶日光：《左思生平及其诗之析论》，文史哲出版社 1979 年版。

2. 俞士玲:《西晋文学考论》,南京大学出版社 2008 年版。

四、思考练习

1. 请了解一下魏晋门阀制度,说明为什么"上品无寒门,下品无士族"。
2. 在当代文明国家,是否就能杜绝"世胄蹑高位,英俊沉下僚"的社会现象? 为什么?
3. 请模仿"郁郁涧底松,离离山上苗"的句式,描写校园的景致。

《世说新语》

《世说新语》原名《世说》,是南朝刘宋临川王刘义庆(403—444)组织文人编写的笔记小说。

全书分为德行、言语、政事、文学等三十六门,共一千多则,记述了自汉末到刘宋名士的逸闻轶事,主要是有关人物评论、清谈玄言和机智应对的故事。该书反映了门阀世族的思想风貌,保存了当时社会、政治、思想、文学、语言等方面史料。南朝梁刘孝标为该书作注,保留了大量佚失古书。

谢安雅量①

谢公与人围棋②,俄而谢玄淮上信至③,看书竟,默然无言,徐向局④。客问淮上利害⑤,答曰:"小儿辈⑥大破贼。"意色举止,不异于常。

魏文帝学驴鸣⑦

王仲宣好驴鸣⑧。既葬,文帝临其丧⑨,顾⑩语同游曰:"王好驴鸣,可各作一声以送之。"

---

① 选自《世说新语》第六《雅量》,《雅量》共42则故事。雅量指宽宏的气量。魏晋时代讲究名士风度,名士往往注意言行举止的旷达、潇洒。他们遇事不改常态,表现出临危不惧、处变不惊的名士风度。

② 谢公:指谢安,出自陈郡谢氏,东晋名臣。围棋:下围棋。

③ 俄而:不久。淮上:淮河上,淝水是淮河上游的支流,故称淮上。信:信使。

④ 徐向局:慢慢面向棋局。

⑤ 利害:这里指战争胜负。

⑥ 小儿辈:淝水之战时,谢安被任命为征讨大都督,他派遣弟弟谢石、侄子谢玄、儿子谢琰率军对敌。这些谢氏子弟多数是他的子侄,故称小儿辈。

⑦ 选自《世说新语》第十七《伤逝》,《伤逝》共有19则故事。伤逝指怀念死者,表示哀思。本篇记述了名士对死去的兄弟、子女、朋友、属员表达悼念之情的言行举止。

⑧ 王仲宣:王粲,字仲宣。驴鸣:指驴叫。

⑨ 文帝:指魏文帝曹丕,曹操之子,后逼汉献帝禅位称制。临(lìn):哭吊死者。丧:丧事。

⑩ 顾:回头看。

赴客皆一作驴鸣。

韩寿偷香①

　　韩寿②美姿容,贾充③辟以为掾。充每聚会,贾女于青琐中看④,见寿,说之⑤,恒怀存想⑥,发于吟咏⑦。后婢往寿家,具述如此,并言女光丽。寿闻之心动,遂请婢潜修音问⑧。及期⑨往宿。寿蹻捷⑩绝人,逾墙而入,家中莫知。自是充觉女盛自拂拭⑪,说畅⑫有异于常。后会诸吏,闻寿有**奇香**之气,是外国所贡,一著人⑬,则历月不歇。充计武帝唯赐己及陈骞,余家无此香,疑寿与女通⑭,而垣墙重密,门阁急峻,何由得尔?乃托言有盗,令人修墙。使反曰:"其余无异,唯东北角如有人迹,而墙高,非人所逾。"充乃取女左右婢考问。即以状对。充秘之⑮,以女妻寿⑯。

诗谶⑰

　　孙秀既恨石崇不与绿珠⑱,又憾潘岳⑲昔遇之不以礼。后秀为中书令,岳省内见之,因

---

① 选自《世说新语》第三十五《惑溺》,《惑溺》共有7则故事。惑溺指沉迷于声色、财富、嫉妒而无所节制。

② 韩寿:字德真,官至散骑常侍、河南尹。

③ 贾充:司马昭心腹,魏晋时期权臣。

④ 青琐:镂刻成连环格并且涂上青色的窗户。贾女:贾充之女贾南风为晋惠帝皇后,这里指贾南风之妹贾午。

⑤ 说:通"悦",喜欢。

⑥ 恒怀存想:心里总是想念。恒:常常,总是。存想:想念。

⑦ 发于吟咏:在吟唱、诗篇中表露出来。

⑧ 潜修音问:暗中传递音信。

⑨ 期:约定的日期。

⑩ 蹻(qiāo)捷:指动作强劲迅速。

⑪ 盛自拂拭:指精心打扮。拂拭:指梳妆打扮。

⑫ 说畅:高兴舒畅。说:通"悦"。

⑬ 一著人:一旦沾在人身上。

⑭ 通:有私情。

⑮ 秘之:指隐瞒此事。

⑯ 以女妻寿:将女儿嫁给韩寿。

⑰ 选自《世说新语》第三十六门《仇隙》,《仇隙》共有8则故事,记载了魏晋名流之间的怨恨和嫌隙。谶(chèn):预兆,预言。

⑱ 孙秀:赵王司马伦心腹。石崇:西晋巨富,曾于洛阳郊区建造金谷园,当时文坛名流常在此雅集。绿珠:石崇的爱妾,善吹笛。孙秀曾派人向石崇索取绿珠,石崇不肯。孙秀怒,矫诏逮捕石崇。又诬陷潘岳和石崇追随淮南王等作乱,夷三族。

⑲ 潘岳:字安仁,曾任给事黄门侍郎,贾谧"二十四友"之一,古代最著名的美男子,后人称之潘安。

唤曰:"孙令,忆畴昔周旋不?"秀曰:"中心藏之,何日忘之①?"岳于是始知必不免。后收石崇、欧阳坚石②,同日收岳。石先送市,亦不相知。潘后至,石谓潘曰:"安仁,卿亦复尔邪?"潘曰:"可谓'白首同所归'。"潘《金谷集》诗云:"投分寄石友,白首同所归③。"乃成其谶。

📖 文本拓展

一、知识链接

☞ 晋书·谢安传

扫一扫可见《晋书·谢安传》原文

☞ 谢玄

谢玄(343—388),字幼度。谢安侄,谢灵运的祖父,协助谢安组建了"北府兵"。公元383年,前秦苻坚举兵92万分道南侵,屯兵于淮水、淝水间。东晋以谢安为征讨大都督,录尚书事。谢安命其弟谢石、侄谢玄率军在淝水坚拒前秦军队,大败苻坚,史称淝水之战。

☞ 王粲(王仲宣)

王粲(177—217),字仲宣,东汉末年文学家,"建安七子"之一,与曹植并称"曹王",南朝梁文学评论家刘勰在《文心雕龙·才略》中赞誉王粲为"七子之冠冕"。曾祖龚,父畅,皆为汉三公(三公即司马、司徒、司空,此三职位是汉代朝廷中最为尊贵的三个官职。王粲祖、父都曾任司空,执掌群臣奏章,下达皇帝诏令,并理国家监察事务)。王粲到长安见当时的文学大家蔡邕,蔡邕倒屣相迎,并称:"此王公孙,有异才,吾不及也!吾家书籍,尽当与之。"东汉末年社会动荡,王粲避乱荆州,想依附刘表,但刘表觉得王粲长得太丑,又性情不拘小节,对他很冷淡。后曹操南征荆州,刘表病逝,其子刘琮投降曹操,王粲也归附曹操,深得曹氏父子信赖,赐爵关内侯,官侍中。建安二十二年(216),王粲随曹操南征孙吴,在北还途中病逝。

---

① "中心"句:引自《诗经·小雅·隰桑》,这里指心中存着这件事,哪一天能忘记。中心:心中。

② 欧阳坚石:欧阳建,字坚石,贾谧"二十四友"之一,石崇的外甥。曾与潘岳偷偷劝淮南王司马允诛杀赵王司马伦,事泄被杀。

③ "投分"句:希望寻找坚贞的知己,友情始终不变,同生共死。投分(fèn):志向相合。石友:比喻像金石一样坚贞的朋友,与石崇之姓同音双关。

☞ **奇香**

《十洲记》曰：汉武帝时，西域月氏国遣使献香四两，大如雀卵，黑如桑椹，烧之，芳香经三月不歇。

二、点评辑要

《世说》苟欲爱奇而不详事理。

（南朝齐·敬胤《世说新语注》）

晋世杂书，谅非一族，若《语林》《世说》《幽明录》《搜神记》之徒，其所载或诙谐小辩，或神鬼怪物。其事非圣，扬雄所不观；其言乱神，宣尼所不语。皇朝新撰晋史，多采以为书。

（唐·刘知几《史通·采撰》）

读其语言，晋人面目气韵，恍忽生动，而简约玄澹，真致不穷。

（明·胡应麟《少室山房笔丛》）

记言则玄远冷隽，记行则高简瑰奇。

（近代·鲁迅《中国小说史略》）

三、旁观博览

1. 余嘉锡 笺疏，周祖谟 等整理：《世说新语笺疏》，中华书局 2015 年版。
2. 徐震堮 校笺：《世说新语校笺》，中华书局 2011 年版。
3. 杨勇：《世说新语校笺》，中华书局 2006 年版。
4. 冯友兰 等著：《魏晋风度二十讲》，华夏出版社 2009 年版。

四、思考练习

1. 请以"诗谶"为题，搜罗古今诗谶，做一个 PPT。
2. 比较"韩寿偷香"和《西厢记》，做一个双重气泡图。
3. 将"魏文帝学驴鸣"这一则改写成独幕剧。

南朝乐府民歌

南朝乐府民歌,大部分保存在宋郭茂倩所编《乐府诗集·清商曲辞》里,产生年代始于三国时期的东吴,迄于南朝陈。南朝民歌分为"吴声歌曲"和"西曲"两大类,前者产生于六朝都城建业(今江苏省南京市)及周边,这一带是传统的吴地,故其民间歌曲被称为"吴歌";后者产生于江汉流域的江陵、襄阳一带,这里是南朝西部重镇和经济文化中心,故其民间歌曲被称为"西曲"。南朝民歌今存总数近五百首。《**西洲曲**》是南朝乐府民歌中最长的抒情诗篇,历来被视为南朝乐府民歌的代表作。

西洲曲①

忆梅下西洲②,折梅寄江北③。
单衫杏子红,双鬓鸦雏色④。
西洲在何处?两桨桥头渡。
日暮伯劳飞⑤,风吹乌臼树。
树下即门前,门中露翠钿。
开门郎不至,出门采红莲。
采莲南塘秋,莲花过人头。
低头弄莲子⑥,莲子清如水⑦。
置莲怀袖中,莲心彻底红⑧。

---

① 《西洲曲》:选自宋郭茂倩《乐府诗集·杂曲歌辞》,郭茂倩认为是"古辞"。南朝徐陵《玉台新咏》作江淹诗,有人以为是梁武帝萧衍所作。该诗应为文人加工过的南朝民歌。
② 下:往。西洲:当为女子住处附近。
③ 江北:当指情郎所在的地方。
④ 鸦雏色:像小乌鸦羽毛一样的颜色,形容女主人公头发乌黑发亮。雏:孵出不久刚能啄食的小鸟。
⑤ 伯劳:鸟名,仲夏始鸣,喜欢独处。
⑥ 莲:谐音双关,谐"怜",即"爱"的意思。莲子:谐音"怜子","爱你"的意思。
⑦ 清如水:象征爱情的纯洁。
⑧ 莲心:即爱情之心。彻底红:指爱情彻底成熟。

忆郎郎不至,仰首望飞鸿①。
鸿飞满西洲,望郎上青楼②。
楼高望不见,尽日栏杆头。
栏杆十二曲,垂手明如玉。
卷帘天自高,海水③摇空绿。
海水梦悠悠④,君愁我亦愁。
南风知我意,吹梦到西洲。

文本拓展

一、知识链接

☞ 西洲曲

本诗写一个女子对心上人的思念与回忆。首先女子回忆起梅落西洲的情景,便寄一枝梅花给在江北的爱人,来唤起他相同的记忆。接着便写她从春天至秋天、从早至晚的相思之情。诗中有许多辞句表明所处季节,如"折梅"表明早春,"单衫"表示春夏之交,"采红莲"当在六月,"南塘秋""莲花过人头"应为早秋,"弄莲子"已到中秋,"鸿飞满西洲"则是深秋景象。全篇通过从春天至秋天的季节转换抒发了男女之间的长久相思之情。但也有认为首句到"海水摇空绿"是男人口气,写他正在忆梅花而想到情人住在西洲,刚好就收到情人寄来的梅花,于是开始遥想情人在家种种。最后四句改成女子的口气,道明心事。

二、点评辑要

续续相生,连跗接萼,摇曳无穷,情味愈出。似绝句数首,攒簇而成,乐府中又生一体。初唐张若虚、刘希夷七言古,发源于此。

（清·沈德潜《古诗源》）

三、旁观博览

1. 南朝·徐陵:《玉台新咏》,中华书局 1985 年版。
2. 王运熙:《乐府诗述论》,上海古籍出版社 2014 年版。
3. 吴大顺:《魏晋南北朝乐府歌词研究》,上海古籍出版社 2009 年版。
4. 向回:《杂曲歌辞与杂歌谣辞研究》,北京大学出版社 2009 年版。
5. 刘崇德 选译:《中国古典诗词曲古谱今译·乐府歌诗》,黄山书社 2015 年版。

---

① 飞鸿:指书信。古人以鸿雁传书喻书信往来。
② 青楼:油漆成青色的楼。唐以前诗中一般用来指女子的住处。
③ 海水:如海之水,这里指江水。
④ 海水梦悠悠:梦境像海水一样悠长。

四、思考练习

1. 该诗一共设计了多少场景来表现这一份思念之情？用气泡图来展示。

2. 请探讨首句"忆梅下西洲"中的"梅"是指梅花还是"妹"的谐音，不同的解读对诗意的理解有何差异。

3. 根据诗意，请以女孩子的口吻，写一封情书。

陶渊明

  陶渊明(? —427),又名潜,字元亮,私谥"靖节",世称靖节先生或陶靖节,浔阳柴桑人(今江西省九江市)。东晋末至南朝宋初伟大的诗人与辞赋家。曾任江州祭酒、建威参军、镇军参军、彭泽县令等职。最后一次出任彭泽县令,仅八十多天便弃职而去,从此归隐田园。陶渊明是中国第一位田园诗人,被称为"隐逸诗人之宗",开创了田园诗一体。自唐代开始,陶渊明诗歌的艺术成就受到推崇,成为后代诗人学习的典范。

咏荆轲①

燕丹善养士②,志在报强嬴③。招集百夫良④,岁暮得荆卿。
君子死知己,提剑出燕京;素骥鸣广陌⑤,慷慨送我行。
雄发指危冠⑥,猛气冲长缨⑦。饮饯易水上⑧,四座列群英。
渐离击悲筑⑨,宋意⑩唱高声。萧萧哀风逝,淡淡寒波生⑪。
商音更流涕,羽奏壮士惊⑫。心知去不归,且有后世名。

---

 ① 荆轲,战国时卫国人,为燕太子丹报仇,以送地图为名,藏匕首刺秦王,结果图穷匕见,行刺失败被杀。
 ② 燕(yān)丹:战国末年燕国太子,名丹。士:这里指春秋战国时诸侯权贵的门客。
 ③ 强嬴:指强大的秦国。秦王,嬴姓。
 ④ 百夫良:百夫中最勇健的人,即勇士。《诗经·秦风·黄鸟》中将秦穆公时的三位良臣称为"百夫之特""百夫之御""百夫之防",郑玄笺注"百夫之特":百夫之中最雄俊也。
 ⑤ 素骥:白色的好马。广陌:大道。
 ⑥ 危冠:高冠。
 ⑦ 长缨:系冠的丝带。
 ⑧ 饮饯:饮酒送别。易水:在今河北省易县西。
 ⑨ 渐离:高渐离,燕国人,荆轲至交,善击筑。筑(zhú):古代的一种乐器,形状像筝,颈细。十三弦,弦下边有柱。演奏时,左手按弦的一端,右手执竹尺击弦发音。
 ⑩ 宋意:燕国勇士。
 ⑪ 荆轲赴咸阳刺杀秦始皇,在易水边与燕太子丹分别时唱道:"风萧萧兮易水寒,壮士一去兮不复还。"
 ⑫ 商音、羽奏:古代乐声分宫、商、角、徵、羽,五音中的商声与羽声,商声凄凉,羽声激昂。

登车何时顾，飞盖①入秦庭。凌厉②越万里，逶迤③过千城。

图穷事自至，豪主正怔营。惜哉剑术疏④，奇功遂不成。

其人虽已没，千载有余情。

文本拓展

一、知识链接

☞ 荆轲

荆轲(？—前227)，战国时卫国人，称荆卿，又名庆卿。为燕太子丹门客，受命到秦国刺杀秦王嬴政，假装献上秦国叛将樊於期首级与燕国督亢地图，将匕首藏在地图中。在面见秦王时，图穷匕见，行刺失败被杀。司马迁《史记》有《荆轲传》。

☞ 燕丹

燕丹(？—前226)，又称燕太子丹，战国末年燕王喜的太子，曾在秦国做质子，后逃回燕国。当时秦国日益强大，燕国受到很大的威胁。燕王喜二十八年(公元前227)，燕丹派荆轲入秦刺杀秦王，荆轲事败被杀，秦国发兵攻打燕国。公元前226年，燕王喜为平息秦王之怒，杀死燕丹。五年后，秦国灭燕。

☞ 渐离

高渐离，战国时燕国人，善于击筑，与荆轲交好。燕丹派荆轲入秦刺杀秦王，渐离在易水边相送，渐离击筑，荆轲和而歌。荆轲刺秦失败被杀，渐离改姓换名，充作杂役，秦王听说高渐离擅长击筑，就请他来王宫为他击筑，并命人先将高渐离的眼睛弄瞎。高渐离把铅装到筑里，趁秦王听曲入迷时，砸向秦王，事败被杀。故事见《史记·刺客列传》。

二、点评辑要

● 评陶渊明

鲍照之诗华而不弱；陶渊明之诗，切于事情，但不文耳。

(宋·陈师道《后山诗话》)

诗本触物寓兴，吟咏情性，但能输写胸中所欲言，无有不佳，而世但役于组织雕镂，故语言虽工，而淡然无味。陶渊明直是倾倒所有，借书于手，初不自知为语言文字也，此其所以不可及。

(宋·叶梦得《玉涧杂书》)

陶潜、谢朓诗皆平淡有思致，非后来诗人怵心刿目雕琢者所为也。老杜云："陶谢不枝梧，风骚共推激。紫燕自超诣，翠驳(bó)谁剪剔"，是也。大抵欲造平淡，当自组丽中来，落

---

① 盖：车盖。
② 凌厉：勇往直前。
③ 逶迤：迂曲绵长。
④ 剑术疏：指剑术不精。荆轲死后，赵国人鲁句践叹息："嗟乎！惜哉！其不讲于刺剑之术也。"

其华芬，然后可造平淡之境。如此，则陶、谢不足进矣。

（宋·葛立方《韵语阳秋》）

陶渊明天资既高，趣诣又远，故其诗散而庄、澹而腴。

（宋·姜夔《白石道人师说》）

一语天然万古新，豪华落尽见真淳。南窗白日羲皇上，未害渊明是晋人。

（金·元好问《论诗三十首》）

陶公诗一往真气，自胸中流出，字字雅淡，字字沉痛，盖系心君国，不异《离骚》，特变其面目耳。

（清·施补华《岘佣说诗》）

● 评《咏荆轲》

陶渊明诗，人皆说是平淡，据某看他自豪放，但豪放得来不觉耳。其露出本相者，是《咏荆轲》一篇，平淡底人，如何说得这样言语出来？

（宋·黎靖德《朱子语类》）

陶徵士、韦苏州，非值狷介，实有志天下者。陶诗"惜哉剑术疏，奇功遂不成"，韦诗"秋郊细柳道，走马一夕还"，何等感慨，何等豪宕！

（清·顾炎武《菰中随笔》）

陶公以名臣之后，际易代之时，欲言难言，时时寄托，不独《咏荆轲》一章。

（清·沈德潜《说诗晬语》）

摹写荆轲出燕入秦，悲壮淋漓。知浔阳之隐，未尝无意奇功，奈不逢会耳，先生心事逼露如此。

（清·蒋熏评《陶渊明诗集》）

次叙高简，托意深微，而章法明整。起四句言丹；"君子"六句言轲；"饮饯"八句叙事；"心知"二句顿挫，以离为笔法；"登车"六句续接叙事；"惜哉"四句入已托意作收。

（清·方东树《昭昧詹言》）

陶潜诗喜说荆轲，想见《停云》发浩歌。吟到恩仇心事涌，江湖侠骨恐无多。

（清·龚自珍《己亥杂诗》）

三、旁观博览

1. 龚斌 校笺：《陶渊明集校笺》，上海古籍出版社 2011 年版。
2. 陈寅恪：《陶渊明之思想与清谈之关系》，《金明馆丛稿初编》，三联书店 2009 年版。
3. 钱志熙：《陶渊明传》，中华书局 2012 年版。

四、思考练习

1. 请从历代史料中找寻"惜哉剑术疏"的佐证。
2. "其人虽已没，千载有余情"，请问陶潜在诗中表达了哪些"情"？
3. 在荆轲刺秦事件中，行刺方共有哪些人物参与？参阅相关史料，设计一张表格，按照你认为的重要程度给这些人物排序，对这些人物进行简要介绍，对他们在刺秦中的表现进行简要述评。

谢　朓

谢朓(464—499)，字玄晖，南朝齐代文学家，陈郡阳夏(今河南省太康县附近)人。谢朓与同族前辈谢灵运均擅长山水诗，并称"大小谢"。谢朓先在京师任职，经常出入竟陵王萧子良的府邸，为"**竟陵八友**"之一。永明八年(490)始在荆州任随王萧子隆幕僚，深受器重。永明十一年(493)返京。建武二年(495)，出为宣城太守，两年后，复返京任职。自萧鸾(明帝)篡政，到始安王萧遥光谋废东昏侯自立，都曾拉拢他以为羽翼，使他深感危险。最终，他由于有意泄漏了始安王萧遥光的阴谋，被诬陷而死。谢朓诗风清新流丽，很少繁芜词句和玄言成分，对山水诗的发展有重要影响。

入朝曲[①]

江南佳丽地，金陵[②]帝王州。
逶迤带绿水[③]，迢递起朱楼[④]。
飞甍夹驰道[⑤]，垂杨荫御沟[⑥]。
凝笳翼高盖[⑦]，叠鼓送华辀[⑧]。
献纳云台表，功名良可收。[⑨]

———————————

①　齐永明八年(490)八月，随王萧子隆为荆州刺史，青年谢朓任萧子隆的文学，随萧子隆远赴荆州任上。赴荆州途中，他奉随王之命写下了《鼓吹曲》十首。这首《入朝曲》便是其中的一首。

②　金陵：今江苏南京，东吴、东晋、刘宋、南齐皆建都于此，故谢朓称之为"帝王州"。

③　逶迤：形容水流弯曲。带：环绕。

④　迢递：高峻巍峨的样子。朱楼：红楼。

⑤　飞甍(méng)：凌空欲飞的屋脊。甍：屋脊。驰道：专供帝王及随从行走的御道。

⑥　御沟：流经宫苑的水道。

⑦　凝笳：舒缓的笳声。笳：一种乐器。翼：送。高盖：高高的车盖，此处代指尊贵的车辆。

⑧　叠鼓：细密的鼓声。叠：小击鼓谓之叠。明杨慎《升庵诗话》："凝笳叠鼓，吉行之文仪也。"华辀(zhōu)：尊贵的车辆。

⑨　献纳：臣子向帝王建言以供采纳。张衡《两京赋·序》："朝夕论思，日月献纳。"表：臣下向帝王陈情言事的一种文体。全句谓立身朝堂，进献的忠言被采纳。

文本拓展

一、知识链接

☞ 竟陵八友

"竟陵八友"指：萧衍、沈约、谢朓、王融、萧琛、范云、任昉、陆倕。《梁书·武帝本纪》载：竟陵王子良开西邸,招文学,高祖(萧衍)与沈约、谢朓、王融、萧琛、范云、任昉、陆倕并游焉,号曰"八友"。这些人中,沈约、谢朓、范云都是一代文人。他们彼此唱和,互相推波助澜,形成了一股文学潮流。

☞ 入朝曲

《入朝曲》在乐府诗中属《鼓吹曲辞》。《鼓吹曲辞》多为军中歌乐和宫廷宴乐,主要用来歌功颂德,很少有优秀的作品传世。谢朓这首诗虽然依旧属于"颂藩德"的范畴,但气韵高旷,用词精丽,对句工整。

☞ 云台

东汉明帝永平三年(60),汉明帝刘庄在南宫云台阁命人画了为建立东汉王朝功勋卓著的二十八将的像。

二、点评辑要

● 评谢朓

谢朓之诗,已有全篇似唐人者,当观其集方知之。

(宋·严羽《沧浪诗话》)

玄晖不唯工发端,撰造精丽,风华映人,一时之杰。……特不如灵运者,匪直材小力弱,灵运语俳而气古,玄晖调俳而气今。

(明·王世贞《艺苑卮言》)

诗至于齐,情性既隐,声色大开。谢玄晖艳而韵,如洞庭美人,芙蓉衣而翠羽旗,绝非世间物色。

(明·陆时雍《诗镜·总论》)

玄晖句多清丽,韵亦悠扬,得于性情独深,虽去古渐远,而摆脱前人习弊,永元中诚冠冕也。

(清·黄子云《野鸿诗的》)

● 评《入朝曲》

清丽工整,渐开五七言近体。

(清·方伯海《〈文选〉集成》)

风调高华,句成浑丽。

(清·陈祚明《采菽堂古诗选》)

三、旁观博览

1. 曹融南 校注集说：《谢宣城集校注》，上海古籍出版社 1991 年版。

2. 马晓坤，孙大鹏：《两晋南朝琅邪王氏与陈郡谢氏比较研究》，中国社会科学出版社 2011 年版。

3. 萧华荣：《华丽家族：六朝陈郡谢氏家传》，三联书店 2008 年版。

四、思考练习

1. 从史料中查索东晋到南朝的谢氏家族中的有名人物，简注其人生平，做一张树形图。

2. 请分析本诗咏物、抒情、达志、颂德是按照怎样的逻辑结构达成的。

3. 请按照本诗的逻辑架构，写一篇赞颂家乡建设成就的短文。

骆宾王

骆宾王(638?—684?),字观光,婺州义乌(今浙江省义乌市)人。七岁能诗。高宗时曾为道王李元庆府属,历武功、长安主簿。仪凤三年(678),入为侍御史,被诬陷下狱,次年遇赦。调露二年(680),出为临海县丞,不得志,辞官。武则天光宅元年(684),骆宾王为起兵扬州反武则天的徐敬业作《为徐敬业讨武曌檄》,兵败被杀(一说逃亡为僧)。

骆宾王长于七言歌行,对唐代七言古诗发展很有影响。其五言律诗亦构思精沉,气象雄杰,格律谨严。与王勃、杨炯、卢照邻合称"初唐四杰"或"王杨卢骆"。又与富嘉谟并称"富骆"。

讨武曌檄①

伪②临朝武氏者,性非和顺,地实寒微③。昔充太宗下陈④,曾以更衣入侍。洎乎晚节⑤,秽乱春宫⑥。潜隐先帝之私⑦,阴图后庭之嬖⑧。入门见嫉,蛾眉⑨不肯让人;掩袖工谗⑩,狐媚偏能惑主。践元后于翚翟⑪,陷吾君于聚麀⑫。加以虺蜴⑬为心,豺狼成性。近狎邪僻,残

---

① 光宅元年(684)二月,武后废中宗为庐陵王。是年九月,徐敬业等以匡扶中宗为名起兵声讨武后,当时骆宾王在徐敬业幕府,代徐敬业写出这篇著名的檄文。檄:古代用于晓谕或声讨的文书。

② 伪:骆宾王认为武则天临朝为非法,故称为伪。

③ 武则天父亲是一位木柴商人,这里指武则天出身卑微。

④ 指武则天曾是太宗才人这件事。

⑤ 洎乎:到了。晚节:后来。

⑥ 春宫:指太子所处宫殿。指武后不顾伦常与太子李治淫乱。

⑦ 先帝:指太宗。暗地里隐瞒先帝对她的宠幸。

⑧ 私下谋求后宫专宠的地位。嬖(bì):宠爱。

⑨ 蛾眉:古人常用蛾眉借代指美女。

⑩ 指武后喜欢进谗言害人。

⑪ 元后:指正宫皇后。翚翟(huī dí):用美丽鸟羽织成的衣服。

⑫ 聚麀(yōu):多匹雄鹿共有一匹雌鹿。语出《礼记·曲礼上》:"夫惟禽兽无礼,故父子聚麀。"这里指武氏原先是太宗才人,后与高宗乱伦之事。

⑬ 虺蜴(huǐ yì):指毒物。虺:毒蛇。蜴:蜥蜴。古人认为二者皆有毒。

害忠良①。杀姊屠兄②，弑君鸩母③。神人之所共嫉，天地之所不容。犹复包藏祸心，窥窃神器。君之爱子，幽之于别宫④；贼之宗盟，委之以重任。呜呼！霍子孟⑤之不作，朱虚侯⑥之已亡。**燕啄皇孙**，知汉祚之将尽⑦；**龙漦**⑧**帝后**，识夏庭之遽衰。

敬业皇唐旧臣，公侯冢子⑨。奉先帝之成业，荷本朝之厚恩。宋微子⑩之兴悲，良有以也；桓君山⑪之流涕，岂徒然哉！是用气愤风云，志安社稷。因天下之失望，顺宇内之推心。爰举义旗，以清妖孽。

南连百越⑫，北尽三河⑬；铁骑成群，玉轴⑭相接。海陵红粟，仓储之积靡穷⑮；江浦黄旗，匡复之功何远！班声⑯动而北风起，剑气冲而南斗平。暗呜⑰则山岳崩颓，叱咤则风云变色。以此制敌，何敌不摧？以此图功，何功不克？

公等或居汉地，或协周亲⑱。或膺⑲重寄于话言，或受顾命于宣室⑳。言犹在耳，忠岂忘心。一抔之土未干㉑，六尺之孤安在？倘能转祸为福，送往事居，共立勤王之勋，无废大君㉒之命，凡诸爵赏，同指山河㉓。若其眷恋穷城，徘徊歧路，坐昧先几之兆㉔，必贻后至之诛。请看今日之域中，竟是谁家之天下！

移檄州郡，咸使知闻。

---

① 指武氏杀死长孙无忌、褚遂良、上官仪等人。
② 指武氏先后杀死侄儿武惟良、武怀远和姊女贺兰氏。兄武元庆、武元爽亦贬谪而死。
③ 史书无武氏弑君鸩母之事，作者为了增强说服力，不惜诬陷武氏。
④ 唐高宗死后，中宗李显继位，很快被武氏废为庐陵王并控制起来，改立睿宗李旦为皇帝，亦等同于幽禁。
⑤ 霍子孟：西汉权臣霍光，字子孟，汉武帝的托孤大臣，是稳定西汉王朝的元老重臣。
⑥ 朱虚侯：汉高祖长子刘肥的次子，名刘章。吕后重用吕氏外戚，危及刘氏天下，刘章与周勃、陈平等元老重臣合谋，诛杀诸吕，拥立汉文帝，稳定了西汉王朝。
⑦ 这里借汉成帝时赵飞燕谋害成帝诸子之事借古讽今，比喻武后先后废杀李忠、李弘、李贤等皇子。
⑧ 龙漦(lí)：龙的唾涎。
⑨ 冢子：嫡长子。
⑩ 宋微子：名启，商纣王之庶兄。商亡后，微子路经殷商旧都，作《麦秀歌》寄托亡国之痛。
⑪ 桓君山：名谭，东汉初年人。光武帝时曾任给事中，因反对当时流行的谶纬神学，被贬为六安县丞，郁郁而终。
⑫ 百越：这里指越人居住的南方偏远之地。
⑬ 三河：指河南、河内、河东三郡，指洛阳附近的中原政治中心。
⑭ 玉轴：战车的美称。
⑮ 海陵：今江苏省泰州市，汉代曾置粮仓于此。红粟：粟米因久藏呈红色。靡：无。形容徐敬业粮食很多。
⑯ 班声：指战马嘶鸣声。
⑰ 暗(yīn)呜：发怒时的叫吼声。
⑱ 周亲：至亲。
⑲ 膺：承担。
⑳ 宣室：汉宫中有宣室殿，本为皇帝斋戒之地，汉文帝曾在此召见贾谊，后泛指皇帝召见大臣之处。
㉑ 一抔(póu)之土：这里指唐高宗的陵墓。典出《史记·张释之传》："假令愚民取长陵(汉高祖陵)一抔土，陛下将何法以加之乎？"未干：指唐高宗刚死不久。
㉒ 大君：一作旧君，指先帝。
㉓ 汉高祖大封功臣，誓词曰："使河如带，泰山若厉。国以永宁，爰及苗裔。"
㉔ 昧：分不清。几(jǐ)：迹象。

文本拓展

一、知识链接

☞　骆宾王

据元·辛文房《唐才子传》载：骆宾王，义乌人。七岁能赋诗。武后时，数上疏言事，得罪贬临海丞，鞅鞅不得志，弃官去。文明中，徐敬业起兵欲反正，往投之，署为府属。为敬业作檄传天下，暴斥武后罪。后见读之，矍然曰："谁为之？"或以宾王对，后曰："有如此才不用，宰相过也。"及败亡命，不知所之。后宋之问贬还，道出钱塘，游灵隐寺，夜月，行吟长廊下，曰："鹫岭郁岧峣，龙宫隐寂寥。"未得下联。有老僧燃灯坐禅，问曰："少年不寐，而吟讽甚苦，何耶？"之问曰："欲题此寺，而思不属。"僧笑曰："何不道'楼观沧海日，门对浙江潮'。"之问终篇曰："桂子月中落，天香云外飘。扪萝登塔远，刳木取泉遥。云薄霜初下，冰轻叶未凋。待入天台寺，看余渡石桥。"僧一联，篇中警策也。迟明访之，已不见。老僧即骆宾王也。传闻桴海而去矣。后，中宗诏求其文，得百余篇及诗等十卷，命郗云卿次序之，及《百道判集》一卷，今传于世。

☞　骈文

骈文是一种文体，指用骈体写成的文章。骈文起源于汉末，形成并盛行于南北朝。骈文以偶句为主，讲究对仗与声律。至南北朝时期，骈文开始专尚骈俪，以藻绘相饰，文格遂趋卑靡。唐代科举以诗赋取士，其赋作即为源自骈文的律赋，唐代公文亦为骈文。骈文成为中古时期使用最为频繁的文种。

骈文由于迁就句式，堆砌词藻，意少词多，在表达思想内容方面受到很多限制，往往影响内容表达。唐代以来，有以四字六字相间定句者，称四六文，即骈文的一种。中唐韩愈、柳宗元提倡古文运动之后，骈文开始遭到古文家的攻讦。入宋之后，在欧阳修等人领导之下，古文运动掀起第二轮高潮，骈文自此逐渐衰落。

☞　掩袖工谗

《战国策》载楚王夫人郑袖对楚王所宠爱的美女说："楚王喜欢你的美貌，但讨厌你的鼻子，以后见楚王要掩住你的鼻子。"美女照办。楚王以为美女讨厌自己的气味，遂割去美女的鼻子。

☞　燕啄皇孙

《汉书·五行志》载，汉成帝时有童谣曰："燕飞来，啄王孙。"赵飞燕为皇后后，因无子而妒杀汉成帝皇子，成帝因而无后，最终导致王莽篡位。

☞　龙漦帝后

《史记·周本纪》载，夏朝衰落时，有两条神龙降临宫中，夏帝将神龙唾涎用木盒收藏起来。周厉王时，木盒开启，龙漦化为玄鼋流入后宫，一宫女感而怀孕，生褒姒。后周幽王为其所惑，为博她一笑而烽火戏诸侯，导致犬戎入侵，西周遂亡。

二、点评辑要

● 评骆宾王

宾王文好以数对,如"秦地重观一百二,汉家离宫三十六",号为"算博士"。

《帝京篇》曰:"倏忽抟风生羽翼,须臾失浪委泥沙。"宾王后与徐敬业兴兵扬州,大败逃死,此其谶也。

(宋·尤袤《全唐诗话》)

● 评《讨武曌檄》

起写武氏之罪不容诛,次写起兵之事不可缓,末则示之以大义,动之以刑赏。雄文劲采,足以壮军声,而作义勇,宜则天见檄而叹其才也。

(清·吴楚材、吴调侯《古文观止》)

三、旁观博览

1.《骆宾王集》,浙江古籍出版社 2015 年版。

2. 清·陈熙晋 笺注:《骆临海集笺注》,上海古籍出版社 1985 年版。

3. 陈寅恪:《隋唐制度渊源略论稿 唐代政治史述论稿》,商务印书馆 2011 年版。

四、思考练习

1. 根据第一段,将骆宾王列举的武则天"恶行"用白话文一一梳理,并与史料记载相比对,分析其中的正误。

2. 文中对武则天行迹的描述,大致客观,请探讨这样的人物为什么会获得支持,成为一代女皇。

3. 请以"请看今日之域中,竟是谁家之天下!"为题,自由代入不同国籍(如中国、英国、日本、印度、朝鲜等),写一篇点评时事的议论文。

孟浩然

孟浩然（689—740），襄州襄阳（今湖北省襄阳市）人，世称孟襄阳。孟浩然生当盛唐，早年有志用世，但仕途困顿，只能以隐士终身。40岁时，游长安，举进士不第。开元二十五年（737），张九龄招致幕府，随从左右，有诗酒唱和。孟诗绝大部分为五言短篇，多写山水田园与隐居的逸兴以及羁旅行役的心情。孟浩然是唐代著名的山水田园派诗人，其诗平易清幽，艺术上有独特的造诣，后人将孟浩然与王维并称为"**王孟**"。

岁暮归南山①

北阙休上书②，南山归敝庐③。
不才明主弃④，多病故人疏。
白发催年老，青阳逼岁除⑤。
永怀愁不寐⑥，松月夜窗虚⑦。

---

① 岁暮：年终。南山：唐人诗歌中常以南山代指隐居的意思。这里有可能指作者家乡的岘山，也可能指终南山，终南山是唐人隐居的首选。

② 北阙：皇宫北面的门楼，汉代尚书奏事和群臣谒见都在北阙，后因此用作朝廷的别称。休上书：停止向皇帝进奏章。

③ 敝庐：称自己破落的家园。

④ 不才：没有才能，作者自谦之词。明主：圣明的天子。

⑤ 青阳：指春天。逼：逼迫。岁除：年终。

⑥ 永怀：悠悠的情怀。愁不寐：因忧愁而睡不着觉。寐：一作"寝"。

⑦ 虚：空寂。可能是虚门，开窗月亮照进来。

📖 文本拓展

一、知识链接

☞　王孟

盛唐时诗人王维、孟浩然合称"王孟"。二位诗人都以写作山水田园诗著称,诗风都具有清丽淡远的风格。明代胡应麟《诗薮》内篇卷二评价:王孟闲淡自得。清代乔亿《剑谿说诗》卷上载:王孟齐名,李西涯(按:明李东阳,字宾之,号西涯)谓王不及孟,竟陵及西城先生谓孟不及王。愚谓以疏古论,孟为胜;以澄汰论,王为胜。二家未易轩轾。

☞　岁暮归南山

宋·魏泰《临汉隐居诗话》载:孟浩然入翰苑访王维,适明皇驾至,浩然仓皇伏匿,维不敢隐而奏之。明皇曰:"吾闻此人久矣。"召使进所业,浩然诵:"北阙休上书,南山归敝庐。不才明主弃,多病故人疏。"明皇曰:"我未尝弃卿,卿自不求仕,何诬之甚也?"因命放归襄阳。

二、点评辑要

● 评孟浩然

赋诗何必多,往往凌鲍谢。

（唐·杜甫《遣兴五首》之五）

清诗句句尽堪传。

（唐·杜甫《解闷十二首》之六）

子瞻谓孟浩然之诗,韵高而才短,如造内法酒手,而无材料尔。

（宋·陈师道《后山诗话》）

孟浩然、王摩诘诗,自李、杜以下,当为第一。

（宋·许顗《彦周诗话》）

皮日休《孟亭记》云:"明皇世,章句之风,大得建安体。论者推李翰林、杜工部为尤。介其间能不愧者,惟我乡之孟先生也。先生之作,遇景入咏,不钩其抉异,令龉龊束人口者,涵涵然有干霄之兴,若公输氏当巧而不巧者也。"

（宋·尤袤《全唐诗话》）

孟浩然之诗,讽咏之久,有金石宫商之声。

（宋·严羽《沧浪诗话》）

诗非苦吟不工,信乎? 古人如孟浩然眉毛尽落,裴祜袖手衣袖至穿,王维走入醋瓮,皆苦吟之验也。

（明·朱承爵《存余堂诗话》）

纪昀曰:"王、孟诗大段相近,而微不同。王清而远,体格高浑。孟清而切,体格俊逸。"

（清·朱庭珍《筱园诗话》）

诗中有画,不独摩诘也。浩然情景悠然,尤能写生。其便娟之姿,逸宕之气,似欲超王而上,然终不能出王范围内者,王厚于孟故也。吾尝譬之:王如一轮秋月,碧天似洗;而孟则江月一色,荡漾空明。虽同此月,而孟所得者,特其光与影耳。

(清·贺贻孙《诗筏》)

三、旁观博览

1. 佟培基:《孟浩然诗集笺注》,上海古籍出版社 2000 年版。
2. 郭远超:《梦归田原——孟浩然传》,作家出版社 2015 年版。

四、思考练习

1. 清·黄生《唐诗矩》中认为孟浩然此诗与卢纶《落地后归终南别业》相比较,"便见盛唐人身份",请比较二诗,阐述孟浩然在诗中体现了怎样的盛唐人身份。

2. 为什么马周在太宗时能"直犯龙颜请恩泽",孟浩然在玄宗时却此路不通,只能感慨"北阙休上书"?

3. 王维与孟浩然在唐代诗人中并称"王孟",但二人人生际遇迥异。如果让你介绍这两位诗人,你会选择哪一个既吸引人又契合二人特色的切入点来开篇?

王 维

王维(700—761),字摩诘。原籍太原祁(今属山西省祁县),其父迁居蒲州(今山西省永济西),遂为河东人。唐玄宗开元九年(721)进士及第。累官至给事中。其间曾隐居终南山以及蓝田辋川。安禄山叛军陷长安时曾受伪职,平乱后,降为太子中允。后官至尚书右丞,世称王右丞。晚年隐居蓝田辋川,过着亦官亦隐的生活。王维诗文、音乐、书画、禅理,无不精擅。其山水田园诗与孟浩然齐名,并称"王孟"。他常常将音乐、绘画、禅理融入其山水田园诗中,通过对山水田园的描绘,宣扬隐士生活和佛教禅理。其诗体物精细,状写传神,音韵和谐,很有成就。

山居秋暝①

空山新雨后,天气晚来秋。
明月松间照,清泉石上流。
竹喧归浣女②,莲动下渔舟。
随意春芳歇③,王孙自可留④。

凝碧池⑤

万户伤心生野烟,百官何日更朝天。
秋槐叶落空宫里,凝碧池头奏管弦。

---

① 暝(míng):日落,天色将晚。
② 竹喧:竹林中喧哗声。喧:喧哗。浣女:洗衣服的女孩。浣:洗涤衣物。
③ 随意:任凭。春芳:春天的花草。歇:消散,消失。
④ 王孙:原指贵族子弟,后来也泛指隐居的人,这里是作者自指。此句反用淮南小山《招隐士》"王孙兮归来,山中兮不可久留"的意思,淮南小山《招隐士》本意是将隐士召集起来为朝廷所用,后代招隐士往往反用其意,用来表达文人隐居的愿望。全句反映了作者对仕隐采取了无可无不可的态度与胸襟。
⑤ 凝碧池:唐代东都洛阳禁苑中的池名。

文本拓展

一、知识链接

☞　凝碧池

据宋·计有功《唐诗记事》载：安禄山叛军攻占洛阳后，曾大会凝碧池，逼使梨园乐人为他奏乐，乐师雷海青掷弃乐器，西向哭泣（按：玄宗车驾逃跑的方向），被安禄山肢解于试马殿上。当时诗人正被拘禁于菩提寺，闻此事后提笔作《凝碧池》诗。尤袤《全唐诗话》卷一载："（王维）后有罪，以此诗获免。"

二、点评辑要

● 评王维

味摩诘之诗，诗中有画。

（宋·苏轼《书摩诘蓝田烟雨图》）

殷璠云：维诗词秀调雅，意新理惬。在泉为珠，着壁成绘，一字一句，皆出常境。

（宋·尤袤《全唐诗话》）

论近体者，必称盛唐。若蓝田王右丞维，亦其一也。其为律绝句，无问五、七言，皆庄重闲雅，浑然天成。

（明·吕灏《重刊唐王右丞诗集序》）

玄、肃以下诗人，其数什百，语盛唐者，唯高、王、岑、孟四家为最。语四家者，唯右丞公为最。

（明·顾起经《题王右丞诗笺小引》）

王孟假天籁为宫商，寄至味于平淡，格调谐畅，意兴自然，真有无迹可寻之妙。

（清·刘大勤《师友诗传续录》）

诗总不离乎才也。有天才，有地才，有人才。吾于天才得李太白，于地才得杜子美，于人才得王摩诘。太白以气韵胜，子美以格律胜，摩诘以理趣胜。太白千秋逸调，子美一代规模，摩诘精大雄氏之学。

（清·徐增《而庵诗话》）

王右丞精深华妙，独出冠时；终唐之世，与少陵分席而坐者，一人而已矣！

（清·管世铭《读雪山房唐诗序例凡例·七律凡例》）

姚鼐曰："盛唐人诗固无体不妙，而尤以五言律为最。此体中又当以王孟为最，以禅家妙悟论诗者正在此耳。"

近代吴汝纶说："王、孟诗专以自然兴象为佳，而又真气贯注其间。"

（近代·高步瀛《唐宋诗举要》）

● 评《山居秋暝》

谭云：说偈（"明月"二句下）。钟云："竹暄""莲动"细极！静极！

（明·钟惺、谭元春《唐诗归》）

佳境得隽笔以出之。

（清·吴昌祺《删定唐诗解》）

随意挥写,得大自在。

（近代·高步瀛《唐宋诗举要》）

三、旁观博览

1. 明·顾起经注:《类笺王右丞全集》,台湾学生书局 1979 年版。
2. 清·赵殿成笺注:《王右丞集笺注》,上海古籍出版社 2009 年版。
3. 陈铁民:《王维集校注》,中华书局 1997 年版。

四、思考练习

1. 请查索历代诗词中"春草"这一诗歌意象,做一个 PPT。
2. "王孙"解释为诗人本人或者他人,诗意会有什么不同?
3. 试将"莲动下渔舟"的"下"换一字,感受意境的差异。

李 白

李白(701—762),字太白,号青莲居士。自称祖籍陇西成纪(今甘肃省静宁西南)人,出生于碎叶(今吉尔吉斯斯坦共和国北部托克马克附近)。五岁时随父迁居绵州昌隆县(今四川省江油县)青莲乡,二十五岁起辞亲远游,仗剑出蜀。天宝元年(742)奉诏入京,供奉翰林,故世称李翰林。后因权贵谗毁,仅一年余即被赐金放还,开始了他新的漫游。安史之乱后,应召任永王李璘幕僚。永王败后系浔阳狱,远谪夜郎,中途遇赦返回江夏,重游洞庭、皖南。晚年投奔其族叔当涂县令李阳冰,后卒于当涂。李白诗歌多豪放俊逸,清新自然,是中国浪漫主义诗歌的代表。

登金陵凤凰台①

凤凰台上凤凰游,凤去台空江自流。
吴宫②花草埋幽径,晋代衣冠成古丘③。
三山半落青天外④,二水中分白鹭洲⑤。
总为浮云能蔽日⑥,长安⑦不见使人愁。

---

① 一般认为该诗作于天宝六载(747)。

② 吴宫:三国时孙吴曾于金陵建都筑宫。

③ 晋代:指东晋,南渡后也建都于金陵。衣冠:指的是东晋文学家郭璞的衣冠冢。今在南京玄武湖公园内。一说指当时的豪门世族。成古丘:晋明帝当年为郭璞修建的衣冠冢豪华一时,然而到了唐朝诗人来看的时候,已经成为一个丘垄了。

④ 三山:山名,原在南京城南。半落青天外:形容极远,看不清楚。

⑤ 二水:一作"一水"。指秦淮河流经南京后,西入长江,被横截其间的白鹭洲分为二支。白鹭洲:古代长江中的沙洲,洲上多集白鹭,故名。今已与陆地相连,位于今南京市江东门外。

⑥ 浮云能蔽日:比喻谗臣当道障蔽贤良。浮云:比喻奸邪小人。陆贾《新语·慎微篇》:"邪臣之蔽贤,犹浮云之障日月也。"日:一语双关,因为古代把太阳看作是帝王的象征。

⑦ 长安:这里用京城指代朝廷和皇帝。

子夜吴歌①

长安一片月，万户捣衣声②。
秋风吹不尽，总是玉关情③。
何日平胡虏？良人罢远征④。

忆秦娥

箫声咽⑤，秦娥梦断⑥秦楼月。秦楼月，年年柳色，灞陵⑦伤别。
乐游原上清秋节⑧，咸阳古道音尘绝⑨。音尘绝，西风残照⑩，汉家陵阙⑪。

文本拓展

一、知识链接

☞ 凤凰台

《江南通志》：凤凰台，在江宁府城内之西南隅，犹有陂陀，尚可登览。宋元嘉十六年，有三鸟翔集山间，文彩五色，状如孔雀，音声谐和，众鸟群附，时人谓之凤凰，起台于山，谓之凤凰台，山曰凤凰山，里曰凤凰里。

---

① 李白的《子夜吴歌》分咏四季，这是第三首《秋歌》。
② 捣衣：古人将衣服置于石砧上用棒槌捶打，以便于清洗。
③ 玉关：玉门关，指征人戍边之处。《元和郡县志》"陇右道瓜州晋昌县"条："玉门关，在县东二十里。"故址在今天的甘肃敦煌西北小方盘城。
④ 良人：妻子对丈夫的称呼，《诗经·唐风·绸缪》："今夕何夕，见此良人。"这里指驻守边地的丈夫。罢：结束。
⑤ 咽：呜咽，形容箫声低沉而悲凉，如泣如诉。
⑥ 梦断：梦被打断，即梦醒。
⑦ 灞陵：汉孝文帝陵墓所在地，在今陕西西安市东，当地有一座灞桥，为通往华北、东北和东南各地必经之处。汉人送客至此，折柳送别。
⑧ 乐游原：又叫"乐游园"，西汉宣帝乐游苑故址，在长安东南郊，是唐代的游览胜地。清秋节：指农历九月初九的重阳节，唐人有重阳登高的习俗。
⑨ 咸阳古道：咸阳，秦都，在长安西北，汉唐时期由京城往西北从军、经商的要道。唐人常以咸阳代指长安，"咸阳古道"就是长安道。音尘：一般指消息，这里是指车行走时发出的声音和扬起的尘土。
⑩ 残照：指残阳。
⑪ 汉家陵阙：汉朝皇帝的坟墓和宫殿。

✍ 崔颢《黄鹤楼》与李白《登金陵凤凰台》

元·辛文房《唐才子传》记李白登黄鹤楼,本欲赋诗,因见崔颢《黄鹤楼》诗,为之敛手,说:"眼前有景道不得,崔颢题诗在上头。"明·杨慎在《升庵诗话》卷十一《搥碎黄鹤楼》中对"眼前有景道不得,崔颢题诗在上头"这句诗作了详细考证:"李太白过武昌,见崔颢《黄鹤楼》诗,叹服之,遂不复作,去而赋《金陵凤凰台》也。其事本如此。其后禅僧用此事作一偈云:'一拳搥碎黄鹤楼,一脚踢翻鹦鹉洲。眼前有景道不得,崔颢题诗在上头。'傍一游僧亦举前二句而缀之曰:'有意气时消意气,不风流处也风流。'又一僧云:'酒逢知己,艺压当行。'原是借此事设辞,非太白诗也,流传之久,信以为真。宋初,有人伪作太白《醉后答丁十八》诗云'黄鹤高楼已搥碎'一首,乐史编太白遗诗,遂收入之。近日解学士缙作《吊太白》诗云:'也曾搥碎黄鹤楼,也曾踢翻鹦鹉洲。'殆类优伶副净滑稽之语。噫,太白一何不幸耶!"

明·朱承爵《存余堂诗话》载:李太白凤凰台诗,昔贤评为古今绝唱。余偶读郭功父(郭功父,名祥,当涂人。母梦李太白而生,及长,工诗)诗,得其和韵一首云:"高台不见凤凰游,浩浩长江入海流。舞罢青娥同去国,战残白骨尚盈丘。风摇落日催行棹,潮涌新沙换故洲。结绮临春无处觅,年年芳草向人愁。"真得太白逸气。其母梦太白而生,是岂其身后邪?

✍ 三山与南京三山街

据《景定建康志》载:"其山积石森郁,滨于大江,三峰并列,南北相连,故号三山。"明初朱元璋筑城时,将城南的三座无名小山也围在了城中。这三座山正好挡住了从城北通向南门——聚宝门的去路。恰逢当时正在城东燕雀湖修筑宫城,于是将这三座山填进了燕雀湖。三山挖平后,在山基修了一条街道,取名为三山街。

✍ 子夜吴歌

子夜吴歌是六朝乐府吴声歌曲。《唐书·乐志》载:"《子夜吴歌》者,晋曲也。晋有女子名子夜,造此声,声过哀苦。"《乐府解题》载:"后人更为四时行乐之词,谓之《子夜四时歌》。"李白《子夜吴歌》由原有的五言四句扩展为五言六句。

✍ 忆秦娥

《忆秦娥》的词牌调始见于本篇,应为作者的首创。调名亦即词题,意为"思念秦娥",而词的内容是"秦娥的思念"。对秦娥的思念通过描写秦娥怀人的方式曲折地表现出来,相思之情呈现出双向流动之势。宋人邵博《邵氏闻见后录》始称此词为李白所作。南宋黄升《唐宋诸贤绝妙词选》亦录该词于李白名下。明代以来质疑之声不绝。

本词首先描述秦娥的春愁,接着描写秦娥的秋怨,涵盖了秦娥一年四季的伤怀之情。末二句积淀着沉重的历史沧桑之感。全篇通过秦娥与思夫的相思之情折射出词人怀才不遇的满腔愤懑和对现实政治与悲观人生的失望。

二、点评辑要

● 评李白

李杜文章在,光焰万丈长。不知群儿愚,那用故谤伤!蚍蜉撼大树,可笑不自量。伊我生其后，举颈遥相望。

（唐·韩愈《调张籍》）

余评李白诗，如张乐于洞庭之野，无首无尾，不主故常，非墨工垩（qiàn）人所可拟议。

（宋·陈师道《后山诗话》）

李杜二公，正不当优劣。太白有一二妙处，子美不能道；子美有一二妙处，太白不能作。子美不能为太白之飘逸，太白不能为子美之沉郁。……

观太白诗者，要识真太白处。太白天才豪逸，语多率然而成者。学者于每篇中，要识其安身立命处可也。

（宋·严羽《沧浪诗话》）

以气为主，以自然为宗，以俊逸高畅为贵。

（明·王世贞《艺苑卮言》）

才超一代者李也，体兼一代者杜也。李如星悬日揭，照耀太虚，杜若地负海涵，包罗万汇。

（明·胡应麟《诗薮》）

● 评《登金陵凤凰台》

此诗因怀古而动怀君之思乎？抑亦自伤谗废，望帝乡而不见，乃触景而生愁乎？太白之志亦可哀也已。

（元·萧士赟补注《分类补注李太白诗》）

与崔颢《黄鹤楼》相似，格律气势未易甲乙。此诗以凤凰台为名，而咏凤凰台不过起语两句尽之矣，下六句乃登台而观望之景也。三四怀古人之不见也，五六七八咏今日之景，而慨帝都之不可见，登台而望，所感深矣。金陵建都自吴始，三山、二水、白鹭洲皆金陵山水名。金陵可以北望中原，唐都长安，故太白以浮云遮蔽不见长安为愁焉。

（元·方回《瀛奎律髓》）

黄鹤楼，李白见之，去不复作。至金陵登凤凰台乃题此诗，传者以为拟崔而作，理或有之。崔诗直举胸情，气体高浑；白诗寓目山河，别有怀抱。其言皆从心而发，即景而成，意象偶同，胜境各擅。论者不举其高情远意，而沾沾吹索于字句之间，固已蔽矣。

（清高宗爱新觉罗·弘历《唐宋诗醇》）

● 评《子夜吴歌》

此为戍妇之词以讥当时征战之苦也。言于月夜捣衣以寄边塞，而此风吹不尽者，皆我思念玉关之情也，安得平胡而使征夫稍息乎？不恨朝廷之黩武，但言胡虏之未平，深得风人之旨。

（明·唐汝询《唐诗解》）

情景名为二，而实不可离，神于诗者，妙合无垠；巧者则有情中景，景中情。景中情者，如"长安一片月"，自然是孤凄远忆之情。

（清·王夫之《姜斋诗话》）

李太白《子夜吴歌》："长安一片月……良人罢远征"，余窃谓删去末二句作绝句，更觉浑含无尽。

（清·田同之《西圃诗说》）

● 评《忆秦娥》

(李白《菩萨蛮》《忆秦娥》)二词为百代词曲之祖。

（宋·黄昇《唐宋诸贤绝妙词选》）

唐人作长短句，乃古乐府之滥觞也。李太白首倡《忆秦娥》，凄惋流丽，颇臻其妙，为千载词家之祖。

（明·顾起纶《花庵词选跋》）

太白《忆秦娥》声情悲壮，晚唐、五代，惟趋婉丽，至东坡始能复古。后世论词者，或转以东坡为变调，不知晚唐、五代乃变调也。

（清·刘熙载《艺概·词曲概》）

音调凄断。对此茫茫，百端交集，如读《黍离》之诗。后世名作虽多，无出此右者。

又：唐人之词如六朝之诗，惟太白《菩萨蛮》《忆秦娥》两调，实为千古词坛纲领。

（清·陈廷焯《云韶集》）

太白纯以气象胜。"西风残照，汉家陵阙"，寥寥八字，遂关千古登临之口。后世唯范文正之《渔家傲》、夏英公之《喜迁莺》，差足继武，然气象已不逮矣。

（近代·王国维《人间词话》）

此词自抒积感，借闺怨以写之，因身在秦地，即以秦女箫声为喻。起笔有飘飘凌云之气。以下接写离情，灞桥折柳，为迁客征人伤怀之处，犹劳劳亭为古送行之地，太白题亭上诗"春风知别苦，不遣柳条青"，同此感也。下阕仍就秦地而言，乐游原上，当清秋游赏之时，而古道咸阳，乃音尘断绝，悲愉之不同如是。古道徘徊，即所思不见，而所见者，惟汉代之遗陵废阙，留残状于西风夕照中。一代帝王，结局不过如是，则一身之伤离感旧，洵命之衰耳。结二句俯仰今古，如闻变徵之音。

（近代·俞陛云《唐诗选释》）

三、旁观博览

1. 郁贤皓 校注：《李太白全集校注》，凤凰出版社 2016 年版。
2. 安旗 校注：《李白全集编年校注》，中华书局 2015 年版。
3. 周勋初：《李白评传》，南京大学出版社 2005 年版。

四、思考练习

1. 李白诗中多次出现"月亮"，请绘制一幅圆圈图，表述月亮在李白诗中分别承载了哪些情怀。
2. 你更喜欢崔颢的《黄鹤楼》还是李白的《登金陵凤凰台》？为什么？
3. 以"玉门关"或者"长安"为题，写一首怀古白话小诗。

杜 甫

杜甫(712—770),字子美,巩县(今河南省巩义市)人。其十三世祖为西晋杜预,祖父为"文章四友"之一的杜审言。尝居长安城南少陵附近,因此自称少陵野老,世称杜少陵。青年时期曾漫游齐赵、吴越等地,举进士不第。安史之乱中,自长安奔赴凤翔行在,授左拾遗,故世称"杜拾遗"。晚年长期生活于四川,曾被剑南节度使严武聘为幕僚,荐为检校工部员外郎,故世称"杜工部"。杜甫是唐代最伟大的现实主义诗人,宋以后被尊为"诗圣",与李白并称"李杜"。其诗大胆揭露当时的社会矛盾,对苦难人民寄予深切同情。他的许多作品,显示了唐代由盛转衰的历史过程,因而被称为"诗史"。在艺术上,诸体皆精,尤长于律诗;风格多样,往往"沉郁顿挫";语言精炼,具有高度的表达能力。

登 楼

花近高楼伤客心,万方多难此登临。
锦江①春色来天地,玉垒浮云变古今②。
北极朝廷终不改③,西山寇盗莫相侵④。
可怜后主还祠庙⑤,日暮聊为梁甫吟⑥。

---

① 锦江:岷江支流,流经成都。

② 玉垒:山名,在四川灌县西、成都西北。变古今:与古今俱变。全句谓时局变化莫测,如山上浮云一般,古往今来皆如此。

③ 北极:指北极星,北极星始终处于北方,不改位置。全句指唐代政权是稳固的,不容篡改。

④ 西山:今四川省西部,当时与吐蕃交界。寇盗:指入侵的吐蕃。唐代宗广德元年(763)九月,吐蕃东侵并攻占长安,唐代宗仓皇逃至陕州。十月下旬,郭子仪收复长安。十二月,唐代宗返回长安。同年十二月,吐蕃人进攻剑南,占领松州、维州等地。

⑤ 后主:指蜀后主刘禅,亡国后乐不思蜀。还:仍然。全句感叹连刘禅这样的人竟然还有祠庙。

⑥ 聊为:勉强这么做。梁甫吟:古乐府中一首葬歌。《三国志》说诸葛亮躬耕陇亩,好为《梁甫吟》,该诗歌借齐国晏子"二桃杀三士"的故事以抒发其济世之心。这里的"梁甫吟"即指这首诗。

观公孙大娘弟子舞剑器行（并序）①

　　大历二年十月十九日②，夔府别驾元持宅见临颍李十二娘舞剑器③，壮其蔚跂④，问其所师，曰："余公孙大娘弟子也。"开元五年⑤，余尚童稚，记于郾城观公孙氏，舞剑器浑脱⑥，浏漓顿挫，独出冠时，自高头宜春、梨园二伎坊内人⑦，洎外供奉舞女⑧，晓是舞者，圣文神武皇帝初⑨，公孙一人而已。玉貌锦衣，况余白首，今兹弟子，亦非盛颜。既辨其由来，知波澜莫二，抚事慷慨，聊为《剑器行》。昔者吴人张旭⑩，善草书帖，数常于邺县见公孙大娘舞西河剑器⑪，自此草书长进，豪荡感激，即公孙可知矣。

> 昔有佳人公孙氏，一舞剑器动四方。
> 观者如山色沮丧，天地为之久低昂。
> 霍如羿射九日落⑫，矫如群帝骖龙翔⑬。
> 来如雷霆收震怒，罢如江海凝清光。
> 绛唇珠袖⑭两寂寞，晚有弟子传芬芳。
> 临颍美人⑮在白帝，妙舞此曲神扬扬。
> 与余问答既有以，感时抚事增惋伤。
> 先帝侍女八千人，公孙剑器初第一。
> 五十年间似反掌，风尘倾动昏王室⑯。
> 梨园弟子散如烟，女乐余姿映寒日。

---

　　① 公孙大娘：唐玄宗开元时期著名的舞蹈家。弟子：指李十二娘。剑器：唐代流行的武舞，舞者为穿男子戎装的女子，空手而舞。

　　② 公元767年，此时作者已进入晚年。

　　③ 夔府别驾：夔州都督府的别驾。临颍：今河南省临颍县，唐属河南道许州。

　　④ 蔚跂：姿态矫健，英姿飒爽。

　　⑤ 开元五年：一作开元三年，杜甫时年4岁。

　　⑥ 郾城：今河南省郾城县，唐属河南道许州。剑器浑脱：将剑器舞与浑脱舞结合在一起的新型舞蹈。

　　⑦ 高头宜春、梨园二伎坊内人：指供奉宫廷的歌舞艺人。高头：指前头。

　　⑧ 外供奉舞女：与宫内供奉舞女相对，指不住宫内，不时应招入宫表演的歌舞艺人。

　　⑨ 圣文神武皇帝：指唐玄宗。

　　⑩ 张旭：初盛唐时书法家，善草书，被称为"草圣"。

　　⑪ 西河剑器：剑器舞的一种。

　　⑫ 羿：后羿，古代神箭手。相传"尧时十日并出，羿射其九"（参见《淮南子·本经训》高诱注）。

　　⑬ 骖（cān）：古代驾在车前两侧的马。全句犹谓一群天神乘龙翱翔于天空。

　　⑭ 绛唇珠袖：指公孙氏的歌曲与舞蹈。

　　⑮ 临颍美人：指临颍李十二娘。

　　⑯ 风尘：指安史之乱。倾动：一作"澒（hòng）洞"，广大无边的样子。

金粟堆前木已拱①，瞿唐石城②草萧瑟。

玳筵急管曲复终，乐极哀来月东出。

老夫不知其所往，足茧③荒山转愁疾。

文本拓展

一、知识链接

☞ 登楼

该诗写于唐代宗广德二年(764)春，当时诗人寓居成都。广德元年(763)正月，安史之乱刚刚平定，十月便发生了吐蕃攻陷长安，代宗奔逃陕州之事。不久，郭子仪收复长安。年底，吐蕃又破松、维、保等州(今四川北部)，接着又攻陷剑南、西山诸州。朝廷内外交困、日益衰败。同年，杜甫的好友严武又被任命为成都尹兼剑南节度使。原在阆州(今四川阆中)的杜甫，听到这个消息，十分欣喜，马上回到成都家中，登楼凭眺，有感而作此诗。

☞ 观公孙大娘弟子舞剑器行

该诗诗序如散文诗，旨在说明目睹李十二娘舞姿，并闻其先师公孙氏，触景生情，抚今思昔，忆其童年观看公孙大娘之剑舞，赞叹其舞技高超。最后以草圣张旭见公孙氏剑舞而书艺大有精进之故事点缀。

诗歌由目睹李十二娘而思及公孙大娘，从咏公孙大娘而思及唐明皇的开元天宝盛世，感时抚事，更增惋伤。从人事蹉跎之感道出无限凄凉之意。全诗气势雄浑，沉郁悲壮。语言富丽，音节顿挫而多变。

二、点评辑要

● 评杜甫

杨万里云：诗人之诗，唐云李杜，宋言苏黄。苏似李，黄似杜。苏李之诗，子列子之御风，无待乎舟车也。杜黄之诗，灵均之乘桂舟、驾玉车，有待而未始有待也。无待者，神于诗者欤？有待而未尝有待者，圣于诗者欤？

（宋·魏庆之《诗人玉屑》）

学诗当以子美为师，有规矩故可寻。退之于诗，本无解处，以才高而好尔。渊明不为诗，写其胸中之妙尔。学杜不成，不失为工。无韩之才与陶之妙，而学其诗，终为乐天尔。

苏子瞻云："子美之诗，退之之文，鲁公之书，皆集大成者也。"

（宋·陈师道《后山诗话》）

---

① 金粟堆：指金粟山，玄宗泰陵所在地。木已拱：据《左传》僖公三十二年载："中寿，尔墓之木拱矣。"拱：双手合抱。

② 瞿唐石城：指夔州地带。

③ 足茧：指自己漂泊西南已久，奔走不息，脚底生老茧。

杜甫、李白以诗齐名,韩退之云:"李杜文章在,光焰万丈长。"似未易以优劣也。然杜诗思苦而语奇,李诗思疾而语豪。杜集中言李白诗处甚多,如"李白一斗诗百篇",如"清新庾开府,俊逸鲍参军","何时一樽酒,重与细论文"之句,似讥其太俊快。李白论杜甫,则曰:"饭颗山头逢杜甫,头戴笠子日卓午。为问因何太瘦生,只为从来作诗苦。"似讥其太愁肝肾也。杜牧云:"杜诗韩笔愁来读,似倩麻姑痒处搔。天外凤凰谁得髓,何人解合续弦胶。"则杜甫诗,唐朝以来,一人而已,岂白所能望耶!

(宋・葛立方《韵语阳秋》)

诗有出于《风》者,出于《雅》者,出于《颂》者。屈宋之文,《风》出也;韩柳之文,《雅》出也;杜子美独能兼之。

(宋・姜夔《白石道人诗说》)

少陵诗,宪章汉魏而取材于六朝。至其自得之妙,则前辈所谓集大成者也。

(宋・严羽《沧浪诗话》)

少陵故多变态,其诗有深句,有雄句,有老句,有秀句,有丽句,有险句,有拙句,有累句。后世别为大家,特高于盛唐者,以其有深句、雄句、老句也;而终不失为盛唐者,以其有秀句、丽句也。轻浅子弟,往往有薄之者,则以其有险句、拙句、累句也,不知其愈险愈老,正是此老独得处,故不足难之,独拙、累之句,我不能为掩瑕。虽然,更千百世无能胜之者何? 要曰无露句耳。其意何尝不自高自任? 然其诗曰:"文章千古事,得失寸心知。"曰:"新诗句句好,应任老夫传。"温然其辞,而隐然言外,何尝有所谓吾道主盟代兴哉? 自少陵逗漏此趣,而大智大力者,发挥毕尽,至使吠声之徒,群肆拧剥,遏哉唐音,永不可复。噫嘻慎之!

(明・王世懋《艺圃撷余》)

● 评《登楼》

七言难于气象雄浑,句中有力,而纡徐不失言外之意。自老杜"锦江春色来天地,玉垒浮云变古今",与"五更鼓角声悲壮,三峡星河影动摇"等句之后,尝恨复无继者。韩退之笔力最为杰出,然每苦意与语俱尽。

(宋・叶梦得《石林诗话》)

老杜七言律诗一百五十九首,当写以常玩,不可暂废。今"登览"中选此为式。"锦江"、"玉垒"一联,景中寓情;后联却明说破,道理如此,岂徒模写江山而已哉!

(元・方回《瀛奎律髓》)

此诗妙在突然而起,情理反常,令人错愕;而伤之故,至末始尽发之,时竟不使人知,此作诗者之苦心也……首联写登临所见,意极愤懑,词犹未露,此亦急来缓受,文法固应如是。言锦江春水与天地俱来,而玉垒云浮与古今俱变,俯视宏阔,气笼宇宙,可称奇杰。而佳不在是,止借作过脉起下。云"北极朝廷"如锦江水源远流长,终不为改;而"西山寇盗"如玉垒浮云,悠起悠灭,莫来相侵。……"终"、"莫"二字有微意在。

(明・王嗣奭《冯延巳》)

● 评《观公孙大娘》

《舞剑器行》,世所脍炙,绝妙好词也。内云:"先帝侍女八千人……乐极哀来月东出。"余谓"壮士轩昂赴敌场",一如"儿女恩怨相尔汝"。杜有建安黄初气骨,白未脱长庆体耳。

(宋・陈师道《后村诗话》)

钟云:题是公孙大娘弟子,而序与诗,情事俱属公孙氏,便自穆然深思。钟云:此一语独妙("罢如江海"句下)。

(明·钟惺、谭元春《唐诗归》)

余尝谓白香山《琵琶行》一篇,从杜子美《观公孙大娘弟子舞剑器行》诗得来。"临颍美人在白帝……感时抚事增惋伤"。杜以四语,白成数行,所谓演法也。凫胫何短,鹤胫何长,续之不能,截之不可,各有大然之致,不惟诗也,文亦然。

(清·田雯《古欢堂集·杂著》)

前如山之嶙峋,后如海之波澜,前半极其浓至,后半感叹,"音响一何悲,弦急知柱促"也。

(清高宗爱新觉罗·弘历《唐宋诗醇》)

"绛唇"六句,落到李娘,为篇中叙事处。舞之妙,已就公孙详写,此只以"神扬扬"又字括之,可识虚实互用之法。"感时抚事"句,逗出作诗本旨。"先帝"六句,往事之憾,此本旨也。言公孙而统及女乐,言女乐即是感深先帝。故下段竟以"金粟堆"作转接,此下正写惋伤之情。一句着先帝,一句收归本身。……结二句,所谓对此茫茫,百端交集。行失其所往,止失其所居,作者读者,俱欲嗷然一哭。

(清·浦起龙《读杜心解》)

"感时"句是一篇前后脉络章法也,却入于出题中藏之。"金粟堆"又从先帝意中起棱,柯觉身世之戚,兴亡之感,交赴腕下。此诗亦"豪宕感激,浏亮顿挫,独出冠时"。自大历至今,先生一人而已。

(清·方东树《昭昧詹言》)

三、旁观博览

1. 明·王嗣奭:《杜臆》,上海古籍出版社 1983 年版。
2. 清·仇兆鳌 注:《杜诗详注》,中华书局 2015 年版。
3. 清·浦起龙:《读杜心解》,中华书局 2010 年版。
4. 莫砺锋:《杜甫评传》,南京大学出版社 1998 年版。

四、思考练习

1. 请分析促成杜甫诗歌成就的诸要素,至少列出五个,并略为评述。
2. 此二诗皆为杜甫晚年感时抚事之作,在诗歌情绪上,哪首更为积极一些? 请结合历史背景和诗意加以评述。
3. 请用白话文描摹"锦江春色来天地,玉垒浮云变古今"一句,须将诗中的时空架构与情绪传达融会贯通。

韩 愈

韩愈(768—824),字退之,河南河阳(今河南省孟州市)人。唐代文学家、思想家。贞元八年(792)进士。曾任国子博士、刑部侍郎等职,因谏阻宪宗奉迎佛骨舍利被贬为潮州刺史,后官至吏部侍郎、京兆尹等职。卒谥"文"。韩愈与柳宗元共同倡导**古文运动**,其散文被列为"唐宋八大家"之首。其诗力求新奇,有时流于险怪,对宋诗影响很大。韩愈古文与柳宗元齐名,两人并称"韩柳"。其诗与孟郊齐名,两人并称"韩孟"。韩愈郡望昌黎,世称韩昌黎,有《昌黎先生集》。

左迁至蓝关示侄孙湘①

一封朝奏九重天②,夕贬潮州路八千③。
欲为圣明除弊事④,肯将衰朽惜残年⑤。
云横秦岭家何在?雪拥蓝关马不前⑥。
知汝远来应有意,好收吾骨瘴江边⑦。

---

① 左迁:贬官,这里指作者被贬至潮州。蓝关:在陕西蓝田县南。湘:韩愈的侄孙韩湘,字北渚,韩愈之侄韩老成的长子,长庆三年(823)进士,任大理丞,被后人神化为八仙之一的韩湘子。韩湘此时年方27岁,尚未登科,远道赶来送别韩愈。

② 一封:即韩愈上陈唐宪宗的《论佛骨表》。朝(zhāo)奏:早晨送呈奏章。九重天:古称天有九层,第九层最高,这里指当朝天子。

③ 潮州:一作"潮阳"。路八千:指潮州距离京师路途遥远。八千:形容数字很大,非确数。

④ 圣明:指皇帝。弊事:指唐宪宗迎佛骨事。

⑤ 衰朽:衰老多病。惜残年:顾惜晚年的生命。当时韩愈已52岁,故称"残年"。

⑥ 拥:阻塞。蓝关:蓝田关,今陕西蓝田县东南。马不前:晋陆机《饮马长城窟行》有:"驱马涉阴山,山高马不前。"马通人性,不愿意离开。

⑦ 瘴(zhàng)江:指潮州瘴气弥漫的江水。全句意为自己必死于贬所潮州,向韩湘交待后事。

张中丞传后叙

元和二年①四月十三日夜,愈与吴郡张籍阅家中旧书,得李翰②所为《张巡传》。翰以文章自名,为此传颇详密。然尚恨有阙者:不为许远③立传,又不载雷万春④事首尾。

远虽材若不及巡者,开门纳巡,位本在巡上⑤。授之柄而处其下,无所疑忌,竟与巡俱守死,成功名。城陷而虏,与巡死先后异耳。两家子弟材智下,不能通知二父志,以为巡死而远就虏,疑畏死而辞服于贼⑥。远诚畏死,何苦守尺寸之地,食其所爱之肉⑦,以与贼抗而不降乎?当其围守时,外无蚍蜉蚁子之援⑧,所欲忠者,国与主耳。而贼语以国亡主灭⑨。远见救援不至,而贼来益众,必以其言为信;外无待而犹死守⑩,人相食且尽,虽愚人亦能数日⑪而知死所矣。远之不畏死亦明矣!乌有城坏其徒俱死,独蒙愧耻求活?虽至愚者不忍为。呜呼!而谓远之贤而为之邪?

说者又谓远与巡分城而守,城之陷,自远所分始。⑫ 以此诟远,此又与儿童之见无异。人之将死,其藏腑必有先受其病者;引绳而绝之,其绝必有处。观者见其然,从而尤之,其亦不达于理矣!小人之好议论,不乐成人之美,如是哉!如巡、远之所成就,如此卓卓,犹不得

---

① 元和二年:公元 807 年。元和,唐宪宗李纯的年号。张籍(约 767—约 830 年):字文昌,吴郡人,唐代著名诗人,韩愈好友。

② 李翰:字子羽,赵州赞皇人,官至翰林学士。与张巡友善,客居睢阳时,曾亲见张巡战守事迹。张巡就义后,有人诬其降贼,因撰《张巡传》上肃宗。《张巡传》已亡佚,《新唐书·李翰传》载李翰《进张中丞传表》。

③ 许远(709—757):字令威,杭州盐官(今浙江海宁)人,高宗、武后朝宰相许敬宗曾孙。安史之乱时,任睢阳太守,后与张巡合守孤城,城陷被害。事见两《唐书》本传。

④ 雷万春:张巡部下勇将,新旧《唐书》有传。按:此文未载雷万春事迹,此当是"南霁云"之误,如此方与后文相对应。

⑤ 按:许远时为睢阳太守,张巡为真源县令,许远官阶高于张巡。但真源县隶属谯郡,因此许远亦非张巡直接上级。肃宗至德二载(757)正月,叛军安庆绪部将尹子奇带兵十三万围睢阳,许远向张巡告急,张巡自宁陵率军入睢阳城。许远自以为才不及张巡,请巡主持军事,而自居巡下,专治军粮与战具。

⑥ 通知:通晓。张巡、许远两家子弟才智低下,未能完全理解父亲的节操。两家子弟即指张巡子张去疾与许远子许岘。据《新唐书·许远传》载,安史之乱平定后,大历年间,张去疾轻信小人挑拨离间,上书代宗,谓城破后张巡等被害,惟许远降贼独存,请追夺许远官爵。下诏尚书省,令去疾与许岘及百官议此事。百官以为彼时去疾尚幼,未解详情,不可妄议。

⑦ 据《新唐书·张巡传》载,叛军围睢阳时,城中粮绝,军民以雀鼠为食。危急之时,张巡曾杀爱妾、许远曾杀奴仆以飨三军。

⑧ 蚍(pí)蜉(fú):黑色大蚁。蚁子:幼蚁。比喻极其弱小的援兵。

⑨ 安史之乱时,长安、洛阳相继沦陷,玄宗仓皇逃往西蜀。肃宗于至德元载(756)即位于灵武,至德二载(757)睢阳沦陷之前,官兵未曾往潼关以东抗敌。故叛军告诉许远,唐朝已国亡主灭。

⑩ "外无"句:外无援兵尚且死守。当睢阳被围时,河南节度使贺兰进明等拥重兵作壁上观,不肯相救。

⑪ 数(shǔ)日:计算日子。

⑫ 议论者又说张巡和许远分兵守城,张守东北,许守西南,城破时叛军先从许远所守西南处攻入。

免,其他则又何说!

　　当二公之初守也,宁能知人之卒不救,弃城而逆遁?苟此不能守,虽避之他处何益?及其无救而且穷也,将其创残饿羸之余,虽欲去,必不达。二公之贤,其讲之精矣!守一城,捍天下,以千百就尽之卒,战百万日滋之师,蔽遮江淮,沮遏其势①。天下之不亡,其谁之功也!当是时,弃城而图存者,不可一二数;擅强兵坐而观者,相环也②。不追议此,而责二公以死守,亦见其自比于逆乱,设淫辞而助之攻也。③

　　愈尝从事于汴、徐二府④,屡道于两府间,亲祭于其所谓双庙者⑤。其老人往往说巡、远时事,云:南霁云⑥之乞救于贺兰也,贺兰嫉巡、远之声威功绩出己上,不肯出师救。爱霁云之勇且壮,不听其语,强留之,具食与乐,延霁云坐。霁云慷慨语曰:“云来时,睢阳之人,不食月余日矣!云虽欲独食,义不忍;虽食,且不下咽!”因拔所佩刀,断一指,血淋漓,以示贺兰。一座大惊,皆感激为云泣下。云知贺兰终无为云出师意,即驰去。将出城,抽矢射佛寺浮图⑦,矢著其上砖半箭,曰:“吾归破贼,必灭贺兰!此矢所以志也。”愈贞元中过泗州,船上人犹指以相语。城陷,贼以刃胁降巡,巡不屈,即牵去,将斩之;又降霁云,云未应。巡呼云曰:“南八⑧,男儿死耳,不可为不义屈!”云笑曰:“欲将以有为也⑨。公有言,云敢不死!”即不屈。

　　张籍曰:“有于嵩者,少依于巡;及巡起事,嵩常在围中⑩。籍大历中于和州乌江县见嵩⑪,嵩时年六十余矣。以巡,初尝得临涣县尉⑫,好学无所不读。籍时尚小,粗问巡、远事,不能细也。云:巡长七尺余,须髯若神。尝见嵩读《汉书》,谓嵩曰:“何为久读此?”嵩曰:“未熟也。”巡曰:“吾于书读不过三遍,终身不忘也。”因诵嵩所读书,尽卷不错一字。嵩惊,以为巡偶熟此卷,因乱抽他帙以试⑬,无不尽然。嵩又取架上诸书试以问巡,巡应口诵无疑。嵩

---

　　① 死守睢阳孤城,捍卫整个国家。凭借千百个奄奄一息的士卒,与越来越多的百万叛军作战,掩蔽江淮门户,阻止叛军南下。按:睢阳为江淮要冲,守住睢阳可阻止叛军南下,保住江淮粮道。正如李翰《进张中丞传表》云:“(张)巡退军睢阳,扼其咽领,前后拒守,自春徂冬,大战数十,小战数百,以少击众,以弱击强,出奇无穷,制胜如神,杀其凶丑九十余万。贼所以不敢越睢阳而取江淮,江淮所以保全者,巡之力也。”

　　② 相环:环绕相接,言睢阳城外拥强兵观望者很多。

　　③ “不追”四句:不去追究弃城逃跑与见死不救之人,反而责怪张巡、许远二人死守睢阳,也可见这些人自列于叛军一边,帮助叛逆来污蔑张、许二公。

　　④ 我曾先后在汴州(治所在今河南开封)、徐州(治所在今江苏徐州)任从事。唐称幕僚为从事。

　　⑤ 张巡、许远就义后,朝廷追赠张巡为扬州大都督,许远为荆州大都督,皆建庙于睢阳,岁时致祭,号称“双庙”。

　　⑥ 南霁云:魏州顿丘(今河南省清丰县西南)人。安禄山反叛,被遣至睢阳,为张巡所感,遂留为部将。贺兰:指贺兰进明。时为御史大夫兼河南节度使,驻节于临淮(今安徽泗县)一带。

　　⑦ 浮图:亦作浮屠,指佛塔。

　　⑧ 南八:唐人爱以行第(排行)相互称呼。南霁云排行第八,故称。

　　⑨ 打算有所作为。可能南霁云原本欲假降,伺机报仇雪恨。

　　⑩ 常:通“尝”,曾经。于嵩,事迹不详。

　　⑪ 大历:唐代宗李豫年号。和州乌江县:今安徽省和县东北。

　　⑫ 于嵩因为张巡的缘故,当初曾为临涣县尉。张巡死节后,朝廷加恩其亲戚和部下,故于嵩得临涣县尉。

　　⑬ 随便抽出其他书籍。帙(zhì):书套,这里指书本。

从巡久,亦不见巡常读书也。为文章,操纸笔立书,未尝起草。初守睢阳时,士卒仅万人①,城中居人户,亦且数万,巡因一见问姓名,其后无不识者。巡怒,须髯辄张。及城陷,贼缚巡等数十人坐,且将戮。巡起旋,其众见巡起,或起或泣。巡曰:"汝勿怖!死,命也。"众泣不能仰视。巡就戮时,颜色不乱,阳阳如平常②。远宽厚长者,貌如其心;与巡同年生。月日后于巡,呼巡为兄,死时年四十九。嵩贞元初死于亳、宋间③。或传嵩有田在亳、宋间,武人夺而有之,嵩将诣州讼理,为所杀。嵩无子。张籍云。

文本拓展

一、知识链接

☞ 古文运动

古文运动是指中唐时期由韩愈、柳宗元发动的文体改革运动。"古文"概念最早由韩愈提出,他认为自己的散文继承了先秦两汉散文的传统,所以称"古文"。而把六朝以来讲求声律、辞藻及俳偶的骈文视为俗下文字。韩愈提倡古文,目的在于恢复古代的儒学道统,将改革文风与复兴儒学变为相辅相成的运动,因此古文运动兼有思想运动和社会运动的性质。唐代古文运动极大地动摇了骈文的统治地位,后经过欧阳修领导的北宋诗文革新,古文最终取代了骈文,成为古代文章创作的首选。

☞ 谏迎佛骨与韩愈被贬

唐宪宗元和十四年(819)正月,宪宗命宦官从凤翔府(今陕西省扶风县)法门寺将佛指骨舍利迎入大内供奉。时任刑部侍郎的韩愈看到这种佞佛行为,写下《谏迎佛骨表》,结果触怒了宪宗,韩愈几乎被处死。后经裴度等人说情,最后被贬为潮州刺史,责其即日上道。韩愈满心委屈与愤慨,仓促上路,走到蓝田关口时,他的侄孙韩湘跟了上来,因此写下此诗。

☞ 《论佛骨表》

扫一扫可见韩愈《论佛骨表》原文

☞ 云横秦岭家何在,雪拥蓝关马不前

宋·刘斧《青琐高议》记载:湘,字清夫,公侄也。落魄不羁,公勉之学,乃笑作诗,有"能

---

① 仅:几乎。唐人用"仅"字言数字之多。
② 阳阳:从容的样子。
③ 亳(bó):亳州,治所在今安徽亳县。宋:宋州,治所在睢阳。

开顷刻花"之句。公曰："汝能夺造化乎?"湘遂取土覆盆,良久曰："花已发矣。"举盆乃碧花两朵,萼间有小金字,乃诗一联云:"云横秦岭家何在,雪拥蓝关马不前。"公未晓诗意,湘曰:"事久可验。"公后贬潮阳,有一人冒雪而来,乃湘也。湘曰:"公忆花上句乎?乃今日事也。"公询地名即蓝关,再三嗟叹曰"吾为汝成此诗"云云。

✍ 张中丞传后叙

张中丞,即张巡(709—757),邓州南阳(今河南省南阳市)人。唐玄宗开元末进士,由太子通事舍人出任清河县令,调真源县令。安史之乱起,张巡在雍丘一带起兵抗击,后与许远同守睢阳(今河南省商丘市),肃宗至德二载(757)城破被俘,与部将三十六人同时殉难。乱平以后,当时一些坐观睢阳陷落而不增援的武官,为自己的可耻行为辩解,同某些嫉妒张巡、许远功绩的人一起,散布流言,诋毁张、许等抗敌英雄。张巡的友人李翰撰《张巡传》以记载英雄事迹,批驳流言蜚语,反对藩镇作乱。韩愈亦感愤于此,遂于元和二年(807)继李翰撰《张巡传》(今佚)之后,写了这篇《张中丞传后叙》,为英雄人物谱写了一曲慷慨悲壮的颂歌。

二、点评辑要

● 评韩愈

韩子之文如长江大河,浑浩流转,鱼鼋蛟龙,万怪遑惑,而抑绝蔽掩,不使自露,而人望见其渊然之光,苍然之色,亦自畏避,不敢迫视。

(宋·苏洵《上欧阳翰内书》)

匹夫而为百世师,一言而为天下法。是皆有以参天地之化,关盛衰之运,其生也有自来,其逝也有所为。……自东汉以来,道丧文弊,异端并起。……独韩文公起布衣,谈笑而麾之,天下靡然从公,复归于正,盖三百年于此矣。文起八代之衰,而道济天下之溺,忠犯人主之怒,而勇夺三军之帅。此岂非参天地、关盛衰,浩然而独存者乎?

(宋·苏轼《潮州韩文公庙碑》)

韩退之诗,爱憎相半。爱者以为虽杜子美亦不及,不爱者以为退之于诗本无所得,自陈无己辈皆有此论。然二家之论俱过矣。退之诗,大抵才气有余,故能擒能纵,颠倒崛奇,无施不可。放之则如长江大河,澜翻汹涌,滚滚不穷;收之则藏形匿影,乍出乍没,姿态横生,变怪百出,可喜可愕,可畏可服也。苏黄门子由有云:"唐人诗当推韩杜,韩诗豪,杜诗雄,然杜之雄亦可以兼韩之豪也。"此论得之。诗文字画,大抵从胸臆中出,子美笃于忠义,深于经术,故其诗雄而正。李太白喜任侠,喜神仙,故其诗豪而逸。退之文章侍从,故其诗文有廊庙气。退之诗正可与太白为敌,然二豪不并立,当屈退之第三。

(宋·张戒《岁寒堂诗话》)

韩愈又以古文之浑浩溢而为诗,然后古今之变尽矣。

(金·赵秉文《与李天英书》)

韩愈为唐诗之一大变。其力大、其思雄,崛起特为鼻祖。宋之苏、梅、欧、苏、王、黄,皆愈为之发其端,可谓极盛。

(清·叶燮《原诗》)

昌黎自有本色,乃在文从字顺中自然雄厚博大。

(清·赵翼《瓯北诗话》)

精神兀傲,气韵沉酣,笔势驰骤,波澜老成,意象旷达,句字奇警,独步千古。

(清·方东树《昭昧詹言》)

● 评《左迁至蓝关示侄孙湘》

一、二不对也,然为"朝"字与"夕"字对,"奏"字与"贬"字对,"一封""九重"字与"八千"字对,"天"字与"潮州""路"字对,于是诵之,遂觉极其激昂。谁谓先生起衰之功止在散行文字!才奏便贬,才贬便行,急承三、四一联,老臣之诚悃,大臣之丰裁,千载如今日。五、六非写秦岭云、蓝关雪也,一句回顾,一句前瞻,险如逼出"瘴江边"三字。盖君子诚幸而死得其所,即刻刻是死所,收骨江边,正复快语。安有谏迎佛骨韩文公肯作"家何在"妇人之声哉!

(清·金圣叹《贯华堂选批唐才子诗》)

昌黎文章气节,震烁有唐。即以此诗论,义烈之气,掷地有声,唐贤集中所绝无仅有。

(近代·俞陛云《诗境浅说》)

吴汝纶曰:"大气盘旋,以文章之法行之,然已开宋诗一派矣。"

(高步瀛《唐宋诗举要》)

● 评《张中丞传后叙》

通篇句、字、气,皆太史公髓,非昌黎本色。

(明·茅坤《唐宋八大家文钞》)

辨论序事,豪恣满意,此正昌黎本色。眼中笔下,何尝有太史公。

(清·储欣《昌黎先生全集录》)

退之叙事文不学《史记》,而生气奋动不觉与之相近,截然五段,不用钩连,而神气留注,章法浑成,惟退之有之。

(清·方苞《方望溪先生全集》)

退之此文,历落有致,夹叙夹议,欧阳公述王铁枪事,殆脱胎于此。

(近代·林纾《韩柳文研究法》)

三、旁观博览

1. 马其昶:《韩昌黎文集校注》,上海古籍出版社 1986 年版。
2. 钱仲联:《韩昌黎诗系年集释》,上海古籍出版社 2007 年版。
3. 罗联添:《海外名家学术文库——韩愈研究》,天津教育出版社 2012 年版。

四、思考练习

1. 请分别为文中的睢阳三杰设计三个具有鲜明人物特色的圆圈图。

2. 本诗颔联有两个版本:"欲为圣明除弊事,肯将衰朽惜残年"和"本为圣朝除弊政,敢将衰朽惜残年",你觉得哪个版本更好,为什么?

3. 中国历代不乏抗敌死节之士,而明末清初史可法和阎应元的身后际遇很值得寻味,请查阅二人史事,分别做一张复流程图。

白居易

白居易(772—846)，字乐天，晚年号香山居士，下邽(今陕西省渭南市东北)人。唐德宗贞元十六年(800)登进士第，十九年(803)登书判拔萃科，授秘书省校书郎。宪宗元和年间任盩厔(今陕西省周至县)尉、左拾遗及左赞善大夫等职。元和十年(815)因上表请求严缉刺死宰相武元衡的凶手，得罪权贵，被贬为江州司马。穆宗长庆初年任杭州刺史，敬宗宝历初年任苏州刺史，武宗会昌二年(842)以刑部尚书致仕。白居易在文学上，主张"文章合为时而著，歌诗合为事而作"，是新乐府运动的倡导者。其诗早年与元稹齐名，称"元白"，晚年与刘禹锡并称"刘白"。诗歌语言通俗易懂，影响极为深远。

长恨歌

汉皇重色思**倾国**①，御宇②多年求不得。杨家有女初长成，养在深闺人未识。天生丽质难自弃，一朝选在君王侧。回眸一笑百媚生，六宫粉黛无颜色③。春寒赐浴华清池④，温泉水滑洗凝脂⑤。侍儿扶起娇无力，始是新承恩泽时⑥。云鬓花颜金步摇⑦，芙蓉帐暖度春宵。春宵苦短日高起，从此君王不早朝。承欢侍宴无闲暇，春从春游夜专夜。后宫佳丽三千人，三千宠爱在一身。**金屋**⑧妆成娇侍夜，玉楼宴罢醉和春。姊妹弟兄皆列土⑨，可怜⑩光彩生门

---

① 汉皇：指汉武帝刘彻。唐人往往借汉喻唐，此处汉皇指唐玄宗李隆基。倾国：绝色女子。

② 御宇：即统治天下。汉贾谊《过秦论》："振长策而御宇内。"

③ 六宫粉黛：指宫中所有嫔妃。粉黛：本为女性化妆用品，粉以抹脸，黛以描眉。这里代指宫中女子。无颜色：意谓与杨玉环的美貌相比，其他美女都相形见绌。

④ 华清池：即华清池温泉，在今西安市临潼区南的骊山下。唐玄宗常常于冬季、春季在此处理国事。

⑤ 凝脂：形容皮肤极其白嫩，如凝固的脂肪。《诗经·卫风·硕人》："肤如凝脂。"

⑥ 新承恩泽：刚刚得到皇帝的宠幸。

⑦ 云鬓：形容美女乌发如云。金步摇：唐代女子常配的一种首饰，走路时摇曳生姿。

⑧ 金屋：汉武帝刘彻幼时，曾对姑母(馆陶公主)说："若得阿娇(馆陶之女)作妇，当作金屋贮之也。"后多以借指宠妃之宫。

⑨ 列土：分封土地，"列"通"裂"。史载杨玉环有姊三人，并封"国夫人"之号。长姊封韩国夫人，三姊封虢国夫人，八姊封秦国夫人。杨玉环父玄琰，累赠太尉、齐国公。母封凉国夫人。叔玄珪，为光禄卿。再从兄铦，为鸿胪卿。锜，为侍御史。从祖兄国忠，官拜右丞相。

⑩ 可怜：可爱，令人羡慕。

户。遂令天下父母心，不重生男重生女①。骊宫②高处入青云，仙乐风飘处处闻。缓歌慢舞凝丝竹③，尽日君王看不足。渔阳鼙鼓动地来④，惊破霓裳羽衣曲⑤。

九重城阙烟尘生⑥，千乘万骑西南行。翠华摇摇行复止，西出都门百余里。⑦ 六军不发无奈何，宛转蛾眉马前死⑧。花钿委地无人收⑨，翠翘金雀玉搔头⑩。君王掩面救不得，回看血泪相和流。黄埃散漫风萧索，云栈紫纡登剑阁⑪。峨嵋山下少人行，旌旗无光日色薄。蜀江水碧蜀山青，圣主朝朝暮暮情。行宫见月伤心色，夜雨闻铃肠断声。

天旋地转回龙驭⑫，到此踌躇不能去。马嵬坡下泥土中，不见玉颜空死处⑬。君臣相顾尽沾衣，东望都门信马归⑭。归来池苑皆依旧，太液芙蓉未央柳⑮。芙蓉如面柳如眉，对此如何不泪垂？春风桃李花开日，秋雨梧桐叶落时。西宫南内⑯多秋草，落叶满阶红不扫。梨园弟子⑰白发新，椒房阿监青娥老⑱。夕殿萤飞思悄然，孤灯挑尽未成眠。迟迟钟

---

① 不重生男重生女：陈鸿《长恨歌传》记载当时有"生女勿悲酸，生男勿喜欢"，"男不封侯女作妃，看女却为门上楣"等民谣。

② 骊宫：指建于骊山的华清宫。骊山在今西安临潼。

③ 凝丝竹：指丝（弦乐器）与竹（管乐器）伴奏出的舒缓旋律。

④ 渔阳：古郡名，辖今北京市平谷县和天津市的蓟县等地，当时属于安禄山的辖区。天宝十四载（755）冬，安禄山据此叛乱。鼙（pí）鼓：古代骑兵用的小鼓，此处借指战争。

⑤ 霓裳羽衣曲：舞曲名，据称为唐开元年间西凉节度使杨敬述所献，经玄宗润色并制作歌词，改为此名。

⑥ 九重城阙：九重门的京城，此代指京城长安。烟尘生：指发生战乱。

⑦ "翠华"两句：銮驾西奔至距长安百余里的马嵬驿（今陕西兴平），扈从禁卫军在太子李亨与首领陈玄礼的鼓动下发难，请诛杨国忠、杨玉环兄妹。翠华：用翠鸟羽毛装饰的旗帜，皇帝仪仗队用。

⑧ 宛转：形容哀怨缠绵的样子。蛾眉：《诗经·卫风·硕人》有"螓首蛾眉"，后人常以蛾眉代称美女，正如今日之"美眉"，此处指杨贵妃。

⑨ 花钿：用金翠珠宝等制成的花朵形首饰，唐代妇女经常佩戴。委地：丢弃在地上。

⑩ 翠翘：唐代妇女常佩首饰，形如翡翠鸟尾。金雀：金雀钗，钗形似朱雀。玉搔头：玉簪，据《西京杂记》载，汉武帝过李夫人处，取李夫人玉簪搔头。自此后宫人搔头皆用玉。

⑪ 云栈：高耸入云的栈道。紫纡（yíng yū）：萦回盘绕。剑阁：又称剑门关，在今四川剑阁县北，此地群山如剑，地势十分险要，是秦地入川的要道。

⑫ 天旋地转：指时局好转。回龙驭：玄宗的车驾回京。

⑬ 据《旧唐书·后妃传》载，玄宗自蜀还，令宦官祭奠杨贵妃，密令改葬于他所。又令图其形于别殿，朝夕视焉。

⑭ 信马：意思是无心鞭马，任马前进。

⑮ 太液：本汉代宫中池名。未央柳：汉代有未央宫。此处皆借指唐代皇宫。

⑯ 西宫南内：西宫即西内太极宫，南内为兴庆宫。玄宗返京后，初居南内。上元元年（760），权宦李辅国假借肃宗名义，逼迫玄宗迁往西内。

⑰ 梨园弟子：指玄宗当年训练的乐工和舞女。梨园：据《新唐书·礼乐志》载，唐玄宗时宫中教习音乐的机构，曾选"坐部伎"三百人教习歌舞，随时应诏表演，称为"皇帝梨园弟子"。

⑱ 椒房：西汉未央宫皇后所居殿名，因以花椒和泥抹墙，故称椒房，后亦泛指后妃居住之所。阿监：宫中的侍从女官。青娥：年轻的宫女。

鼓初长夜，耿耿星河欲曙天^①。鸳鸯瓦冷霜华重^②，翡翠衾寒谁与共？悠悠生死别经年，魂魄不曾来入梦。

临邛道士鸿都客^③，能以精诚致魂魄。为感君王辗转思，遂教方士殷勤觅。排空驭气奔如电^④，升天入地求之遍。上穷碧落下黄泉^⑤，两处茫茫皆不见。忽闻海上有仙山，山在虚无缥缈间。楼阁玲珑五云起，其中绰约^⑥多仙子。中有一人字太真，雪肤花貌参差是^⑦。金阙西厢叩玉扃^⑧，转教小玉报双成^⑨。闻道汉家天子使，九华帐里梦魂惊。揽衣推枕起徘徊，珠箔银屏迤逦开^⑩。云鬓半偏新睡觉^⑪，花冠不整下堂来。风吹仙袂^⑫飘飖举，犹似霓裳羽衣舞。玉容寂寞泪阑干^⑬，梨花一枝春带雨。

含情凝睇谢君王，一别音容两渺茫。昭阳殿^⑭里恩爱绝，蓬莱^⑮宫中日月长。回头下望人寰处^⑯，不见长安见尘雾。惟将旧物^⑰表深情，钿合金钗寄将去。钗留一股合一扇，钗擘黄金合分钿^⑱。但教心似金钿坚，天上人间会相见。临别殷勤重寄词，词中有誓两心知。七月七日^⑲**长生殿**，夜半无人私语时。在天愿作比翼鸟^⑳，在地愿为连理枝^㉑。天长地久有时尽，此恨绵绵无绝期。

---

①　迟迟：报更钟鼓声原有定时，这里用以形容玄宗长夜孤独难眠的心情。耿耿：微明的样子。

②　鸳鸯瓦：屋顶上俯仰相对合在一起的瓦。《三国志·魏书·方技传》载，魏文帝曹丕梦殿屋两瓦堕地，化为双鸳鸯。霜华：霜花。

③　临邛（qióng）道士鸿都客：意谓有个从临邛来京城的道士。临邛：今四川邛崃县，此地道教十分兴盛。鸿都：东汉都城洛阳的宫门。

④　排空驭气：即腾云驾雾。

⑤　穷：穷尽，找遍。碧落：即天空。黄泉：指地下。

⑥　绰约：形容仙女体态轻盈柔美。《庄子·逍遥游》载："藐姑射之山，有神人居焉，肌肤若冰雪，绰约如处子。"

⑦　参差：差不多，仿佛。

⑧　金阙：道教上清宫门中有两阙，左金阙，右玉阙。玉扃（jiōng）：玉门。即玉阙之变文。

⑨　犹谓神仙府邸庭院深深，须经辗转才能通报。小玉：吴王夫差之女，心悦少年韩重，后郁结而死，有神异之说。双成：传说中西王母的侍女。这里皆借指杨玉环在仙府的侍女。

⑩　珠箔：珠帘。银屏：饰银的屏风。迤逦：接连不断地。

⑪　新睡觉：刚睡醒。觉：醒。

⑫　袂（mèi）：衣袖。

⑬　玉容寂寞：这里指神色凄楚。阑干：纵横交错的样子，形容满脸泪痕。

⑭　昭阳殿：汉成帝宠妃赵飞燕、赵合德姐妹的寝宫。此处借指杨玉环生前住的宫殿。

⑮　蓬莱：传说中的海上三山，包括蓬莱、方丈、瀛洲。这里指杨玉环在仙山的府邸。

⑯　人寰（huán）：凡间。

⑰　旧物：指杨玉环生前与玄宗定情的信物，包括金钗与钿盒。

⑱　"钗留"二句：把金钗与钿盒分成两半，自留一半。擘（bò）：分开。合分钿：将钿盒上的图案分成两部分。

⑲　七月七日：传说牛郎织女相见之日，古人几乎视之为情人节。

⑳　比翼鸟：传说中的鸟名，据说只有一目一翼，雌雄并在一起才能飞。

㉑　连理枝：两棵树木树枝相抱。形容有情人相爱相守、永不分离。

文本拓展

一、知识链接

☞ 白居易

宋·尤袤《全唐诗话》卷二载:乐天未冠,以文谒顾况,况睹姓名,熟视曰:"长安米贵,居大不易。"及批卷读其《芳草诗》,至"野火烧不尽,春风吹又生",叹曰:"我谓斯文遂绝,今复得子矣,前言戏之耳。"

☞ 长恨歌

《长恨歌》写于唐宪宗元和元年(806),当时作者任盩厔尉,与友人陈鸿、王质夫游马嵬驿仙游寺,言及唐明皇、杨贵妃故事,不胜唏嘘。乃相约,陈鸿作《长恨歌传》,白居易作《长恨歌》。诗中首先描述唐明皇对杨贵妃的专房之宠以及杨氏家族的满门恩宠;然后描写安史之乱对他们爱情生活的破坏以及杨贵妃死后玄宗对她的思念;最后写方士传信,重申二人生死不渝的感情。全诗将叙事与抒情紧密结合,人物形象鲜明生动。作者化腐朽为神奇,将一段历史上的不伦之恋演绎为经典爱情。千百年来,该诗产生的强大艺术魅力对中国文艺界与民间文化产生了经久不衰的影响。

☞ 陈鸿《长恨歌传》

扫一扫可见陈鸿《长恨歌传》原文

☞ 倾国

《汉书·外戚传》载:李夫人兄延年歌曰:"北方有佳人,绝世而独立。一顾倾人城,再顾倾人国。"此后"倾国倾城"就成为美女的代称。

《新唐书·后妃传》:"玄宗贵妃杨氏,隋梁郡通守汪四世孙,徙籍蒲州,遂为永乐人。幼养叔父家,始为寿王(玄宗与武惠妃所生子)妃。开元二十四年,武惠妃薨,后庭无当帝意者。或言妃资质天挺,宜充掖庭,遂召内禁中,异之。即为自出妃意者,丐籍女官,号'太真',更为寿王聘韦昭训女,而太真得幸。善歌舞,邃晓音律,且智算警颖,迎意辄悟。帝大悦,遂专房宴,宫中号'娘子',仪礼与皇后等。天宝初,进册贵妃。追赠父玄琰太尉、齐国公,擢叔玄珪光禄卿,宗兄铦鸿胪卿,锜侍御史,尚太华公主,而钊亦浸显。钊,国忠也。三娣皆美劭,帝呼为姨,封韩、虢、秦三国,为夫人,出入宫掖,恩宠声焰震天下。每命妇入班,持盈公主等皆让不敢就位。台省、州县奉请托,奔走期会过诏敕。四方献饷结纳,门若市然。"

☞ **金屋藏娇**

《汉武故事》记载，武帝幼时，他的姑妈馆陶公主将他抱于膝上，问他长大了要不要娶她的女儿陈阿娇。武帝说："若得阿娇作妇，当作金屋贮之也。"

☞ **长生殿**

长生殿在骊山华清宫内，天宝元年(742)造。陈寅恪《元白诗笺证稿·长恨歌》载："玄宗临幸温汤必在冬季、春初寒冷之时节。今详检两唐书玄宗纪无一次于夏日炎暑时幸骊山。"认为长生殿七夕私誓为后人增饰之物语，并非当时真确之事实。

二、点评辑要

● **评白居易**

缀玉联珠六十年，谁教冥路作诗仙？浮云不系名居易，造化无为字乐天。童子解吟长恨曲，胡儿能唱琵琶篇。文章已满行人耳，一度思卿一怆然！

（唐宣宗李忱《吊白乐天诗》）

元和以后，……诗章则……学浅切于白居易，学淫靡于元稹，俱名为元和体。

（唐·李肇《国史补》）

叙曰：唐张为撰《诗人主客图》一卷，所谓主者，白居易、孟云卿、李益、鲍溶、孟郊、武元衡，皆有标目。余有升堂、入室、及门之殊，皆所谓客也。……广大教化主 白居易。

（唐·张为《诗人主客图》）

元轻白俗，郊寒岛瘦。

（宋·苏轼《祭柳子玉文》）

白香山诗，不求工，只是好做。然香山自有香山之工，前不照古人样，后不照来者议。意到笔随，景到意随，世间一切都着并包囊入我诗内。诗之境界，到白公不知开阔多少。较诸秦皇、汉武，开边启境，名曰"广大教化主"，所自来矣。

（明·江进之《雪涛小书·评唐》）

元白诗言浅而思深，意微而词显，风人之能事也。至于属对精警，使事严切，章法变化，条理井然，杜浣花之后，不可多得。

（清·薛雪《一瓢诗话》）

● **评《长恨歌》**

首云："汉皇重色思倾国，御宇多年求不得。"后云："渔阳鼙鼓动地来，惊破霓裳羽衣曲。"又云："君王掩面救不得，回看血泪相和流。"此固无礼之甚。"侍儿扶起娇无力，始是新承恩泽时"此下云云，殆可掩耳也。"遂令天下父母心，不重生男重生女"此等语，乃乐天自以为得意处，然而亦浅陋甚。"夕殿萤飞思悄然，孤灯挑尽未成眠"，此尤可笑；南内虽凄凉，何至挑孤灯耶？

（宋·张戒《岁寒堂诗话》）

白乐天《长恨歌》云："玉容寂寞泪阑干，梨花一枝春带雨。"人皆喜其工，而不知其气韵之近俗也。东坡作送人小词云："故将别语调佳人，要看梨花枝上雨。"虽用乐天语，而别有一种风味，非点铁成黄金手，不能为此也。

（宋·周紫芝《竹坡诗话》）

古今长歌第一。

（明·何良俊《四友斋丛说》）

以《长恨歌》之壮采，而所隶之事，只"小玉""双成"四字，才有余也。

（近代·王国维《人间词话》）

三、旁观博览

1. 陈寅恪：《元白诗笺证稿》，商务印书馆 2015 年版。
2. 谢思炜：《白居易诗集校注》，中华书局 2015 年版。
3. 朱金城：《白居易集校笺》，上海古籍出版社 1988 年版。
4. 万曼：《白居易传》，湖北人民出版社 1956 年版。

四、思考练习

1. 探讨唐玄宗为什么优容安禄山。
2. 参阅沈祖棻的《马嵬驿》，你觉得和《长恨歌》相比，哪个的描述更接近李杨故事的真相？
3. 揣摩"归来池苑皆依旧"到"魂魄不曾来入梦"这段唐玄宗的情绪，写一段内心独白。

李德裕

李德裕(787—850),字文饶,赵郡赞皇(今河北省赞皇县)人,唐代政治家、文学家,牛李党争中李党领袖。李德裕出身于山东高门赵郡李氏西祖房,宰相李吉甫之子。德裕素不喜科举,早年以门荫入仕。历仕宪宗、穆宗、敬宗、文宗四朝,一度入朝为相,但因党争倾轧,多次被排挤出京。武宗继位后,李德裕拜相。他总揽机要五年,功绩显赫,拜太尉,封卫国公。宣宗继位后,李德裕因位高权重,累贬为崖州司户。大中三年(850)病逝于崖州。懿宗年间,追复官爵,加赠左仆射。李德裕诗文摒弃浮华,有明显的复古倾向,著有《会昌一品集》,又著笔记小说《次柳氏旧闻》等。

登崖州城作①

独上高楼望帝京,鸟飞犹是半年程。
青山似欲留人住,百匝千遭绕郡城②。

📖 文本拓展

一、知识链接

☞ 登崖州城作

李德裕是唐代杰出的政治家,可惜宣宗李忱继位之后,李德裕被贬。白敏中、令狐绹当国,一反武宗时期李德裕所推行的政令。李德裕起初被贬谪为荆南节度使;不久,改为东都留守;接着左迁太子少保,分司东都;再贬潮州司马;最后,被放逐至海南岛,贬为崖州司户参军。该诗便是在崖州时所作。

---

① 崖州:治所在今海南省琼山一带,一种观点认为李德裕贬所在海南省崖城。
② 百匝千遭:形容青山重叠绵密。匝、遭:周,圈。郡城:指崖州治所。

☞ **牛李党争**

牛李党争指中晚唐时期朝廷中发生的朋党之争,党争从唐宪宗时期开始,至唐宣宗时期结束。一般认为,牛党以牛僧孺、李宗闵为代表,李党以李德裕为代表。牛李党争持续时间近 40 年,大量士人卷入其中,加深了唐朝后期的统治危机。

二、点评辑要

● **评李德裕**

李卫公在珠崖郡,北亭谓之望阙亭。公每登临,未尝不北睇悲哽,题诗云云。

(宋·王谠《唐语林》)

德裕颇为寒素开路,及谪官南去,或有诗曰:"八百孤寒齐下泪,一时回首望涯州。"

(宋·尤袤《全唐诗话》)

三、旁观博览

1. 唐·李德裕:《会昌一品集》,吉林出版社 2005 年版。

2. 傅璇琮:《李德裕年谱》,中华书局 2013 年版。

3.《柏杨白话版资治通鉴——元和中兴·牛李党争》,万卷出版公司 2011 年版。

四、思考练习

1. 请梳理一下唐代牛李党争中,共有哪些诗人牵扯其中,他们分别扮演了怎样的角色。(双重气泡图)

2. 本诗与柳宗元《与浩初上人同看山寄京华亲故》"海畔尖山似剑铓,秋来处处割愁肠。若为化得身千亿,散上峰头望故乡"相比,你更喜欢哪一首?为什么?

3. 本诗三四两句的拟人手法,在古典诗歌中较为常见,如杜牧的《赠别》三四句"蜡烛有心还惜别,替人垂泪到天明"。请再试举三四例。

李商隐

李商隐(813—858?),字义山,号玉溪(谿)生,又号樊南生,荥阳(今河南省荥阳市)人。唐文宗开成二年(837),登进士第,曾任秘书省校书郎、弘农尉等职。因卷入"牛李党争"的政治旋涡而受到两党排挤,一生困顿。

李商隐擅长诗歌,亦精于四六文创作。与杜牧合称"小李杜",与温庭筠合称"温李"。其诗构思新奇,风格秾丽,一些爱情诗写得缠绵悱恻,优美动人,因而广为传诵。部分诗歌过于隐晦,难于索解,因此后人有"诗家总爱西昆好,独恨无人作郑笺"之讥。

瑶　池

瑶池阿母绮窗开①,
黄竹歌②声动地哀。
八骏日行三万里③,
穆王何事不重来?

无　题

飒飒东风细雨来,芙蓉塘外有轻雷④。

---

① 瑶池阿母:指传说中的西王母,周穆王西游时曾与之有密约,《武帝内传》称王母为"玄都阿母"。绮窗:雕饰如绮的窗户。

② 黄竹歌:逸诗,也作《黄竹诗》。《穆天子传》卷五:"丙辰,天子游黄台之丘,猎于苹泽,有阴雨,天子乃休。日中大寒,北风雨雪,有冻人。天子作诗三章以哀民。词曰'我祖黄竹,口员閟(bì)寒'云云。"按此借《黄竹》哀歌以寓穆王之崩。

③ 八骏:传说周穆王有八匹骏马,日行三万里。

④ 该句相关意义联想:《西洲曲》:"采莲南塘秋。"《长门赋》:"雷隐隐而响起兮,声象君之车音。"

金蟾啮锁烧香入①，玉虎牵丝汲井回②。
贾氏窥帘韩掾少③，**宓妃留枕魏王才**④。
春心莫共花争发，一寸相思一寸灰⑤。

文本拓展

一、知识链接

☞ 瑶池

《穆天子传》卷三载："天子(周穆王)宾于西王母，天子觞西王母于瑶池之上。西王母为天子谣曰：'白云在天，山陵自出。道里悠远，山川间之。将子无死，尚能复来？'天子答之曰：'予归东土，和治诸夏。万民平均，吾顾见汝。比及三年，将复而野。'"

☞ 宓妃留枕

唐·李善注《洛神赋》时记载："魏东阿王，汉末求甄逸女，既不遂，太祖回，与五官中郎将。植殊不平。昼思夜想，废寝与食。黄初中入朝，帝示甄后玉镂金带枕，植见之，不觉泣。时(甄后)已为郭后谮死。帝意亦寻悟。因令太子留宴饮，仍以枕赍植。植还，度轘辕，少许时，将息洛水上，思甄后，忽见女来。自言：'我本托心君王，其心不遂，此枕是我在家时从嫁，前与五官中郎将，今与君王。'遂用荐枕席，欢情交集，岂常辞能具？又云：'岂不欲常见，但为郭后以糠塞口，今被发掩面，羞将此形貌重睹君王尔！'言迄，不复见所在。遣人遗珠于王，悲喜不能自胜，遂作《感甄赋》，后明帝见之，改为《洛神赋》。"

二、点评辑要

● 评李商隐

李义山、刘梦得、杜牧之三人，笔力不能相上下，大抵工律诗而不工古诗，七言尤工，五言微弱，虽有佳句，然不能如韦、柳、王、孟之高致也。义山多奇趣，梦得有高韵，牧之专事华藻，此其优劣耳。

(宋·张戒《岁寒堂诗话》)

望帝春心托杜鹃，佳人锦色怨华年。诗家总爱西昆好，独恨无人作郑笺。

(金·元好问《论诗绝句》)

---

① 金蟾：指蟾蜍形状的香炉。啮锁：口咬香炉上的锁扣。相传月老有同心锁，相爱的人只要被锁住就会永不分离。

② 玉虎：吊水用的辘轳，用玉虎装饰。丝："思"的谐音，喻指相思。以金蟾啮锁、玉虎牵丝的情景比喻爱情的执着。

③ 参见《世说新语》中的"韩寿偷香"条。

④ 宓妃留枕：相传宓妃是伏羲氏之女，溺死于洛水，号为洛神，这里指甄氏。相传曹植离京回封国途中，宿于洛水边，梦见甄氏来相见，有感于斯人，遂作《洛神赋》。详见前文《洛神赋》。

⑤ 一寸相思一寸灰：《庄子》："心固可使如死灰乎？"

寄托深而措辞婉,实可空百代无其匹也。

(清·叶燮《原诗》)

● 评《瑶池》

朱彝尊曰:"此诗方是专讽学仙。"

何焯曰:"此首及《王母祠》《王母庙》两篇皆刺武宗也。"

又曰:"当与《汉宫词》参看。"

"诗云:'将子无死,尚能复来。'不来则死矣,讥求仙之无益也。"

(清·沈厚塽辑《李义山诗集辑评》)

诗又有以无理而妙者,如李益"早知潮有信,嫁与弄潮儿",此可以理求乎?然自是妙语。至如义山"八骏日行三万里,穆王何事不重来",则又无理之理,更进一层,总之诗不可以执一而论。

(清·贺裳《载酒园诗话》)

此追叹武宗之崩也。武宗好仙,又好游猎,又宠王才人,此诗熔铸其事而出之,只周穆王一事足以概武宗三端,用思最深,措辞最巧。

(清·程梦星《李义山诗集笺注》)

● 评《无题》(飒飒东风细雨来)

此言细雨轻累之候,思其人之所在,烧香入而金蟾啮锁,汲井回而玉虎牵丝,亦甚寂寥矣。然而窥帘留枕,则未尝无意于韩掾、魏王也。末则如怨诉,相思之至,反言之而情愈深矣。

(清·钱牧斋 何义门《唐诗鼓吹评注》)

自来咏雷电诗,皆壮伟有余,轻婉不足,未免狰狞可畏。……李义山"飒飒东风细雨来,芙蓉塘外有轻雷",最耐讽玩。

(清·潘德舆《养一斋诗话》)

纪昀曰:起二句妙有远神,不可理解而可以意喻……"贾氏窥帘"以韩掾之少,"宓妃留枕"以魏王之才,自顾生平,岂复有分及此,故曰"春心莫共花争发,一寸相思一寸灰",此四句是一提一落也。四首皆寓言也。此作较有蕴味,气体亦不堕卑琐。《无题》诸作,大抵感怀托讽,祖述乎美人香草之遗,以曲传其郁结,故情深调苦,往往感人。

(清·沈厚塽辑《李义山诗集辑评》)

古诗"雷隐隐,感妾心。倾耳清听非车音。"第二句略用其意,以兴三四句,言所忆者自外独归也。五六句以下,则禁约闲情之词。言情事与韩掾、魏王既殊,则徒思无益者也。"东风细雨"所以兴起"轻雷";而"轻雷"又非真雷,乃以拟车声也。三四句亦所以足第二句之意,言其自外独归而已,非必真有"烧香""汲井"之事也。诗乃有所求于人而人不见谅之词也。

(近代·黄侃《李义山诗偶评》)

三、旁观博览

1. 清·冯浩 笺:《玉溪生诗集笺注》,上海古籍出版社 1979 年版。

2. 刘学锴,余恕诚:《李商隐诗歌集解》,中华书局 2004 年版。

3. 刘学锴:《李商隐传论》,安徽大学出版社 2002 年版。

四、思考练习

1. 请以"中国历代帝王的长生追求"为题,做一个 PPT。
2. 请解读《无题》颔联的诗意。
3. 请以《瑶池》诗演绎一篇小故事。

温庭筠

温庭筠(812?—970?),本名岐,字飞卿,太原祁(今山西省祁县东南)人。富有天才,文思敏捷,每入试,作诗赋,押官韵,八叉手而成八韵,故有"温八叉""温八吟"之称。然恃才不羁,又好讥刺权贵,多犯忌讳,取憎于时,故屡举进士不第,长期被贬抑,终生不得志。官终国子助教。精通音律,诗词兼工。诗与李商隐齐名,时称"温李"。其诗辞藻华丽,秾艳精致。他是第一个大量填词的文人,其词艺术成就在晚唐诸词人之上,为"花间派"首要词人,对词的发展影响较大。在词史上,与韦庄并称"温韦"。现存诗三百多首,词七十余首。后人辑有《温飞卿集笺注》等。

梦江南(二首)

一

千万恨,恨极在天涯①。
山月不知心里事,水风空落眼前花。②
摇曳碧云斜。

二

梳洗罢,独倚望江楼。
过尽千帆皆不是③,斜晖脉脉水悠悠④。
肠断白蘋洲⑤。

---

① 天涯:指极其边缘的地方。南朝陈徐陵有句:"天涯藐藐,地角悠悠。言面无由,但以情企。"(《武皇帝作相时与岭南酋豪书》)

② 晏殊《蝶恋花》名句"明月不谙离恨苦,斜光到晓穿朱户",即由本词此二句化出。

③ 此句语意与中唐时江南女诗人刘采春"莫作商人妇,金钗当卜钱。朝朝江口望,错认几人船"(《啰唝(gǒng)曲》)相近。

④ 脉脉:含情对视的样子,此为拟人手法。可参见《古诗十九首》"盈盈一水间,脉脉不得语"。

⑤ 白蘋洲:江中长有白蘋的小洲,词中意指分手之处。唐赵微(一作徵)明《思归》有句"惟见分手处,白蘋满芳洲"。

更漏子

玉炉香,红蜡泪,
偏照画堂①秋思。
眉翠薄,鬓云残,夜长衾枕寒。

梧桐树,三更雨,
不道②离情更苦。
一叶叶,一声声,空阶滴到明。

文本拓展

一、知识链接

☞ 《梦江南》

《梦江南》是温庭筠的名作,写思妇的离愁别恨。第一首,写思妇深夜不寐,望月怀人。第二首,写思妇白日倚楼,愁肠欲断。两首词以不同场景塑造同一类人物。一个是深夜不寐,一个是晨起登楼,都写得朴素自然,明丽清新,没有刻意求工、雕琢辞句,却能含思凄婉,臻于妙境。刻画人物,形象、生动、传神,揭示人物心理,细腻、逼真,足见作者技巧纯熟,既擅雕金镂玉的瑰丽之作,又有凝练的绝妙好词。

二、点评辑要

● 评温庭筠

终唐之世,无出飞卿右者,当为《花间集》之冠。

飞卿词,风流秀曼,实为五代两宋导其先路。后人好为艳词,那有飞卿风格。

(清·陈廷焯《词坛丛话》)

飞卿词大半托词帷房,极其婉雅而规模自觉宏远。周、秦、苏、辛、姜、史辈,虽姿态百变,亦不能越其范围。

(清·陈廷焯《白雨斋词话》)

飞卿短古,深得屈子之妙,词亦从楚骚来。所以独绝千古,难乎为继。

(清·陈廷焯《白雨斋词话》)

温飞卿词精妙绝人,然类不出乎绮怨。

(清·刘熙载《艺概·词概》)

---

① 画堂:泛指华丽的居室。
② 不道:不顾、不管。李白有诗"五月相呼度太行,摧轮不道羊肠苦"(《忆旧游》)。

● 评《梦江南》一

风华情志,六朝人之长短句也。

（明·汤显祖《玉茗堂评〈花间集〉》）

幽凉殆似鬼作。

（明·徐士俊《古今词统》）

低徊深婉,情韵无穷。

（清·陈廷焯《云韶集》）

"摇曳"一句,情景交融。

（清·李冰若《栩庄漫记》）

● 评《梦江南》二

"朝朝江上望,错认几人船",同一结想。

（明·汤显祖《玉茗堂评〈花间集〉》）

痴迷,摇荡,惊悸,惑溺,尽此二十余字。

（明·沈际飞《草堂诗余别集》）

犹是盛唐绝句。

（清·谭献《复堂词话》）

绝不着力,而款款深深,低徊不尽,是亦谪仙才也。吾安得不服古人?

（清·陈廷焯《云韶集》）

《楚辞》"望夫君兮未来,吹参差兮谁思?""袅袅兮秋风,洞庭波兮木叶下。"幽情远韵,令人至不可聊。飞卿此词"过尽千帆皆不是,斜晖脉脉水悠悠",意境酷似《楚辞》。而声情绵渺,亦使人徒唤奈何也。柳词"想佳人,妆楼颙望,误几回,天际识归舟"从此化出,却露勾勒痕迹矣。又云:飞卿此词末句,真为画蛇添足,大可重改也。"过尽"二语既极怊(chāo)怅之情,"肠断白蘋洲"一语点实,变无余韵,惜哉惜哉!

（清·李冰若《栩庄漫记》）

"千帆"二句窈窕善怀,如江文通之"黯然销魂"也。

（近代·俞陛云《唐五代两宋词选释》）

这"过尽千帆皆不是"一句,一方面写眼前的事实,另一方面也有寓意,含有"天下人何限,慊慊只为汝"的意思,说明她爱情的坚贞专一。清代谭献的"红杏枝头侬与汝,千花百草从渠许"词句和这意思也相近。

（夏承焘《宋词欣赏》）

● 评《更漏子》

庭筠工于造语,极为绮靡,《花间集》可见矣。《更漏子》(玉炉香)一词犹佳。

（宋·胡仔《苕溪渔隐丛话》后集）

遣词凄艳,是飞卿本色。结三句开北宋先声。

（清·陈廷焯《云韶集》）

后半阕无一字不妙,沉郁不及上二章,而凄警特绝。

（清·陈廷焯《词则·大雅集》）

飞卿此词,自是集中之冠。寻常情事,写来凄婉动人,全由秋思离情为其骨干。宋人"枕边泪共窗前雨,隔个窗儿滴到明",本此而转成淡薄。温词如此凄丽有情致不为设色所累者,寥寥可数也。

(清·李冰若《栩庄漫记》)

此首亦以上半阕引起下文。惟其锦衾角枕,耐尽长宵,故梧桐雨声,彻夜闻之。后人用其词意入诗云:"枕边泪共窗前雨,隔个窗儿滴到明",加一"泪"字,弥见离情之苦,但语意说尽,不若此词之含浑。

(近代·俞陛云《唐诗选释》)

三、旁观博览

1. 清·曾益 等笺注:《温飞卿诗集笺注》,上海古籍出版社 1998 年版。
2. 黄进德 选注:《唐五代词选集》,上海古籍出版社 1993 年版。
3. 刘崇德 选译:《中国古典诗词曲古谱今译·唐宋词》,黄山书社 2015 年版。

四、思考练习

1. 分析《梦江南》(二)和《更漏子》分别用哪些技巧来指代时间的流逝。
2. 如果说李清照的《声声慢》涵盖了二首温词所传达的种种,你同意吗? 为什么?
3. 请以"梧桐雨"为题,写一篇美文。

唐传奇

唐传奇是唐代的文言短篇小说,后人称为唐传奇。唐代中期(自唐代宗至唐文宗)是唐传奇的繁荣阶段,作品多,名家也多,一些最优秀的单篇传奇,几乎都产生在这一时期。这时期的传奇作品,从内容题材上看,大致可分为神怪、爱情、历史、侠义诸类。其中有些作品内容交叉,如神怪兼爱情类的题材就很多,其他题材也有结合。唐传奇对后代小说、戏曲及讲唱文学有较大的影响。

周秦行纪

余贞元中①,举进士落第,归宛、叶间②。至伊阙③南道鸣皋山下,将宿大安民舍。会暮,失道,不至。更十余里,行一道,甚易。夜月始出,忽闻有异气,因趋进行,不知近远。见火明,意谓庄家。更前驱,至一大宅,门庭若富豪家。有黄衣阍人④曰:"郎君何至?"余答曰:"僧孺,姓牛,应进士落第往家。本往大安民舍,误道来此,直乞宿,无他。"中有小髻青衣出,责黄衣曰:"门外谁何?"黄衣曰:"有客。"黄衣入告,少时,出曰:"请郎君入。"余问谁氏宅,黄衣曰:"但进,无须问。"入十余门,至大殿,蔽以珠帘,有朱衣紫衣阍人百数。立阶陛间,左右曰:"拜殿下。"帘中语曰:"妾汉文帝母薄太后⑤,此是庙,郎不当来,何辱至?"余曰:"臣家宛叶,将归,失道。恐死豺虎,敢托命乞宿。太后幸听受。"语讫,太后遣轴帘,避席曰:"妾故汉文君母,君唐朝名士,不相君臣,幸希简敬,便上殿来见。"太后着练衣,状貌瑰伟,不甚妆饰。劳余曰:"行役无苦乎?"召坐。食顷间,闻殿内有笑声。太后曰:"今夜风月甚佳,偶有二女伴相寻。况又遇嘉宾,不可不成一会。"呼左右屈二娘子出见秀才。良久,有女子二人从中至,从者数百。前立者一人,狭腰长面,多发不妆,衣青衣,仅可二十余。太后曰:"此高祖戚夫

---

① 余:我。本文以牛僧孺第一人称自述。贞元:唐德宗年号。

② 宛、叶:二古地名的并称。宛:即今河南省南阳市;叶:今河南省叶县一带。

③ 伊阙:山名,即阙塞山、龙门山,洛阳以南。《水经注·伊水注》:"昔大禹疏以通水,两山相对,望之若阙,伊水历其间北流,故谓之伊阙矣。"

④ 阍人:指看门的人。

⑤ 薄太后:汉高祖刘邦的嫔妃,汉文帝生母。汉朝礼制,姬妾无法追认为皇后,遂称文帝太后,史称薄姬或薄太后。

人①。"余下拜,夫人亦拜。更有一人,柔肌稳身,貌舒态逸,光彩射远近,多服花绣,年低太后。后顾指曰:"此元帝王嫱②。"余拜如戚夫人,王嫱复拜。各就坐,坐定,太后使紫衣中贵人曰:"迎杨家、潘家来。"久之,空中见五色云下,闻笑语声寝近。太后曰:"杨家至矣。"忽车音马迹相杂,罗绮焕耀,旁视不给。有二女子从云中下,余起立于侧,见前一人,纤腰修眸,仪容甚丽,衣黄衣,冠玉冠,年三十许。太后曰:"此是唐朝太真妃子③。"予即伏谒,拜如臣礼。太真曰:"妾得罪先帝④,皇朝不置妾在后妃数中,设此礼,岂不虚乎? 不敢受。"却答拜。更一人,厚肌敏视,小质洁白,齿极卑⑤,被宽博衣。太后曰:"齐潘淑妃⑥。"余拜之如妃子。既而太后命进馔,少时馔至,芳洁万端,皆不得名,余但欲充腹,不能足食。已更具酒,其器用尽如王者⑦。太后语太真曰:"何久不来相看?"太真谨容对曰:"三郎(天宝中,宫人呼玄宗多曰三郎)数幸华清宫,扈从不得至。"太后又谓潘妃曰:"子亦不来,何也?"潘妃匿笑不禁,不成对。太真乃视潘妃而对曰:"潘妃向玉奴⑧说,懊恼东昏侯⑨疎狂,终日出猎,故不得时谒耳。"太后问余:"今天子为谁?"余对曰:"今皇帝先帝长子。"太真笑曰:"沈婆⑩儿作天子也,大奇。"太后曰:"何如主?"余对曰:"小臣不足以知君德。"太后曰:"然无嫌,但言之。"余曰:"民间传圣武。"太后首肯三四。太后命进酒加乐,乐妓皆年少女子。酒环行数周,乐亦随辍⑪。太后请戚夫人鼓琴,夫人约指玉环,光照于座⑫,引琴而鼓,其声甚怨。太后曰:"牛秀才邂逅到此,诸娘子又偶相访,今无以尽平生欢。牛秀才固才士,盍各赋诗言志,不亦善乎?"遂各授与笺笔,逡巡⑬诗成。太后诗曰:"月寝花宫得奉君,至今犹愧管夫人⑭。汉家旧是笙歌处,烟草几经秋复春。"王嫱诗曰:"雪里穹庐不见春,汉衣虽旧泪痕新。如今最恨毛延寿⑮,爱把丹

---

① 戚夫人:刘邦宠妃,后被吕后残忍害死。

② 王嫱:王昭君名嫱,字昭君,湖北秭归人,西汉元帝时和亲宫女,远嫁匈奴单于,中国古代四大美人之一。

③ 太真:即杨玉环。杨玉环先嫁唐玄宗子寿王李瑁,后被玄宗招进宫中,度为道士,道号太真。

④ 先帝:意指唐肃宗李亨。安史之乱迫使唐玄宗仓皇逃离长安,行至马嵬驿时,六军哗变,地位不稳固的太子李亨与禁军统帅陈玄礼密谋,诛杀宰相杨国忠及杨氏姐妹,又请诛杨贵妃。玄宗不得已命高力士处死杨贵妃。史称"马嵬驿之变"。

⑤ 齿极卑:年龄极小。

⑥ 齐潘淑妃:南齐东昏侯萧宝卷的贵妃,得到萧宝卷的专宠。

⑦ 器用:这里指吃喝的用具。王者:这里指帝王家。

⑧ 玉奴:杨玉环小名。

⑨ 东昏侯:指萧宝卷(483—501),南齐第六任皇帝,后被近臣所弑,梁武帝萧衍贬他为东昏侯。

⑩ 沈婆:唐德宗母沈氏。此处称太后为沈婆,大不敬。

⑪ 辍:停止。

⑫ 《西京杂记》云:"高祖与(李)夫人环,照见指骨也。"

⑬ 逡巡:过了一会儿。

⑭ 管夫人:薄姬年少时,与管夫人、赵子儿交好,约定三人中不管谁先富贵,都不要忘记其他二人。后管、赵二人皆得刘邦宠幸,两人侍奉刘邦之时,笑说当年三人约定。刘邦心凄然而怜惜薄姬,遂生汉文帝刘恒。

⑮ 毛延寿:汉元帝时的宫廷画师。据《西京杂记》记载,元帝后宫美女不易见到皇帝,乃令画工图其形并按图召幸。宫中女子为了得到皇帝宠幸往往贿赂画师,以便将自己的容貌画得更美。王昭君因为没有贿赂画师毛延寿,因而未能得到召幸。后匈奴求美人为阏氏,汉元帝遂按图将王昭君下嫁匈奴和亲。

青错画人。"戚夫人诗曰:"自别汉宫休楚舞①,不能妆粉恨君王。无金岂得迎商叟②,吕氏何曾畏木强③。"太真诗曰:"金钗堕地别君王,红泪流珠满御床。云雨马嵬分散后,骊宫不复舞《霓裳》。"潘妃诗曰:"秋月春风几度归,江山犹是业宫非。东昏旧作莲花地④,空想曾披金缕衣。"再三邀余作诗,余不得辞,遂应命作诗曰:"香风引到大罗天,月地云阶拜洞仙。共道人间惆怅事,不知今夕是何年⑤。"别有善笛女子,短发丽服,貌甚美,而且多媚。潘妃偕来,太后以接座居之,时令吹笛,往往亦及酒。太后顾而问曰:"识此否?石家绿珠也⑥。潘妃养作妹,故潘妃与俱来。"太后因曰:"绿珠岂能无诗乎?"绿珠乃谢而作诗曰:"此日人非昔日人,笛声空怨赵王伦。红残翠碎花楼下,金谷千年更不春。"诗毕,酒既至,太后曰:"牛秀才远来,今夕谁人为伴?"戚夫人先起辞曰:"如意⑦成长,固不可,且不可如此。"潘妃辞曰:"东昏以玉儿身死国除,玉儿不宜负也。"绿珠辞曰:"石卫尉⑧性严急,今有死,不可及乱。"太后曰:"太真今朝先帝贵妃,不可言其他。"乃顾谓王嫱曰:"昭君始嫁呼韩单于,复为株累弟单于妇,固自用⑨,且苦寒地胡鬼何能为?昭君幸无辞。"昭君不对,低眉羞恨。俄各归休,余为左右送入昭君院。会将旦,侍人告起,昭君垂泣持别。忽闻外有太后命,余遂出见太后。太后曰:"此非郎君久留地,宜亟还,便别矣,幸无忘向来欢。"更索酒,酒再行已⑩,戚夫人、潘妃、绿珠皆泣下,竟辞去⑪。太后使朱衣送往大安,抵西道,旋失使人所在。时始明矣,余就大安里,问其里人,里人云:"此十余里,有薄后庙。"余却回,望庙宇,荒毁不可入,非向者所见矣。余衣上香经十余日不歇,竟不知其何如。

📖 文本拓展

一、知识链接

☞　周秦行纪

《周秦行纪》,唐传奇小说,旧题牛僧孺撰,实际可能是李德裕门人韦瓘作品(学术界尚有

---

①　楚舞:戚夫人善跳楚舞。

②　商叟:指商山四皓,秦汉之际隐居于商山的四个年迈隐士,汉高祖屡征不出。汉高祖初立吕后之子刘盈为太子,后又考虑改立戚夫人之子赵王如意为太子。张良为吕后出谋划策,以太子刘盈之名重金请商山四皓出山。后刘邦得知刘盈请来商山四皓后,感叹太子羽翼已丰满,不可轻易废除,遂作罢。

③　木强:指周昌。《汉书·周昌传》载:"周昌,木强人也。"颜师古注曰:"言其强质如木石然。"周昌刚直,是吕后与太子以及朝野敬畏的老臣。汉高祖知吕后阴毒,遂派周昌为赵相,至赵地辅佐赵王如意,但最终也未能保护戚夫人与赵王如意的生命。

④　莲花地:潘淑妃。萧宝卷命人将金子凿制成莲花贴在地上,使潘妃行走其上,说是"步步生莲花"。

⑤　苏轼《水调歌头》:"不知天上宫阙,今夕是何年。"即化用此诗。

⑥　绿珠:西晋石崇的爱妾,善吹笛。

⑦　如意:戚夫人与汉高祖刘邦之子,封赵王,后被吕后毒死。

⑧　石卫尉:指西晋石崇,石崇曾担任卫尉。卫尉为九卿之一,是统率卫兵守卫宫廷之官。

⑨　固自用:可以按照自己的心意。

⑩　酒再行已:酒喝了两巡就停了。

⑪　竟辞去:终于辞别而去。竟:终于。

不同意见)。篇中以牛僧孺自述口吻,说他在德宗贞元年间举进士落第,归途中迷路,夜入薄太后庙。薄后亡灵召来戚夫人、王昭君、杨贵妃、潘淑妃、绿珠等历史上著名的美女与之宴乐赋诗。酒席间戏谑调笑之中,对代宗、德宗多不敬之词,可谓无礼于其君甚矣。酒后,薄后又令昭君陪牛僧孺寝宿。次日晨,僧孺辞去。故事借牛僧孺之经历写其迷途的艳遇。因为牛僧孺擅长写小说,该传奇是李德裕党嫁祸于牛僧孺的作品,显然属于牛李党争的产物。

二、点评辑要

唐人小说,不可不熟。小小情事,凄惋欲绝,洵有神遇而不自知者。与诗律可称一代之奇。

(宋·洪迈《唐人说荟》)

传奇者流,源盖出于志怪,然施之藻绘,扩其波澜,故所成就乃特异。其间虽亦或托讽喻以纾牢愁,谈祸福以寓惩劝,而大归则究在文采与意想,与昔之传鬼神明因果而外无他意者,甚异其趣矣。

叙述宛转,文辞华艳,与六朝之粗陈梗概者较,演进之迹甚明。

(近代·鲁迅《中国小说史略》)

惟自大历以至大中中,作者云蒸,郁术文苑,沈既济、许尧佐擢秀于前,蒋防、元稹振采于后,而李公佐、白行简、陈鸿、沈亚之辈,则其卓异也。

(近代·鲁迅《唐宋传奇集》)

三、旁观博览

1. 汪辟疆:《唐人小说》,北京联合出版公司 2016 年版。
2. 鲁迅 校录:《唐宋传奇集》(上下),浙江文艺出版社 2013 年版。
3. 李剑国 辑校:《唐五代传奇集》,中华书局 2015 年版。
4. 熊明:《唐人小说与民俗意象研究》,上海古籍出版社 2015 年版。
5. [日]小南一郎:《唐代传奇小说论》,北京大学出版社 2015 年版。

四、思考练习

1. 请分析佛道对唐代传奇小说的影响。
2. 请分析文中的自题诗对于传奇剧情的推进有无关系,为什么。
3. 为除了薄太后外的五位美人做一个桥型图,找寻她们的共同点。

冯延巳

冯延巳(903—960),又名延嗣,字正中,五代广陵(今江苏省扬州市)人。仕于南唐烈祖、中主二朝,三度入相,官终太子太傅,卒谥忠肃。其词多写闲情逸致,文人的气息很浓,对北宋初期的词坛有较大影响。词集名《阳春集》。

谒金门①

风乍起②,吹皱一池春水。
闲引③鸳鸯香径里,手挼④红杏蕊。

斗鸭⑤阑干独倚,碧玉搔头⑥斜坠。
终日望君君不至,举头闻鹊喜。

📖 文本拓展

一、知识链接

☞ 风乍起

清代贺裳《皱水轩词筌》记载了与这首词相关的一个故事:南唐主(李璟)语冯延巳曰:"'风乍起,吹皱一池春水',何与卿事?"冯曰:"未若'细雨梦回鸡塞远,小楼吹彻玉笙寒'。"

---

① 谒金门:词牌名。
② 乍:突然。
③ 闲引:无聊地逗引。
④ 挼(luò):揉搓。
⑤ 斗鸭:古代富贵之家养斗鸭,用阑干围着,看鸭子相斗。
⑥ 碧玉搔头:一种用碧玉做的簪子。《西京杂记》载:"(汉)武帝过李夫人,就取玉簪搔头。自此后,宫人搔头皆用玉。"

二、点评辑要

● 评冯延巳

冯延巳词,晏同叔(晏殊)得其俊,欧阳永叔(欧阳修)得其深。

(清·刘熙载《艺概·词概》)

冯正中词,极沉郁之致,穷顿挫之妙,缠绵忠厚,与温、韦相伯仲。

(清·陈廷焯《白雨斋词话》)

正中词为五代之冠。正中词高处入飞卿之室,却不相沿袭;雅丽处,时或过之。

(清·陈廷焯《云韶集》)

冯正中词虽不失五代风格,而堂庑特大,开北宋一代风气。与中、后二主词皆在《花间》范围之外,宜《花间集》中不登其只字。

词之最工者,实推后主、正中、永叔、少游、美成,而后此南宋诸公不与焉。

(近代·王国维《人间词话》)

温、韦之精绝,所以不如正中者,意境有深浅也。

(近代·王国维《人间词话》附录)

冯延巳的词,第一能表现浓厚的情感,第二能有扩大的境界,第三善造清新的语言。

(刘麟生《中国诗词概论》)

● 评《谒金门》(风乍起)

五代干戈,四海瓜分豆剖,斯文道熄。独江南李氏君臣尚文雅,故于"小楼吹彻玉笙寒""吹皱一池春水"之词,语虽奇甚,所谓"亡国之音哀以思"也。

(宋·李清照《词论》)

沈际飞云:闻鹊报喜,须知喜中还有疑在,无非望泽希宠之心,而语自清隽。

(清·黄苏《蓼园词选》)

刘伯温"风袅袅,吹绿一庭秋草"摹此。

(清·徐士俊《古今词统》)

结二语若离若合,密意痴情,宛转可见。

(清·陈廷焯《词则·闲情集》)

言情之始,故其来无端。

(清·王闿运《湘绮楼词选》)

"风乍起"二句破空而来,在有意无意间,如柴浮水,似沾非著,宜后主盛加称赏。此在南唐全盛时作。"喜闻鹊报"句,殆有束带弹冠之庆及效忠尽瘁之思也。

(近代·俞陞云《唐五代两宋词选释》)

三、旁观博览

1.《李煜词集——附李璟词集 冯延巳词集》,上海古籍出版社 2016 年版。

2. 叶嘉莹 主编:《历代名家词新释辑评丛书——冯延巳词新释辑评》,中国书店出版社 2006 年版。

四、思考练习

1. 张惠言认为："延巳为人，专蔽固嫉，而其言忠爱缠绵，此其君所以深信而不疑也。"都说言为心声，诗文如其人，但在现实中，古今中外都不乏其行不端、其文可观的现象，请以"文与行的错位"为题，搜集古今中外的相关案例，做一个PPT。

2. 宋·马令《南唐书》卷二十一载：元宗《乐府辞》云"小楼吹彻玉笙寒"，延巳有"风乍起，吹皱一池春水"之句，皆为警策。元宗尝戏延巳曰："'吹皱一池春水'，干卿何事?"延巳曰："未如陛下'小楼吹彻玉笙寒'。"元宗悦。你觉得哪一句更好？为什么？

3. 请通读冯延巳三首《谒金门》，挖掘三者之间的逻辑联系，写一个小故事。

李　煜

　　李煜(937—978),南唐中主李璟第六子,初名从嘉,字重光,号钟隐、莲峰居士,祖籍彭城(今江苏省徐州市),南唐最后一位国君,世称南唐后主、李后主。北宋建隆二年(961),李煜继位,尊宋为正统,岁贡以保平安。北宋开宝八年(975),宋军攻破南唐都城金陵(今江苏省南京市),李煜被俘至汴京(今河南省开封市),封为右千牛卫上将军、违命侯。宋太宗太平兴国三年(978)七月七日,李煜被毒死于汴京。

　　李煜精通书法、绘画、音律,诗文皆有一定造诣,尤以词的成就最高。李煜词继承了花间词人的传统,又受李璟、冯延巳等的影响,语言明白晓畅、用情真挚,其亡国后的词作更是题材广阔,感慨深沉,"遂变伶工之词而为士大夫之词"(王国维《人间词话》),对后世词坛有深远的影响。

浪淘沙令

　　帘外雨潺潺①,春意阑珊②,罗衾③不耐五更寒。梦里不知身是客,一晌④贪欢。
独自莫凭栏⑤,无限江山⑥,别时容易见时难。流水落花春去也,天上人间。

◤◢ 文本拓展

一、知识链接

☞ **浪淘沙令**

　　原为唐教坊曲,又名《浪淘沙》《卖花声》等。唐人多用七言绝句入曲,南唐李煜始演为长

---

① 潺潺:形容下雨声。
② 阑珊:衰减。
③ 罗衾(qīn):丝绸被子。
④ 一晌(shǎng):一会儿,片刻。
⑤ 凭栏:靠着栏杆。意谓向远处看,往往联想到思乡之情。
⑥ 无限江山:指南唐美丽的河山。

短句。双调，五十四字(宋人有稍作增减者)，平韵，此调又由柳永、周邦彦演为长调《浪淘沙慢》，是别格。本词作于李后主被囚于汴京期间，抒发了由国君降为阶下囚后难以排遣的失落感和孤独感，以及对南唐故国的深切眷念。全词情真意切、哀婉动人，深刻地展示了作者的亡国之痛和囚徒之悲。

☞　李煜的"词谶"

宋代《分门古今类事》载：江南李后主，尝一日幸后湖，开宴赏花，忽作古诗云："蓼梢蘸水火不灭，水鸟惊鱼银棱投。满目荷花千万顷，红碧相杂敷清流。孙武已斩吴宫女，琉璃池上佳人头。"当时识者咸谓"吴官"中而有"佳人头"，非吉兆也。是年，王师吊伐，城将破，或梦觜角女子行空中，以巨筺筺物，散落如豆，着地皆人头。问其故，曰："此当死难者。"最后一人冠服堕地，云此徐舍人也。既寐，徐锴已死围城中。当围城时，作长短句云："樱桃落尽春归去……"章未就，而城破。及归朝后，每怀江国，且念嫔妾散落，郁郁不自聊。……又尝乘醉大书诸牖曰："万古到头归一死，醉乡藏地有高原。"醒而见之大悔。未几果下世。

二、点评辑要

● 评李煜

南唐中主、后主皆有文。后主……乐府为宋人一代开山祖。盖温、韦虽藻丽，而气颇伤促，意不胜辞，至此君方是当行作家，清便宛转，词家王、孟。

　　　　　　　　　　　　　　　　　　　　　　　(明·胡应麟《诗薮》)

徐士俊云：后主、易安直是词中之妖，恨二李不相遇。

　　　　　　　　　　　　　　　　　　　　　　　(明·卓人月《古今词统》)

《花间》之词，如古玉器。贵重而不适用，宋词适用而少贵重。李后主兼有其美，更饶烟水迷离之志。

　　　　　　　　　　　　　　　　　　　　　　　(清·纳兰性德《渌水亭杂识》)

李后主词，如生马驹，不受控捉。毛嫱、西施，天下美妇人也，严妆佳，淡妆亦佳，粗服乱头，不掩国色。飞卿，严妆也。端己，淡妆也。后主，则粗服乱头。

　　　　　　　　　　　　　　　　　　　　　　　(清·周济《介存斋论词杂著》)

词至李后主而眼界始大，感慨遂深，遂变伶工之词而为士大夫之词。周介存置诸温、韦之下，可为颠倒黑白矣。"自是人生长恨水长东""流水落花春去也，天上人间"，《金荃》《浣花》，能有此气象耶？

词人者，不失其赤子之心者也。故生于深宫之中，长于妇人之手，是后主为人君所短处，亦即为词人所长处。

主观之诗人，不必多阅世，阅世愈浅，则性情愈真，李后主是也。

尼采谓一切文字，余爱以血书者，后主之词，真所谓以血书者也。宋道君皇帝《燕山亭》词，亦略似之。然道君不过自道身世之感，后主则俨有释迦、基督担荷人类罪恶之意，其大小固不同矣。

唐五代之词，有句而无篇；南宋名家之词，有篇而无句。有篇有句，唯李后主之作及永叔、少游、美成、稼轩数人而已。

　　　　　　　　　　　　　　　　　　　　　　　(近代·王国维《人间词话》)

● 评《浪淘沙令》

南唐主《浪淘沙》曰："梦里不知身是客，一晌贪欢。"至宣和帝（按：宣和帝即指宋徽宗，宣和，宋徽宗在位时年号）《燕山亭》则曰："无据。和梦也有时不做。"其情更惨矣。呜呼，此犹《麦秀》之后有《黍离》也。

（清·贺裳《皱水轩词筌》）

绵邈飘忽之音，最为感人深至。李后主之"梦里不知身是客，一晌贪欢"，所以独绝也。

（清·郭麐《灵芬馆词话》）

结得怨悱，尤妙在神不外散，而有流动之致。

（清·陈廷焯《词则·大雅集》）

古诗"行行重行行"，寻常白话耳。赵宋人诗亦说白话，能有此气骨否？李后主词"帘外雨潺潺"，寻常白话耳。金元人词亦说白话，能有此缠绵否？

（清·陈锐《袌碧斋词话》）

三、旁观博览

1. 王仲闻 校，陈书良、刘娟 笺注：《南唐二主词笺注》（典藏本），中华书局 2013 年版。
2. 詹安泰 校注：《李璟李煜词校注》，上海古籍出版社 2015 年版。

四、思考练习

1. 请制作一个 PPT，介绍"浪淘沙"、"浪淘沙令"到"浪淘沙慢"的发展过程。
2. 比较李煜《虞美人》（春花秋月何时了）和宋徽宗赵佶《燕山亭》，做一双重气泡图，列举二者用词的异同，进而分析为什么后世对李词的评价高于赵词。
3. 结合李煜亡国前的生活，做一个气泡图，猜度"一晌贪欢"的具体内容。

柳 永

柳永(987?—1053?),字耆卿,崇安(今福建省武夷山市)人。原名三变,字景庄。后改名永,字耆卿。排行第七,人称"柳七"。柳永虽生在官宦之家,由于屡试不第,不免生活窘迫,常常流连于花街柳巷。柳永是第一个大量创作慢词的人,是宋词发展的关键性人物,影响极大,"凡有井水饮处,即能歌柳词"(叶梦得《避暑录话》)。词作以婉约词为主,语言通俗,内容往往叙写都市繁华,描写市民生活以及男女艳情。

鹤冲天①

黄金榜上②,偶失龙头③望。明代暂遗贤④,如何向⑤。
未遂风云便⑥,争不恣⑦狂荡。何须论得丧⑧? 才子词人,自是**白衣**⑨卿相。

烟花巷陌⑩,依约丹青屏障⑪。幸有意中人,堪寻访。
且恁偎红倚翠⑫,风流事,平生畅。青春都一饷⑬。忍把浮名⑭,换了浅斟低唱⑮!

---

① 鹤冲天:词牌名。柳永作,调见柳永《乐章集》。
② 黄金榜:指宋代录取进士的金字题名榜。
③ 龙头:古代称第一名进士为龙头。相传梁颢《及第诗》云:"也知少年登科好,争耐龙头是老成。"
④ 明代:圣明的时代。遗贤:遗弃了贤能之士。《尚书·大禹谟》:"嘉言罔攸伏,野无遗贤,万邦咸宁。"
⑤ 向:语助词,无实际意义。
⑥ 风云便:际会风云,指实现自身抱负的好机会。
⑦ 争不:怎不。恣:放纵。
⑧ 得丧:得失。
⑨ 白衣:古代未仕之士穿白衣。
⑩ 烟花巷陌:泛指青楼。
⑪ 丹青屏障:用丹青画着鲜艳图案的屏风。
⑫ 恁:如此。偎红倚翠:指狎妓。
⑬ 一饷:片刻。
⑭ 忍:忍心,狠心。浮名:这里指功名。
⑮ 浅斟低唱:指风流快活。

文本拓展

一、知识链接

☞ 鹤冲天(黄金榜上)

宋·吴曾《能改斋漫录》卷十六载:"仁宗留意儒雅,务本理道,深斥浮艳虚薄之文。初,进士柳三变,好为淫冶讴歌之曲,传播四方。尝有《鹤冲天》词云:'忍把浮名,换了浅斟低唱。'及临轩放榜,特落之,曰:'且去浅斟低唱,何要浮名!'景祐元年方及第,后改名永,方得磨勘转官。"

清·沈雄《古今词话》引《太平乐府》:柳永曲调传播四方,尝候榜作《鹤冲天》,词云:……仁宗闻之曰:"此人风前月下,浅斟低唱,好填词去。"柳永下第,自此词名益振。

☞ 黄金榜

唐·牛僧孺小说集《玄怪录》载:"(崔绍入冥司)判官遂引绍到一瓦廊下。廊下又有一楼,便引绍入门,满壁悉是金榜、银榜,备列人间贵人姓名。将相二色,名列金榜。将相以下,悉列银榜。更有长铁榜,列州县府僚属姓名。所见三榜之人,悉是在世人。若谢世者,则随所落籍。"后世就把科举考试中榜称为"金榜题名"。

☞ 白衣卿相

五代·王定保《唐摭言》卷一《散序进士》载:"缙绅虽位极人臣,不由进士者,终不为美,以至岁贡常不减八九百人,其推重谓之'白衣公卿',又曰'一品白衫。'"宋之前每届经科举得到选拔的人才数量极少,进士科尤其难考,有"三十老明经,五十少进士"的说法,因此经进士科得到选拔的人尤其得到关注和重视,一开始虽然品级很低,但认为这些人有公卿的资质,称其为"白衣卿相"。

☞ 柳永的受众

南宋·徐度《却扫篇》卷五载:"刘季高侍郎,宣和间尝饭于相国寺,因谈歌词,力诋柳耆卿,旁若无人者。有老宦者闻之,默然而起,徐取纸笔,跪于季高之前,请曰:'子以柳词为不佳者,盍自为一篇示我乎?'刘默然无以应。而后知稠人广众中,慎不可有所臧否也。"

☞ 众名姬春风吊柳七

扫一扫可见《众名姬春风吊柳七》原文

二、点评辑要

● 评柳永

柳永耆卿以歌词显于仁宗朝,官为屯田员外郎,故世号柳屯田。其词虽极工致,然多杂以鄙语,故流俗人尤善道之。其后,欧、苏诸公继出,文格一变,至为歌词,体制高雅,柳氏之作,殆不复称于文士之口,然流俗好之自若也。

(宋·徐度《却扫篇》)

柳词格固不高,而音律谐婉,语意妥帖,承平气象,形容曲尽,尤工于羁旅行役。

(宋·陈振孙《直斋书录解题》)

柳七亦自有唐人妙境,今人但从浅俚处求之,遂使《金荃》《兰畹》之音,流入《挂枝》《黄莺》之调,此学柳之过也。

(清·彭孙遹《金粟词话》)

耆卿为世訾謷(áo)久矣!然其铺叙委婉、言近意远、森秀幽淡之趣在骨。耆卿乐府多,故恶滥可笑者多。使能珍重下笔,则北宋高手也。

(清·周济《介存斋论词杂著》)

柳耆卿词,昔人比之杜诗,为其实说,无表德也。余谓此论其体则然;若论其旨,少陵恐不许之。

耆卿词,细密而妥溜,明白而家常,善于叙事,有过前人。惟绮罗香泽之态,所在多有,故觉风期未上耳。

(清·刘熙载《艺概·词概》)

耆卿词,善于铺叙,羁旅行役,尤属擅长。然意境不高,思路微左,全失温、韦忠厚之意。词人变古,耆卿首作俑也。

(清·陈廷焯《白雨斋词话》)

诗衰而词兴,词衰而曲盛,必至之势也。柳耆卿词隐约曲意。

(清·张德瀛《词徵》)

耆卿词,曲处能直,密处能疏,奡处能平,状难状之境,达难达之情,而出之以自然,自是北宋巨手。然好为俳体,词多媟黩,有不仅如提要所云"以俗为病"者。《避暑录话》谓:"凡有井水饮处,即能歌柳词。"三变之为世诟病,亦未尝不由于此。盖与其千夫竞声,毋宁白雪之寡和也。

(近代·冯煦《宋六十一家词选》例言)

长调自以周、柳、苏、辛为最工。美成《浪淘沙慢》二词,精壮顿挫,已开北曲之先声。若屯田之《八声甘州》、东坡之《水调歌头》,则伫兴之作,格高千古,不能以常词论也。

(近代·王国维《人间词话》)

尝以北宋词之深美,其高健在骨,空灵在神。而意内言外,仍出以幽窈咏叹之情。故耆卿、美成,并以苍浑造端,莫究其托谕之旨。卒令人读之歌哭出地,如怨如慕,可兴可观。有触之当前即是者,正以委曲形容所得感人深也。

周柳词高健处惟在写景,而景中人自有无限凄异之致,令人歌笑出地。正如黄祖叹祢生,悉如吾胸中所欲言,诚非深于比兴,不能到此境也。

(近代·郑文焯《大鹤山人词话》附录《郑大鹤先生论词手简》)

耆卿词,当分雅、俚二类。雅词用六朝小品文赋作法,层层铺叙,情景兼融,一笔到底,始终不懈。俚词袭五代淫诐之风气,开金、元曲子之先声,比于里巷歌谣,亦复自成一格。

耆卿写景无不工,造句不事雕琢。清真效之。故学清真词者,不可不读柳词。耆卿多平铺直叙。清真特变其法,一篇之中,回环往复,一唱三叹。故慢词始盛于耆卿,大成于清真。

(近代·夏敬观《手评乐章集》)

三、旁观博览

1. 陶然,姚逸超 校笺:《乐章集校笺》,上海古籍出版社 2016 年版。
2. 薛瑞生 校注:《乐章集校注》,中华书局 2015 年版。
3. 简雪庵:《晓风残月——柳永传》,作家出版社 2016 年版。

四、思考练习

1. "未遂风云便,争不恣狂荡",请参阅柳永其他词作,用气泡图概括其"恣狂荡"的具体表现。
2. 结合孟浩然《岁暮归南山》,分析古人文人对入仕途的态度。
3. 参考柳永生平,用晚年柳永的视角,写一段回忆年青时写《鹤冲天》的文字,要求有叙有议。

晏几道

晏几道(1038—1110)，字叔原，号小山，抚州临川(今江西省抚州市)人，是北宋时期的重要词人，人称"小晏"，与其父晏殊(人称"大晏")合称"二晏"。晏几道生在显宦之家，却一生仕途困顿，晚年家道中落。然个性耿介，不肯依附权贵。工小令词，其词多追怀昔日欢娱和男女艳情，情调感伤，风格婉丽。有《小山词》。

鹧鸪天①

彩袖殷勤捧玉钟②，当年拼却醉颜红。
舞低杨柳楼心月，歌尽桃花扇底风。

从别后，忆相逢，
几回魂梦与君同。
今宵剩把银釭照③，犹恐相逢是梦中。

文本拓展

一、知识链接

☞ 晏几道"四痴"

黄庭坚《小山词序》中言：余尝论叔原，固人英也，其痴亦自绝人。爱叔原者，皆愠而问其目。曰："仕宦连蹇，而不能一傍贵人之门，是一痴也。论文自有体，不肯一作新进士语，此又一痴也。费资千百万，家人寒饥，而面有孺子之色，此又一痴也。人百负之而不恨，已信人，终不疑其欺己，此又一痴也。"

---

① 鹧鸪天：词牌名，又名"思佳客"，五十五字。此词黄升《花庵词选》题作《佳会》。
② 彩袖：代指穿彩衣的歌女。玉钟：酒杯的美称。
③ 剩把：剩：只管。把：持，握。银釭(gāng)：银质的灯台，代指灯烛。

二、点评辑要

● 评晏几道

叔原词在诸名胜中独可追步花间，高处或过之。

（宋·陈振孙《直斋书录解题》）

叔原词如金陵王、谢子弟，秀气胜韵，得之天然，殆不可学。

（宋·王灼《碧鸡漫志》）

小山词字字娉娉袅袅，如挽嫱、施之袂，恨不能起莲、鸿、萍、云（按：晏几道词中涉及的几位红颜），按红牙板唱和一过。

（明·毛晋《小山词跋》）

叔原贵异，方回赡逸，耆卿细贴，少游清远，四家词趣各别，惟尚婉则同耳。

（清·刘熙载《艺概·词概》）

《诗》三百篇大旨归于无邪，北宋晏小山工于言情，出元献、文忠之右。然不免思涉于邪，有失风人之旨。而措词婉妙，则一时独步。

（清·陈廷焯《白雨斋词话》）

淮海、小山，古之伤心人也，其淡语皆有味，浅语皆有致，求之两宋词人，实罕其匹。

（近代·冯煦《六十一家词选例言》）

小山词从《珠玉》（按：晏几道父亲晏殊有《珠玉集》）出，而成就不同，体貌各异。《珠玉》比花中之牡丹，小山其文杏乎？

（近代·况周颐《蕙风词话》）

● 评《鹧鸪天》

晁无咎（即晁补之）言："叔原不蹈袭人语，而风调闲雅，自是一家。如'舞低杨柳楼心月，歌尽桃花扇底风'，自可知此人不生在三家村中也。"

（宋·赵令畤《侯鲭录》）

晏叔原工小词。"舞低杨柳楼心月，歌尽桃花扇底风"，不愧六朝宫掖体。

（宋·胡仔《渔隐丛话前集》卷五十九引《雪浪斋日记》）

晏叔原"今宵剩把银釭照，犹恐相逢是梦中"，盖出于老杜"夜阑更秉烛，相对如梦寐"，戴叔伦"还做江南梦，翻疑梦里逢"，司空曙"乍见翻疑梦，相悲各问年"。

（宋·王楙《野客丛书》）

下半阕曲折深婉，自有艳词，更不得不让伊独步。

（清·陈廷焯《白雨斋词话》）

三、旁观博览

1. 张草纫 笺注：《二晏词笺注》，上海古籍出版社 2008 年版。
2. 叶嘉莹 主编：《历代名家词新释辑评丛书——晏几道词新释辑评》，中国书店出版社 2007 年版。

四、思考练习

1. 晏几道善于在词作中表现梦境以表达情感，请参阅《小山词》，以"以梦写情晏几道"为主题，做一个 PPT。

2. 请探讨本诗是站在诗人的口吻写的还是以歌姬的口吻写的，为什么。

3. 将该词演绎成一个故事。

王安石

王安石(1021—1086),字介甫,号半山,临川(今江西省抚州市)人,北宋著名的政治家、文学家。宋仁宗庆历二年(1042),王安石进士及第。历任扬州签判、鄞县知县、舒州通判等职。宋神宗熙宁二年(1069),任参知政事,次年拜相,主持变法。因以司马光为首的守旧派反对,于熙宁七年(1074)罢相。一年后,被再次起用,旋又罢相,退居江宁(今江苏省南京市)。

王安石诗文创作具有突出成就。其散文充分发挥了古文的实际功用,往往论点鲜明、逻辑严密,有很强的说服力;其诗学杜甫,擅长于说理与修辞,晚年诗风含蓄深沉,世称"王荆公体"。

明妃曲二首①

其一

明妃初出汉宫时,泪湿春风②鬓脚垂。
低徊③顾影无颜色,尚得君王不自持。
归来却怪丹青手④,入眼平生几曾有。
意态⑤由来画不成,当时枉杀毛延寿。
一去心知更不归,可怜着尽汉宫衣⑥。
寄声欲问塞南事,只有年年鸿雁飞。

---

① 明妃曲,古乐府旧题。
② 春风:春风面的省称,比喻姣好的面容。杜甫《咏怀古迹五首》中咏王昭君有"画图省识春风面"之句。
③ 低徊:徘徊不前,指不忍离去。
④ 归来:回过来。丹青手:指画师毛延寿。
⑤ 意态:神韵。
⑥ 着尽汉宫衣:指昭君一直穿着汉宫的衣服。

家人万里传消息,好在毡城①莫相忆。

君不见咫尺**长门闭阿娇**②,人生失意无南北。

其二

明妃初嫁与胡儿,毡车百两皆胡姬③。

含情欲语独无处,传与琵琶心自知。

黄金杆拨春风手④,弹看飞鸿劝胡酒。

汉宫侍女暗垂泪,沙上行人却回首。

汉恩自浅胡恩深,人生乐在相知心。

可怜青冢⑤已芜没,尚有哀弦留至今。

文本拓展

一、知识链接

☞ 明妃

即王昭君,名嫱,字昭君。汉元帝时宫人。当时匈奴呼韩邪单于入朝,求美人为阏氏,帝予昭君,以结和亲。昭君戎服乘马,提琵琶出塞。入匈奴,号宁胡阏氏,生一男。呼韩邪死,昭君向汉廷上书求归,汉成帝敕令"从胡俗",复嫁呼韩邪单于长子复株累单于。王昭君去世后,葬于今呼和浩特市南郊,后人称之为"青冢"。到了晋朝,为避晋太祖司马昭的讳,改称明君,史称"明妃"。

自汉代以来,王昭君的故事一直是诗人们乐于吟诵的题材,其主题上多不出"悲怨"二字。著名者如唐·卢照邻《昭君怨》、李白《王昭君》、杜甫《咏怀古迹五首》等。宋仁宗嘉祐四年(1059),王安石作《明妃曲二首》,立论新警,一时和者甚众。

☞ 毛延寿

据说汉元帝后宫宫人很多,不得常见,就命毛延寿等画师画了后宫美人的图形,按图召幸。宫人们都贿赂画师,希望把自己画得更美,独王昭君不肯贿赂画师,于是一直得不到元帝的召幸。后来匈奴单于求美人为阏氏,汉元帝就派了王昭君和亲。临行召见,元帝发现昭君容貌为后宫第一。追悔不已的元帝调查此事后,处死了毛延寿等画师。

---

① 毡城:匈奴以毡为帐篷,此指匈奴王宫。

② 长门闭阿娇:汉武帝曾将陈皇后幽禁长门宫(冷宫)内。阿娇:陈皇后小名。

③ "毡车"句:写匈奴单于派了众多胡姬来接昭君。《诗经·召南·鹊巢》:"之子于归,百两御之。"极言贵族女子出嫁陪从之多。两:通"辆"。

④ 杆拨:弹琵琶的工具。春风手:形容昭君的手能弹出美妙的声乐。

⑤ 青冢:昭君墓,在今呼和浩特市南。相传昭君墓上的草常青,故名。

☞ 长门闭阿娇

据《汉武故事》记载：阿娇姓陈，是馆陶长公主的女儿。汉武帝幼时，其母王美人为了使儿子成为太子，极力笼络汉景帝的姐姐馆陶长公主。一次聚会时，年仅6岁的武帝表示："若得阿娇作妇，当作金屋贮之也。"后武帝如愿被立为太子，并继位称帝，阿娇也如约成为汉武帝的第一任皇后。后因骄横、无子与巫蛊被废黜，幽居长门宫。为挽回武帝的感情，阿娇花重金请司马相如作了一篇《长门赋》，极尽哀婉之词，可惜武帝看了以后并没回心转意，始终不曾踏足长门宫一步。阿娇后半生也就真的如赋中所言："日黄昏而望绝兮，怅独托于空堂。悬明月以自照兮，徂清夜于洞房。"

二、点评辑要

● 评王安石

王荆公晚年诗律尤精严，造语用字，间不容发。然意与言会，言随意遣，浑然天成，迨不见有牵率排比处。

王荆公少以意气自许，故诗语惟其所向，不复更为涵蓄。……后为群牧判官，从宋次道（宋敏求，字次道，北宋文学家、史地学家、藏书家）尽假唐人诗集，博观而约取，晚年始尽深婉不迫之趣。

荆公诗用法甚严，尤精于对偶。

(宋·叶梦得《石林诗话》)

黄庭坚曰：荆公暮年作小诗，雅丽精绝，脱去流俗，每讽味之，便觉沉灊生牙颊间。

(宋·胡仔《苕溪渔隐丛话》)

● 评《明妃曲》

《明妃曲》，古今人所作多矣，今人多称道王介甫者。白乐天只四句，含蓄不尽之意，云："驿使归时频寄语，黄金早晚赎蛾眉？君王若问妾颜色，莫道不如宫里时。"

(宋·韩驹《陵阳先生室中语》)

(南宋范冲对高宗说)"诗人多作《明妃曲》，以失身胡虏为无穷之恨，读之者至于悲怆感伤。安石为《明妃曲》，则曰：'汉恩自浅胡自深，人生乐在相知心。'然则刘豫不是罪过，汉恩浅而虏恩深也。今之背君父之恩，投拜而为盗贼者，皆合于安石之意，此所谓坏天下人心术。孟子曰：'无父无君，是禽兽也。'以胡虏有恩，而遂忘君父，非禽兽而何？"

诗人务一时新奇，求出前人所未道，而不知其言之失。

(宋·李壁《王荆文公诗笺注》)

此等题各人有寄托，借题立论而已。

(清·方东树《昭昧詹言》)

黄山谷跋介甫此篇(按：指其一)，谓可与李翰林、王右丞并驱争先，……介甫后篇云"汉恩自浅胡自深，人生乐在相知心"持论乖戾。范元长(冲)对高宗论此诗，直斥为坏人心术，无父无君。

(高步瀛《唐宋诗举要》)

三、旁观博览

1. 宋·李壁 笺注:《王荆文公诗笺注》,上海古籍出版社 2010 年版。
2. 梁启超:《王安石传》,商务印书馆 2015 年版。
3. 李之亮 注:《国学经典丛书:唐宋名家文集·王安石集》,中州古籍出版社 2010 年版。

四、思考练习

1. 请参阅《汉书》,给汉元帝的后妃及其结局做一个树形图。
2. 请参阅历代咏昭君诗歌、辑评中范冲之论及其历史背景,分析范冲之论是否合理,为什么。
3. 为昭君和亲的故事做一份复流程图。

苏　轼

苏轼（1037—1101），宋代文学家、书画家。字子瞻，号东坡居士。眉州眉山（今属四川省）人。宋仁宗嘉祐年间进士。曾上书力言王安石新法之弊，后因作诗讽刺新法而下御史狱，贬黄州。宋哲宗时任翰林学士，曾出知杭州、颖州，官至礼部尚书。后又贬谪惠州、儋州。多惠政。卒谥文忠。

苏轼在诗、文、词、书、画等各方面都取得了惊人成就，是中国历史上少有的文学和艺术天才。其诗题材广阔，清新豪健，善用夸张比喻，独具风格，与黄庭坚并称"苏黄"。其文纵横恣肆，散文与欧阳修并称"欧苏"，与父苏洵、弟苏辙合称"三苏"，为"唐宋八大家"之一。词开豪放一派，与辛弃疾并称"苏辛"。苏轼工书法，与黄庭坚、米芾、蔡襄并称"苏、黄、米、蔡"或"宋四家"。又工绘画，与文同并称，是"湖州竹派"的代表画家。

醉落魄①·苏州阊门留别

苍颜华发，
故山归计何时决！
旧交新贵音书绝，
惟有佳人，犹作殷勤别。

离亭欲去歌声咽，
潇潇细雨凉吹颊。
泪珠不用罗巾浥，
弹在罗衫，图得见时说②。

① 词牌名。又名《一斛珠》。旧题唐·曹邺小说《梅妃传》载，唐玄宗封珍珠一斛密赐江妃。江妃不受，写下"长门自是无梳洗，何必珍珠慰寂寥"的诗句。玄宗阅后不乐，令乐府以新声唱之，名《一斛珠》。曲名由此而得。

② 结句用武则天《如意娘》诗之意："看朱成碧思纷纷，憔悴支离为忆君。不信比来长下泪，开箱验取石榴裙。"作者用意则更进一层，劝佳人不用罗巾揾泪，任它洒满罗衫，等待再次相会时，以此作为相知贵心的见证。这既是劝慰佳人，也是自我宽解，今日洒泪相别，但愿后会有期。

留侯论

古之所谓豪杰之士,必有过人之节①。人情有所不能忍者,匹夫见辱②,拔剑而起,挺身而斗,此不足为勇也。天下有大勇者,卒然③临之而不惊,无故加之而不怒。此其所挟持者甚大,而其志甚远也④。

夫子房受书于圯上之老人也,其事甚怪⑤;然亦安知其非秦之世,有隐君子⑥者出而试之。观其所以微见其意者⑦,皆圣贤相与警戒之义;而世不察,以为鬼物⑧,亦已过矣。且其意不在书。当韩之亡,秦之方盛也,以刀锯鼎镬待天下之士⑨。其平居无罪夷灭者,不可胜数。虽有贲、育⑩,无所复施。夫持法太急者,其锋不可犯,而其势未可乘⑪。子房不忍忿忿之心,以匹夫之力,而逞于一击之间⑫;当此之时,子房之不死者,其间不能容发⑬,盖亦已危矣。千金之子,不死于盗贼⑭,何者?其身之可爱,而盗贼之不足以死也。子房以盖世之才,不为伊尹、太公之谋⑮,而特出于荆轲、聂政之计⑯,以侥幸于不死,此圯上老人所为深惜者也。是故倨傲鲜腆而深折之⑰。彼其能有所忍也,然后可以就大事,故曰:"孺子可教也。"

楚庄王伐郑,郑伯肉袒牵羊以逆。庄王曰:"其主能下人,必能信用其民矣。"遂舍之。⑱

---

① 节:节操。

② 匹夫:普通人。见辱:受到侮辱。

③ 卒(cù)然:突然。卒,通"猝"。

④ 所挟持者甚大,而其志甚远也:谓胸怀广阔,志向高远。挟持,指抱负。

⑤ 子房:指张良,字子房,兴汉功臣,封留侯,其家本韩国贵族。圯(yí):桥。圯上老人:指黄石公。圯上老人自谓是黄石的化身,"怪"事即指此事。

⑥ 隐君子:隐士,这里指圯上老人。

⑦ 观其:瞧他。其,指黄石公。见:通"现",显露。

⑧ 以为鬼物:圯上老人因事迹十分荒诞,被认为是鬼神之类,王充《论衡·自然》载,时人认为上天佐汉诛秦,故命神石为鬼书授人。

⑨ 以刀锯鼎镬(huò)待天下之士:谓秦始皇凶残成性,以刀锯杀人,以鼎镬烹人。

⑩ 贲(bēn)、育:孟贲、夏育,战国时著名勇士。

⑪ 此句意指秦朝持法太严,锋芒不可触犯,形势有利于秦,还没有可乘之机。

⑫ 而逞于一击之间:《史记·留侯世家》载,秦灭韩后,张良"悉以家财求客刺秦王,为韩报仇……得力士,为铁椎重百二十斤。秦皇帝东游,良与客狙击秦皇帝博浪沙中,误中副车。秦皇帝大怒,大索天下,求贼甚急,为张良故也"。张良匿名逃往下邳。

⑬ 其间不能容发:遭险与脱险,当中差不了一根毛发,形容情势危急。

⑭ 千金之子,不死于盗贼:高贵的人不应该死于不值得死的地方。《史记·越王勾践世家》:"朱公曰:吾闻千金之子,不死于市。"

⑮ 伊尹辅佐成汤建立商朝。太公即姜子牙,辅佐周文王、周武王,是西周开国功臣。

⑯ 荆轲:战国末期刺客,曾刺杀秦始皇。聂政:战国时期的刺客,曾为严仲子刺杀韩相侠累。全句谓行刺为下策。荆轲与聂政事迹,俱见《史记·刺客列传》。

⑰ 倨:傲慢。鲜腆:无礼,厚颜。鲜:少。腆:羞愧。折:羞辱。

⑱ "楚庄王伐郑"六句:据《左传》"宣公十二年"记载,楚庄王讨伐郑国,即将攻入郑国都城。郑襄公肉袒牵羊以迎,表示屈服。楚庄王认为他能取信于民,便释放了他,与郑议和后退兵。

勾践之困于会稽,而归臣妾于吴者①,三年而不倦。且夫有报人②之志,而不能下人者,是匹夫之刚也。夫老人者,以为子房才有余,而忧其度量之不足,故深折其少年刚锐之气,使之忍小忿而就大谋。何则?非有生平之素③,卒然相遇于草野之间,而命以仆妾之役④,油然而不怪者⑤,此固秦皇之所不能惊,而项籍之所不能怒也。

观夫高祖之所以胜,而项籍之所以败者,在能忍与不能忍之间而已矣。项籍唯不能忍,是以百战百胜而轻用其锋⑥;高祖忍之,养其全锋而待其弊⑦,此子房教之也。当淮阴破齐而欲自王,高祖发怒,见于词色。⑧ 由此观之,犹有刚强不忍之气,非子房其谁全之⑨? 太史公疑子房以为魁梧奇伟,而其状貌乃如妇人女子,不称其志气⑩。呜呼! 此其所以为子房欤!

📖 文本拓展

一、知识链接

☞ 阊门

阊(chāng)门是苏州古城的西门。据《吴越春秋》记载:城立阊门者,以象天门,通阊阖风也。(按:《楚辞·离骚》:"吾令帝阍开关兮,倚阊阖而望予。"王逸注:"阊阖,天门也。"《淮南子·天文训》:"凉风至四十五日,阊阖风至。"高诱注:"《兑》卦之风也。"《国语·周语下》:"以遂八风。"三国吴韦昭注:"正西曰兑,为金,为阊阖风。")阖闾(按:春秋时吴王)欲西破楚,楚在西北,故立阊门以通天气。因复名"破楚门"。后春申君将"破楚门"重新改为阊门。

本词所描述的则是宋神宗熙宁七年(1074)九月,当时苏轼离杭州赴密州(今山东省诸城市),途经苏州时,有歌妓在阊门为他设宴饯行,苏轼赋此词以为酬赠。这首词虽名为赠妓,却融入了作者个人的身世感慨。作者将歌妓视作自己同病相怜的知音,通过"旧交新贵音书绝"与"惟有佳人,犹作殷勤别"的对比,显示出该女子不趋炎附势的优良品德。

---

① 归臣妾于吴:谓越王(勾践)投降吴国为其臣妾。
② 报人:向人复仇。
③ 非有生平之素:指二人素昧平生(一向不熟悉)。
④ 仆妾之役:指老人让张良"取履"之事。
⑤ 油然而不怪者:指自然而然地顺从去做而不以为怪。
⑥ 轻用其锋:轻率地消耗自己的兵力。
⑦ 弊:疲惫,衰败。
⑧ "当淮阴破齐"三句:据《史记·淮阴侯列传》载,汉四年,韩信破齐,向刘邦索封"假王","当是时,楚方急围汉王于荥阳,韩信使者至,发书,汉王大怒,骂曰:'吾困于此,且暮望若来佐我,乃欲自立为王!'"张良赶紧提醒刘邦不能得罪韩信。刘邦醒悟,便封韩信为真齐王以笼络他。韩信为淮阴人,后降封为淮阴侯,故称之为淮阴。
⑨ 非子房其谁全之:如果不是张良,谁又能来保全汉王呢?
⑩ "太史公疑子房以为魁梧奇伟"三句:《史记·留侯世家》载,太史公司马迁对张良有点疑问,认为张良应该是魁梧奇伟之人,但画像中的张良状貌如妇人好女,与他的志气不相称。不称(chèn):不相称。

☞ **留侯论**

这篇文章根据司马迁《史记·留侯世家》所记张良圯下受书及辅佐刘邦建立汉朝的事例,论证了"忍小忿而就大谋""养其全锋而待其敝"的策略的重要性。该文章充分展现了苏轼散文的特点,立论新奇独特,文笔纵横捭阖,汪洋恣肆,极尽曲折变化之妙,行文雄辩而富有气势。

☞ **《史记·留侯世家》**

扫一扫可见《史记·留侯世家》原文

☞ **圯桥进履(受书于圯上之老人)**

《史记·留侯世家》载:"良尝闲,从容步游下邳圯上,有一老父,衣褐,至良所,直堕其履圯下。顾谓良曰:'孺子,下取履!'良愕然,欲殴之;为其老,强忍,下取履。父曰:'履我!'良业为取履,因长跪履之。父以足受,笑而去。"后老人约见张良于桥上,张良两次迟到,受到老人的责怪。第三次张良"夜未半"即往,老人喜送他一部书,说:"读此则为王者师矣。后十年兴,十三年孺子见我济北,谷城山下黄石即我矣。"该书即《太公兵法》(《太公兵法》即《六韬》,又称《太公六韬》,是我国古代一部著名的道家兵书。目前一般认为《太公兵法》是战国末期人托姜太公吕望之名而撰)。

二、点评辑要

● **评苏轼:**

韩退之之文,得欧公而后发明。陆宣公之议论,陶渊明、柳子厚之诗,得东坡而后发明。子美之诗,得山谷而后发明。

(宋·张戒《岁寒堂诗话》)

庄子之文,以无为有;《战国策》之文,以曲为直。东坡平生熟此二书,故其为文横说竖说,唯意所到,俊辩痛快,无复滞碍。

(宋·罗大经《鹤林玉露》)

明·钱文登曰:"东坡尝言:'凡文章少小时须令气象峥嵘彩炫。渐老渐熟,乃造平淡。不是平淡,乃绚烂之极。'观东坡此论,是何等气象!初学读之,下笔自无滂沛无窒塞之病。"

(明·杨慎《三苏文范》)

● **评苏轼词**

退之以文为诗,子瞻以诗为词,如教坊雷大使之舞,虽极天下之工,要非本色。今代词手,惟秦七、黄九(按:秦七、黄九即秦观、黄庭坚)尔,唐诸人不逮也。

(宋·陈师道《后山诗话》)

东坡词,人谓多不谐音律,然居士词横放杰出,自是曲中缚不住者。

(宋·胡仔《苕溪渔隐丛话后集》引晁补之《评本朝乐章》)

东坡先生以文章余事作诗;溢而作词曲。高处出神入天,平处尚临镜笑春,不顾侪辈。或曰:长短句中诗也。为此论者,乃是遭柳永野狐涎之毒。诗与乐府同出,岂当分异?

东坡先生非心醉于音律者,偶尔作歌,指出向上一路,新天下耳目,弄笔者始知自振。

(宋·王灼《碧鸡漫志》)

唐歌词多宫体,又皆极力为之。自东坡一出,情性之外不知有文字,真有"一洗万古凡马空"(按:此句出自杜甫《丹青引》)气象。虽时作宫体,亦岂可以宫体概之?人有言乐府本不难作,从东坡放笔后便难作。此殆以工拙论,非知坡者。所以然者,《诗三百》所载,小夫贱妇幽忧无聊赖之语,时猝为外物感触,满心而发,肆口而成者尔。其初果欲被管弦,谐金石,经圣人手,以与"六经"并传乎?小夫贱妇且然,而谓东坡翰墨游戏,乃求与前人角胜负,误矣。自今观之,东坡圣处,非有意于文字之为工,不得不然之为工也。坡以来,山谷、晁无咎、陈去非、辛幼安诸公,俱以歌词取称,吟咏情性,留连光景,清壮顿挫,能起人妙思。亦有语意拙直,不自缘饰,因病成妍者,皆自坡发之。

(金·元好问《遗山文集》)

人赏东坡粗豪,吾赏东坡韶秀。韶秀是东坡佳处,粗豪则病也。东坡每事俱不十分用力,古文、书尽皆尔,词亦尔。

(清·周济《介存斋论词杂著》)

东坡词颇似老杜诗,以其无意不可入,无事不可言也。若其豪放之致,则时与太白为近。

(清·刘熙载《艺概》)

苏、辛并称,然两人绝不相似。魄力之大,苏不如辛;气体之高,辛不逮苏远矣。东坡词寓意高远,运笔空灵,措语忠厚,其独至处,美成、白石亦不能到。昔人谓东坡词非正声,此特拘于音调言之,而不究本原之所在。眼光如豆,不足与之辩也。

太白之诗,东坡之词,皆是异样出色,只是人不能学,乌得议其非正声?

(清·陈廷焯《白雨斋词话》)

● 评《留侯论》

先说忍与不忍之规模,方说子房受书之事。其意在不忍,此老人所以深惜,命以仆妾之役,使之忍小耻而就大谋。故其后辅佐高祖,亦使忍之有成。一篇纲目在"忍"字。

(宋·吕祖谦《古文关键》)

东坡文如长江大河,一泻千里,至其浑浩流转、曲折变化之妙,则无复可以名状。而尤长于陈述叙事。《留侯》一论,其立论超卓如此。

(明·杨慎《三苏文范》)

此文得意在"且其意不在书"一句起,掀翻尽变,如广陵秋涛之排空而起也。

(清·金圣叹《天下才子必读书》)

人皆以受书为奇事,此文得意在"且其意不在书",一句撇开,擎定"忍"字发议。滔滔如长江大河,而浑浩流转、变化曲折之妙,则纯以神行乎其间。

(清·吴楚材、吴调侯《古文观止》)

三、旁观博览

1. 清·冯应榴:《苏轼诗集合注》,上海古籍出版社 2001 年版。

2. 孔凡礼 点校:《苏轼文集》,中华书局 1986 年版。

3. 龙榆生 校笺:《东坡乐府笺》,上海古籍出版社 2010 年版。

4. 林语堂 著,张振玉 译:《苏东坡传》,湖南人民出版社 2013 年版。

四、思考练习

1. 结合历代对苏轼和柳永的评价,用双重气泡图比较苏轼《醉落魄》(苏州阊门留别)和柳永《雨霖铃》。

2. 张良拾履与韩信忍胯下之辱都体现了一个"忍"字,请探讨二者的区别之处。

3. 苏轼一生,在诗、文、书、画、建筑、音乐等多个领域皆有很高造诣,请择选一种做简单介绍。

黄庭坚

黄庭坚(1045—1105),北宋著名诗人、词人、书法家。字鲁直,号山谷道人,晚号涪翁,修水(今江西省修水县)人。进士及第后授叶县尉。历任国子监教授、秘书郎,参修《神宗实录》,迁著作佐郎,加集贤校理。一生多次被贬。黄庭坚与张耒、秦观、晁补之并称"苏门四学士",他长于诗,是**江西诗派**的代表人物,与苏轼并称"苏黄"。其诗艺术上讲究修辞造句,追求新奇,强调**"点铁成金""脱胎换骨"**。工书法,与苏轼、米芾、蔡襄并称"宋四家"或"苏、黄、米、蔡"。

寄黄几复[①]

我居北海君南海[②],寄雁传书谢不能[③]。
桃李春风一杯酒,江湖夜雨十年灯。
持家但有四立壁[④],治病不蕲三折肱[⑤]。
想见读书头已白,隔溪猿哭瘴溪[⑥]藤。

---

① 此诗作于宋神宗元丰八年(1085)。黄几复:名介,江西南昌人,黄庭坚好友,时为广州四会(今广东四会县)知县。

② 《左传》"僖公四年"载齐桓公伐楚,楚成王使者与齐师言曰:"君处北海,寡人处南海,惟是风马牛不相及也。"其时,黄几复在广州四会,作者在德州德平镇任上,皆处海滨。

③ 传说大雁南翔时不过衡阳回雁峰,更不用说到岭南了。

④ 《史记·司马相如传》载:"文君夜奔相如,相如驰归成都,家徒四壁立。"此处形容生活贫穷,家徒四壁。

⑤ 蕲:通"祈",祈求。肱:上臂,古人有"三折肱而为良医"之说。

⑥ 瘴溪:古人以为岭南之地多瘴气,此处指瘴气弥漫的溪水。

📖 文本拓展

一、知识链接

☞　江西诗派

江西诗派是宋代影响最大的一个诗派。吕本中作《江西诗社宗派图》,将黄庭坚、陈师道为首的诗歌流派称为江西诗派。宋末方回提出"一祖三宗"之说,以杜甫为祖,黄庭坚、陈师道、陈与义为宗。推崇黄庭坚的"点铁成金""脱胎换骨"之说,提倡瘦硬奇拗的诗风,追求字字有出处和以故为新的诗风。因主要人物如黄庭坚、陈师道等人是江西人,故称之为江西诗派。

☞　"点铁成金""脱胎换骨"

黄庭坚和江西诗派诗人论诗,强调活法,崇尚瘦硬风格,要求"字字有来历",提倡"换骨夺胎""点铁成金"的诗歌写作方法。

"换骨夺胎"又称"夺胎换骨",原为道教语,指脱去凡胎俗骨而换为圣胎仙骨。宋代惠洪《冷斋夜话·换骨夺胎法》引黄庭坚曰:"不易其意而造其语,谓之换骨法;窥入其意而形容之,谓之夺胎法。"金代王若虚《滹南诗话》卷下:"鲁直论诗有夺胎换骨、点铁成金之喻,世以为名言。以予观之,特剽窃之黠者耳。"

具体实践:

孔稚圭《白苎歌》:"山虚钟响彻。"

黄庭坚《次韵廖明略同吴明府白云亭宴集》:"山空响管弦。"

杜甫《梦李白》:"落月满屋梁,犹疑照颜色。"

黄庭坚《簟诗》:"落日映江波,依稀比颜色。"

贾至《春思》:"草色青青柳色黄,桃花历乱李花香。东风不为吹愁去,春日偏能惹恨长。"

黄庭坚《题小景扇》:"草色青青柳色黄,桃花零落杏花香。春风不解吹愁却,春日偏能惹恨长。"

刘禹锡《望洞庭》:"遥望洞庭湖水面,白银盘里一青螺。"

黄庭坚《雨中登岳阳楼望群山》:"可惜不当湖水面,银山堆里看青山。"

☞　寄黄几复

本诗作于宋神宗元丰八年(1085),其时诗人监德州(今属山东)德平镇。黄几复系作者老友,正在广东任知县。诗歌描述了黄几复为官清廉,富有政治才干,好学不倦。其中"桃李春风一杯酒,江湖夜雨十年灯"成为千古名句。

二、点评辑要

● 评黄庭坚

黄庭坚书《绝句》自评:"此生精力尽于诗,末岁心存力已疲。不共卢王争出手,却思陶谢与同时。"(卢王:卢照邻和王勃,初唐四杰之二;陶谢:陶渊明和谢灵运,晋、宋时期山水田园诗人)

东坡云:"读鲁直诗,如见鲁仲连、李太白,不敢复论鄙事,虽若不适用,然不为无补于世。"

(宋·胡仔《苕溪渔隐丛话》)

苏子瞻学刘梦得,学白乐天、太白,晚而学渊明。鲁直自言学子美。人才高下,固有分限,然亦在所忌,不可不谨,其始也学之,其终也岂能过之。屋下架屋,愈见其小,后有作者出,必欲与李、杜争衡,当复从汉魏诗中出尔。

《国风》《离骚》固不论,自汉魏以来,诗妙于子建,成于李杜,而坏于苏黄。……子瞻以议论作诗,鲁直又专以补缀奇字,学者未得其所长,而先得其所短,诗人之意扫地矣。段师教康昆仑琵琶,且遣不近乐器十余年,忘其故态,学诗亦然。苏黄习气净尽,始可以论唐人诗。唐人声律习气净尽,始可以论六朝诗。镌刻之习气净尽,始可以论曹刘李杜诗。

(宋·张戒《岁寒堂诗话》)

黄庭坚喜作诗得名,好用南朝人语,专求古人未使之事,又一二奇字,缀葺而成诗,自以为工,其实所见之僻也。故句虽新奇,而气乏浑厚。

(宋·魏泰《临汉隐居诗话》)

夫诗有别材,非关书也;诗有别趣,非关理也。然非多读书、多穷理,则不能极其至。所谓不涉理路、不落言筌者,上也。诗者,吟咏情性也。盛唐诸人惟在兴趣,羚羊挂角,无迹可求。故其妙处透彻玲珑,不可凑泊,如空中之音、相中之色、水中之月、镜中之象,言有尽而意无穷。近代诸公乃作奇特解会,遂以文字为诗,以才学为诗,以议论为诗。夫岂不工?终非古人之诗也。盖于一唱三叹之音,有所歉焉。且其作多务使事,不问兴致;用字必有来历,押韵必有出处,读之反覆终篇,不知着到何在,其末流甚者,叫噪怒张,殊乖忠厚之风,殆以骂詈为诗。诗而至此,可谓一厄也。

(宋·严羽《沧浪诗话·诗辨》)

清代姚鼐认为:山谷刻意少陵,虽不能到,然其兀傲磊落之气,足与古今作俗诗者澡濯胸胃,导启性灵。

(近代·高步瀛《唐宋诗举要》)

● 评《寄黄几复》

张文潜尝谓余曰:"黄九诗'桃李春风一杯酒,江湖夜雨十年灯',真是奇语。"

(宋·王直方《王直方诗话》)

山谷"桃李春风一杯酒,江湖夜雨十年灯",尽言杯酒别又十年灯矣。同一机轴,此最高处。

(宋·陈模《怀古录》)

论诗宁下涪翁拜,未作江西社里人。

(金·元好问《论诗三十首》)

亦是一起浩然,一气涌出。五六一顿。结句与前一样笔法。山谷兀傲纵横,一气涌现。然专学之,恐流入空滑,须慎之。

(清·方东树《昭昧詹言》)

次句语妙,化臭腐为神奇也。三四为此老最合时宜语;五六则狂奴故态矣。

(近代·陈衍《宋诗精华录》)

三、旁观博览

1.《黄庭坚集》,凤凰出版社 2014 年版。

2. 傅璇琮 编:《黄庭坚和江西诗派资料汇编》,中华书局 1978 年版。

3. 莫砺锋:《江西诗派研究》,齐鲁书社 1986 年版。

四、思考练习

1. 参见"文本拓展"中黄庭坚 "夺胎换骨""点铁成金"的具体实践,将黄诗与原诗不同处勾画出来,分别加以简要点评。

2. 黄庭坚的"桃李春风一杯酒,江湖夜雨十年灯"和欧阳修的"遥知湖上一樽酒,能忆天涯万里人"都是因酒抒情,都体现了友情,你更喜欢哪一句? 为什么?

3. 试对李白的《静夜思》进行"夺胎换骨""点铁成金",写一首拥有你的情感特色的诗。

贺　铸

贺铸(1052—1125),字方回,又名贺三愁,人称**贺梅子**,自号庆湖遗老。卫州(今河南卫辉市)人,宋太祖贺皇后族孙。曾任右班殿直,元祐中曾任泗州、太平州通判。晚年退居苏州。善诗文,尤长于词。其词内容、风格较为丰富多样,兼有豪放、婉约二派之长,其词长于锤炼语言并善融化前人成句,富有节奏感和音乐美,影响十分深远。

鹧鸪天①

重过阊门②万事非,同来何事③不同归?
梧桐半死清霜后④,头白鸳鸯失伴飞。

原上草,露初晞。⑤
旧栖新垅⑥两依依。
空床卧听南窗雨,谁复挑灯夜补衣?

📖 文本拓展

一、知识链接

☞ 贺梅子

"贺梅子"是宋代词人贺铸的雅号。贺铸有词《青玉案》:"凌波不过横塘路,但目送、

---

① 鹧鸪天:词牌名。因词中有"梧桐半死清霜后"句,贺铸又名之为"半死桐"。
② 阊门:苏州城西门,此处代指苏州。
③ 何事:为什么。
④ 梧桐半死:据汉·枚乘《七发》载:"龙门有桐,其根半生半死,制为琴,琴声为天下之至悲。"此处用来比拟丧偶之痛。清霜后:秋天,此指年老。
⑤ "原上草"二句,形容人生短促,如草上露水易干。晞(xī):干。
⑥ 旧栖:旧居,指二人旧居。新垅:新坟,指亡妻葬所。

芳尘去。锦瑟华年谁与度？月桥花院，琐窗朱户，只有春知处。飞云冉冉蘅皋暮，彩笔新题断肠句。试问闲愁都几许？一川烟草，满城风絮，梅子黄时雨。"宋·周紫芝《竹坡诗话》卷一载："贺方回尝作《青玉案》词，有'梅子黄时雨'之句，人皆服其工，士大夫谓之贺梅子。"

☞　鹧鸪天

本词是贺铸悼念亡妻赵氏而作，又名《半死桐》，整首词情真意切，十分感人，是中国古代悼亡诗歌的名篇。当时贺铸因事要离开夫妇共居的苏州，痛感物是人非，表现出了对亡妻患难与共的相濡以沫之情和深深思念。这首哀伤动人的悼亡词，是中国文学史上与西晋·潘岳《悼亡》、唐·元稹《遣悲怀》、北宋·苏轼《江城子·乙卯正月二十日夜记梦》等悼念亡妻题材诗词并传不朽的名篇。

二、点评辑要

● 评贺铸

少游醉卧古藤下，谁与愁眉唱一杯？解作江南断肠句，只今唯有贺方回。

（宋·黄庭坚《寄贺方回》）

方回乐府妙绝一世，盛丽如游金、张之堂，妖冶如揽嫱、施之袂，幽洁如屈、宋，悲壮如苏、李（指苏武、李陵）。

（宋·张耒《东山词序》）

方回状貌奇丑，谓之贺鬼头。喜校书，朱黄未尝去手，诗文皆高，不独工长短句也。

（宋·陆游《老学庵笔记》）

贺方回、吴梦窗，皆善于炼字面，多于温庭筠、李长吉诗中来。

（宋·张炎《词源》）

耆卿融情入境故淡远，方回融景入情故浓丽。

（清·周济《介存斋论词杂著》）

叔原贵异，方回赡逸，耆卿细贴，少游清远，四家词趣各别，惟尚婉则同耳。

（清·刘熙载《艺概·词概》）

北宋名家，以方回为最次。其词如历下（按：指明代诗人李攀龙）、新城（按：指清代诗人王士禛）之诗，非不华赡，惜少真味。

（近代·王国维《人间词话》）

以宋词比唐诗，则东坡似太白，欧、秦似摩诘，耆卿似乐天，方回、叔原则大历十子之流。

（近代·王国维《人间词话》）

● 评《鹧鸪天》

此在悼亡词中，情文相生，等于孙楚。（按：《世说新语·文学》载，孙楚在妻子服丧期满后，写了一首《除妇服诗》给朋友王济看，王曰："未知文生于情，情生于文。览之凄然，增伉俪之重。"）

（近代·俞陛云《唐五代两宋词选释》）

三、旁观博览

1.《贺铸词集》,上海古籍出版社 2013 年版。

2. 钟振振:《北宋词人贺铸研究》,文津出版社 1994 年版。

四、思考练习

1. 请以"诗人词人的雅号"为题,做一个 PPT。

2. 唐·崔护有诗句"人面不知何处去,桃花依旧笑春风",贺铸却说"重过阊门万事非",事实上崔护的写法更符合客观实际,请分析贺铸为什么要强调"万事非"。

3. 请在历代悼亡诗词中选一首,改写成一篇现代文。

周邦彦

周邦彦(1056—1121),北宋著名词人。字美成,号清真居士,钱塘(今浙江省杭州市)人。元丰初,游京师,七年献《汴都赋》,为宋神宗所赏。后为溧水(今属江苏省南京市)令。徽宗时为徽猷阁待制,提举大晟府。晚年提举南京(今河南省商丘市)鸿庆宫。周邦彦精通音律,曾创作不少新词调。作品多写闺情、羁旅,也有咏物之作。格律谨严,对后世词坛产生了深远影响。著有《清真词》,后又名《片玉词》。

庆宫春

云接平冈,山围寒野,路回渐转孤城。
衰柳啼鸦,惊风驱雁,动人一片秋声。
倦途休驾,淡烟里,微茫见星。
尘埃憔悴,生怕黄昏,离思牵萦。

华堂旧日逢迎,花艳参差,香雾飘零。
弦管当头,偏怜娇凤,夜深簧暖笙清。
眼波传意,恨密约,匆匆未成。
许多烦恼,只为当时,一饷①留情。

📖 文本拓展

一、点评辑要

● 评周邦彦

周邦彦,字美成,自号清真。二百年来以乐府独步,贵人、学士、市侩、妓女知美成词为可爱,而能知美成为何如人者,百无一二也。

(宋·陈郁《藏一话腴》)

---

① 一饷:片刻。

凡作词,当以清真为主。盖清真最为知音,且无一点市井气。下字运意,皆有法度,往往自唐宋诸贤诗句中来,而不用经史中生硬字面,此所以为冠绝也。

(宋·沈义父《乐府指迷》)

美成能作景语,不能作情语,能入丽字,不能入雅字,以故价微劣于柳。

(明·王世贞《艺苑卮言》)

邦彦妙解声律,为词家之冠。

(清·纪昀等《四库全书总目提要》之《片玉词》提要)

美成思力,独绝千古,如颜平原书,虽未臻两晋,而唐初之法,至此大备。后有作者,莫能出其范围矣。

读得清真词多,觉他人之作,都不十分经意。

钩勒之妙,无如清真。他人一钩勒便薄,清真愈钩勒愈浑厚。

(清·周济《介存斋论词杂著》)

词至美成,乃有大宗,前收苏、秦之终,后开姜、史之始;自有词人以来,不得不推为巨擘,后之为词者,亦难出其范围。然其妙处,亦不外沉郁、顿挫,顿挫择优姿态,沉郁则极深厚,词中三昧,亦尽于此矣。

(清·陈廷焯《白雨斋词话》)

词之《雅》《郑》,在神不在貌。永叔、少游,虽作艳语,终有品格,方之美成,便有淑女与倡伎之别。

美成词深远之致不及欧、秦。唯言情体物,穷极工巧,故不失为第一流之作者;但恨创调之才多,创意之才少耳。

(近代·王国维《人间词话》)

词中老杜,则非先生不可。

(近代·王国维《清真先生遗事》)

耆卿写景无不工,造句不事雕琢。清真效之。故学清真词者,不可不读柳词。耆卿多平铺直叙。清真特变其法,一篇之中,回环往复,一唱三叹。故慢词始盛于耆卿,大成于清真。

(近代·夏敬观《手评乐章集》)

● 评《庆宫春》

"许多烦恼,只为当时,一饷留情"乃是"一为情所役,则失其雅正之音"。

(宋·张炎《词源》)

词家多以景寓情,其专做情语而绝妙者,如……美成之"许多烦恼,只为当时,一饷留情"。此等词,求之古今人词中,曾不多见。

(近代·王国维《人间词话》)

二、旁观博览

1. 罗忼烈 笺注:《清真集笺注》,上海古籍出版社 2008 年版。
2. 王强:《周邦彦词新释辑评》,中国书店出版社 2006 年版。
3. 沈松勤,黄之栋:《词家之冠——周邦彦传》,浙江人民出版社 2006 年版。

三、思考练习

1. 词中老杜,历来众说纷纭,请参阅相关材料,做一个树形图,把被评为"词中老杜"的一一列选出来,并简单注其理由。

2. 该词上下阕分道眼前事和向日情,请分析上下阕的词意是如何起、转、铺、叙的。

3. 周邦彦词云:"许多烦恼,只为当时,一饷留情",请以此为题,点评古今中外与此词意相关的名人轶事,至少三则。

李清照

李清照(1084—1155?),号易安居士,齐州章丘(今山东省济南市)人。苏轼门生李格非之女,早期生活优裕,与丈夫赵明诚共同致力于金石书画的搜集整理。靖康之变后,流寓南方,赵明诚病死后孤苦伶仃。其所作词,前期多写闺中闲适生活,后期多感慨国破家亡,流露出对过去美好生活的怀念,情调伤感。艺术上善用白描手法,善用口语,语言清丽。清照论词强调协律,反对以诗文之法作词,提出词"别是一家"之说(李清照《词论》)。后人有《漱玉词》辑本。

永遇乐·元宵①

落日镕金②,暮云合璧③,人在何处?
染柳烟浓,吹梅笛怨④,春意知几许?
元宵佳节,融和天气,次第⑤岂无风雨?
来相召、香车宝马⑥,谢他酒朋诗侣。

中州⑦盛日,闺门多暇,记得偏重三五⑧。
铺翠冠儿⑨、捻金雪柳⑩,簇带争济楚⑪。

---

① 永遇乐:词牌名。有平韵、仄韵两体,仄韵始于柳永。双调一百零四字。又名"消息"。
② 落日镕金:落日的颜色好像熔化的黄金。镕:通"熔"。
③ 合璧:像璧玉一样合成一块。
④ 吹梅笛怨:梅,指乐曲《梅花落》,用笛子吹奏此曲,其声哀怨。
⑤ 次第:这里是转眼的意思。
⑥ 香车宝马:这里指贵族妇女所乘坐的、雕镂工致装饰华美的车驾。
⑦ 中州:即中土、中原,这里指北宋的都城汴京(今河南省开封市)。
⑧ 三五:十五日。此处指元宵节。
⑨ 铺翠冠儿:饰有翠羽的女式帽子。
⑩ 捻(niǎn)金雪柳:元宵节女子头上的装饰。雪柳:雪白如柳叶之头饰;以素绢和银纸做成的头饰。
⑪ 簇带:簇,聚集之意。带即戴,加在头上谓之戴。济楚:美好、端整、漂亮。簇带、济楚均为宋时方言,意谓头上所插戴的各种饰物。

如今憔悴，风鬟^①霜鬓，怕见夜间出去。

不如向，帘儿底下，听人笑语。

文本拓展

一、知识链接

☞ 永遇乐·元宵

这首词是李清照晚年伤今追昔之作，写作地点在临安。该词描写了北宋京城汴京和南宋京城临安元宵节的情景，借以抒发自己的故国之思。词的上片写元宵佳节寓居异乡的悲凉心情，着重对比客观现实的欢快和她主观心情的凄凉。起始二句"落日镕金，暮云合璧"，写晚晴，正是度节日的好天气，意境开阔，色彩绚丽。紧接"人在何处"四字，点出自己的处境：飘泊异乡，无家可归，同吉日良辰形成鲜明对照。

☞ 李清照晚景凄凉

李清照初嫁赵明诚，夫妻恩爱，性情爱好相投。后国破家亡之下流落江南，宋·胡仔《苕溪渔隐丛话》载："易安再适（适：嫁）张汝舟，未几反目。"李清照在《投内翰綦公崇礼书》云："视听才分，实难共处，猥以桑榆之晚景，配兹驵侩之下材。"宋·王灼《碧鸡漫志》也载："赵死，再嫁某氏，讼而离之，晚节流荡无依。"

二、点评辑要

● 评李清照

本朝女妇之有文者，李易安为首称。易安名清照，元祐名人李格非之女。诗之典赡，无愧于古今作者。词尤婉丽，往往出人意表，近未见其比。

（宋·朱彧《萍州可谈》）

吾于宋词得七人焉：曰永叔，其词秀逸；曰子瞻，其词放诞；曰少游，其词清华；曰子野，其词娟洁；曰方回，其词新鲜；曰小山，其词聪俊；曰易安，其词妍婉。

（清·宋征璧《倡和诗余序》）

张南湖云："词派有二，一曰婉约，一曰豪放。仆谓婉约以易安为宗，豪放惟幼安称首。"

（清·王士禛《花草蒙拾》）

比词于诗，原可以初盛中晚论，而不可以时代先后分。如南唐二主似唐之初，秦、柳之琐屑，周、张之纤靡，已近于晚。北宋惟李易安差强人意。至如南宋白石、玉田始称极盛，而为词家之正轨。

（清·江顺诒《词学集成》）

李易安风神气格，冠绝一时，直欲与白石老仙相鼓吹，妇人能词者，代有其人，未有如易

① 风鬟（huán）：指女子的头发。

安之空绝前后也。

(清·陈廷焯《云韶集·词坛丛话》)

● **评《永遇乐》(落日镕金)**

易安居士李氏,赵明诚之妻……南渡以来,常怀京洛旧事,晚年赋元宵《永遇乐》词云:"落日镕金,暮云合璧。"已自工致。至于"染柳烟轻,吹梅笛怨,春意知几许",气象更好。后叠云:"于今憔悴,风鬟霜鬓,怕见夜间出去。"皆以寻常语度入音律。炼句精巧则易,平淡入调者难。

(宋·张端义《贵耳集》)

余自辛亥上元诵李易安《永遇乐》,为之涕下。今三年矣,每闻此词,辄不自堪,遂依其声,又托易安自喻,虽辞情不及,而悲苦过之。

(宋·刘辰翁《须溪词》)

张端义《贵耳集》极推其元宵词《永遇乐》、秋词《声声慢》,以为闺阁有此文笔,殆为间气,良非虚美。虽篇帙无多,固不能不宝而存之,为词家一大宗矣。

(清·纪昀等《四库全书总目提要·集部词曲类一》)

大抵易安诸作,能疏俊而少沉着。即如《永遇乐》元宵词,人咸谓绝佳。此词感怀京洛,须有沉痛语方佳。词中如"如今憔悴,风鬟雾鬓,怕向花间重去",固是佳语,而上下文皆不称。上云:"铺翠冠儿,捻金雪柳,簇带争济楚。"下云:"不如向帘儿底下,听人笑语。"皆太质率,明者自能辨之。

(近代·吴梅《词学通论》)

三、旁观博览

1. 王仲闻 校注:《李清照集校注》,人民文学出版社 1979 年版。
2. 徐培均 笺注:《李清照集笺注》,上海古籍出版社 2013 年版。
3. 陈祖美:《李清照新传》,北京出版社 2001 年版。

四、思考练习

1. 请参阅唐圭璋《宋词三百首》,选择你喜欢的词人词句,用树形图做一幅宋词导图。
2. 你觉得吴梅的评论(参见"历代辑评")是否有理,请陈述理由。
3. 请选择一个节日,写一篇短文。

陆　游

陆游(1125—1210)，字务观，号**放翁**，越州山阴(今浙江省绍兴市)人。少时受家庭爱国思想熏陶，高宗时应礼部试，为秦桧所黜。孝宗时赐进士出身。中年入蜀，投身军旅生活，官至宝章阁待制。晚年退居家乡，但收复中原信念始终不渝。他具有多方面文学才能，尤以诗的成就为最，在生前即有"小李白"之称，成为南宋一代诗坛领袖，在中国文学史上享有崇高地位，存诗9 300多首，是宋代文学史上存诗最多的诗人。内容极为丰富，抒发政治抱负，反映人民疾苦，风格雄浑豪放；抒写日常生活，也多清新之作。词作量不如诗篇巨大，但和诗同样贯穿了气吞残虏的爱国主义精神。有《剑南诗稿》《渭南文集》《南唐书》《老学庵笔记》《放翁词》《渭南词》等数十个文集传世。

书　愤①

早岁那知世事艰②，中原北望气如山③。
楼船夜雪瓜洲渡④，铁马秋风大散关⑤。
塞上长城⑥空自许，镜中衰鬓已先斑⑦。
出师一表真名世，千载谁堪伯仲间⑧！

---

① 书愤：书写自己的愤恨之情。书：写。
② 早岁：早年，指作者年轻时。那：即"哪"。世事艰：指北伐之不顺。
③ 中原北望：即北望中原。全句意为收复中原的豪迈气概坚定如山。
④ "楼船"句：此时作者在镇江府任通判。宋孝宗隆兴元年(1163)，张浚以右丞相都督江淮诸路军马，亲率水兵乘楼船往来于建康、镇江之间。但不久经历符离之败，收复中原的愿望落空。楼船：宋军常使用的车船。瓜洲：长江中的岛屿，在今江苏境内，因其形似瓜而得名，是当时的江防要地。
⑤ 孝宗乾道八年(1172)，王炎以枢密使出任四川宣抚使，谋划恢复中原之事。陆游入其幕府，并且亲临大散关前线。但不久王炎调回临安，收复故土的愿望再次破灭。大散关：在今陕西宝鸡西南，是当时宋金的西部边界。
⑥ 塞上长城：指擅长守边的将领。《南史·檀道济传》载，宋文帝将杀名将檀道济，道济临刑时怒叱道："乃坏汝万里长城！"
⑦ 斑：斑白，形容年老。按：此时作者年仅三十七岁，但古人文学作品中往往有托老之风。
⑧ 堪：能够。伯仲：比喻才能不相上下，难分优劣。杜甫《咏怀古迹》载："伯仲之间见伊吕，指挥若定失萧曹。"推崇西蜀名相诸葛亮。

夜泊水村①

腰间羽箭久凋零，太息燕然未勒铭②。
老子犹堪绝大漠③，诸君何至泣新亭④。
一身报国有万死，双鬓向人无再青。
记取江湖泊船处，卧闻新雁落寒汀⑤。

📖 文本拓展

一、知识链接

☞ "放翁"来历

宋·罗大经《鹤林玉露》载：陆务观，……有诗名。寿皇（按：即宋孝宗）曾谓周益公曰："今世诗人亦有如李白者乎？"益公因荐务观，由是擢用，赐进士出身。尝从范石湖（按：即范成大）辟入蜀，故其诗号曰《剑南集》，多豪丽语，言征伐恢复事。其《题侠客图》云："赵魏胡尘十丈黄，遗民膏血饱豺狼。功名不遣斯人了，无奈和戎白面郎。"寿皇读之，为之太息。台评劾其恃酒颓放，因自号"放翁"。作词云："桥如虹，水如空，一叶飘然烟雨中，天教称放翁。"

☞ 燕然勒铭

东汉和帝永元元年(89)，汉车骑将军窦宪大败匈奴，追击单于至燕然山。为了歌颂这次胜利，随行班固写了《燕然石勒铭》，刻于巨石之上。陆游在此诗中用这个典故借喻自己未能建功立业。

☞ 对泣新亭

晋永嘉南渡后，一些过江士大夫在新亭（今属江苏省南京市）宴饮，周顗（字伯仁）说："风景不殊，正自有山河之异！"众人相对涕泣。独有王导不以为然，他说："当共戮力王室，克复神州，何至作楚囚相对？"（参见《晋书·王导传》《世说新语·言语》）

---

① 这首诗作于淳熙九年(1182)秋，作者时年五十八岁。淳熙六年(1179)，陆游因为开义仓赈济饥民，被罢黜回乡。淳熙九年，陆游奉祠居家，报国之心未灭，便创作了此诗。
② 太息：叹气。燕然：山名，在今蒙古人民共和国境内。勒铭：刻上铭文。
③ 老子：作者自称，犹言老夫。绝大漠：跨越大沙漠。
④ 新亭：在今南京市南。
⑤ 新雁：刚从北方飞来的雁。汀：水边的小洲。

二、点评辑要

● 评陆游

其激昂慷慨者，稼轩（辛弃疾）不能过；飘逸高妙者，与陈简斋（陈与义）、朱希真（朱敦儒）相颉颃；流丽绵密者，欲出晏叔原（晏几道）、贺方回（贺铸）之上。

（宋·刘克庄《后村诗话》）

宋中兴以来……言诗必曰尤、杨、范、陆，其先或曰尤、萧（萧德藻，号千岩老人），然千岩早世不显，诗刻留湘中，传者少。尤、杨、范、陆特擅名天下。

（宋·方回《跋遂初尤先生尚书诗》）

模写事情俱透脱，品题花鸟亦清奇。

（明·袁宗道《偶得放翁集快读数日志喜因效其语》）

其感激悲愤、忠君爱国之诚，一寓于诗，酒酣耳热，跌宕淋漓。至于渔舟樵径，茶碗炉熏，或雨或晴，一草一木，莫不著为歌咏，以寄其意。

（清·纪昀等《唐宋诗醇》）

诗界千年靡靡风，兵魂销尽国魂空。集中十九从军乐，亘古男儿一放翁！

（近代·梁启超《读陆放翁集》）

● 评《书愤》

全首浑成，风格高健，置之老杜集中，直无愧色。

（清·李慈铭《越缦堂诗话》）

● 评《夜泊水村》

率多胸臆，兼有气骨，可为南渡君臣慨然叹息。

（清·纪昀等《唐宋诗醇》）

陆务观《夜泊水村》，随地亦老思报国也。

（清·简朝亮《读书草堂明诗》）

此十数章七律，著句既遒，全体亦警拔相称，盖忠愤所结，志至气从，非复寻常意兴；较之全集七律数十之一耳。然论放翁七律者，必以此为根本，而以"数总残灯沽酒市"等诗附之，乃知诗之大主脑，翁之真力量，否则赞翁则翁不愿也。

（清·潘德舆《养一斋诗话》）

三、旁观博览

1. 钱仲联 校注：《剑南诗稿校注》，上海古籍出版社 2005 年版。
2. 钱仲联，马亚中 校注：《陆游全集校注》，浙江教育出版社 2011 年版。
3. 朱东润：《陆游传》，人民文学出版社 2007 年版。
4. 于北山：《陆游年谱》，上海古籍出版社 2006 年版。

四、思考练习

1. 请参阅《陆游年谱》，按照编年次序，将陆游一生与收复之志相关的行迹摘录汇总。
2. 本书收录的两首陆游诗歌，你觉得哪首情感内涵更为丰富？为什么？
3. 以"大散关和沈园"为题，结合陆游生平，写一篇散文。

辛弃疾

辛弃疾(1140—1207),字幼安,号稼轩,历城(今山东省济南市)人。二十一岁参加抗金义军,曾任耿京军的掌书记,不久投归南宋。历任江阴签判,建康通判,江西提点刑狱,湖南、湖北转运使,湖南、江西安抚使等职。四十二岁遭谗落职,退居江西信州,长达二十年之久,其间一度起为福建提点刑狱、福建安抚使。六十四岁再起为浙东安抚使、镇江知府,不久罢归。一生力主抗金北伐,并提出有关方略,均未被采纳。其词热情洋溢、慷慨激昂,富有爱国感情。有《稼轩长短句》以及今人辑本《辛稼轩诗文钞存》。

摸鱼儿①

淳熙己亥,自湖北漕②移湖南,同官王正之 ③置酒,为赋。

更能消④、几番风雨,匆匆春又归去。
惜春长怕⑤花开早,何况落红⑥无数。
春且住,见说道、天涯芳草无⑦归路。
怨春不语。
算只有殷勤,画檐蛛网,尽日惹飞絮。⑧

---

① 摸鱼儿:词牌名。
② 漕:漕司的简称,指转运使。
③ 同官王正之:作者调离湖北转运副使后,由王正之接任原来职务,故称"同官"。王正之:名正己,是作者旧友。
④ 消 :经受。
⑤ 怕:一作"恨"。
⑥ 落红:落花。
⑦ 无:一作"迷"。
⑧ "算只有殷勤"三句:想来只有檐下蜘蛛还整天殷勤地沾惹飞絮,想留住春色。

长门事①,准拟佳期又误,蛾眉曾有人妒。

千金纵买相如赋,脉脉此情谁诉?

君莫舞,君不见、玉环飞燕②皆尘土!

闲愁最苦!

休去倚危栏③,斜阳正在,烟柳断肠处。

文本拓展

一、知识链接

☞ 辛弃疾投归南宋事

元代王恽《玉堂嘉话》载:(辛幼安)少与泰安党怀英(按:党怀英是辛弃疾在北方时的同乡、朋友,后辛弃疾率义军渡淮河投归南宋,党怀英仍留在北方,参加科举,入翰林,成为北方的文字宗主)友善。……誓不为金臣子。一日,与怀英登一大丘,置酒曰:"吾友安此,余将从此逝矣。"遂酌别而去。既归宋,宋士夫非科举莫进。公笑曰:"此何有?只消青铜三百,易一部时文足矣。"已而果擢第。孝宗曰:"是以三百青铜博吾爵者。"才其为,授观文殿修撰。及议边事,主和者众,公曰:"昔齐襄公雪九世之耻,《春秋》韪之。况我与金人不同戴天仇耶?今日之计有战伐而已。"

☞ 摸鱼儿

宋·罗大经《鹤林玉露》载:"辛幼安《晚春》词云:'更能消、几番风雨……',词意殊怨。……愚闻寿皇见此词,颇不悦,然终不加罪。"

此词确为忧时感世之作。上片描写抒情主人公对春光的无限留恋和珍惜之情;下片以比喻手法反映全词情调,婉转凄恻,柔中寓刚。词中表面上写的是美女伤春、蛾眉遭妒,实际上是作者借此抒发自己壮志难酬的愤慨和对国家命运的关切之情。全词托物起兴,借古讽今,熔身世之悲和家国之痛于一炉,沉郁顿挫,寄托遥深。

二、点评辑要

● 评辛弃疾

唐宋以来,词人多矣。其词主乎淫,谓不淫非词也。余谓词何必淫,亦顾寓意如何尔。余于此,所喜爱三人焉。概至于东坡而一变,其豪妙之气,隐隐然流出言外,天然绝世,不假振作。二变而为朱希真,多尘外之想,虽杂以微尘,而清气自不可没。三变而为辛稼轩,乃写

---

① 长门:汉代宫殿名,汉武帝皇后陈阿娇失宠后被幽闭于此。司马相如《长门赋序》:"孝武皇帝陈皇后,时得幸,颇妒。别在长门宫,愁闷悲思,闻蜀郡成都司马相如天下工为文,奉黄金百万,为相如、文君取酒,因于解悲愁之辞,而相如为文以悟主上,陈皇后复得亲幸。"事实上,陈阿娇无再次得幸之事。

② 玉环飞燕:杨玉环、赵飞燕,皆貌美而善妒。

③ 危栏:高楼上的栏杆。

其胸中事,尤好称渊明。此词之三变也。

(宋·汪莘《方壶诗余自叙》)

近世作词者,不晓音律,乃故为豪放不羁之语,遂借东坡、稼轩诸贤自诿。诸贤之词,固豪放矣。不豪放处,未尝不叶律也。如东坡之《哨遍》、杨花《水龙吟》、稼轩之《摸鱼儿》之类,则知诸贤非不能也。

(宋·沈义父《乐府指迷》)

近世辛幼安,跌宕磊落,犹有中原豪杰之气,而江南言词者宗美成,中州言词者宗元遗山,词之优劣未暇论,而风气之异,遂为南北强弱之占,可感已!《玉树后庭花》盛,陈亡;《花间》丽情盛,唐亡;清真盛,宋亡,可畏哉!

(元·赵文《吴山房乐府序》)

徐君野曰:苏以诗为词,辛以论为词,正见词中世界不小,昔人奈何讥之。正宗易安第一,旁宗幼安第一。二安之外无首席矣。

(明·卓人月等辑《古今词统》引)

稼轩雄深雅健,自是本色,俱从《南华》《冲虚》得来。然作词之多,亦无如稼轩者。中调短令亦间作妩媚语,观其得意处,真有压倒古人之意。

(清·邹祗谟《远志斋词衷》)

稼轩不平之鸣,随处辙发,有英雄语,无学问语,故往往锋颖太露。然其才情富艳,思力果锐,南北两朝,实无其匹,无怪流传之广且久也。……后人以粗豪学稼轩,非徒无其才,并无其情。稼轩固是才大,然情至处,后人万不能及。

(清·周济《介存斋论词杂著》)

感激豪宕,苏、辛并峙千古。然忠爱恻怛,苏胜于辛;而淋漓悲壮,顿挫盘郁,则稼轩独步千古矣。

稼轩词魄力雄大,如惊雷怒涛,骇人耳目,天地巨观也。后惟迦陵有此笔力,而郁处不及。

(清·陈廷焯《词则·放歌集》)

东坡词光明磊落,忠爱根于性生,故词极超旷,而意极和平。稼轩有吞吐八荒之概,而机会不来。正则可以为郭、李,为岳、韩,变则即桓温之流亚。故词极豪雄,而意极悲郁。

(清·陈廷焯《白雨斋词话》)

● 评《摸鱼儿》

稼轩"更能消、几番风雨"一章,词意殊怨,然姿态飞动,极沉郁顿挫之致。起处"更能消"三字,是从千回万转后倒折出来,真是有力如云。

怒而怒矣,然沉郁顿宕,笔势飞舞,千古所无。"春且住"三字一喝,怒甚。结得愈凄凉,愈悲郁。

稼轩词,于雄莽中别饶隽味。……"休去倚危栏,斜阳正在,烟柳断肠处",多少曲折,惊雷怒涛中时见和风暖日,所以独绝古今,不容人学步。

(清·陈廷焯《白雨斋词话》)

回肠荡气,至于此极。前无古人,后无来者。

(近代·梁启超《艺蘅馆词选》)

他的豪放激昂的作品固然振奋人心，而婉约含蓄的也同样出色动人。如《摸鱼儿》和《青玉案·元夕》就是。

肝肠似火，色貌如花。

（夏承焘《唐宋词欣赏》）

三、旁观博览

1. 邓广铭：《稼轩词编年笺注》，上海古籍出版社 2007 年版。

2.《辛弃疾词集》，上海古籍出版社 2016 年版。

3. 徐汉明 校注：《辛弃疾全集校注》，华中科技大学出版社 2012 年版。

4. 巩本栋：《辛弃疾评传》，南京大学出版社 2011 年版。

四、思考练习

1. 请对辛弃疾词中的用典进行归类，做一张树形图。

2. 杜甫《醉时歌》称"儒术于我何有哉？孔丘盗跖俱尘埃"，辛弃疾说"君莫舞，君不见、玉环飞燕皆尘土"，请结合两首诗歌，分析诗人不同的心境。

3. 以"闲愁"为题，写一篇短文，可叙有议，也可是诗歌。

元好问

元好问(1190—1257),字裕之,号遗山,世称遗山先生。太原秀容(今山西忻州)人,系出北魏鲜卑族拓跋氏,孝文帝迁都洛阳后改汉姓元氏。元好问博学多才,除了长于诗文外,还精于历算、医药、书法、书画鉴赏、佛道哲理等学问。元好问是金元之际最有成就的作家和历史学家,先后编成了史料价值极高的《中州集》和《壬辰杂编》。元好问的《论诗绝句》30首,在文学批评史上也享有盛誉。

摸鱼儿①·雁丘词

乙丑岁②赴试并州,道逢捕雁者云:"今旦获一雁,杀之矣。其脱网者悲鸣不能去,竟自投于地而死。"予因买得之,葬之汾水之上,垒石为识③,号曰"雁丘"。同行者多为赋诗,予亦有《雁丘词》。旧所作无宫商④,今改定之。

> 问世间,情为何物,直教生死相许?
> 天南地北双飞客⑤,老翅几回寒暑。
> 欢乐趣,离别苦,就中更有痴儿女⑥。
> 君应有语:
> 渺万里层云,千山暮雪,只影向谁去?
>
> 横汾路,寂寞当年箫鼓,荒烟依旧平楚。⑦

---

① 摸鱼儿:词牌名。
② 乙丑岁:指金章宗泰和五年(1205),当时元好问年仅十六岁。
③ 识(zhì):标志。
④ 无宫商:不协音律。
⑤ 双飞客:大雁双宿双飞,又远离故乡,故云。
⑥ "就中"句:这雁群中更有痴情者。
⑦ "横汾"三句:这葬双雁的汾水,当年汉武帝临幸横渡时热闹非凡,如今却寂寞凄楚。汉武帝《秋风辞》云:"泛楼船兮济汾河,横中流兮扬素波,箫鼓鸣兮发棹歌。"平楚:楚指丛木。远望树梢齐平,故称平楚。

招魂楚些何嗟及,山鬼暗啼风雨。①
天也妒,未信与,莺儿燕子俱黄土!②
千秋万古。
为留待骚人,狂歌痛饮,来访雁丘处。

文本拓展

一、知识链接

☞ 雁丘

金章宗泰和五年(1205),年仅十六岁的诗人元好问,在赴并州应试途中,听一位捕雁者说,天空中一对比翼双飞的大雁,其中一只被捕杀后,另一只大雁从天上一头栽了下来,殉情而死。诗人被这种生死至情所震撼,便买下这一对大雁,将它们合葬于汾水之滨,建了一个小小的坟,名曰"雁丘",并赋《雁丘》词一阕。

二、点评辑要

● 评元好问

遗山未尝仕元,而巨手开先,冠绝于时,固不必言。

(清·张景星《阮诗别裁序》)

好问才雄学赡,金元之际屹然为文章大宗,所撰《中州集》,意在以诗存史,去取尚不尽精。至所自作,则兴象深邃,风格遒上,无宋南渡宋江湖诸人之习,亦无江西派生拗粗犷之失,至古文,绳尺严密,众体悉备,而碑版志铭诸作尤为具有法度。

(《四库全书总目·遗山集》)

三、旁观博览

1. 赵永源 校注:《遗山乐府校注》,凤凰出版社 2005 年版。
2. 陈湛铨:《元遗山论诗绝句讲疏》,商务印书馆 2014 年版。
3. 赵兴勤:《元遗山研究》,文津出版社 2011 年版。

四、思考练习

1. 用一对"大雁"作为吉祥物是中国古代的婚俗,请说明为什么要用"大雁"。
2. 若本词没有小序进行背景介绍,是否影响词的价值?为什么?
3. 你最喜欢词中哪一句,就此写一篇短文。

---

① "招魂"二句:我欲为死去的双雁招魂也无济于事,雁魂在风雨中啼哭。招魂楚些(suò):《楚辞·招魂》句尾皆有"些"字。何嗟及:对双雁的悲叹无济于事。山鬼:《楚辞·九歌·山鬼》篇指山神,这里指雁魂。

② "天也"三句:不信殉情的雁子与普通莺与燕一样都寂灭无闻成黄土,它们将流芳百世,使天地忌妒。

王守仁

王守仁(1472—1528),浙江余姚人,字伯安,明弘治十二年(1499)进士。正德初因忤宦官刘瑾,谪龙场驿丞。瑾诛,遗庐陵知县,累擢右佥都御史,巡抚南赣,总督两广,曾平定宁王之乱,官至南京兵部尚书,封新建伯,卒谥文成。守仁主张以心为本体,提倡"良知良能""格物致知,自求于心",反对朱熹的"外心以求理",提出"求理于吾心"的知行合一说,世称姚江学派,以其曾筑室故乡阳明洞,学者称阳明先生。有《王文成全集》38卷。

志士仁人,无求生以害仁,有杀身以成仁①

圣人于心之有主者②,而决其心德之能全焉。(以上破题)

夫志士仁人皆有心定主而不惑于私者也③。以是人而当死生之际,吾惟见其求无惭于心焉耳④,而于吾身何恤乎⑤? 此夫子⑥为天下之无志而不仁者慨也,故言此以示之⑦。(承题)

若曰⑧:天下之事变无常,而生死之所系甚大。固有临难苟免,而求生以害仁者焉;亦有见危授命,而杀身以成仁者焉。此正长短之所由决,而恒情之所易惑者也⑨。吾其有取于志士仁人乎?(以上入题)

---

① 语见《论语·卫灵公》。王守仁于弘治十二年(1499)春会试考取第二名,同年殿试二甲进士第七名,据传此八股文即他参加会试时的答卷,不见于《王文成全集》。

② 主:此处意为精神的坚守。

③ 定:使其坚定。惑:被……干扰、迷惑。私:指一己的得失欲望等。

④ 无惭于心:问心无愧。

⑤ 恤:忧。

⑥ 夫子:指孔子。

⑦ 此:指"志士仁人,无求生以害仁,有杀身以成仁"之语。示:指出来让人知道。至此为承题。

⑧ 若曰:八股"起讲"一般以"若曰""意谓""且夫""以为""尝思"等开端,代表开始发议论。

⑨ 惑:迷惑,使……辨不清。

夫所谓志士者,以身负**纲常**之重①,而志虑之高洁②,每思有植天下之大闲③;所谓仁人者,以身**会天德之全**④,而心体⑤之光明,必欲有以贞天下之大节⑥。(以上起二股)

是二人者⑦,固皆事变之所不能惊,而利害之所不能夺,其死与生有不足累者也⑧。(过接)

是以其祸患之方殷⑨,固有可以避⑩难而求全者矣,然临难自免⑪,则能安其身而不能安其心,是偷生者之为,而彼有所不屑也。

变故之偶值⑫,固有可以侥幸而图存者矣,然存非顺事,则吾生以全而吾仁以丧,是悖⑬德之事,而彼有所不为也。(以上中二股)

彼之所为者,惟以理欲无并立之机⑭,而致命遂志以安天下之贞者⑮,虽至死而靡憾⑯。心迹无两全之势,而捐躯赴难以善天下之道者,虽灭身而无悔。(以上后二股)

当国家倾覆之余,则致身以驯过涉之患者⑰,其仁也!而彼即趋⑱之而不避,甘⑲之而不辞焉。盖苟可以存吾心之公⑳,将效死㉑以为之,而存亡由之不计矣。

---

① 负:承担。纲常:三纲五常的简称。

② 志虑:"思虑为志。"(《春秋·说题辞》)故志虑即志,意愿,心之所向,指未表露出来的长远而大的打算。高洁:高尚、廉洁。

③ 植:树立。闲:伦理道德的规范、界限。

④ 会:聚合,具备。天德:天所具有的德性。

⑤ 心体:指思想。《后汉书·延笃传》:"仁以枝叶扶疏为大,孝以心体本根为先。"王守仁《传习录》卷下:"先生尝语学者曰:心体上着不得一念留滞,就如眼着不得些子尘沙。"

⑥ 贞:正。大节:基本的法纪、纲纪。《左传》"昭公元年":"国之大节有五,女皆奸之。畏君之威,听其政,尊其贵,事其长,养其亲,五者所以为国也。"

⑦ 二人:二类人。

⑧ 累:牵连、妨碍。

⑨ 方殷:正当局盛之时。

⑩ 避:躲,设法躲开。

⑪ 自免:求得脱身,自求避灾免患。

⑫ 值:遇到,逢着。

⑬ 悖:违背道理。

⑭ 理欲:"天理人欲"的省称,指天理与私欲,语出《礼记·乐记》:"人化物也者,灭天理而穷人欲者也。"机:机会。

⑮ 遂:实现。贞:正轨,正道。

⑯ 靡:消失。

⑰ 致身:献身。驯:使顺服。过涉:谓过多地接触危难之事。语本《易·大过》:"上六,过涉灭顶,凶,无咎。"王弼注:"涉难过甚,故至于灭顶。"孔颖达疏:"言涉难深也。"

⑱ 趋:快步走。

⑲ 甘:甘愿、乐意。

⑳ 公:正直无私。

㉑ 效死:舍命报效。

值颠沛流离之余,则舍身以贻没宁之体者①,其仁也! 而彼即当之而不慑②,视之而如归焉。盖苟可以全吾心之仁,将委身③以从之,而死生由之勿恤④矣。(以上束二股)

是其以吾心为重,而以吾身为轻。其慷慨激烈以为成仁之计者,固志士之勇为而亦仁人之优为⑤也。视诸逡巡⑥畏缩而苟全于一时者,诚何如哉⑦? 以存心为生,而以存身为累,其从容就义以明分⑧义之公者,固仁人之所安而亦志士之所决也⑨。视诸回护隐伏而觊觎于不死者⑩,又何如哉? 是知观志士之所为,而天下无志者可以愧矣,观仁人之所为,而天下之不仁者可以思矣。(以上大结)

文本拓展

一、知识链接

☞ 八股文

明清科举考试的文体之一,也称制艺、经义、时艺、时文、八比文,因题目取于四书,故又称四书文。其体源于宋元的经义,明成化以后渐成定式,清光绪末年废。八股文以四书的内容出题,文章的发端为破题、承题,后为起讲(入题)。起讲后分为起股、中股、后股和末股(束股)四个段落发议论。每个段落都有两段相比偶的文字,合共八股,故称八股文。

☞ 志士仁人

王守仁《传习录》下问“志士仁人”章

只为世上人都把生身命子看得来太重,不问当死不当死,定要宛转委曲保全,以此把天理却丢去了,忍心害理,何者不为? 若违了天理,便与禽兽无异,便偷生在世上百千年,也不过做了千百年的禽兽。学者要于此等处看得明白,比干、龙逢只为他看得分明,所以能成就得他的仁。

☞ 纲常

三纲、五常这两个词,源于汉·董仲舒的《春秋繁露》,“三纲”指君为臣纲、父为子纲、夫

---

① 贻:赠。没宁:没,通“殁”,死了。宁:安宁。语出宋·张载《西铭》:“存,吾顺事;没,吾宁也。”意即平静地对待我所拥有的一切荣华富贵以及生命,而当这一切都不在的时候,也会安宁以对。

② 当:面对着。慑:恐惧,害怕。

③ 委身:弃身。

④ 恤:顾及、顾念。

⑤ 优为:指任事绰有余力。

⑥ 逡巡:因为有所顾虑而徘徊不前。

⑦ 诚:副词,又。何如:如何。

⑧ 明分:明确的本分。

⑨ 安:安心。决:决断,决定。

⑩ 回护:回避。隐伏:隐藏,潜伏。觊觎(jì yú):渴望得到不应该得到的东西。

为妻纲,"五常"指仁、义、礼、智、信。作为一种君君臣臣、父父子子和仁义礼智等伦理道德规范,可上溯到《论语·为政》"周因于殷礼……",孟子进而提出"父子有亲,君臣有义,夫妇有别,长幼有序,朋友有信"的"五伦"道德规范。董仲舒按照孔孟的思想,进一步发挥,提出了三纲原理和五常之道,以此确立了君权、父权、夫权的统治地位,把封建等级制度、政治秩序神圣化为宇宙的根本法则。董仲舒又认为,仁、义、礼、智、信五常之道则是处理君臣、父子、夫妻、上下尊卑关系的基本法则。在传统中国社会中,"三纲五常"和"四维八德"(四维指礼、义、廉、耻,八德指忠、孝、仁、爱、信、义、和、平)、"三达德"(即智、仁、勇)是维持社会稳定和人际关系和谐的重要伦理标准。

会天德之全

儒家追求"天人合一",杜维明认为:"天人间的关系不是二律背反的相互组合,而是不可分割的单个整体。在这个意义上,作为人类最高形象的圣人并不与天地共存;他是和天一致的……尽管天和人在概念上可能分离,而在它们内部的最深层,形成了一条不可割断的有机连续体。"孔子在《论语》中把尧描述成类天之人:"大哉尧之为君也!巍巍乎!唯天为大,唯尧则之。"《中庸》对孔子的描绘最清楚地表达了天和完美人格之间的关系:"仲尼祖述尧舜,宪章文武;上律天时,下袭水土。辟如天地之无不持载,无不覆帱。辟如四时之错行,如日月之代明,万物并育而不相害,道并行而不相悖。小德川流,大德敦化,此天地之所以为大也。"(摘自[美]郝大维 安乐哲《孔子哲学思微》)

二、点评辑要

● 评王守仁

王守仁始以直节著。比任疆事,提弱卒,从诸书生扫积年逋寇,平定孽藩。终明之世,文臣用兵制胜,未有如守仁者也。

(《明史》)

王文成公为明第一流人物,立德、立功、立言,皆居绝顶。

(清·王士禛《池北偶谈》卷九《王文成》)

阳明思想的价值在于他以一种全新的方式解决了宋儒留下的"万物一体"和"变化气质"的问题。……良知既是人心又是天理,能把心与物、知与行统一起来,泯合朱子偏于外、陆子偏于内的片面性,解决宋儒遗留下来的问题。

(钱穆《阳明学述要》)

● 评八股文

欲理之明必溯源六经而切究乎宋、元诸儒之说,欲辞之当必贴合题义而取于三代、两汉之书,欲气之昌必以义理洒濯其心而沉潜反覆于周、秦、盛汉、唐、宋大家之古文。

(清·方苞《四书文》凡例)

八股文若做的好,随你做什么东西,要诗就诗,要赋就赋,都是一鞭一条痕,一掴一掌血。

(清·吴敬梓《儒林外史》第十一回)

有明二百七十年,镂心刻骨于八股,如胡思泉、金正希、章大力数十家,洵可继楚骚、汉唐诗、元曲,以立一门户。

余尝欲自楚骚以下,至明八股,撰为一集。汉则专取其赋,魏晋六朝至隋则专录其五言诗,唐则专录其律诗,宋专录其词,元专录其曲,明专录其八股,一代还其一代之所胜。

(清·焦循《易余龠录》)

明初八股文渐盛,这却在文坛上放一异彩,本是说理的古体散文,乃能与骈体诗赋合流,能融入诗词的丽语,能袭来戏曲的神情,实为最高希有的文体。

(黎锦熙《国语运动史纲》)

三、旁观博览

1. 明·王守仁:《王阳明全集》,中国书店出版社 2014 年版。
2. 明·王守仁 撰,邓艾民 注:《传习录注疏》,上海古籍出版社 2015 年版。
3. 启功,张中行,金克木:《说八股》,中华书局 2004 年版。

四、思考练习

1. 统观中国历史,请分列"求生害仁"与"杀身成仁"的典型人物各 3 位,绘制一幅树形图,指出他们"害仁"与"成仁"的具体体现,继而站在今天的角度来评价他们的行为。
2. 焦循认为每个时代都有一个时代的文学之胜,明代是八股文,但是现在一般认为代表明代文学突出成就的是小说,你觉得哪种说法更合理?
3. 请给你的名字拟一副对联,长短不拘。

杨 慎

　　杨慎(1488—1559),明朝内阁首辅杨廷和之子,字用修,号升庵,新都(今属四川)人。杨慎少时聪颖,11岁能诗,12岁拟作古文《古战场文》《过秦论》,时人皆惊叹不已。入京作《黄叶》诗,为文坛泰斗李东阳所赞赏。正德六年(1511),高中状元,授翰林院修撰。参修《武宗实录》。嘉靖初年因"大礼仪之争"流放滇南。居云南30余年,死于戍地。杨慎存诗约2 300首,所写的内容极为广泛。对文、词、赋、散曲、杂剧、弹词,都有涉猎。他的词和散曲,写得清新绮丽。因他居滇30余年,所以"思乡""怀归"之诗,所占比重很大。杨慎学识渊博,号称"无书不读"。其记诵之博,著述之富,均可推为明代第一。杨慎著作达百余种,后人辑为《升庵集》。

临江仙·滚滚长江东逝水①

　　滚滚长江东逝水,浪花淘尽英雄。是非成败转头空,青山依旧在,几度夕阳红。白发渔樵江渚上②,惯看秋月春风。一壶浊酒③喜相逢,古今多少事,都付笑谈中。

文本拓展

一、知识链接

☞ 《廿一史弹词》

扫一扫可见《廿一史弹词》原文

---

　　① 《临江仙·滚滚长江东逝水》是杨慎所作《廿一史弹词》第三段《说秦汉》的开场词,清人毛宗岗父子评刻《三国演义》时置之于开篇之首。1994年版电视剧《三国演义》将其作为主题曲歌词。
　　② 渔樵:此处并非指渔翁、樵夫,而泛指隐居不问世事的人。江渚(zhǔ):本意为江水中浮出水面的小块陆地,此处意为江岸边。
　　③ 浊酒:与清酒相对,未过滤的酒,用糯米、黄米等酿制的酒,较混浊。古诗文中是劣酒的代称。

《廿一史弹词》为杨慎谪戍云南时所作，原名《历代史略十段锦词话》，共两卷，传世后易名为《廿一史弹词》。它取材于正史，用浅近文言写成，被誉为"后世弹词之祖"。

全书共十段，每段有《西江月》《南乡子》《临江仙》《清平乐》《点绛唇》《定风波》《蝶恋花》等词调加上数首诗，再用散文及十字句(三三四)铺成，每段终了再以一诗一词作结。

第三章《说秦汉》开场词《临江仙》(滚滚长江东逝水)可谓千古绝唱，明末清初毛纶、毛宗岗父子批注《三国演义》引用这段词，使之广为传颂的同时，也被一些人误认为是罗贯中所作。

☞ 弹词

一种把故事编成韵语，有白有曲，以弦索乐器伴唱的说唱文学。流行于南方。宋末有《西厢传奇》，只谱词曲，尚无说白。至金·董解元作《西厢记诸宫调》，始有白有曲。明·杨慎有《廿一史弹词》，清代更为盛行，有《天雨花》《笔生花》《再生缘》《凤双飞》《珍珠塔》等，都是分成章回的大部弹词。(据《词源》)

二、点评辑要

升庵先生固是才学卓越，人品俊伟，然得弟读之，益光彩焕发，流光百世也。岷江不出人则已，一出人则为李谪仙、苏坡仙、杨戍仙，为唐代、宋代并我朝特出，可怪也哉！

(明·李贽《续焚书》)

人有言曰："胸中无万卷书，不得雌黄人物。"然书至万卷，不几三十乘乎？除张司空外，更几人哉。吾于汉·刘向、唐·王仆射、宋·苏子瞻见之，然自子瞻迄今又三百余年矣，吾于杨升庵、李卓吾见之。

(明·袁宏道《袁宏道集笺校》)

文人学士著述之富，无逾升庵先生者。至其奇丽奥雅，渔弋四部七略之间，……唐宋以来，吾见罕矣。

(明·顾起元《升庵外集序》)

当代词宗。

(明·周逊《刻词品序》)

杨慎博物洽闻，于文学为优。
明世记诵之博，著述之富，推慎第一。

(《明史·杨慎传》)

慎以博洽冠一时，其诗含吐六朝，于明代独立门户。

(《四库全书总目》)

明人词，以杨用修升庵为第一。

(近代·胡薇元《岁寒居词话》)

藻丽其外，凄咽其内。

(严迪昌《金元明清词精选》)

三、旁观博览

1. 清·孙德威 辑注:《二十五史弹词辑注》，中国华侨出版社 2015 年版。

2. 清·陈端生:《再生缘》,岳麓书社 2016 年版。

3. 丰家骅:《杨慎评传》,南京大学出版社 2011 年版。

四、思考练习

1. 从中国古典诗词中找寻与"长江"或"江水"有关的句子,分析这一诗歌意象特色,做一个 PPT。

2. 以"是非成败转头空,我们是否要奋斗"为题,进行辩论。

3. 记录一则贴合《临江仙》词义的秦汉故事。

汤显祖

汤显祖(1550—1617)，临川(今属江西)人，字义仍，号若士，明万历十一年(1583)进士。师罗汝芳，为泰州学派王艮三传弟子。官至礼部主事，以劾首辅申时行，贬官为雷州徐闻典事。后调浙江遂昌知县，又以忤权贵落职。卒后，韩敬辑其诗文为《玉茗堂集》。其戏曲创作有《还魂记》(即《牡丹亭》)、《邯郸记》《紫钗记》《南柯记》，合称"临川四梦"或"玉茗堂四梦"。

惊　梦①

【绕地游②】(旦③上)梦回莺啭，乱煞年光④遍，人立小亭深院。(贴⑤上)炷尽沉烟⑥，抛残绣线，恁今春关情似去年⑦。

〔乌夜啼〕(旦)"晓来望断梅关⑧，宿⑨妆残。(贴)你侧着宜春髻子⑩恰凭栏。(旦)剪不断，理还乱，闷无端。(贴)已吩咐催花莺燕借春看。"(旦)春香，可曾叫人扫除花径？(贴)分

---

① 惊梦：选自《牡丹亭》上卷第十折。

② 绕地游：曲调名，下【】内均为曲调名。

③ 旦：昆曲中扮演女子的角色统称为旦，具体细分为：老旦(一旦)、正旦(二旦)、作旦(三旦)、刺杀旦(四旦)、闺门旦(五旦)、贴旦(六旦)、耳旦(七旦)。杜丽娘在昆曲中属于"闺门旦"，闺门旦一般表现的是未出阁的闺中少女，大家闺秀抑或小家碧玉。

④ 年光：时光，这里指春天的时光。

⑤ 贴：贴旦(六旦)的简称。"贴"是指在正旦之外再贴一个次要的旦角，故名"贴旦"。贴旦穿坎肩彩裤，系腰巾，持团扇，不带水袖。嗓音细而脆，演唱节奏较轻快。多扮演热情、机智的女性，天真活泼的小丫环或性格爽朗的村姑少女。

⑥ 炷(zhù)：灯芯。沉：即沉香，一种熏香。

⑦ 恁(nèn)：怎么。关情：动心，牵动情怀。

⑧ 梅关：梅关，坐落在广东省南雄县城约30公里梅岭顶部，两峰夹峙，南北遍植梅树，每至寒冬，梅花盛开，香盈雪径。宋时，人们以砖砌路面，立关于岭上，署有"梅关"二字，遂得名。梅关是历史上南来北往的重要驿道，也是兵家必争之地。

⑨ 宿：隔夜。

⑩ 宜春髻子：南朝梁·宗懔《荆楚岁时记》："立春之日，悉剪彩为燕，戴之，帖'宜春'二字。"清代纳兰性德也有词句"最是烧灯时候，宜春髻，酒暖蒲萄"(《东风齐着力》)。

付了。(旦)取镜台衣服过来。(贴取镜台衣服上)"云髻罢梳还对镜,罗衣欲换更添香。"①镜台衣服在此。

【步步娇】(旦)袅晴丝②吹来闲庭院,摇漾春如线。停半晌、整花钿。没揣菱花③,偷人半面,迤逗的彩云偏④。(行介⑤)步香闺,怎便把全身现!

(贴)今日穿插的好。

【醉扶归】(旦)你道翠生生出落的裙衫儿茜,艳晶晶花簪八宝填,可知我常一生儿爱好是天然。恰三春⑥好处无人见。不堤防**沉鱼落雁**鸟惊喧,则怕的**羞花闭月**花愁颤。

(贴)早茶时了,请行。(行介)你看:"画廊金粉半零星。池馆苍苔一片青。踏草怕泥⑦新绣袜,惜花疼煞小金铃⑧。"(旦)不到园林,怎知春色如许!

【皂罗袍】(旦)原来姹紫嫣红开遍⑨,似这般都付与断井颓垣⑩。良辰美景奈何天,赏心乐事谁家院⑪!恁般景致,我老爷和奶奶再不提起⑫。(合)朝飞暮卷⑬,云霞翠轩;雨丝风片,烟波画船,锦屏人忒看的这韶光贱⑭!

(贴)是花都放了,那牡丹还早。

【好姐姐】(旦)遍青山啼红了杜鹃,荼蘼外烟丝醉软⑮。春香呵,牡丹虽好,他春归怎占的先!(贴)成对儿莺燕呵。(合)闲凝眄⑯,生生燕语明如翦⑰,呖呖莺歌溜的圆。

(旦)去罢。(贴)这园子委实观之不足也。(旦)提他怎的!(行介)

---

① 云髻罢梳还对镜,罗衣欲换更添香:此二句出自唐·薛逢《宫词》,原属宫怨诗,形容非常认真地梳洗打扮。

② 晴丝:春天的晴空中虫类所吐的、在空中飘荡的游丝。唐代杜甫有诗句:"燕外晴丝卷,鸥边水叶开。"(《春日江村》之四)

③ 没揣(chuǎi):没料到。菱花:泛指镜子。

④ 迤逗:勾引,挑逗。彩云:指发髻。

⑤ 介:指唱、念白以外的动作。

⑥ 三春:农历正月称孟春,二月称仲春,三月称季春,合称三春。

⑦ 泥:这里用作动词,被泥沾污,弄脏。

⑧ 惜花疼煞小金铃:五代·王仁裕《开元天宝遗事》记载:"天宝初,宁王……于后园中纫红丝为绳,密缀金铃,系于花梢之上。每有鸟雀翔集,则令园吏掣铃索以惊之。盖惜花之故也。"

⑨ 姹:美丽。嫣:美好。

⑩ 井:指井栏,水井四壁用"井"字形木架从下而上垒成,用来保护井壁使其不塌陷,凸出地表的则是井栏。颓:倒塌。垣:矮墙。

⑪ 良辰美景,赏心乐事:美好的时光,宜人的景色,欢畅的心情,快乐的事情。南朝宋·谢灵运《拟魏太子邺中集诗序》中言:"天下良辰美景,赏心乐事,四者难并,今昆弟友朋、二三诸彦,共尽之矣。"

⑫ 老爷:指杜丽娘的父亲。奶奶:指杜丽娘的母亲。

⑬ 朝飞暮卷:出自唐代王勃《滕王阁》诗:"画栋朝飞南浦云,朱帘暮卷西山雨。"

⑭ 锦屏人:指生活富贵的人们。韶光:指美好时光,也指春光。

⑮ 荼蘼(tú mí):晚春开放的一种花。宋代诗人王淇《春暮游小园》中有句:"开到荼蘼花事了。"烟丝:形容杨柳如烟,丝丝飘逸。

⑯ 凝:聚集、集中。眄(miǎn):斜着眼看。

⑰ 翦:通"剪"。

【尾声】观之不足由他缱①，便赏遍了十二亭台是惘然。倒不如兴尽回家闲过遣②。

（作到介）（贴）"开我西阁门，展我东阁床。瓶插映山紫，炉添沉水香。"小姐，你歇息片时。俺瞧老夫人去也。（下）（旦叹介）"默地游春转，小试宜春面③。"春呵，得和你两流连，春去如何遣？咳！怎般天气，好困人也。春香那里？（作左右瞧介）（又低首沉吟介）天呵！春色恼人，信有之乎？常观诗词乐府，古之女子，因春感情④，遇秋成恨，诚不谬矣。吾今年已二八，未逢折桂之夫⑤；忽慕春情，怎得蟾宫之客⑥？昔日韩夫人得遇于郎，张生偶逢崔氏，曾有《题红记》《崔徽传》二书。此佳人才子，前以密约偷期，后皆得成秦晋⑦。（长叹介）吾生于宦族⑧，长在名门。年已及笄⑨，不得早成佳配，诚为虚度青春，光阴如过隙耳。（泪介）可惜妾身颜色如花，岂料命如一叶乎⑩！

【山坡羊】没乱里⑪春情难遣，蓦地里⑫怀人幽怨。则为俺生小婵娟⑬，拣名门、一例里神仙眷。甚良缘，把青春抛的远。俺的睡情谁见？则索要因循腼腆。想幽梦谁边，和春光暗流转。迁延⑭，这衷怀哪处言！淹煎⑮，泼残生⑯，除问天。

身子困乏了，且自隐几而眠⑰。（睡介）（梦生介生持柳枝上⑱）"莺逢日暖歌声滑，人遇风情笑口开。一径落花随水入，今朝阮肇到天台。"小生顺路儿跟着杜小姐回来，怎生不见？（回看介）呀！小姐，小姐！（旦作惊起介）（相见介）（生）小生那一处不寻访小姐来，却在这里！（旦作斜视不语介）（生）恰好花园内，折取垂柳半枝。姐姐，你既淹通⑲书史，可作诗以赏此柳枝乎？（旦作惊喜，欲言又止介）（背云）这生素昧平生，何因到此？（生笑介）小姐，咱

---

① 缱：情意缠绵。
② 遣：排解，发泄。
③ 宜春面：梳有宜春髻的面容。
④ 因春感情：指中国古代女子逢春感伤的文学传统。
⑤ 折桂之夫："折桂"一词源于《晋书·郤诜传》："武帝于东堂会送，问诜曰：'卿自以为何如？'诜对曰：'臣举贤良对策，为天下第一，犹桂林之一枝，昆山之片玉。'"中国古代科举考试正处在秋季，恰逢桂花开的时候，故"折桂"经常借喻高中状元。
⑥ 蟾宫之客：科举时代对新进士的美称。金·董解元《西厢记诸宫调》卷六："蟾宫客，赴帝阙，相送临郊野。"
⑦ 秦晋：春秋时秦晋两国世为婚姻，后把两姓联姻称为秦晋之好。
⑧ 宦族：常指世代有子弟为官入仕的家族。出自《晋书·索靖传》："索靖，字幼安，敦煌人也。累世宦族，……"
⑨ 及笄：笄：簪。古代女子已许婚者十五而笄，二十而嫁；未许婚者，二十则笄。古代女子一般十五岁许婚，结发上笄。参阅《礼记·内则》"女子……十有五年而笄"注。
⑩ 命如一叶：元好问《鹧鸪天·薄命妾》："颜色如花画不成，命如叶薄可怜生。"
⑪ 没乱里：心绪烦乱。
⑫ 蓦地里：即蓦地。
⑬ 婵娟：形态美好。
⑭ 迁延：拖延，多指时间上的耽误，这里指感慨青春空度。
⑮ 淹煎：备受煎熬，遭受折磨。
⑯ 泼残生：指苦命。
⑰ 隐(yìn)：倚，靠着。隐几：倚着几案。
⑱ 生：指生角，戏曲中的男性角色。
⑲ 淹通：深徹明达，即精通。

爱杀你哩!

【山桃红】则为你如花美眷,似水流年,是答儿①闲寻遍。在幽闺自怜。小姐,和你那答儿②讲话去。(旦作含笑不行)(生作牵衣介)(旦低问)秀才那边去?(生)转过这芍药栏前,紧靠着湖山石边。(旦低问)秀才,去怎的?(生低答)和你把领扣松,衣带宽,袖梢儿搵着牙儿苫也,则待你忍耐温存一晌眠③。(旦作羞)(生前抱)(旦推介)(合)是那处曾相见,相看俨然④,早难道这好处相逢无一言?

(生强抱旦下)(末⑤扮花神束发冠,红衣插花上)"催花御史惜花天,检点春工又一年。蘸客伤心红雨下,勾人悬梦彩云边。"吾乃掌管南安府后花园花神是也。因杜知府小姐丽娘,与柳梦梅秀才,后日有姻缘之分。杜小姐游春感伤,致使柳秀才入梦。咱花神专掌惜玉怜香,竟来保护他,要他云雨十分欢幸也。

【鲍老催】单则是混阳蒸变,看他似虫儿般蠢动把风情搧,一般儿娇凝翠绽魂儿颠。这是景上缘⑥,想内成⑦,因中见⑧。呀!淫邪展污了花台殿。咱待拈片落花儿惊醒他。(向鬼门⑨丢花介)他梦酣春透了怎留连?拈花闪碎的红如片。

秀才才到的半梦儿。梦毕之时,好送杜小姐仍归香阁。吾神去也。(下)

【山桃红】(生、旦携手上)(生)这一霎天留人便,草藉花眠。小姐可好?(旦低头介)(生)则把云鬟点,红松翠偏。小姐休忘了呵,见了你紧相偎,慢厮连,恨不得肉儿般团成片也,逗的个日下胭脂雨上鲜。(旦)秀才,你可去呵?(合)是那处曾相见,相看俨然,早难道这好处相逢无一言?

(生)姐姐,你身子乏了,将息将息。(送旦依前作睡介)(轻拍旦介)姐姐,俺去了。(作回顾介)姐姐,你好十分将息,我再来瞧你那。"行来春色三分雨,睡去巫山一片云。"(下)(旦作惊醒低叫介)秀才,秀才,你去了也?(又睡介)(老旦⑩上)"夫婿坐黄堂,娇娃立绣窗。怪他裙衩上,花鸟绣双双。"孩儿,孩儿,你为甚瞌睡在此?(旦作醒叫秀才介)咳也。(老旦)孩儿怎的来?(旦作惊起介)奶奶到此!(老旦)我儿,何不做些针指⑪,或观玩书史,舒展情怀?因何昼寝于此?(旦)儿适在花园中闲玩,忽值春暄恼人,故此回房。无可消遣,不觉困倦少息。有失迎接,望母亲恕儿之罪。(老旦)孩儿这后花园中冷静,少去闲行。(旦)领母亲严命。(老旦)孩儿,学堂看书去。(旦)先生不在,且自消停。(老旦叹介)女孩儿长成,自有许多情态,且自由他。正是:"宛转随儿女,辛勤做老娘。"(下)(旦长叹介)(看老旦下介)哎也,

① 是答儿:到处,处处。
② 那答儿:那边。
③ 一晌:一会儿。
④ 俨然:形容特别像。
⑤ 末:地位较次的老生,造型以黑满髯口为主。
⑥ 景上缘:幻影中的缘分。
⑦ 想内成:想象中成就的情缘。
⑧ 因中见(xiàn):因缘中显现的相会。
⑨ 鬼门:中国戏曲舞台是三面可看,另一边有一面帷幕或是一堵墙,演员上场下场的门叫"鬼门"或称"古门",意思是这些在舞台上演出的,都是作了"鬼"的"古"事。
⑩ 老旦:饰演老年妇女的角色,用本嗓演唱。
⑪ 针指:针线活。

天那！今日杜丽娘有些侥幸也。

偶到园中，百花开遍，睹景伤情。没兴而回，昼眠香阁。忽见一生，年可弱冠①，丰姿俊妍。于园中折垂柳一枝，笑对奴家说："姐姐既淹通书史，何不将柳枝题赏一篇？"那时待要应他一声，心中自忖，素昧平生，不知名姓，何得轻与交言。正如此想间，只见那生向前说了几句伤心话儿，将奴搂抱去牡丹亭畔，芍药阑边，共成云雨之欢。两情和合，真个是千般爱惜，万种温存。欢毕之时，又送我睡眠，几声"将息"。正待自送那生出门，忽值母亲来到，唤醒将来。我一身冷汗，乃是**南柯一梦**。忙身参礼母亲，又被母亲絮了许多闲话。奴家口虽无言答应，心内思想梦中之事，何曾放怀。行坐不宁，自觉如有所失。娘呵，你叫我学堂看书去，知他看那一种书消闷也。（作掩泪介）

【绵搭絮】雨香云片②，才到梦儿边。无奈高堂，唤醒纱窗睡不便。泼新鲜冷汗粘煎，闪的俺心悠步嚲③，意软鬟偏。不争多④费尽神情，坐起谁忺⑤？则待去眠。

（贴上）"晚妆销粉印，春润费香篝⑥。"小姐，薰了被窝睡罢。

【尾声】（旦）困春心游赏倦，也不索香熏绣被眠。天呵！有心情那梦儿还去不远。

春望逍遥出画堂，张说　间梅遮柳不胜芳。罗隐

可知刘阮逢人处？许浑　回首东风一断肠。韦庄

文本拓展

一、知识链接

☞　花钿

花钿是一种在脸上贴各种"小花片"作为装饰的化妆术，当时叫作"花子""花钿"等。最简单的花钿仅是一个小小的圆点，复杂的有用金箔片、珍珠、鱼腮骨、鱼鳞、茶油花饼、黑光纸、螺钿壳及云母等材料剪制成的各种花朵形状，其中以梅花最为多见。唐代是花钿使用的鼎盛时期，五代十国的服饰承袭唐代并且有所发展，花钿继续盛行；到了宋代，随着崇尚淡雅之美风气的兴起，浓艳风格的花钿逐渐失宠；至元代，花钿淡出了女子的妆台。

到了明代，花钿则另指头面中的一种重要饰物，是由宋代一种插戴于正面的做成弧弯状的长条形簪发展而来，到明代，这种弧弯形的簪首之后已经不做簪脚，插戴方式有所改变，就成了所谓的"发箍"，时称"花钿"或"钿儿"。花钿戴于发鼓之下，发鼓，即假发。

---

① 弱冠：古时男子二十成人，初加冠，体还未壮，故称弱。后沿称年少为弱冠。
② 雨香风片：形容梦中的欢爱。
③ 闪的俺：弄得我。步嚲（duǒ）：迈不动步子。
④ 不争多：几乎。
⑤ 忺（xiān）：高兴，适意。
⑥ 香篝：用于熏香的熏笼。

☞　沉鱼落雁　羞花闭月

沉鱼落雁、羞花闭月都是用来形容女子容貌的美丽。沉鱼落雁的意思最早见于《庄子·齐物论》："毛嫱丽姬,人之所美也。鱼见之深入,鸟见之高飞,麋鹿见之决骤,四者孰知天下之正色哉。"庄子原意指鱼鸟不辨美色,惟知见人惊避,后人变为形容妇女貌美之词,并改鸟飞为落雁,遂有沉鱼落雁之语。闭月羞花则最早出现于元代杂剧。

☞　《题红记》

《题红记》是明朝著名的戏曲理论家、作家王骥德所作的一部传奇作品,其本事出自宋代张实的传奇小说《流红记》,而其蓝本是元朝白朴《韩翠屏御沟流红记》。讲述唐僖宗时,书生于佑在御沟中拾得落叶一片,上有四句题诗:"流水何太急,深宫尽日闲。殷勤谢红叶,好去到人间。"佑自此终日思念,于是也取红叶,题诗二句:"曾闻叶上题红怨,叶上题诗寄阿谁?"置于御沟上流,使流入宫中。后来于佑娶因罪被遣宫女韩氏为妻,成婚之日,当二人出示所藏红叶时,才知这段姻缘自有天意,于是韩氏写诗感慨:"一联佳句题流水,十载幽思满素怀。今日却成鸾凤友,方知红叶是良媒。"明代戏曲家屠隆所写的《题红记叙》认为该书"以其缠绵婉丽之藻,写彼凄楚幽怨之情",可以说是对《题红记》艺术特色的最精到评语。《题红记》中最为感人的是女主人公韩翠屏的无尽怨情,屠隆称之为"夫生者情也,有生则有情,有情则有结"。

☞　《崔徽传》

唐·元稹《崔徽传》载:唐代著名歌妓崔徽曾与裴敬中相恋,同居数月,后敬中还乡,徽不得同行,相思成疾。几个月后,崔徽听说敬中的好朋友也要回乡,就拜托当时有名的肖像画家丘夏给她画了一幅肖像,请那位好友带回去告诉裴敬中:"崔徽一旦不及卷中人,徽且为郎死矣。"不久抱病而终。

根据文意,杜丽娘可能指的是《会真记》,误写成《崔徽传》。

☞　阮肇到天台

阮肇是南朝宋·刘义庆《幽明录》中记载的人物。说是汉明帝永平五年,会稽郡剡县刘晨、阮肇共入天台山采药,迷路后差点饿死,幸亏遇到两"姿质妙绝"的仙女,被邀至家中,一番好吃好喝,并被招为婿。半年后二人思乡心切,回家后却发现"亲旧零落,邑屋改异,无复相识"。询问才知道人间已经过了七世。到后代,阮肇又被称为阮郎。

☞　南柯一梦

南柯一梦出自唐传奇小说《南柯太守传》,讲述淳于棼在生日时醉酒后,梦见被两个紫衣使者带入大槐安国,被召为驸马,官任南柯太守,前后二十年享尽荣华富贵,育有五子二女,官位显赫,家庭美满。不料敌国入侵,淳于棼兵败,公主亡故,他失去帝王宠信,郁郁回乡,却发现自己的身体睡在廊下,不由吓了一跳,惊醒过来。原来是一个梦!后人用"南柯一梦"借喻世间荣华富贵不过是一场梦。

二、点评辑要

夫情之所之,不知其所始,不知其所终,不知其所离,不知其所合。在若有若无,若远若近,若存若亡之间,其斯为情之所必至,而不知其所以然。不知其所以然,而后情有所不可尽。而死生生死之无足怪也。故能痴者而后能情,能情者而后能写其情。杜之情痴而幻;柳之情痴而荡。一以梦为真,一以生为真。惟其情真,而幻荡将何所不至矣。

(明·潘之恒《鸾啸小品》)

《牡丹亭》一出,家传户诵,几令《西厢》减价。

(明·沈德符《万历野获编》)

第曰传奇者,事不奇幻不传,辞不奇艳不传。其间情之所在,自有而无,自无而有,不瑰丽愕眙者亦不传。而斯记有焉,梦而死也,能雪有情之涕;死而生也,顿破沉痛之颜,雅丽幽艳,灿如霞之披,而花之旖旎矣。

(明·茅暎《题〈牡丹亭〉记》)

即若士自谓一生"四梦",得意处惟在《牡丹》。情深一叙,读末三行,人已销魂肌栗……而其立言神指,《邯郸》,仙也;《南柯》,佛也;《紫钗》,侠也;《牡丹亭》,情也。若士以为情不可以论理,死不足以尽情。百千情事,一死而止,则情莫有深于阿丽者矣。

(明·陈继儒《批点〈牡丹亭〉题词》)

死死生生一缕情,临川妙笔可怜生。误他多少痴儿女,博得风流玉茗名。

(清·长白浩歌子《萤窗异草》)

《牡丹亭》唱彻秋闱,惹多少好儿女拼为他伤心到死。

(清·俞用济题《醒石缘》)

书初出时,文人学士案头无不置一册。

礼乐之用,莫切于传奇。愚夫愚妇,每观一剧,便谓昔人真有此事,为之快意,为之不平,于是从而效法之。彼都人士,诵读圣贤感发之书,有所不及。

(清·林以宁《吴吴山三妇合评牡丹亭还魂记》题序)

玉茗笔端,直欲戏弄造化。

(清·程琼《批〈才子牡丹亭〉序》)

近有儿女并坐读《还魂记》,俱得疾死。一少妇看演杂剧,不觉泣下。此皆缘情生感,缘感成痴。人非木石皆有情,慧心红粉,绣口青衫,以正言相劝,尚或不能自持,况导以淫词,有不魂消心死者哉?

(清·史震林《西青散记》)

三、旁观博览

1. 钱南扬 校点:《汤显祖戏曲集》,上海古籍出版社 2010 年版。
2. 聂石樵:《中国古代戏曲小说史略》,北京师范大学出版社 2006 年版。
3. 龚重谟:《汤显祖大传》,上海人民出版社 2015 年版。
4. 刘崇德 选译:《中国古典诗词曲古谱今译·元曲》,黄山书社 2015 年版。
5. [美]高彦颐 著,李志生 译:《闺塾师》,江苏人民出版社 2005 年版。

四、思考练习

1.《牡丹亭》在明清有一帮女"粉丝",查阅诸女当时言行,结合当代"粉丝"诸言行,绘制双重气泡图比较二者异同。

2.分析《惊梦》一折在《牡丹亭》整个故事的推进中具有怎样的作用。

3.将《皂罗袍》改写成现代歌词。

冯梦龙

冯梦龙(1574—1646)，明代文学家、戏曲家。字犹龙，又字子犹，号墨憨斋主人、顾曲散人、姑苏词奴、吴下词奴、前周柱史等。南直隶苏州府长洲县(今江苏省苏州市)人。"三言"又名《古今小说》，是冯梦龙纂辑的白话短篇小说集，包括《喻世明言》《警世通言》《醒世恒言》。"三言"与凌濛初的《初刻拍案惊奇》《二刻拍案惊奇》合称"三言两拍"，是中国白话短篇小说的经典代表。

玉堂春落难逢夫①

公子初年柳陌游，玉堂一见便绸缪。黄金数万皆消费，红粉双眸枉泪流。财货拐，仆驹休，犯法洪同狱内囚；按临骢马冤愆脱，百岁烟缘到白头。

话说正德年间，南京金陵城有一人，姓王名琼，别号思竹，中乙丑科进士，累官至礼部尚书。因刘瑾擅权，劾了一本。圣旨发回原籍。不敢稽留，收拾轿马和家眷起身。王爷暗想有几两俸银，都借在他人名下，一时取讨不及。况长子南京中书，次子时当大比，踌躇半晌，乃呼公子三官前来。那三官双名景隆，字顺卿，年方一十七岁。生得眉目清新，丰姿俊雅。读书一目十行，举笔即便成文，元是个风流才子。王爷爱惜胜如心头之气，掌上之珍。当下王爷唤至分付道："我留你在此读书，叫王定讨帐，银子完日，作速回家，免得父母牵挂。我把这里帐目，都留与你。"叫王定过来："我留你与三叔在此读书讨帐，不许你引诱他胡行乱为。吾若知道，罪责非小。"王定叩头说："小人不敢。"次日收拾起程，王定与公子送别，转到北京，另寻寓所安下。公子谨依父命，在寓读书。王定讨帐。不觉三月有余，三万银帐，都收完了。公子把底帐扣算，分厘不欠。分付王定，选日起身。公子说："王定，我们事体俱已完了，我与你到大街上各巷口，闲耍片时，来日起身。"王定遂即锁了房门，分付主人家用心看着生口。房主说："放心，小人知道。"二人离了寓所，至大街观看皇都景致。但见：

人烟凑集，车马喧阗。人烟凑集，合四山五岳之音；车马喧阗，尽六部九卿之

---

① 收入《警世通言》第二十四卷。"三言"主要是对宋元**话本**与明代**拟话本**进行编辑，冯梦龙在对其进行编辑的同时，进行了一定的修订。

辈。做买做卖，总四方土产奇珍；闲荡闲游，靠万岁太平洪福。处处胡同铺锦绣，家家杯罟醉笙歌。

公子喜之不尽。忽然又见五七个宦家子弟，各拿琵琶弦子，欢乐饮酒。公子道："王定，好热闹去处。"王定说："三叔，这等热闹，你还没到那热闹去处哩！"二人前至东华门，公子睁眼观看，好锦绣景致。只见门彩金凤，柱盘金龙。王定道："三叔，好么？"公子说："真个好所在！"又走前面去，问王定："这是那里？"王定说："这是紫金城。"公子往里一视，只见城内瑞气腾腾，红光闪闪。看了一会，果然富贵无过于帝王，叹息不已。离了东华门往前，又走多时，到一个所在，见门前站着几个女子，衣服整齐。公子便问："王定，此是何处？"王定道："此是酒店。"乃与王定进到酒楼上。公子坐下。看那楼上有五七席饮酒的，内中一席有两个女子，坐着同饮。公子看那女子，人物清楚，比门前站的，更胜几分。公子正看中间，酒保将酒来，公子便问："此女是那里来的？"酒保说："这是一秤金家丫头翠香翠红。"三官道："生得清气。"酒保说："这等就说标致；他家里还有一个粉头，排行三姐，号玉堂春，有十二分颜色。鸨儿索价太高，还未梳拢①。"公子听说留心。叫王定还了酒钱，下楼去，说："王定，我与你春院胡同走走。"王定道："三叔不可去，老爷知道怎了！"公子说："不妨，看一看就回。"乃走至本司院门首。果然是：

花街柳巷，绣阁朱楼。家家品竹弹丝，处处调脂弄粉。黄金买笑，无非公子王孙；红袖邀欢，都是妖姿丽色。正疑香雾弥天霭，忽听歌声别院娇。总然道学也迷魂，任是真僧须破戒。

公子看得眼花缭乱，心内踌躇，不知那是一秤金的门。正思中间，有个卖瓜子的小伙叫做金哥走来，公子便问："那是一秤金的门？"金哥说："大叔莫不是要耍？我引你去。"王定便道："我家相公不嫖，莫错认了。"公子说："但求一见。"那金哥就报与老鸨知道。老鸨慌忙出来迎接，请进待茶。王定见老鸨留茶，心下慌张，说："三叔可回去罢！"老鸨听说，问道："这位何人？"公子说："是小价②。"鸨子道："大哥，你也进来吃茶去，怎么这等小器？"公子道："休要听他。"跟着老鸨往里就走。王定道："三叔不要进去，俺老爷知道，可不干我事。"在后边自言自语。公子那里听他，竟到了里面坐下。老鸨叫丫头看茶。茶罢，老鸨便问："客官贵姓？"公子道："学生姓王，家父是礼部正堂。"老鸨听说拜道："不知贵公子，失瞻休罪③。"公子道："不碍，休要计较。久闻令爱玉堂春大名，特来相访。"老鸨道："昨有一位客官，要梳弄小女，送一百两财礼不曾许他。"公子道："一百两财礼小哉！学生不敢夸大话，除了当今皇上，往下也数家父。就是家祖，也做过侍郎。"老鸨听说，心中暗喜。便叫翠红请三姐出来见尊客。翠红去不多时，回话道："三姐身子不健，辞了罢！"老鸨起身带笑说："小女从幼养娇了，直待老婢自去唤他。"王定在傍喉急，又说："他不出来就罢了，莫又去唤。"老鸨不听其言，走进房中，叫："三姐，我的儿，你时运到了！今有王尚书的公子，特慕你而来。"玉堂春低头不语。慌得那鸨儿便叫："我儿，王公子好个标致人物，年纪不上十六七岁，囊中广有金银。你若打得上这个主儿，不但名声好听，也勾你一世受用。"玉姐听说，即时打扮，来见公子。临行，老鸨又说：

① 梳拢：旧指妓女第一次接客伴宿。妓院中，处女梳辫，接客后才梳髻，称"梳拢"。
② 小价：也作"小介"。对自己的仆人的谦称。
③ 失瞻：旧时的客套话。指失于瞻仰拜候，有所慢待。

"我儿，用心奉承，不要怠慢他。"玉姐道："我知道了。"公子看玉堂春果然生得好：

> 鬓挽乌云，眉弯新月。肌凝瑞雪，脸衬朝霞。袖中玉笋尖尖，裙下金莲窄窄。
> 雅淡梳妆偏有韵，不施脂粉自多姿。便数尽满院名姝，总输他十分春色。

玉姐偷看公子，眉清目秀，面白唇红，身段风流，衣裳清楚，心中也自暗喜。当下玉姐拜了公子。老鸨就说："此非贵客坐处，请到书房小叙。"公子相让，进入书房，果然收拾得精致。明窗净儿，古画古炉，公子却无心细看，一心只对着玉姐。鸨儿帮衬，教女儿捱着公子肩下坐了，分付丫鬟摆酒。王定听见摆酒，一发着忙，连声催促三叔回去。老鸨丢个眼色与丫头："请这大哥到房里吃酒。"翠香翠红道："姐夫请进房里，我和你吃钟喜酒。"王定本不肯去，被翠红二人，拖拖拽拽扯进去坐了。甜言美语，劝了几杯酒。初时还是勉强，以后吃得热闹，连王定也忘怀了，索性放落了心，且偷快乐。正饮酒中间，听得传语公子叫王定。王定忙到书房，只见杯盘罗列，本司自有答应乐人，奏动乐器。公子开怀乐饮。王定走近身边，公子附耳低言："你到下处取二百两银子，四匹尺头①，再带散碎银二十两，到这里来。"王定道："三叔要这许多银子何用？"公子道："不要你闲管。"王定没奈何，只得来到下处，开了皮箱，取出五十两元宝四个，并尺头碎银，再到本司院说："三叔有了。"公子看也不看，都教送与鸨儿，说："银两尺头，权为令爱初会之礼；这二十两碎银，把做赏人杂用。"王定只道公子要讨那三姐回去，用许多银子；听说只当初会之礼，吓得舌头吐出三寸。却说鸨儿一见了许多东西，就叫丫头转过一张空桌。王定将银子尺头，放在桌上，鸨儿假意谦让了一回。叫玉姐："我儿，拜谢了公子。"又说："今日是王公子，明日就是王姐夫了。"叫丫头收了礼物进去。"小女房中还备得有小酌，请公子开怀畅饮。"公子与玉姐肉手相搀，同至香房，只见围屏小桌，果品珍羞，俱已摆设完备。公子上坐，鸨儿自弹弦子，玉堂春清唱侑酒。弄得三官骨松筋痒，神荡魂迷。王定见天色晚了，不见三官动身，连催了几次。丫头受鸨儿之命，不与他传。王定又不得进房。等了一个黄昏，翠红要留他宿歇，王定不肯，自回下处去了。公子直饮到二鼓方散。玉堂春殷勤伏侍公子上床，解衣就寝，真个男贪女爱，倒凤颠鸾，彻夜交情，不在话下。天明，鸨儿叫厨下摆酒煮汤，自进香房，追红讨喜叫一声："王姐夫，可喜可喜。"丫头小厮都来磕头。公子分付王定每人赏银一两。翠香翠红各赏衣服一套，折钗银三两。王定早晨本要来接公子回寓，见他撒漫使钱，有不然之色。公子暗想："在这奴才手里讨针线，好不爽利，索性将皮箱搬到院里，自家便当。"鸨儿见皮箱来了，愈加奉承。真个朝朝寒食，夜夜元宵，不觉住了一个多月。老鸨要生心科派②，设一大席酒，搬戏演乐，专请三官玉姐二人赴席。鸨子举杯敬公子说："王姐夫，我女儿与你成了夫妇，地久天长，凡家中事务，望乞扶持。"那三官心里只怕鸨子心里不自在，看那银子犹如粪土，凭老鸨说谎，欠下许多债负，都替他还。又打若干首饰酒器，做若干衣服，又许他改造房子。又造百花楼一座，与玉堂春做卧房。随其科派，件件许了。正是：

> 酒不醉人人自醉，色不迷人人自迷。

急得家人王定手足无措，三回五次，催他回去。三官初时含糊答应，以后逼急了，反将王

---

① 尺头：绸缎衣料。

② 科派：索取钱财。

定痛骂。王定没奈何,只得到求玉姐劝他。玉姐素知虔婆利害,也来苦劝公子道:"'人无千日好,花有几日红?'你一日无钱,他翻了脸来,就不认得你。"三官此时手内还有钱钞,那里信他这话。王定暗想:"心爱的人还不听他,我劝他则甚?"又想:"老爷若知此事,如何了得! 不如回家报与老爷知道,凭他怎么裁处,与我无干。"王定乃对三官说:"我在北京无用,先回去罢!"三官正厌王定多管,巴不得他开身,说:"王定,你去时,我与你十两盘费,你到家中禀老爷,只说帐未完,三叔先使我来问安。"玉姐也送五两,鸨子也送五两。王定拜别三官而去。正是:

> 各人自扫门前雪,莫管他家瓦上霜。

且说三官被酒色迷住,不想回家。光阴似箭,不觉一年。亡八淫妇,终日科派。莫说上头,做生①,讨粉头,买丫鬟,连亡八的寿圹都打得到②。三官手内财空。亡八一见无钱,凡事疏淡,不照常答应奉承。又住了半月,一家大小作闹起来。老鸨对玉姐说:"'有钱便是本司院③,无钱便是养济院④。'王公子没钱了,还留在此做甚! 那曾见本司院举了节妇,你却呆守那穷鬼做甚!"玉姐听说,只当耳边之风。一日三官下楼往外去了,丫头来报与鸨子。鸨子叫玉堂春下来:"我问你,几时打发王三起身?"玉姐见话不投机,复身向楼上便走。鸨子随即跟上楼来。说:"奴才,不理我么?"玉姐说:"你们这等没天理,王公子三万两银子,俱送在我家。若不是他时,我家东也欠债,西也欠债,焉有今日这等足用?"鸨子怒发,一头撞去。高叫:"三儿打娘哩!"亡八听见,不分是非,便拿了皮鞭,赶上楼来,将玉姐撑跌在楼上,举鞭乱打。打得鬓偏发乱,血泪交流。且说三官在午门外,与朋友相叙,忽然面热肉颤,心下怀疑,即辞归,径走上百花楼。看见玉姐如此模样,心如刀割,慌忙抚摩,问其缘故。玉姐睁开双眼,看见三官,强把精神挣着说:"俺的家务事,与你无干!"三官说:"冤家,你为我受打,还说无干? 明日辞去,免得累你受苦!"玉姐说:"哥哥,当初劝你回去,你却不依我。如今孤身在此,盘缠又无,三千余里,怎生去得? 我如何放得心? 你若不能还乡,流落在外,又不如忍气且住几日。"三官听说,闷倒在地。玉姐近前抱住公子,说:"哥哥,你今后休要下楼去,看那亡八淫妇怎么样行来?"三官说:"欲待回家,难见父母兄嫂;待不去,又受不得亡八冷言热语。我又舍不得你;待住,那亡八淫妇只管打你。"玉姐说:"哥哥,打不打你休管他,我与你是从小的儿女夫妻,你岂可一旦别了我!"看看天色又晚,房中往常时丫头秉灯上来,今日火也不与了。玉姐见三官痛伤,用手扯到床上睡了。一递一声长吁短气。三官与玉姐说:"不如我去罢! 再接有钱的客官,省你受气。"玉姐说:"哥哥,那亡八淫妇,任他打我,你好歹休要起身。哥哥在时,奴命在,你真个要去,我只一死。"二人直哭到天明,起来,无人与他碗水。玉姐叫丫头:"拿钟茶来与你姐夫吃。"鸨子听见,高声大骂:"大胆奴才,少打。叫小三自家来取。"那丫头小厮都不敢来。玉姐无奈,只得自己下楼,到厨下,盛碗饭,泪滴滴自拿上楼去。说:"哥哥,你吃饭来。"公子才要吃,又听得下边骂;待不吃,玉姐又劝。公子方才吃得一口,那淫妇在楼下说:"小三,大胆奴才,那有'巧媳妇做出无米粥'?"三官分明听得他话,只索隐忍。正是:

---

① 做生:旧时男子庆祝三十岁生日叫做生,不称做寿,五十岁以后凡岁数逢十,才称做寿。此处泛指庆祝生日。

② 寿圹(kuàng):寿穴。

③ 本司院:本司,明代北京人对教坊司的俗称。这里泛指妓院。

④ 养济院:古代收养鳏寡孤独的穷人和乞丐的场所,是一种福利慈善机构。

囊中有物精神旺，手内无钱面目惭。

　　却说亡八恼恨玉姐，待要打他，倘或打伤了，难教他挣钱；待不打他，他又恋着王小三。十分逼的小三极了，他是个酒色迷了的人，一时他寻个自尽，倘或尚书老爷差人来接，那时把泥做也不干。左思右算，无计可施。鸨子说："我自有妙法，叫他离咱门去。明日是你妹子生日，如此如此，唤做'倒房计'。"亡八说："到也好。"鸨子叫丫头楼上问："姐夫吃了饭还没有？"鸨子上楼来说："休怪！俺家事，与姐夫不相干。"又照常摆上了酒。吃酒中间，老鸨忙陪笑道："三姐，明日是你姑娘生日，你可禀王姐夫，封上人情，送去与他。"玉姐当晚封下礼物。第二日清晨，老鸨说："王姐夫早起来，趁凉可送人情到姑娘家去。"大小都离司院，将半里，老鸨故意吃一惊。说："王姐夫，我忘了锁门，你回去把门锁上。"公子不知鸨子用计，回来锁门不题。且说亡八从那小巷转过来。叫："三姐，头上吊了簪子。"哄的玉姐回头，那亡八把头口打了两鞭，顺小巷流水出城去了。三官回院，锁了房门，忙往外赶看，不见玉姐，遇着一伙人。公子躬身便问："列位曾见一男女，往那里去了？"那伙人不是好人，却是短路的①。见三官衣服齐整，心生一计，说："才往芦苇西边去了。"三官说："多谢列位。"公子往芦苇里就走。这人哄的三官往芦苇里去了，即忙走在前面等着。三官至近，跳起来喝一声，却去扯住三官，齐下手剥去衣服帽子，拿绳子捆在地上。三官手足难挣，昏昏沉沉，捱到天明，还只想了玉堂春，说："姐姐，你不知在何处去，那知我在此受苦！"——不说公子有难，且说亡八淫妇拐着玉姐，一日走了一百二十里地，野店安下。玉姐明知中了亡八之计，路上牵挂三官，泪不停滴。——再说三官在芦苇里，口口声声叫救命。许多乡老近前看见，把公子解了绳子，就问："你是那里人？"三官害羞，不说是公子，也不说嫖玉堂春。浑身上下又无衣服，眼中吊泪说："列位大叔，小人是河南人，来此小买卖，不幸遇着歹人，将一身衣服尽剥去了，盘费一文也无。"众人见公子年少，舍了几件衣服与他，又与了他一顶帽子。三官谢了众人，拾起破衣穿了，拿破帽子戴了。又不见玉姐，又没了一个钱，还进北京来，顺着房檐，低着头，从早至黑，水也没得口。三官饿的眼黄，到天晚寻宿，又没人家下他。有人说："想你这个模样子，谁家下你？你如今可到总铺门口去②，有觅人打梆子，早晚勤谨，可以度日。"三官径至总铺门首，只见一个地方来雇人打更。三官向前叫："大叔，我打头更。"地方便问："你姓甚么？"公子说："我是王小三。"地方说："你打二更罢！失了更，短了筹，不与你钱，还要打哩！"三官是个自在惯了的人，贪睡了，晚间把更失了。地方骂："小三，你这狗骨头，也没造化吃这自在饭，快着走。"三官自思无路，乃到孤老院里去存身。正是：

　　　一般院子里，苦乐不相同。

　　却说那亡八鸨子，说："咱来了一个月，想那王三必回家去了，咱们回去罢。"收拾行李，回到本司院。只有玉姐每日思想公子，寝食俱废。鸨子上楼来，苦苦劝说："我的儿，那王三已是往家去了，你还想他怎么？北京城内多少王孙公子，你只是想着王三不接客，你可知道我的性子，自讨分晓，我再不说你了。"说罢自去了。玉姐泪如雨滴。想王顺卿手内无半文钱，不知怎生去了？"你要去时，也通个信息，免使我苏三常常挂牵。不知何日再得与你相见？"不说玉姐想公子。且说公子在北京院讨饭度日。北京大街上有个高手王银匠，曾在王尚书

---

　　① 短路：古代方言，指拦路抢劫。
　　② 总铺：军巡铺，巡逻以防盗、防火的哨亭。

处打过酒器。公子在虔婆家打首饰物件,都用着他。一日往孤老院过,忽然看见公子,唬了一跳。上前扯住,叫:"三叔!你怎么这等模样?"三官从头说了一遍。王银匠说:"自古狠心亡八!三叔,你今到寒家,清茶淡饭,暂住几日。等你老爷使人来接你。"三官听说大喜,跟随至王匠家中。王匠敬他是尚书公子,尽礼管待,也住了半月有余。他媳妇子见短,不见尚书家来接,只道丈夫说谎,乘着丈夫上街,便发说话:"自家一窝子男女,那有闲饭养他人!好意留吃几日,各人要自达时务,终不然在此养老送终。"三官受气不过,低着头,顺着房檐往外出来信步而行。走至关王庙,猛省关圣最灵,何不诉他?乃进庙,跪于神前,诉以亡八鸨儿负心之事。拜祷良久,起来闲看两廊画的三国功劳。却说庙门外街上,有一个小伙儿叫云:"本京瓜子,一分一桶;高邮鸭蛋,半分一个。"此人是谁?是卖瓜子的金哥。金哥说道:"原来是年景消疏,买卖不济。当时本司院有王三叔在时,一时照顾二百钱瓜子,转的来,我父母吃不了。自从三叔回家去了,如今谁买这物?二三日不曾发市,怎么过?我到庙里歇歇再走。"金哥进庙里来,把盘子放在供桌上,跪下磕头。三官却认得是金哥,无颜见他,双手掩面坐于门限侧边①。金哥磕了头,起来,也来门限上坐下。三官只道金哥出庙去了。放下手来,却被金哥认出说:"三叔!你怎么在这里?"三官含羞带泪,将前事道了一遍。金哥说:"三叔休哭,我请你吃些饭。"三官说:"我得了饭。"金哥又问:"你这两日,没见你三婶来?"三官说:"久不相见了!金哥,我烦你到本司院密密的与三婶说,我如今这等穷,看他怎么说?回来复我。"金哥应允,端起盘,往外就走。三官又说:"你到那里看风色,他若想我,你便题我在这里如此。若无真心疼我,你便休话,也来回我。他这人家有钱的另一样待,无钱的另一样待。"金哥说:"我知道。"辞了三官,往院里来,在于楼外立边着。说那玉姐手托香腮,将汗巾拭泪,声声只叫:"王顺卿,我的哥哥!你不知在那里去了?"金哥说:"呀,真个想三叔哩!"咳嗽一声,玉姐听见,问:"外边是谁?"金哥上楼来,说:"是我。我来买瓜子与你老人家嗑哩!"玉姐眼中吊泪,说:"金哥,纵有羊羔美酒,吃不下,那有心绪嗑瓜仁!"金哥说:"三婶!你这两日怎么淡了?"三姐不理。金哥又问:"你想三叔,还想谁?你对我说,我与你接去。"玉姐说:"我自三叔去后,朝朝思想,那里又有谁来?我曾记得一辈古人。"金哥说:"是谁?"玉姐说:"昔有个亚仙女,郑元和为他黄金使尽,去打《莲花落》。后来收心勤读诗书,一举成名。那亚仙风月场中显大名。我常怀亚仙之心,怎得三叔他像郑元和方好。"金哥听说,口中不语,心内自思:"王三到也与郑元和相像了,虽不打《莲花落》,也在孤老院讨饭吃。"金哥乃低低把三婶叫了一声,说:"三叔如今在庙中安歇,叫我密密的报与你,济他些盘费,好上南京。"玉姐唬了一惊:"金哥休要哄我。"金哥说:"三婶,你不信,跟我到庙中看看去。"玉姐说:"这里到庙中有多少远?"金哥说:"这里到庙中有三里地。"玉姐说:"怎么敢去?"又问:"三叔还有甚话?"金哥说:"只是少银子钱使用,并没甚话。"玉姐说:"你去对三叔说:十五日在庙里等我。"金哥去庙里回复三官,就送三官到王匠家中,"倘若他家不留你,就到我家里去。"幸得王匠回家,又留住了公子不题。

却说老鸨又问:"三姐!你这两日不吃饭,还是想着王三哩!你想他,他不想你。我儿好痴,我与你寻个比王三强的,你也新鲜些。"玉姐说:"娘!我心里一件事不得停当。"鸨子说:"你有甚么事?"玉姐说:"我当初要王三的银子,黑夜与他说话,指着城隍爷爷说誓,如今等我还了愿,就接别人。"老鸨问:"几时去还愿?"玉姐道:"十五日去罢!"老鸨甚喜。预先备下香烛纸马。

---

① 门限:门槛。

等到十五日,天未明,就叫丫头起来:"你与姐姐烧下水洗脸。"玉姐也怀心,起来梳洗,收拾私房银两,并钗钏首饰之类,叫丫头拿着纸马,径往城隍庙里去。进的庙来,天还未明,不见三官在那里。那晓得三官却躲在东廊下相等。先已看见玉姐,咳嗽一声。玉姐就知,叫丫头烧了纸马,"你先去,我两边看看十帝阎君。"玉姐叫了丫头转身,径来东廊下寻三官。三官见了玉姐,羞面通红。玉姐叫声:"哥哥王顺卿,怎么这等模样?"两下抱头而哭。玉姐将所带有二百两银子东西,付与三官,叫他置办衣帽买骡子,再到院里来,"你只说是从南京才到,休负奴言。"二人含泪各别。玉姐回至家中,鸨子见了,欣喜不胜。说:"我儿还了愿了?"玉姐说:"我还了旧愿,发下新愿。"鸨子说:"我儿,你发下甚么新愿?"玉姐说:"我要再接王三,把咱一家子死的灭门绝户,天火烧了。"鸨子说:"我儿这愿,忒发得重了些。"从此欢天喜地不题。

且说三官回到王匠家,将二百两东西,递与王匠,王匠大喜。随即到了市上,买了一身衲帛衣服,粉底皂靴,绒袜,瓦楞帽子,青丝绦,真川扇,皮箱骡马,办得齐整。把砖头瓦片,用布包裹,假充银两,放在皮箱里面,收拾打扮停当。雇了两个小厮,跟随就要起身。王匠说:"三叔!略停片时,小子置一杯酒饯行。"公子说:"不劳如此,多蒙厚爱,异日须来报恩。"三官遂上马而去。

> 妆成圈套入胡同,鸨子焉能不强从;
> 亏杀玉堂垂念永,固知红粉亦英雄。

却说公子辞了王匠夫妇,径至春院门首。只见几个小乐工,都在门首说话。忽然看见三官气象一新,唬了一跳。飞风报与老鸨。老鸨听说,半晌不言:"这等事怎么处!向日三姐说:他是宦家公子,金银无数,我却不信,逐他出门去了。今日到带有金银,好不惶恐人也!"左思右想,老着脸走出来见了三官,说:"姐夫从何而至?"一手扯住马头。公子下马唱了半个喏,就要行,说:"我伙计都在船中等我。"老鸨陪笑道:"姐夫好狠心也。就是寺破僧丑,也看佛面,纵然要去,你也看看玉堂春。"公子道:"向日那几两银子值甚的?学生岂肯放在心上!我今皮箱内,见有五万银子,还有几船货物。伙计也有数十人。有王定看守在那里。"鸨子一发不肯放手了。公子恐怕掣脱了,将机就机,进到院门坐下。鸨儿分付厨下忙摆酒席接风。三官茶罢,就要走。故意攞出两锭银子来,都是五两头细丝。三官检起,袖而藏之。鸨子又说:"我到了姑娘家酒也不曾吃,就问你。说你往东去了,寻不见你,寻了一个多月,俺才回家。"公子乘机便说:"亏你好心,我那时也寻不见你。王定来接我,我就回家去了。我心上也欠挂着玉姐,所以急急而来。"老鸨忙叫丫头去报玉堂春。丫头一路笑上楼来,玉姐已知公子到了。故意说:"奴才笑甚?"丫头说:"王姐夫又来了。"玉姐故意唬了一跳,说:"你不要哄我!"不肯下楼。老鸨慌忙自来。玉姐故意回脸往里睡。鸨子说:"我的亲儿!王姐夫来了,你不知道么?"玉姐也不语,连问了四五声,只不答应。这一时待要骂,又用着他。扯一把椅子拿过来,一直坐下,长吁了一声气。玉姐见他这模样,故意回过头起来,双膝跪在楼上。说:"妈妈!今日饶我这顿打。"老鸨忙扯起来说:"我儿!你还不知道王姐夫又来了。拿有五万两花银,船上又有货物并伙计数十人,比前加倍。你可去见他,好心奉承。"玉姐道:"发下新愿了,我不去接他。"鸨子道:"我儿!发愿只当取笑。"一手挽玉姐下楼来,半路就叫:"王姐夫,三姐来了。"三官见了玉姐,冷冷的作了一揖,全不温存。老鸨便叫丫头摆桌,取酒斟上一钟,深深万福,递与王姐夫:"权当老身不是。可念三姐之情,休走别家,教人笑话。"三官微微冷笑。叫声:"妈妈,还是我的不是。"老鸨殷勤劝酒,公子吃了几杯,叫声"多扰",抽身就走。

翠红一把扯住,叫:"玉姐,与俺姐夫陪个笑脸。"老鸨说:"王姐夫,你忒做绝了。丫头把门顶了,休放你姐夫出去。"叫丫头把那行李抬在百花楼去。就在楼下重设酒席,笙琴细乐,又来奉承。吃了半更,老鸨说:"我先去了,让你夫妻二人叙话。"三官玉姐正中其意,携手登楼。

　　　　如同久旱逢甘雨,好似他乡遇故知。

　　二人一晚叙话,正是"欢娱嫌夜短,寂寞恨更长"。不觉鼓打四更,公子爬将起来,说:"姐姐! 我走罢!"玉姐说:"哥哥! 我本欲留你多住几日,只是留君千日,终须一别。今番作急回家,再休惹闲花野草。见了二亲,用意攻书。倘或成名,也争得这一口气。"玉姐难舍王公子,公子留恋玉堂春。玉姐说:"哥哥,你到家,只怕娶了家小不念我。"三官说:"我怕你在北京另接一人,我再来也无益了。"玉姐说:"你指着圣贤爷说了誓愿。"两人双膝跪下。公子说:"我若南京再娶家小,五黄六月害病死了我。"玉姐说:"苏三再若接别人,铁锁长枷永不出世。"就将镜子拆开,各执一半,日后为记。玉姐说:"你败了三万两银子,空手而回,我将金银首饰器皿,都与你拿去罢。"三官说:"亡八淫妇知道时,你怎打发他?"玉姐说:"你莫管我,我自有主意。"玉姐收拾完备,轻轻的开了楼门,送公子出去了。天明鸨儿起来,叫丫头烧下洗脸水,承下净口茶,"看你姐夫醒了时,送上楼去。问他要吃甚么? 我好做去。若是还睡,休惊醒他。"丫头走上楼去,见摆设的器皿都没了。梳妆匣也出空了,撇在一边。揭开帐子,床上空了半边。跑下楼,叫:"妈妈罢了!"鸨子说:"奴才! 慌甚么? 惊着你姐夫。"丫头说:"还有甚么姐夫? 不知那里去了。俺姐姐回脸往里睡着。"老鸨听说,大惊,看小厮骡脚都去了。连忙走上楼来,喜得皮箱还在。打开看时,都是个砖头瓦片。鸨儿便骂:"奴才! 王三那里去了? 我就打死你! 为何金银器皿他都偷了去?"玉姐说:"我发过新愿了,今番不是我接他来的。"鸨子说:"你两个昨晚说了一夜说话,一定晓得他去处。"亡八就去取皮鞭,玉姐拿个首帕,将头扎了。口里说:"待我寻王三还你。"忙下楼来,往外就走。鸨子乐工,恐怕走了,随后赶来。玉姐行至大街上,高声叫屈,"图财杀命!"只见地方都来了。鸨子:"奴才,他到把我金银首饰尽情拐去,你还放它!"亡八说:"由他,咱到家里算帐。"玉姐说:"不要说嘴,咱往那里去? 那是我家? 我同你到刑部堂上讲讲,怎家里是公侯宰相,朝郎驸马,他那里的金银器皿! 万物要平个理。一个行院人家,至轻至贱,那有甚么大头面,戴往那里去坐席? 王尚书公子在我家,费了三万银子,谁不知道他去了就开手。你昨日见他有了银子,又去哄到家里,图谋了他行李。不知将他下落在何处? 列位做个证见。"说得鸨子无言可答。亡八说:"你叫王三拐去我的东西,你反来图赖我。"玉姐舍命,就骂:"亡八淫妇,你图财杀人,还要说嘴? 见今皮箱都打开在你家里,银子都拿过了。那王三官不是你谋杀了是那个?"鸨子说:"他那里有甚么银子? 都是砖头瓦片哄人。"玉姐说:"你亲口说带有五万银子,如何今日又说没有?"两下厮闹。众人晓得三官败过三万银子是真,谋命的事未必。都将好言劝解。玉姐说:"列位,你既劝我不要到官,也得我骂他几句,出这口气。"众人说:"凭你骂罢!"玉姐骂道:

　　　"你这亡八是喂不饱的狗,鸨子是填不满的坑。不肯思量做生理,只是排局骗别人。奉承尽是天罗网,说话皆是陷人坑。只图你家长兴旺,那管他人贫不贫。八百好钱买了我,与你挣了多少银。我父叫做周彦亨,大同城里有名人。买良为贱该甚罪? 兴贩人口问充军。哄诱良家子弟犹自可,图财杀命罪非轻! 你一家万分无天理,我且说你两三分。"

众人说："玉姐，骂得勾了。"鸨子说："让你骂许多时，如今该回去了。"玉姐说："要我回去，须立个文书执照与我。"众人说："文书如何写？"玉姐说："要写'不合买良为娼，及图财杀命'等话。"亡八那里肯写。玉姐又叫起屈来。众人说："买良为娼，也是门户常事。那人命事不的实，却难招认。我们只主张写个赎身文书与你罢！"亡八还不肯。众人说："你莫说别项，只王公子三万银子也勾买三百个粉头了。玉姐左右心不向你了，舍了他罢！"众人都到酒店里面，讨了一张绵纸，一人念，一人写，只要亡八鸨子押花。玉姐道："若写得不公道，我就扯碎了。"众人道："还你停当。"写道：

> "立文书本司乐户苏淮，同妻一秤金，向将钱八百文，讨大同府人周彦亨女玉堂春在家，本望接客靠老，奈女不愿为娼。……"

写到"不愿为娼"，玉姐说："这句就是了。须要写收过王公子财礼银三万两。"亡八道："三儿！你也拿些公道出来，这一年多费用去了，难道也算？"众人道："只写二万罢。"又写道：

> "……有南京公子王顺卿，与女相爱，淮得过银二万两，凭众议作赎身财礼。今后听凭玉堂春嫁人，并与本户无干。立此为照。"

后写"正德年月日，立文书乐户苏淮同妻　一秤金"，见人有十余人。众人先押了花。苏淮只得也押了，一秤金也画个十字。玉姐收讫。又说："列位老爹！我还有一件事，要先讲个明。"众人曰："又是甚事？"玉姐曰："那百花楼，原是王公子盖的，拨与我住。丫头原是公子买的，要叫两个来伏侍我。以后米面柴薪菜蔬等项，须是一一供给，不许揸勒短少，直待我嫁人方止。"众人说："这事都依着你。"玉姐辞谢先回。亡八又请众人吃过酒饭方散。正是：

> 周郎妙计高天下，赔了夫人又折兵。

话说公子在路，夜住晓行，不数日，来到金陵自家门首下马。王定看见，唬了一惊。上前把马扯住，进的里面。三官坐下，王定一家拜见了。三官就问："我老爷安么？"王定说："安。""大叔、二叔、姑爹、姑娘何如？"王定说："俱安。"又问："你听得老爷说我家来，他要怎么处？"王定不言。长吁一口气，只看看天。三官就知其意："你不言语，想是老爷要打死我。"王定说："三叔！老爷誓不留你，今番不要见老爷了。私去看看老奶奶和姐姐兄嫂讨些盘费，他方去安身罢！"公子又问："老爷这二年，与何人相厚？央他来与我说个人情。"王定说："无人敢说。只除是姑娘姑爹，意思间稍题题，也不敢直说。"三官道："王定，你去请姑爹来我与他讲这件事。"王定即时去请刘斋长，何上舍到来。叙礼毕，何刘二位说："三舅，你在此，等俺两个与咱爷讲过，使人来叫你。若不依时，捎信与你，作速逃命。"二人说罢，竟往潭府来见了王尚书。坐下，茶罢，王爷问何上舍："田庄好么？"上舍答道："好！"王爷又问刘斋长："学业何如？"答说："不敢，连日有事，不得读书。"王爷笑道："'读书过万卷，下笔如有神。'秀才将何为本？'家无读书子，官从何处来？'今后须宜勤学，不可将光阴错过。"刘斋长唯唯谢教。何上舍问："客位前这墙几时筑的？一向不见。"王爷笑曰："我年大了，无多田产，日后恐怕大的二的争竞，预先分为两分。"二人笑说："三分家事，如何只做两分？三官回来，叫他那里住？"王爷闻说，心中大恼："老夫平生两个小儿，那里又有第三个？"二人齐声叫："爷，你如何不疼三官王景隆？当初还是爷不是，托他在北京讨帐，无有一个去接寻。休说三官十六七岁，北京是花柳之所,就是久惯江湖,也迷了心。"二人双膝跪下,吊下泪来。王爷说:"没下稍的狗畜生①,不知死在那里了,再休题起了!"正说间,二位姑娘也到。众人都知三官到家,只哄着王爷一人。王爷说:"今日不请都来,想必有甚事情?"即叫家奴摆酒。何静庵欠身打一躬曰:"你闺女昨晚作一梦,梦三官王景隆身上蓝缕,叫他姐姐救他性命。三更鼓做了这个梦,半夜捶床捣枕哭到天明,埋怨着我不接三官,今日特来问问三舅的信音。"刘心斋亦说:"自三舅在京,我夫妇日夜不安,今我与姨夫凑些盘费,明日起身去接他回来。"王爷含泪道:"贤婿,家中还有两个儿子,无他又待怎生?"何刘二人往外就走。王爷向前扯住问:"贤婿何故起身?"二人说:"爷撒手,你家亲生子还是如此,何况我女婿也?"大小儿女放声大哭,两个哥哥一齐下跪,女婿也跪在地上;奶奶在后边吊下泪来。引得王爷心动,亦哭起来。王定跑出来说:"三叔,如今老爷在那里哭你,你好过去见老爷,不要待等恼了。"王定推着公子进前厅跪下说:"爹爹! 不孝儿王景隆今日回了。"那王爷两手擦了泪眼,说:"那无耻畜生,不知死的往那里去了。北京城街上最多游食光棍,偶与畜生面庞厮像,假充畜生来家,哄骗我财物,可叫小厮拿送三法司问罪!"那公子往外就走。二位姐姐赶至二门首拦住说:"短命的,你待往那里去?"三官说:"二位姐姐,开放条路与我逃命罢!"二位姐姐不肯撒手,推至前来双膝跪下,两个姐姐手指说:"短命的! 娘为你痛得肝肠碎,一家大小为你哭得眼花,那个不牵挂!"众人哭在伤情处,王爷一声喝住众人不要哭。说:"我依着二位姐夫,收了这畜生,可叫我怎么处他?"众人说:"消消气再处。"王爷摇头。奶奶说:"凭我打罢。"王爷说:"可打多少?"众人说:"任爷爷打多少!"王爷道:"须依我说,不可阻我,要打一百。"大姐二姐跪下说:"爹爹严命,不敢阻当,容你儿待替罢!"大哥二哥每人替上二十,大姐二姐每人亦替二十。王爷说:"打他二十。"大姐二姐说:"叫他姐夫也替他二十,只看他这等黄瘦,一棍打在那里? 等他膘满肉肥②,那时打他不迟。"王爷笑道:"我儿,你也说得是。想这畜生,天理已绝,良心已丧,打他何益? 我问你:'家无生活计,不怕斗量金。'我如今又不做官了,无处挣钱,作何生意以为糊口之计? 要做买卖,我又无本钱与你。"二位姐夫问:"他那银子还有多少?"何刘便问三舅:"银子还有多少?"王定抬过皮箱打开,尽是金银首饰器皿等物。王爷大怒,骂:"狗畜生! 你在那里偷的这东西? 快写首状,休要玷辱了门庭。"三官高叫:"爹爹息怒,听不肖儿一言。"遂将初遇玉堂春,后来被鸨儿如何哄骗尽了。如何亏了王银匠收留。又亏了金哥报信,"玉堂春私将银两赠我回乡,这些首饰器皿,皆玉堂春所赠。"备细述了一遍。王爷听说骂道:"无耻狗畜生! 自家三万银子都花了,却要娼妇的东西,可不羞杀了人。"三官说:"儿不曾强要他的,是他情愿与我的。"王爷说:"这也罢了,看你姐夫面上,与你一个庄子,你自去耕地布种。"公子不言。王爷怒道:"王景隆,你不言怎么说?"公子说:"这事不是孩儿做的。"王爷说:"这事不是你做的。你还去嫖院罢!"三官说:"儿要读书。"王爷笑曰:"你已放荡了,心猿意马,读甚么书?"公子说:"孩儿此回笃志用心读书。"王爷说:"既知读书好,缘何这等胡为?"何静庵立起身来说:"三舅受了艰难苦楚,这下来改过迁善,料想要用心读书。"王爷说:"就依你众人说,送他到书房里去,叫两个小厮去伏侍他。"即时就叫小厮送三官往书院里去。两个姐夫又来说:"三舅久别,望老爷留住他,与小婿共饮则可。"王爷说:"贤婿,你如此乃非教子之方,休要纵他。"二人道:"老爷言之最善。"于是翁婿大家痛饮,尽醉方归。这一出父子相会,分明是:

---

① 下稍:同"下梢",结果,结局。

② 膘(biáo):同"膘",肥肉。

月被云遮重露彩,花遭霜打又逢春。

却说公子进了书院,清清独坐,只见满架诗书,笔山砚海,叹道:"书呵! 相别日久,且是生涩。欲待不看,焉得一举成名,却不辜负了玉姐言语;欲待读书,心猿放荡,意马难收。"公子寻思一会,拿着书来读了一会。心下只是想着玉堂春。忽然鼻闻甚气? 耳闻甚声? 乃问书童道:"你闻这书里甚么气? 听听甚么响?"书童说:"三叔,俱没有。"公子道:"没有? 呀,原来鼻闻乃是脂粉气,耳听即是筝板声。"公子一时思想起来:"玉姐当初嘱付我,是甚么话来? 叫我用心读书。我如今未曾读书,心意还丢他不下,坐不安,寝不宁,茶不思,饭不想,梳洗无心,神思恍忽。"公子自思:"可怎么处他?"走出门来,只见大门上挂着一联对子:"'十年受尽窗前苦,一举成名天下闻。'这是我公公作下的对联。他中举会试,官至侍郎。后来咱爹爹在此读书,官到尚书。我今在此读书,亦要攀龙附凤,以继前人之志。"又见二门上有一联对子:"不受苦中苦,难为人上人。"公子急回书房,看见《风月机关》《洞房春意》,公子自思:"乃是此二书乱了我的心。"将一火而焚之,破镜、分钗俱将收了。心中回转,发志勤学。一日书房无火,书童往外取火。王爷正坐,叫书童。书童近前跪下。王爷便问:"三叔这一会用功不曾?"书童说:"禀老爷得知,我三叔先时通不读书,胡思乱想,体瘦如柴;这半年整日读书,晚上读至三更方才睡,五更就起,直至饭后,方才梳洗。口虽吃饭,眼不离书。"王爷道:"奴才! 你好说谎,我亲自去看他。"书童叫:"三叔,老爷来了。"公子从从容容迎接父亲。王爷暗喜。观他行步安详,可以见他学问。王爷正面坐下,公子拜见。王爷曰:"我限的书你看了不曾? 我出的题你做了多少?"公子说:"爹爹严命,限儿的书都看了,题目都做完了,但有余力旁观子史。"王爷说:"拿文字来我看。"公子取出文字。王爷看他所作文课,一篇强如一篇,心中甚喜。叫:"景隆,去应个儒士科举罢!"公子说:"儿读了几日书,敢望中举?"王爷说:"一遭中了虽多,两遭中了甚广。出去观观场,下科好中。"王爷就写书与提学察院,许公子科举。竟到八月初九日,进过头场,写出文字与父亲看。王爷喜道:"这七篇,中有何难?"到二场三场俱完,王爷又看他后场,喜道:"不在散举,决是魁解①。"

话分两头。却说玉姐自上了百花楼,从不下梯。是日闷倦,叫丫头:"拿棋子过来,我与你下盘棋。"丫头说:"我不会下。"玉姐说:"你会打双陆么?"丫头说:"也不会。"玉姐将棋盘双陆一皆撒在楼板上。丫头见玉姐眼中吊泪,即忙掇过饭来,说:"姐姐,自从昨晚没用饭,你吃个点心。"玉姐拿过分为两半。右手拿一块吃,左手拿一块与公子。丫头欲接又不敢接。玉姐猛然睁眼见不是公子,将那一块点心掉在楼板上。丫头又忙掇过一碗汤来,说:"饭干燥,吃些汤罢!"玉姐刚呷得一口,泪如涌泉,放下了。问:"外边是甚么响?"丫头说:"今日中秋佳节,人人玩月,处处笙歌,俺家翠香翠红姐都有客哩!"玉姐听说,口虽不言,心中自思:"哥哥今已去了一年了。"叫丫头拿过镜子来照了一照,猛然唬了一跳:"如何瘦的我这模样?"把那镜丢在床上,长吁短叹,走至楼门前,叫丫头:"拿椅子过来,我在这里坐一坐。"坐了多时,只见明月高升,谯楼敲转,玉姐叫丫头:"你可收拾香烛过来,今日八月十五日,乃是你姐夫进三场日子,我烧一炷香保佑他。"玉姐下楼来,当天井跪下,说:"天地神明,今日八月十五日,我哥王景隆进了三场,愿他早占鳌头,名扬四海。"祝罢,深深拜了四拜。有诗为证:

对月烧香祷告天,何时得泄腹中冤;

---

① 魁解(kuí jiě):明清时期,乡试称解试,第一名称魁解,又称解元。

王郎有日登金榜，不枉今生结好缘。

却说西楼上有个客人，乃山西平阳府洪同县人，拿有整万银子，来北京贩马。这人姓沈名洪，因闻玉堂春大名，特来相访。老鸨见他有钱，把翠香打扮当作玉姐，相交数日，沈洪方知不是，苦求一见。是夜丫头下楼取火，与玉姐烧香。小翠红忍不住多嘴，就说了："沈姐夫！你每日间想，玉姐今夜下楼，在天井内烧香，我和你悄悄地张他。"沈洪将三钱银子买嘱了丫头，悄然跟到楼下，月明中，看得仔细。等他拜罢，趋出唱喏。玉姐大惊，问："是甚么人？"答道："在下是山西沈洪，有数万本钱，在此贩马，久慕玉姐大名，未得面睹。今日得见，如拨云雾见青天。望玉姐不弃，同到西楼一会。"玉姐怒道："我与你素不相识，今当夤夜①，何故自夸财势，妄生事端？"沈洪又哀告道："王三官也只是个人，我也是个人。他有钱，我亦有钱。那些儿强似我？"说罢，就上前要搂抱玉姐。被玉姐照脸啐一口，急急上楼关了门，骂丫头："好大胆，如何放这野狗进来？"沈洪没意思自去了。玉姐思想起来，分明是小翠香小翠红这两个奴才报他。又骂："小淫妇，小贱人，你接着得意孤老也好了，怎该来啰唣我？"骂了一顿，放声悲哭，"但得我哥哥在时，那个奴才敢调戏我！"又气又苦，越想越毒。正是：

可人去后无日见，俗子来时不待招。

却说三官在南京乡试终场，闲坐无事，每日只想玉姐。南京一般也有本司院，公子再不去走。到了二十九开榜之日，公子想到三更以后，方才睡着。外边报喜的说："王景隆中了第四名。"三官梦中闻信，起来梳洗，扬鞭上马。前拥后簇，去赴鹿鸣宴。父母兄嫂，姐夫姐姐，喜做一团。连日做庆贺筵席。公子谢了主考，辞了提学。坟前祭扫了。起了文书。"禀父母得知，儿要早些赴京，到僻静去处安下，看书数月，好入会试。"父母明知公子本意牵挂玉堂春，中了举，只得依从。叫大哥二哥来。"景隆赴京会试，昨日祭扫。有多少人情？"大哥说："不过三百余两。"王爷道："那只勾他人情的，分外再与他一二百两拿去。"二哥说："禀上爹爹，用不得许多银子。"王爷说："你那知道，我那同年门生，在京颇多，往返交接，非钱不行。等他手中宽裕，读书也有兴。"叫景隆收拾行装，有知心同年，约上两三位。分付家人到张先生家看了良辰。公子恨不的一时就到北京。邀了几个朋友，雇了一只船，即时拜了父母，辞别兄嫂。两个姐夫，邀亲朋至十里长亭，酌酒作别。公子上的船来，手舞足蹈，莫知所之。众人不解其意，他心里只想着三姐玉堂春。不则一日到了济宁府，舍舟起早，不在话下。

再说沈洪自从中秋夜见了玉姐，到如今朝思暮想，废寝忘餐，叫声："二位贤姐！只为这冤家害的我一丝两气，七颠八倒，望二位可怜我孤身在外，举眼无亲，替我劝化玉姐，叫他相会一面，虽死在九泉之下，也不敢忘了二位活命之恩。"说罢，双膝跪下。翠香翠红说："沈姐夫！你且起来，我们也不敢和他说这话。你不见中秋夜骂的我们不耐烦。等俺妈妈来，你央浼他②。"沈洪说："二位贤姐！替我请出妈妈来。"翠香姐说："你跪着我，再磕一百二十个大响头。"沈洪慌忙跪下磕头。翠香即时就去，将沈洪说的言语述与老鸨。老鸨到西楼见了沈洪。问："沈姐夫唤老身何事？"沈洪说："别无他事，只为不得玉堂春到手。你若帮衬我成就了此事，休说金银，便是杀身难保。"老鸨听说，口内不言，心中自思："我如今若许了他，倘三儿不肯，教我如何？若不许他，怎哄出他的银子？"沈洪见老鸨踌躇不语。便看翠红。翠红丢

① 夤(yín)夜：指寅时的黑夜，相当于现今凌晨3点到5点。
② 央浼(měi)：不断地恳求，请求。

了一个眼色,走下楼来。沈洪即跟他下去。翠红说:"常言'姐爱俏,鸨爱钞'。你多拿些银子出来打动他,不愁他不用心。他是使大钱的人,若少了,他不放在眼里。"沈洪说:"要多少?"翠香说:"不要少了! 就把一千两与他,方才成得此事。"也是沈洪命运该败,浑如鬼迷一般,即依着翠香,就拿一千两银子来。叫:"妈妈! 财礼在此。"老鸨说:"这银子,老身权收下,你却不要性急。待老身慢慢的偎他。"沈洪拜谢说:"小子悬悬而望。"正是:

> 请下烟花诸葛亮,欲图风月玉堂春。

且说十三省乡试榜都到午门外张挂,王银匠邀金哥说:"王三官不知中了不曾?"两个跑在午门外南直隶榜下,看解元是《书经》,往下第四个乃王景隆。王匠说:"金哥好了,三叔已中在第四名。"金哥说:"你看看的确,怕你识不得字。"王匠说:"你说话好欺人,我读书读到《孟子》,难道这三个字我认不得,随你叫谁看。"金哥听说大喜。二人买了一本乡试录,走到本司院里去报玉堂春说:"三叔中了。"玉姐叫丫头将试录拿上楼来,展开看了,上刊"第四名王景隆",注明"应天府儒士,《礼记》"。玉姐步出楼门,叫丫头忙排香案,拜谢天地。起来先把王匠谢了,转身又谢金哥。唬得亡八鸨子魂不在体。商议说:"王三中了举,不久到京,白白地要了玉堂春去,可不人财两失? 三儿向他孤老,决没甚好言语,搬斗是非,教他报往日之仇,此事如何了?"鸨子说:"不若先下手为强。"亡八说:"怎么样下手?"老鸨说:"咱已收了沈官人一千两银子,如今再要了他一千,贱些价钱卖与他罢。"亡八说:"三儿不肯如何?"鸨子说:"明日杀猪宰羊,买一桌纸线,假说东岳庙看会,烧了纸,说了誓,合家从良,再不在烟花巷里。小三若闻知从良一节,必然也要往岳庙烧香。叫沈官人先安排轿子,径抬往山西去。公子那时就来,不见他的情人,心下就冷了。"亡八说:"此计大妙。"即时暗暗地与沈洪商议。又要了他一千银子。次早,丫头报与玉姐:"俺家杀猪宰羊,上岳庙哩。"玉姐问:"为何?"丫头道:"听得妈妈说:'为王姐夫中了,恐怕他到京来报仇,今日发愿,合家从良。'"玉姐说:"是真是假?"丫头说:"当真哩! 昨日沈姐夫都辞去了。如今再不接客了。"玉姐说:"即如此,你对妈妈说,我也要去烧香。"老鸨说:"三姐,你要去,快梳洗,我唤轿儿抬你。"玉姐梳妆打扮,同老鸨出的门来。正见四个人,抬着一顶空轿。老鸨便问:"此轿是雇的?"这人说:"正是。"老鸨说:"这里到岳庙要多少雇价?"那人说:"抬去抬来,要一钱银子。"老鸨说:"只是五分。"那人说:"这个事小,请老人家上轿。"老鸨说:"不是我坐,是我女儿要坐。"玉姐上轿,那二人抬着,不往东岳庙去,径往西门去了。走有数里,到了上高转折去处,玉姐回头,看见沈洪在后骑着个骡子。玉姐大叫一声:"吆! 想是亡八鸨子盗卖我了?"玉姐大骂:"你这些贼狗奴,抬我往那里去?"沈洪说:"往那里去? 我为你去了二千两银子,买你往山西家去。"玉姐在轿中号啕大哭,骂声不绝。那轿夫抬了飞也似走。行了一日,天色已晚。沈洪寻了一座店房,排合卺美酒,指望洞房欢乐。谁知玉姐题着便骂,触着便打。沈洪见店中人多,恐怕出丑。想道:"瓮中之鳖,不怕他走了,权耐几日,到我家中,何愁不从。"于是反将好话奉承,并不去犯他。玉姐终日啼哭,自不必说。

却说公子一到北京,将行李上店,自己带两个家人,就往王银匠家,探问玉堂春消息。王匠请公子坐下:"有见成酒,且吃三杯接风,慢慢告诉。"王匠就拿酒来斟上。三官不好推辞,连饮了三杯。又问:"玉姐敢不知我来?"王匠叫:"三叔开怀,再饮三杯。"三官说:"勾了,不吃了。"王匠说:"三叔久别,多饮几杯,不要太谦。"公子又饮了几杯。问:"这几日曾见玉姐不曾?"王匠又叫:"三叔且莫问此事,再吃三杯。"公子心疑,站起说:"有甚或长或短,说个明白,休闷死我也!"王匠只是劝酒。却说金哥在门首经过,知道公子在内,进来磕头叫喜。三官问金哥:"你三婶近日何如?"金哥年幼多嘴说:"卖了。"三官急问说:"卖了谁?"王匠瞅了金哥一眼,金哥缩了口。公子坚执盘问,二个瞒不过。说:"三婶卖了。"公子问:"几时卖了?"王匠说:"有一个月了。"公子听说,一头撞在尘埃,二人忙扶起来。公子问金哥:"卖在那里去了?"金哥说:"卖与山西客人沈洪去了。"三官说:"你那三婶就怎么肯去?"金哥叙出"鸨儿假意从良,杀猪宰羊上岳庙,哄三婶同去烧香,私与沈洪约定,雇下轿子抬去,不知下落"。公子说:"亡八盗卖我玉堂春,我与他算帐!"那时叫金哥跟着,带领家人,径到本司院里,进的院门,亡八眼快,跑去躲了。公子问众丫头:"你家玉姐何在?"无人敢应。公子发怒,房中寻见老鸨,一把揪往,叫家人乱打。金哥劝住。公子就走在百花楼上,看见锦帐罗帏,越加怒恼。把箱笼尽行打碎,气得痴呆了。问:"丫头,你姐姐嫁那家去? 可老实说,饶你打。"丫头说:"去烧香,不知道就偷卖了他。"公子满眼落泪,说:"冤家,不知是正妻,是偏妾?"丫头说:"他家里自有老婆。"公子听说,心中大怒,恨骂"亡八淫妇,不仁不义!"丫头说:"他今日嫁别人去了,还疼他怎的?"公子满眼流泪,正说间,忽报朋友来访。金哥劝:"三叔休恼,三婶一时不在了,你纵然哭他,他也不知道。今有许多相公在店中相访,闻公子在院中,都要来。"公子听说,恐怕朋友笑话,即便起身回店。公子心中气闷,无心应举。意欲束装回家。朋友闻知,都来劝说:"顺卿兄,功名是大事,表子是末节,那里有为表子而不去求功名之理?"公子说:"列位不知,我奋志勤学,皆为玉堂春的言语激我。冤家为我受了千辛万苦,我怎肯轻舍?"众人叫:"顺卿兄,你倘联捷,幸在彼地,见之何难? 你若回家,忧虑成病,父母悬心,朋友笑耻,你有何益?"三官自思言之最当,倘或侥幸,得到山西,平生愿足矣。数言劝醒公子。会试日期已到。公子进了三场,果中金榜二甲第八名,刑部观政。三个月,选了真定府理刑官。即遣轿马迎请父嫂。父母不来。回书说:"教他做官勤慎公廉,念你年长未娶,已聘刘都堂之女,不日送至任所成亲。"公子一心只想玉堂春,全不以聘娶为喜。正是:

> 已将路柳为连理,翻把家鸡作野鹜。

且说沈洪之妻皮氏,也有几分颜色,虽然三十余岁,比二八少年,也还风骚。平昔间嫌老公粗蠢,不会风流,又出外日多,在家日少,皮氏色性太重,打熬不过。间壁有个监生,姓赵名昂,自幼惯走花柳场中,为人风月。近日丧偶。虽然是纳粟相公,家道已在消乏一边。一日,皮氏在后园看花,偶然撞见赵昂,彼此有心,都看上了。赵昂访知巷口做歇家的王婆①,在沈家走动识熟,且是利口,善于做媒说合。乃将白银二十两,贿赂王婆,央他通脚②。皮氏平昔间不良的口气,已有在王婆肚里,况且今日你贪我爱,一说一上,幽期密约,一墙之隔,梯上梯下,做就了一点不明不白的事。赵昂一者贪皮氏之色,二者要骗他钱财。枕席之间,竭力奉承。皮氏心爱赵昂,但是开口,无有不从,恨不得连家当都津贴了他。不上一年,倾囊倒箧,骗得一空。初时只推事故,暂时挪借,借去后,分毫不还。皮氏只愁老公回来盘问时,无言回答。一夜与赵昂商议,欲要跟赵昂逃走他方。赵昂道:"我又不是赤脚汉,如何走得? 便走了,也不免吃官司。只除暗地谋杀了沈洪,做个长久夫妻,岂不尽美。"皮氏点头不语。却说赵昂有心打听沈洪的消息,晓得他讨了院妓玉堂春一路回来,即忙报与皮氏知道。故意将言

---

① 歇家:古时候的一种职业,专门从事职业介绍、做媒作保、代打官司等业务。

② 通脚:做内钱,传递消息。

语触恼皮氏。皮氏怨恨不绝于声。问："如今怎么样对付他说好?"赵昂道："一进门时,你便数他不是,与他寻闹,叫他领着娼妇另住,那时凭你安排了。我央王婆赎得些砒霜在此,觑便放在食器内,把与他两个吃。等他双死也罢!单死也罢!"皮氏说："他好吃的是辣面。"赵昂说："辣面内正好下药。"两人圈套已定,只等沈洪入来。不一日,沈洪到了故乡,叫仆人和玉姐暂停门外。自己先进门,与皮氏相见,满脸赔笑说："大姐休怪,我如今做了一件事。"皮氏说："你莫不是娶了个小老婆?"沈洪说："是了。"皮氏大怒,说："为妻的整年月在家守活孤孀,你却花柳快活,又带这泼淫妇回来,全无夫妻之情。你若要留这淫妇时,你自在西厅一带住下,不许来缠我。我也没福受这淫妇的拜,不要他来。"昂然说罢,啼哭起来,拍台拍凳。口里"千亡八,万淫妇"骂不绝声。沈洪劝解不得。想道："且暂时依他言语在西厅住几日,落得受用。等他气消了时,却领玉堂春与他磕头。"沈洪只道浑家是吃醋,谁知他有了私情,又且房计空虚了①,正怕老公进房,借此机会,打发他另居。正是:

　　　　你向东时我向西,各人有意自家知。
　　　　不在话下。

　　却说玉堂春曾与王公子设誓,今番怎肯失节于沈洪,腹中一路打稿:"我若到这厌物家中,将情节哭诉他大娘子,求他做主,以全节操。慢慢的寄信与三官,教他将二千两银子来赎我去,却不好。"及到沈洪家里,闻知大娘不许相见,打发老公和他往西厅另住,不遂其计,心中又惊又苦。沈洪安排床帐在厢房,安顿了苏三。自己却去窝伴皮氏,陪吃夜饭。被皮氏三回五次催赶,沈洪说:"我去西厅时,只怕大娘着恼。"皮氏说:"你在此,我反恼,离了我眼睛,我便不恼。"沈洪唱个淡喏,谢声:"得罪。"出了房门,径望西厅而来。原来玉姐乘着沈洪不在,检出他铺盖撒在厅中,自己关上房门自睡了。任沈洪打门,那里肯开。却好皮氏叫小段名到西厅看老公睡也不曾。沈洪平日原与小段名有情,那时扯在铺上,草草合欢,也当春风一度。事毕,小段名自去了。沈洪身子困倦,一觉睡去直至天明。却说皮氏这一夜等赵昂不来,小段名回后,老公又睡了。番来复去,一夜不曾合眼。天明早起,赶下一轴面,煮熟分作两碗。皮氏悄悄把砒霜撒在面内,却将辣汁浇上。叫小段名送去西厅,"与你爹爹吃。"小段名送至西厅,叫道:"爹爹!大娘欠你,送辣面与你吃。"沈洪见是两碗,就叫:"我儿,送一碗与你二娘吃。"小段名便去敲门。玉姐在床上问:"做甚么?"小段名说:"请二娘起来吃面。"玉姐道:"我不要吃。"沈洪说:"想是你二娘还要睡,莫去闹他。"沈洪把两碗都吃了。须臾而尽。小段名收碗去了。沈洪一时肚疼,叫道:"不好了,死也死也!"玉姐还只认假意,看看声音渐变。开门出来看时,只见沈洪九窍流血而死。正不知甚么缘故。慌慌的高叫:"救人!"只听得脚步响,皮氏早到,不等玉姐开言,就变过脸,故意问道:"好好的一个人,怎么就死了?想必你这小淫妇弄死了他,要去嫁人?"玉姐说:"那丫头送面来,叫我吃,我不要吃,并不曾开门。谁知他吃了,便肚疼死了。必是面里有些缘故。"皮氏说:"放屁!面里若有缘故,必是你这小淫妇做下的,不然,你如何先晓得这面是吃不得的,不肯吃?你说并不曾开门,如何却在门外?这谋死情由,不是你,是谁?"说罢,假哭起"养家的天"来。家中僮仆养娘都乱做一堆。皮氏就将三尺白布摆头,扯了玉姐往知县处叫喊。正值王知县升堂,唤进问其缘故。皮氏说:"小妇人皮氏,丈夫叫沈洪,在北京为商,用千金娶这娼妇,叫做玉堂春为妾。这娼妇嫌丈

━━━━━━━━

① 房计:私房资财,嫁妆。

夫丑陋,因吃辣面,暗将毒药放入,丈夫吃了,登时身死。望爷爷断他偿命。"王知县听罢,问:"玉堂春,你怎么说?"玉姐说:"爷爷,小妇人原籍北直隶大同府人氏,只因年岁荒旱,父亲把我卖在本司院苏家,卖了三年后,沈洪看见,娶我回家。皮氏嫉妒,暗将毒药藏在面中,毒死丈夫性命。反倚刁泼,展赖小妇人。"知县听玉姐说了一会。叫:"皮氏,想你见那男子弃旧迎新,你怀恨在心,药死亲夫,此情理或有之。"皮氏说:"爷爷!我与丈夫,从幼的夫妻,怎忍做这绝情的事。这苏氏原是不良之妇,别有个心上之人,分明是他药死,要图改嫁。望青天爷爷明镜。"知县乃叫苏氏:"你过来,我想你原系娼门,你爱那风流标致的人,想是你见丈夫丑陋,不趁你意,故此把毒药药死是实。"叫皂隶:"把苏氏与我夹起来。"玉姐说:"爷爷!小妇人虽在烟花巷里,跟了沈洪又不曾难为半分,怎下这般毒手?小妇人果有恶意,何不在半路谋害?既到了他家,他怎容得小妇人做手脚?这皮氏昨夜就赶出丈夫,不许他进房。今早的面,出于皮氏之手,小妇人并无干涉。"王知县见他二人各说有理。叫皂隶暂把他二人寄监。"我差人访实再审。"二人进了南牢不题。却说皮氏差人密密传与赵昂,叫他快来打点。赵昂拿着沈家银子,与刑房吏一百两,书手八十两,掌案的先生五十两,门子五十两,两班皂隶六十两,禁子每人二十两,上下打点停当。封了一千两银,放在坛内,当酒送与王知县。知县受了。次日清晨升堂,叫皂隶把皮氏一起提出来。不多时到了,当堂跪下。知县说:"我夜来一梦,梦见沈洪说:'我是苏氏药死,与那皮氏无干。'"玉堂春正待分辩,知县大怒,说:"人是苦虫,不打不招。"叫皂隶:"与我拶起着实打①。问他招也不招?他若不招,就活活敲死。"玉姐熬刑不过,说:"愿招。"知县说:"放下刑具。"皂隶递笔与玉姐画供。知县说:"皮氏召保在外。玉堂春收监。"皂隶将玉姐手肘脚镣,带进南牢。禁子牢头都得了赵上舍银子,将玉姐百般凌辱。只等上司详允之后,就递病状,结果他性命。正是:

　　　　安排缚虎擒龙计,断送愁鸾泣凤人。

且喜有个刑房吏,姓刘名志仁,为人正直无私,素知皮氏与赵昂有奸,都是王婆说合。数日前撞见王婆在生药铺内赎砒霜,说要药老鼠。刘志仁就有些疑心,今日做出人命来,赵监生使着沈家不疼的银子来衙门打点,把苏氏买成死罪,天理何在?踌躇一会,"我下监去看看。"那禁子正在那里逼玉姐要灯油钱。志仁喝退众人,将温言宽慰玉姐,问其冤情。玉姐垂泪拜诉来历。志仁见四傍无人,遂将赵监生与皮氏私情及王婆赎药始末,细说一遍。分付:"你且耐心守困,待后有机会,我指点你去叫冤。日逐饭食,我自供你。"玉姐再三拜谢。禁子见刘志仁做主,也不敢则声。此话阁过不题。

却说公子自到真定府为官,兴利除害,吏畏民悦。只是想念玉堂春,无刻不然。一日正在烦恼,家人来报,老奶奶家中送新奶奶来了。公子听说,接进家小。见了新人,口中不言,心内自思:"容貌到也齐整,怎及得玉堂春风趣?"当时摆了合欢宴,吃下合卺怀,毕姻之际,猛然想起多娇,"当初指望白头相守,谁知你嫁了沈洪,这官诰却被别人承受了"。虽然陪伴了刘氏夫人,心里还想着玉姐,因此不快。当夜中了伤寒。又想当初与玉姐别时,发下誓愿,各不嫁娶。心下疑惑,合眼就见玉姐在傍。刘夫人遣人到处祈禳②,府县官都来问安,请名医切脉调治。一月之外,才得痊可。公子在任年余,官声大著,行取到京。吏部考选天下官员,

---

①　拶(zǎn):旧时的一种酷刑,使用木棍或类似物体夹犯人的手指,也叫"夹刑",多用于逼供。

②　祈禳(ráng):道教的一种法术,用以平息灾祸,祛病遣瘟。

公子在部点名已毕，回到下处，焚香祷告天地，只愿山西为官，好访问玉堂春消息。须臾马上人来报："王爷点了山西巡按。"公子听说，两手加额："趁我平生之愿矣。"次日领了敕印，辞朝，连夜起马，往山西省城上任讫。即时发牌，先出巡平阳府。公子到平阳府，坐了察院，观看文卷。见苏氏玉堂春问了重刑，心内惊慌，其中必有蹊跷。随叫书吏过来："选一个能干事的，跟着我私行采访。你众人在内，不可走漏消息。"公子时下换了素巾青衣，随跟书吏，暗暗出了察院。雇了两个骡子，往洪同县路上来。这赶脚的小伙，在路上闲问："二位客官往洪同县有甚贵干？"公子说："我来洪同县要娶个妾，不知谁会说媒？"小伙说："你又说娶小，俺县里一个财主，因娶了个小，害了性命。"公子问："怎的害了性命？"小伙说："这财主叫沈洪，妇人叫做玉堂春。他是京里娶来的。他那大老婆皮氏与那邻家赵昂私通，怕那汉子回来知道，一服毒药把沈洪药死了。这皮氏与赵昂反把玉堂春送到本县，将银买嘱官府衙门，将玉堂春屈打成招，问了死罪，送在监里。若不是亏了一个外郎，几时便死了。"公子又问："那玉堂春如今在监死了？"小伙说："不曾。"公子说："我要娶个小，你说可投着谁做媒？"小伙说："我送你往王婆家去罢，他极会说媒。"公子说："你怎知道他会说媒？"小伙说："赵昂与皮氏都是他做牵头。"公子说："如今下他家里罢。"小伙竟引到王婆家里，叫声："干娘！我送个客官在你家来，这客官要娶个小，你可与他说媒。"王婆说："累你，我转了钱来，谢你。"小伙自去了。公子夜间与王婆攀话。见他能言快语，是个积年的马泊六了①。到天明，又到赵监生前后门看了一遍：与沈洪家紧壁相通，可知做事方便。回来吃了早饭，还了王婆店钱。说："我不曾带得财礼，到省下回来，再作商议。"公子出的门来，雇了骡子，星夜回到省城，到晚进了察院，不题。次早，星火发牌，按临洪同县。各官参见过。分付就要审录。王知县回县，叫刑房吏书，即将文卷审册，连夜开写停当，明日送审不题。却说刘志仁与玉姐写了一张冤状，暗藏在身，到次日清晨，王知县坐在监门首，把应解犯人点将出来。玉姐披枷带锁，眼泪纷纷。随解子到了察院门首，伺候开门。巡捕官回风已毕，解审牌出。公子先唤苏氏一起。玉姐口称冤枉，探怀中诉状呈上。公子抬头见玉姐这般模样，心中凄惨，叫听事官接上状来。公子看了一遍，问说："你从小嫁沈洪，可还接了几年客？"玉姐说："爷爷！我从小接着一个公子，他是南京礼部尚书三舍人。"公子怕他说出丑处，喝声："住了，我今只问你谋杀人命事，不消多讲。"玉姐说："爷爷！若杀人的事，只问皮氏便知。"公子叫皮氏问了一遍。玉姐又说了一遍。公子分付刘推官道："闻知你公正廉能，不肯玩法徇私，我来到任，尚未出巡，先到洪同县访得这氏皮药死亲夫，累苏氏受屈，你与我把这事情用心问断。"说罢，公子退堂。刘推官回衙，升堂，就叫："苏氏，你谋杀亲夫，是何意故？"玉姐说："冤屈！分明是皮氏串通王婆，和赵监生合计毒死男子，县官要钱，逼勒成招，今日小妇拼死诉冤，望青天爷爷做主。"刘爷叫皂隶把皮氏采上来。问："你与赵昂奸情可真么？"皮氏抵赖没有。刘爷即时拿赵和王婆到来面对。用了一番刑法，都不肯招。刘爷又叫小段名："你送面与家主吃，必然知情！"喝教夹起。小段名说："爷爷，我说罢！那日的面，是俺娘亲手盛起，叫小妇人送与爹爹吃。小妇人送到西厅，爹叫新娘同吃。新娘关着门，不肯起身，回道：'不要吃。'俺爹自家吃了。即时口鼻流血死了。"刘爷又问赵昂奸情。小段名也说了。赵昂说："这是苏氏买来的硬证。"

刘爷沉吟了一会，把皮氏这一起分头送监，叫一书吏过来："这起泼皮奴才，苦不肯招。

---

① 马泊六：又称"马八六""马百六""马伯六"，指撮合男女搞不正当关系的人。在明清小说中，通常是贪恋钱财、见惯世情的三姑六婆之类。

我如今要用一计，用一个大柜，放在丹墀内①，凿几个孔儿，你执纸笔暗藏在内，不要走漏消息。我再提来问他，不招，即把他们锁在柜左柜右，看他有甚么说话，你与我用心写来。"刘爷分付已毕，书吏即办一大柜，放在丹墀，藏身于内。刘爷又叫皂隶，把皮氏一起提来再审。又问："招也不招？"赵昂、皮氏、王婆三人齐声哀告，说："就打死小的那呈招？"刘爷大怒。分付："你众人各自去吃饭来，把这起奴才着实拷问。把他放在丹墀里，连小段名四人锁于四处。不许他交头接耳。"皂隶把这四人锁在柜的四角。众人尽散。却说皮氏抬起头来，四顾无人，便骂："小段名！小奴才！你如何乱讲？今日再乱讲时，到家中活敲杀你。"小段名说："不是夹得疼，我也不说。"王婆便叫："皮大姐，我也受这刑杖不过，等刘爷出来，说了罢。"赵昂说："好娘，我那些亏着你，倘捱出官司去，我百般孝顺你，即把你做亲母。"王婆说："我再不听你哄我。叫我圆成了，认我做亲娘；许你两石麦，还欠八升；许我一石米，都下了糠秕；段衣两套，止与我一条蓝布裙；许我好房子，不曾得住。你干的事，没天理，教我只管与你熬刑受苦。"皮氏说："老娘，这遭出去，不敢忘你恩。捱过今日不招，便没事了。"柜里书吏把他说的话尽记了，写在纸上。刘爷升堂，先叫打开柜子。书吏跪将出来，众人都唬软了。刘爷看了书吏所录口词，再要拷问，三人都不打自招。赵昂从头依直写得明白。各各画供已完，递至公案。刘爷看了一遍。问苏氏："你可从幼为娼，还是良家出身？"苏氏将"苏淮买良为贱，先遇王尚书公子，挥金三万，后被老鸨一秤金赶逐，将奴赚卖与沈洪为妾，一路未曾同睡"备细说了。刘推官情知王公子就是本院。提笔定罪：

> 皮氏凌迟处死，赵昂斩罪非轻。王婆赎药是通情，杖责名示警。王县贪酷罢职，追赃不恕衙门。苏淮买良为贱合充军，一秤金三月立枷罪定。

刘爷做完申文，把皮氏一起俱已收监。次日亲捧招详，送解察院。公子依拟。留刘推官后堂待茶。问："苏氏如何发放？"刘推官答言："发还原籍，择夫另嫁。"公子屏去从人，与刘推官吐胆倾心，备述少年设誓之意："今日烦贤府密地差人送至北京王银匠处暂居，足感足感。"刘推官领命奉行，自不必说。却说公子行下关文，到北京本司院提到苏淮一秤金依律问罪。苏淮已先故了。一秤金认得是公子，还叫："王姐夫。"被公子喝教重打六十，取一百斤大枷枷号。不勾半月，呜呼哀哉！正是：

> 万两黄金难买命，一朝红粉已成灰。

再说公子一年任满，复命还京。见朝已过，便到王匠处问信。王匠说有金哥伏侍，在顶银胡同居住。公子即往顶银胡同，见了玉姐。二人放声大哭。公子已知玉姐守节之美，玉姐已知王御史就是公子，彼此称谢。公子说："我父母娶了个刘氏夫人，甚是贤德，他也知道你的事情，决不妒忌。"当夜同饮同宿，浓如胶漆。次日，王匠金哥都来磕头贺喜。公子谢二人昔日之恩，分付：本司院苏淮家当原是玉堂春置办的，今苏淮夫妇已绝，将遗下家财，拨与王匠金哥二人管业，以报甚德。上了个省亲本，辞朝和玉堂春起马共回南京。到了自家门首，把门人急报老爷说："小老爷到了。"老爷听说甚喜。公子进到厅上，排了香案，拜谢天地，拜了父母兄嫂，两位姐姐姐夫都相见了。又引玉堂春见礼已毕。玉姐进房，见了刘氏说："奶奶坐上，受我一拜。"刘氏说："姐姐怎说这话？你在先，奴在

---

① 丹墀(chí)：官府的台阶。

后。"玉姐说:"奶奶是名门宦家之子,奴是烟花,出身微贱。"公子喜不自胜。当日正了妻妾之分,姊妹相称,一家和气。公子又叫:"王定,你当先在北京三番四复规谏我,乃是正理,我今与老老爷说将你做老管家。"以百金赏之。后来王景隆官至都御史,妻妾俱有子,至今子孙繁盛。有诗叹云:

> 郑氏元和[①]已著名,三官嫖院是新闻,
> 风流子弟知多少,夫贵妻荣有几人?

文本拓展

一、知识链接

☞ 话本

话本是说话艺人演讲故事所用的底本,是随着民间说话技艺发展起来的文学形式。话本是宋代市民文化兴起后的白话小说,多以历史故事与当时社会生活为题材。今存《清平山堂话本》《全相平话五种》等。

☞ 拟话本

拟话本是文人模仿话本形式编写的案头小说。明代后期,随着通俗小说的繁荣,话本小说的形式也发生了重要变化,过去供说书艺人讲述的底本变为社会普通文化人的案头读物,出现了以阅读为编写目的的白话小说。这种体制上跟宋元时期的话本大致相同,具有雅俗共赏性质的白话短篇小说被称为"拟宋市人小说",也称"拟话本"。

☞ 三言

三言是明代冯梦龙所编著《喻世明言》(又称《古今小说》)《警世通言》《醒世恒言》三部小说集的总称。"三言"中的作品,有的是对宋元明以来的旧本做了修改,有的是据文言笔记、传奇小说、戏曲、历史故事,甚至社会传闻进行再创作,故"三言"是我国白话短篇小说在说唱艺术的基础上,经过文人的整理加工到文人进行独立创作的开始,是宋、元、明三代最重要的一部白话短篇小说总集。它"极摹人情世态之歧,备写悲欢离合之致"(笑花主人《今古奇观序》),是一部反映我国明代生活以及我国古代文化、风情、民俗的百科全书,是一幅展示明代市井生活的风情画。

二、点评辑要

● 评"三言"

"三言"的内容非常广泛,涉及社会各方面。题材的来源,虽有取于古代的史事,主要是来自民间传说。通过一些优秀作品,反映出宋元以来商业经济发达城市繁荣的生活面貌,反

---

① 郑元和:唐代白行简创作的传奇小说《李娃传》描写了荥阳生与妓女李娃的爱情故事。自《李娃传》行世以来,据此改编的关于郑元和与妓女李亚仙的爱情故事的小说与戏剧相传不衰。

映出市民的向上力量、思想觉悟以及反抗旧观念旧事物的斗争意志和追求理想,渴望美满生活的积极精神。

(刘大杰《中国文学发展史》)

● **评"玉堂春落难逢夫"**

男女双方真诚相爱,经过种种磨难,冲破重重阻力,终于结为夫妻。……话本小说《玉堂春落难逢夫》(见《警世通言》),以及明末清初的才子佳人小说《好逑传》等也属于这一类,不过许多才子佳人小说已落入俗套。

(袁行霈《中国文学概论》)

三、旁观博览

1. 明·冯梦龙,凌濛初 编:《三言二拍全集》,人民文学出版社 2015 年版。
2. 程毅中:《明代小说丛稿》,人民文学出版社 2006 年版。
3. 齐裕焜:《中国古代小说演变史》,人民文学出版社 2015 年版。
4. 谭正璧:《三言两拍源流考》,上海古籍出版社 2012 年版。

四、思考练习

1. 请参阅《杜十娘怒沉百宝箱》,对杜十娘和玉堂春进行分析比较,做一张双重气泡图。
2. 本文以才子佳人的故事展示了明代的世情众生态,如果要挖掘该文的当代价值,你最想和当代衔接的是哪部分情节,请简要分析说明。
3. 以本文的情节推进为经线,人物关系为纬线,做一张流程图。

王夫之

王夫之(1619—1692),字而农,号姜斋。学者又称为船山先生,湖南衡阳人。明崇祯十五年(1642)举人。明亡,应南明桂王之召,授行人。南明政权亡,归隐于衡山石船山,筑土室以居,杜门不仕,学者称"船山先生",通天文、历数、经、史、舆地之学,生平所著甚多,清代同治时,后人将其著述汇刻为《船山遗书》,共73种324卷。

桑维翰论①

谋国而贻天下之大患,斯为天下之罪人,而有差等焉②。祸在一时之天下,则一时之罪人,**卢杞**③是也;祸及一代,则一代之罪人,**李林甫**④是也;祸及万世,则万世之罪人,自生民以来,唯桑维翰当之。

刘知远决策以劝石敬瑭之反⑤,倚河山之险,恃士马之强,而知李从珂之浅顿⑥,无难摧拉,其计定矣。而维翰急请屈节以事契丹。敬瑭智劣胆虚,遂从其策,称臣割地,授予夺之权于夷狄,知远争之而不胜。于是而生民之肝脑,五帝三王之衣冠礼乐,驱以入于狂流。契丹弱,而女直乘之⑦;女直弱,而蒙古乘之;贻祸无穷,人胥为夷⑧。非敬瑭之始念也,维翰尸⑨之也。

夫维翰起家文墨,为敬瑭书记,固唐教养之士人也,何仇于李氏,而必欲灭之?何德于敬瑭,而必欲戴之为天子?敬瑭而死于从珂之手,维翰自有余地以居。敬瑭之篡已成,己抑不

---

① 选自《**读通鉴论**》。

② 差等:差次等级。

③ 卢杞:唐代著名大奸臣。

④ 李林甫:唐代"安史之乱"的罪魁祸首。

⑤ 刘知远:即五代时后汉高祖。石敬瑭:即五代时后晋高祖。

⑥ 李从珂:即后唐末帝,后唐明宗养子。初以功封潞王,后自立。为石敬瑭借契丹兵所灭,兵败自焚死。浅顿(ruǎn):浅薄软弱。顿:通"软"。

⑦ 契丹:古代种族名,北魏时建国,始兴于唐,后以"辽"为国号,历九帝,1125年被金国所灭。女直:即"女真",古代种族名,五代时称女真,属于辽,因避辽主耶律宗真讳,改称女直。先后灭辽、北宋,与南宋对峙百余年,于公元1234年亡于蒙古。

⑧ 人胥为夷:生民皆沦为夷狄。胥:相与,皆。

⑨ 尸:主其事。

能为知远而相因而起。其为喜祸之奸人，姑不足责；即使必欲石氏之成乎，抑可委之刘知远辈，而徐收必得之功。乃力拒群言，决意以戴犬羊为君父也，吾不知其何心！终始重贵①之廷，唯以曲媚契丹为一定不迁之策，使重贵糜天下以奉契丹。民财竭，民心解，帝昺②厓山之祸，势所固然。毁夷夏之大防，为万世患；不仅重贵缧系③，客死穹庐④而已也。论者乃以亡国之罪归景延广⑤，不亦诬乎？延广之不胜，特不幸耳；⑥即其智小谋强，可用为咎，亦仅倾枭掠鸡⑦徼幸之宗社，非有损于尧封禹甸⑧之中原也。义问已昭⑨，虽败犹荣。石氏之存亡，恶足论哉！

　　正名义于中夏者，延广也；事虽逆而名正者，安重荣也⑩；存中国以授于宋者，刘知远也；于当日之俦辈而有取焉，则此三人可录也。自有生民以来，覆载不容之罪⑪，维翰当之。胡文定⑫传《春秋》而亟称其功，殆为秦桧之嚆矢与⑬？

📖 文本拓展

一、知识链接

☞ 《读通鉴论》

　　王夫之毕其一生心血，从69岁开始动笔写作，在其逝世前才完成的一部史论。借引司马光《资治通鉴》所载史实，系统地评论自秦至五代之间漫长的封建社会历史，分析历代成败兴亡，盛衰得失，臧否人物，总结经验，引古鉴今，探求历史发展进化规律，寻求汉族复兴的大道。全书60余万字，分为50卷，每卷之中以朝代为别；每代之中以帝王之号为目，共30目；目下又分作一个个专题；另在卷末附有叙论4篇。该书文采飞扬，议论纵横，新见迭出，论点精到，堪称传统史论中最系统最精彩的杰作，同时也全面地反映了王夫之进步的历史观和政治思想倾向。

---

① 重贵：即敬瑭之侄石重贵。石敬瑭死后嗣位为出帝，始终媚谄事契丹，终为契丹所房。
② 帝昺(bǐng)：指南宋最末一个皇帝赵昺，嗣位后迁厓山(亦作崖山，今广东新会县南)，元将张弘范(本宋将，后降元)陷厓山，陆秀夫负幼帝蹈海。
③ 缧系：囚拘。指石重贵为契丹所房。
④ 穹庐：毡帐。这里指契丹人的住处。
⑤ 景延广：字航川。石敬瑭时官马步军都指挥使，总揽兵权。出帝石重贵立，加同平章事。石重贵从景延广之议，奉表告契丹时，称孙而不称臣。契丹怒，遣使问责，遂与后晋结怨。
⑥ 契丹入侵时，延广坚闭不出，契丹退去。不久，契丹骑兵突至，房延广北行，延广乘间自杀。
⑦ 枭(niè)掠(liè)鸡：石敬瑭之父。
⑧ 尧封禹甸：意指古人心目中的传统中华。尧之封域，禹之治地。甸：治。
⑨ 义问：或作"义闻"。义问已昭：犹言正义之名闻已昭著。
⑩ 安重荣：后晋大将。石敬瑭称帝后，拜成德军节度使。颇觊觎皇位。不满石敬瑭屈膝于契丹，以为万世之耻。后起兵反晋，兵败被杀。因其反晋，故说"事虽逆"。
⑪ 覆载不容之罪：指罪大恶极，天地难容。覆载：覆指天，载指地。覆载谓天覆地载。
⑫ 胡文定：名安国，南宋绍圣进士，高宗时，官至给事中，谥文定。所著《春秋传》中，屡称桑维翰之功。
⑬ 嚆(hāo)矢：响箭。箭未至而声先至，喻事物的先声或发端。

☞ 卢杞

卢杞,字子良,出自唐代山东高门范阳卢氏。祖父卢怀慎为唐玄宗开元时期宰相,颇有清誉,父卢奕为天宝时期御史中丞,安史之乱时骂贼而死。卢杞以门荫入仕,德宗时,累官至门下侍郎、同门中书下平章事,深得德宗宠幸。卢杞是唐代著名的大奸臣,他忌能妒贤,陷害大臣,搜刮财货,后贬死澧州。

☞ 李林甫

李林甫小字官奴,李唐宗室,盛唐时期的大奸臣。唐玄宗开元年间任礼部尚书,同中书门下三品,为人阴柔狡猾、口蜜腹剑。李林甫为相十九年,他交接宦官、嫔妃,专政自恣,是导致盛唐走向衰落并最终酿成"安史之乱"的罪魁祸首。

☞ 刘知远

刘知远是五代时沙陀人,世居太原,初从石敬瑭起兵。石敬瑭称帝,以佐命功拜中书令,封太原王。契丹灭晋后,中原无主,遂称帝于晋阳,国号汉,史称后汉。

☞ 石敬瑭

石敬瑭即后晋高祖。后唐末,以军功封河东节度使。契丹南侵时,石敬瑭为后唐末帝李从珂所疑,乃用桑维翰之谋,引契丹兵灭后唐。乃称臣于契丹,并割燕云十六州赂之。改国号晋,史称后晋。

二、点评辑要

● 评王夫之

独先生深閟固藏,追焉无与。平生痛诋党人标谤之习,不欲身隐而文著,来反唇之讪笑。用是,其身长邈,其名寂寂,其学亦竟不显于世。荒山敝榻,终岁孜孜,以求所谓育物之仁,经邦之礼。穷探极论,千变而不离其宗;旷百世不见知,而无所于悔。先生没后,巨儒迭兴,或攻良知捷获之说,或辨易图之凿,或详考名物、训诂、音韵,正《诗集传》之疏,或修补"三礼"时享之仪,号为卓绝。先生皆已发之于前,与后贤若合符契。虽其著述大繁,醇驳互见,然固可谓博文约礼,命世独立之君子已。

(清·曾国藩《〈王船山遗书〉序》)

当清之季,卓然能兴起顽懦,以成光复之绩者,独赖而农一家而已。

(近代·章太炎《船山遗书序》)

船山则理去甚深。持论甚卓。不徒近三百年所未有,即列之宋明诸儒,其博大闳括,幽微精警,盖无多让。

(钱穆《中国近三百年学术史》)

三、旁观博览

1. 清·王夫之:《船山遗书》,中国书店出版社2016年版。
2. 清·王夫之:《读通鉴论》,岳麓书社2011年版。

3. 萧萐父,许苏民:《王夫之评传》,南京大学出版社 2002 年版。

四、思考练习

1. 请列举燕云十六州之名,并根据历史地图,找寻十六州在当时的地理位置,分析十六州在历史上中原王朝北部边防中的重要地位。

2. 请参阅新旧《五代史》"桑维翰传""张彦泽传"和"晋臣传",探讨为什么南宋灭亡之前,时人对桑维翰尚较多褒词,南宋灭亡之后,桑维翰就以"卖国贼"的形象备受骂名。

3. 王夫之在本文中列了一时之罪人、一代之罪人和万世之罪人,其实中外历史上都并不乏这样的罪人,请模仿本文,择选几位对历史发展构成不良影响的人物,写一篇论说文。

吴伟业

吴伟业(1609—1672)，字骏公，号梅村，江苏太仓人。年幼时曾师事张溥，参加复社。明崇祯四年(1631)考取进士，入清后被迫应诏北上，为自己屈节仕清愧悔终生。吴伟业为明末清初著名诗人，与钱谦益、龚鼎孳并称"江左三大家"，尤擅长以七言歌行记述明末清初时事，婉转流丽，往往在无事可叙的地步峰回路转。在继承发展"元白体"的基础上有所创新，后人称为"梅村体"。著有《梅村家藏稿》58卷等。

圆圆曲

鼎湖①当日弃人间，破敌收京下玉关②，恸哭六军俱缟素③，**冲冠一怒④**为红颜。红颜流落非吾恋⑤，逆贼天亡自荒宴⑥。电扫黄巾定黑山⑦，哭罢君亲再相见⑧。

相见初经田窦家⑨，侯门歌舞出如花。许将戚里空侯伎⑩，等取将军油壁车⑪。

---

① 鼎湖：传说中黄帝乘龙升天处。典出《史记·封禅书》。传说黄帝铸鼎于荆山下，鼎成，有龙垂胡须下迎黄帝，黄帝即乘龙而去。后世因称此处为"鼎湖"。后人常用来比喻帝王去世。此指崇祯帝自缢于煤山(今北京故宫后景山公园内)。

② 破敌：指吴三桂引清兵击破李自成农民军。玉关：即玉门关，这里借指山海关。

③ 六军：周天子所统帅军队，一军为12 500人。后泛指朝廷军队。缟素：此处指穿着丧服。清军入关后为安抚明朝百姓，为崇祯皇帝发丧。

④ 冲冠一怒：即怒发冲冠，典出《史记·廉颇蔺相如列传》。

⑤ 红颜：美女。这里指陈圆圆。流落：指陈圆圆为农民军所俘虏。以下四句模拟吴三桂的口吻为自己降清作辩解。

⑥ 逆贼：对李自成农民军的称谓。荒宴：荒淫宴乐。

⑦ 黄巾：汉末农民起义军，这里借指李自成农民军。黑山：在河南濬县西北，汉末农民起义军的活动地点，这里借指李自成农民军转战之地。

⑧ 君：崇祯皇帝。亲：吴三桂亲属。吴三桂降清后，李自成杀了吴父一家。

⑨ 田窦：西汉时的外戚田蚡、窦婴。这里借指崇祯宠妃田氏之父田宏遇，一说为周皇后之父周奎。

⑩ 戚里：皇帝外戚的住所，指田府或周府。空侯伎：弹箜篌的艺妓，指陈圆圆。空侯：通"箜篌"，古代弦乐器。

⑪ 油壁车：指妇女乘坐的以桐油涂饰车壁(一说用青油布覆盖车壁)的车子。《乐府诗集·苏小小歌》："妾乘油壁车，郎骑青骢马。"

　　家本姑苏浣花里①,圆圆小字娇罗绮②。梦向夫差③苑里游,宫娥拥入君王起。前身合是采莲人④,门前一片横塘水。

　　横塘双桨去如飞,何处豪家强载归。此际岂知非薄命,此时只有泪沾衣。薰天意气连宫掖⑤,明眸皓齿无人惜。夺归永巷闭良家⑥,教就新声倾坐客。

　　坐客飞觞⑦红日暮,一曲哀弦向谁诉?白皙通侯⑧最少年,拣取花枝屡回顾。早携娇鸟⑨出樊笼,待得银河几时渡⑩?恨杀军书抵死催,苦留后约将人误。

　　相约恩深相见难,一朝蚁贼满长安⑪。可怜思妇楼头柳⑫,认作天边粉絮看⑬。遍索绿珠⑭围内第,强呼绛树⑮出雕阑。若非壮士⑯全师胜,争得蛾眉⑰匹马还?

　　蛾眉马上传呼进,云鬟不整惊魂定。蜡炬迎来在战场,啼妆满面残红印。专征⑱萧鼓向秦川,金牛道⑲上车千乘。斜谷⑳云深起画楼,散关㉑月落开妆镜。

　　传来消息满江乡,乌桕红经十度霜。教曲伎师怜尚在,浣纱女伴㉒忆同行。旧巢共是衔泥燕,飞上枝头变凤凰。长向尊前悲老大㉓,有人夫婿擅侯王㉔。

　　当时只受声名累,贵戚名豪竞延致。**一斛㉕明珠**万斛愁,关山漂泊腰肢细。错怨狂风飏

---

①　浣花里:唐代名妓薛涛居住在成都西郊浣花溪,这里借指陈圆圆在苏州的住处。

②　娇罗绮(qǐ):罗和绮,指丝绸衣服,可借指富贵人家和年轻貌美的女子。李白《清平乐》词:"女伴莫话孤眠,六宫罗绮三千。"

③　夫差:春秋时吴王。

④　采莲人:指西施。

⑤　宫掖(yè):皇帝后宫。

⑥　永巷:古代幽禁妃嫔或宫女的处所。良家:指田宏遇家或周奎家。

⑦　飞觞(shāng):一杯接一杯不停地喝酒。

⑧　白皙通侯:面色白净的通侯。通侯:即彻侯,秦汉二十级军功爵位中的最高级,汉初多授予有功的异姓大臣,后避汉武帝刘彻讳,改为通侯,又称列侯。此处指吴三桂,吴三桂很受崇祯帝信任,受命守卫山海关,又受封平西侯。

⑨　娇鸟:比喻陈圆圆。

⑩　银河几时渡:借用牛郎织女七月初七渡过银河相会的传说,比喻陈圆圆何时能归吴三桂。

⑪　蚁贼:指李自成军队。长安:借指北京。

⑫　可怜思妇:意谓陈圆圆已是有夫之人。楼头柳:借用王昌龄《闺怨》诗意。

⑬　天边粉絮:代指未从良的妓女。指陈圆圆仍被当作妓女来对待。粉絮:白色的柳絮。

⑭　绿珠:西晋石崇的宠姬。这里借指陈圆圆。

⑮　绛树:汉末著名舞妓。这里借指陈圆圆。

⑯　壮士:指吴三桂。

⑰　争得:通"怎得"。蛾眉:喻美女,此指陈圆圆。

⑱　专征:指军事上可以独当一面,自己掌握征伐大权,不必奉行皇帝的命令。

⑲　金牛道:从陕西沔县进入四川的古栈道,又称石牛道。

⑳　斜谷:陕西郿县西南褒斜谷东口。

㉑　散关:即大散关,在陕西宝鸡西南大散岭上。

㉒　浣纱女伴:西施入吴宫前曾在绍兴的若耶溪浣纱。这里指陈圆圆早年做妓女时的同伴。

㉓　尊:酒杯。老大:年岁老大。

㉔　有人:指陈圆圆。擅:居。侯王:高位。

㉕　斛(hú):古代十斗为一斛。

落花,无边春色来天地。

尝闻倾国与倾城,翻使周郎①受重名。妻子岂应关大计,英雄无奈是多情。全家白骨成灰土,一代红妆②照汗青。

君不见,馆娃③初起鸳鸯宿,越女如花看不足。香径④尘生鸟自啼,屟廊⑤人去苔空绿。换羽移宫万里愁⑥,珠歌翠舞古梁州⑦。为君别唱吴宫曲⑧,汉水东南日夜流⑨!

文本拓展

一、知识链接

☞ 《圆圆曲》

《圆圆曲》是"梅村体"的代表作,也是吴伟业脍炙人口的长篇歌行。它以吴三桂、陈圆圆的悲欢离合为线索,以委婉的笔调,讥讽吴三桂为一己之私叛明降清,打开山海关大门,沦为千古罪人。全诗规模宏大,个人身世与国家命运交织,一代史实和人物形象辉映,运用追叙、插叙、夹叙和其他结构手法,打破时空限制,不仅重新组合纷繁的历史事件,动人心魄,也使情节波澜曲折,富于传奇色彩。细腻地刻画心理,委婉地抒发感情,比喻、连珠的运用,历史典故与前人诗句的化用,增强了诗歌的表现力。而且注重转韵,每一转韵即进入新的层次。诗人画龙点睛般的议论穿插于叙事中,批判力量积蓄于错金镂彩的华丽词藻中,"恸哭六军俱缟素,冲冠一怒为红颜",精警隽永,成了千古传颂的名句。

☞ 冲冠一怒为红颜

陈圆圆,本姓邢,名沅,字畹芳,圆圆乃其小名。明末苏州名妓。幼从养母陈氏,故改姓陈。陈圆圆殊色秀容,花明雪艳,能歌善舞,色艺冠时。十六岁时被苏州戏院请去唱戏唱曲,名噪江南。后来,国丈田畹选美,软硬兼施地夺走了陈圆圆,这就是"横塘双桨去如飞,何处豪家强载归?此际岂知非薄命,此时只有泪沾衣"。以后,在田府侍宴时,被手握重兵、镇守山海关的吴三桂看中了,吴三桂强索陈圆圆为妾,这就是"座客飞觞红晶莫,一曲哀弦向谁诉?白皙通侯最少年,拣取花枝屡回顾,早携娇鸟出樊笼,待得银河几时渡?"陈圆圆归了吴

① 周郎:指三国时东吴名将周瑜,因娶美女小乔为妻而更加著名。这里借喻吴三桂。
② 一代红妆:指陈圆圆。
③ 馆娃:即馆娃宫,在苏州附近的灵岩山,吴王夫差为西施而筑。
④ 香径:即采香径,在灵岩山附近。
⑤ 屟(xiè)廊:即响屟廊,吴王夫差为听西施穿木屟走过的足音而造的一条走廊,在馆娃宫。
⑥ 羽、宫:都是古代五音之一,借指音乐。用音调变化比喻人事变迁。
⑦ 珠歌:指吴三桂沉浸于声色之中。古梁州:指明清时的汉中府,治所在今陕西南郑。吴三桂于顺治五年(1648)至顺治八年镇守汉中,曾在汉中建藩王府第。
⑧ 吴宫曲:为吴王夫差盛衰所唱之曲,此指《圆圆曲》。
⑨ 汉水:发源于汉中,流入长江。此句语出李白《江上吟》:"功名富贵若长在,汉水亦应西北流。"暗寓吴三桂覆灭的必然性。

三桂，似乎是有了归宿。可是"恨杀军书抵死催，苦留后约将人误"，闯王军队攻占了北京，军队纪律不好，烧杀抢掠，大将刘宗敏抢掠了吴三桂的家，强占了陈圆圆，这就是诗中所说"遍索绿珠围内第，强呼绛树出雕栏"。本来有归顺之意的吴三桂闻讯，决意打开城门，迎清军入关，李自成亲征大败，一怒之下，马前斩了其父吴襄，退回京城后又杀了其全家老少共 38 口，吴三桂与清兵紧追不舍，李自成见大势已去，败出北京。

☞ **一斛明珠**

江采萍，号梅妃，唐玄宗宠妃之一，后玄宗因宠杨贵妃冷落梅妃，心有愧意，命人把外国使节进贡的一斛珍珠送给梅妃。梅妃回诗《谢赐珍珠》，不受。本诗借此典故指陈圆圆虽重获恩宠，但并不开心。

二、点评辑要

格律本乎四杰，而情韵为深；叙述类乎香山，而风华为胜。

其少作大抵才华艳发，吐纳风流，有藻思绮合，清丽芊眠之致。及乎遭逢丧乱，阅历兴亡，凄楚苍凉，风骨弥为遒上。

（清·纪昀等《四库全书总目提要》）

以锦绣为肝肠，以珠玉为咳唾。

（清·钱谦益《梅村诗集》序）

梅村一卷足风流，往复搜寻未肯休。秋水精神香雪句，西昆幽思杜陵愁。裁成蜀锦应惭丽，细比春蚕好更抽。寒夜短檠相对处，几多诗兴为君收。

（康熙御诗《题〈吴梅村集〉》）

以唐人格调，写目前近事，宗派既正，词藻又丰，不得不为近代中之大家。

（清·赵翼《瓯北诗话》）

梅村效《琵琶》《长恨》体作《圆圆曲》，以刺三桂，曰："冲冠一怒为红颜"，盖实录也。三桂重币求去此诗，吴勿许。当其盛时，祭酒能显斥其非，却其贿遗而不顾，于甲寅之乱似早有以见其微者。呜呼，梅村非诗史之董狐也哉！

（清·陆次云《圆圆传》）

梅村七言古用元白叙事之体，拟王骆用事之法，调既流转，语复绮丽，千古高唱矣。

（清·袁枚《随园诗话》）

以《长恨歌》之壮采，而所隶之事只"小玉""双成"四字，才有余也；梅村歌行，则非隶事不办。白吴优劣即于此见。

（近代·王国维《人间词话》）

三、旁观博览

1. 清·吴伟业：《秣陵春传奇》，国家图书馆出版社 2003 年版。
2. 程穆衡 原笺：《吴梅村诗集笺注》，上海古籍出版社 1983 年版。
3. 陈继龙 笺注：《吴梅村词笺注》，上海古籍出版社 2008 年版。
4. 李学颖 集评标校：《吴梅村全集》，上海古籍出版社 1990 年版。
5. 陈寅恪：《柳如是别传》，三联书店 2015 年版。

四、思考练习

1. 结合诗歌,给陈圆圆的遭际做一张流程图。

2. 甲申之变,陈圆圆被掳,吴三桂"冲冠一怒为红颜",请探讨吴三桂的冲冠一怒是不是清朝入主中原的关键因素。

3. 用现代文将《圆圆曲》改编成一个故事。

纳兰性德

纳兰容若(1655—1685),叶赫那拉氏,原名成德,避太子保成讳改性德;字容若,号楞伽山人。正黄旗满洲人,大学士明珠长子,生长在北京。幼好学,经史百家无所不窥,谙悉传统学术文化,尤好填词。康熙十五年(1676)进士,授乾清门三等侍卫,后循迁至一等。随扈出巡南北,并曾出使梭龙(黑龙江流域)考察沙俄侵扰东北情况。康熙二十四年(1685)患急病去世,年仅三十岁。

木兰花令·拟古决绝词①

人生若只如初见,何事秋风悲画扇②。
等闲变却故人心,却道故人心易变③。
骊山雨罢清宵半④,泪雨霖⑤铃终不怨。
何如薄幸锦衣郎,比翼连枝当日愿。⑥

---

① 纳兰性德《饮水词》通志堂本为《木兰花令·拟古决绝词》。娱园本名为《木兰花·拟古决绝词柬友》。柬:给……信札。
② "何事"句:用汉朝班婕妤被弃的典故。这里是说本应当相亲相爱,却成了相离相弃。
③ 故人:指情人。"却道故人心易变"出自娱园本,一作"却道故心人易变",这里从娱园本。
④ "骊山"句:用唐明皇与杨玉环的爱情典故。这里借用此典表示即使是最后作决绝之别,也不生怨。通本作"雨罢",娱园本作"语罢"。
⑤ 泪雨霖:又作泪雨零或夜雨霖。
⑥ "何如"二句:化用唐·李商隐《马嵬》诗中"如何四纪为天子,不及卢家有莫愁"之句意。薄幸:薄情。锦衣郎:指唐明皇。

长相思

山一程，水一程①，身向榆关②那畔行，夜深千帐灯③。
风一更，雪一更④，聒⑤碎乡心梦不成，故园无此声⑥。

文本拓展

一、知识链接

☞ **木兰花令与长相思**

木兰花令，原唐教坊曲名，后用为词牌，《太和正音谱》注"高平调"。《花间集》载《木兰花》《玉楼春》两调，其七字八句者为《玉楼春》体，自《尊前集》误刻以后，宋词相沿，律多混填。全词共五十六字，七言八句，上、下片各四句三仄韵。

长相思又名《双红豆》。唐教坊曲。双调小令。三十六字，前后片各三平韵，一叠韵。

☞ **秋风悲画扇**

班婕好为汉成帝妃，被赵飞燕谗害，退居冷宫，后作《怨歌行》，其词为"新裂齐纨素，鲜洁如霜雪。裁作合欢扇，团团似明月。出入君怀袖，动摇微风发。常恐秋节至，凉飙夺炎热。弃捐箧笥（qiè sì，箱子）中，恩情中道绝"。以秋扇闲置为喻抒发被弃之怨情，后世便以秋扇见捐喻女子被弃。

☞ **骊山雨罢清宵半，泪雨霖铃终不怨**

《太真外传》载，唐玄宗与杨玉环曾于七月七日夜，在骊山华清宫长生殿里盟誓，愿世世为夫妻。白居易《长恨歌》："在天愿作比翼鸟，在地愿为连理枝。"对此作了生动的描写。后安史之乱起，唐玄宗入蜀，于马嵬坡赐死杨玉环。杨死前云："妾诚负国恩，死无恨矣。"玄宗此后于途中闻雨声、铃声而悲伤，遂作《雨霖铃》曲以寄哀思。

☞ **纳兰其人**

纳兰性德自幼天资聪颖，读书过目不忘，17岁入太学，18岁参加顺天府乡试中举人，19岁因病没能参加会试。尔后数年他发奋研读，拜徐乾学为师，两年中，主持编纂了清代第一

---

① 程：道路、路程。山一程，水一程：即山长水远。
② 榆关：今山海关，在今河北秦皇岛东北。
③ 皇帝出巡临时住宿的行帐的灯火。千帐言军营之多。
④ 旧时一夜分五更，每更大约两小时。风一更，雪一更：即言整夜风雪交加。
⑤ 聒（guō）：声音嘈杂，这里指风雪声。
⑥ 故园：故乡，这里指北京。此声：指风雪交加的声音。

部阐释儒家经义的大型丛书《通志堂经解》,受到康熙帝赏识。他又用三四年时间,把搜读经史过程中的见闻和学友传述记录整理成文,编成四卷集《渌水亭杂识》,其中包含历史、地理、天文、历算、佛学、音乐、文学、考证等方面知识,表现出他广博的学识和兴趣爱好。纳兰 22 岁时,再次参加进士考试,考中二甲第七名。康熙授他三等侍卫官职,以后升二等、一等。作为皇帝身边英俊威武的御前侍卫,他参与风流斯文的诗文之事,随皇上唱和诗词,译制著述,随皇帝南巡北狩,游历四方,奉命参与重要的战略侦察,因称圣意,多次受到恩赏,是人们羡慕的文武兼备的年少英才,帝王器重的随身近臣,前途无量的达官显贵。纳兰诗文均很出色,尤以词作杰出著称于世。24 岁时,他把自己的词作编选成集,名为《侧帽集》,后更名为《饮水词》,再后有人将两部词集增遗补缺,共 342 首,编辑一处,名为《纳兰词》。《纳兰词》当时就享有盛誉,受到文人、学士高度评价,纳兰成为那个时代词坛的杰出代表。诗人落拓无羁的性格、超逸脱俗的禀赋、才华出众功名轻取的潇洒,与他出身豪门钟鸣鼎食、入职官禁平步宦海的前程,构成一种常人难以体察的矛盾和无形的心理压抑。加之爱妻早亡,以及文学挚友的聚散,使他无法摆脱内心深处的困惑与悲观。纳兰内心深处厌倦官场庸俗和侍从生活,无心功名利禄。虽“身在高门广厦,常有山泽鱼鸟之思”。对职业的厌倦,对富贵的轻看,对仕途的不屑,使他对凡能轻取的身外之物无心一顾,对爱情、亲情、友情,对心与境合的自然和谐状态,则流连向往。他于康熙二十四年暮春,抱病与好友一聚,一醉,一咏三叹,然后便一病不起,七日后溘然而逝。

✍ 纳兰词

纳兰词最大的特点是直抒性灵,感情直率,这是纳兰性德的创作风格。他一贯认为,“诗乃心声,性情之事也”。体现在创作中,便显得不事雕饰,天籁自鸣。诗人运笔流水行云,一任真纯充沛的感情在笔端酣畅地抒发。王国维说:“纳兰容若以自然之眼观物,以自然之舌言情。”

纳兰性德的诗歌直写怀抱,风格凄切,酣畅深沉,慷慨淋漓,但又注意艺术锤炼,耐人寻味,非一味粗头乱服。纳兰性德经常化用名句,运用典故,既酣畅,又深沉;既慷慨淋漓,又耐人寻味。纳兰词没有华丽的词藻,却使人读来五内沸腾,神摇魄荡,感觉到作者字字句句,出自肺腑。

二、点评辑要

纳兰容若以自然之眼观物,以自然之舌言情。此由初入中原,未染汉人风习,故能真切如此。北宋以来,一人而已。

(近代·王国维《人间词话》)

纳兰侍卫以天赋之才,崛起于方兴之族。其所为词,悲凉顽艳,独有得于意境之深,可谓豪杰之士,奋乎百世之下者矣。

(近代·王国维《人间词乙稿序》)

容若承平少年,乌衣公子,天分绝高,适承元、明词敝甚,欲推尊斯道,一洗雕虫篆刻之讥。独惜享年不永,力量未充,未能胜起衰之任。其所为词,纯任性灵,纤尘不染,甘受和,白受采,进于沉着浑至何难矣。

(近代·况周颐《蕙风词话》)

清代大词家固然很多,但头两把交椅,却被前后两位旗人——成若容、郑叔问占去也。

(近代·梁启超《梁启超文全集·文集》)

论清初词家,当推成德为一把手,朱、陈犹不得为上。

(钱基博《现代中国文学史》)

纳兰容若所著之《饮水》《侧帽》词,继响南唐,齐名陈、朱。最擅长小令,字字句句,均系性情语,而俳凉天成,绵缠独到,如有神助。其得天也厚,故虽生长华庶,而不作一裱丽语;其涉世也浅,故不作一寒酸语;不知人间有不幸事,故不作一抑郁语。语语以真性情、真学问出之,故不作酬酢语。

(周太玄《倚琴楼词话》)

性德在清词人中为别树一帜者,其所作词不甚依格律,不重视模拟,不喜用古典,而以俚语写自己情思,纯发乎天籁,语意浑然,像这样的词家,宋以后一人而已。

(胡云翼《中国词史略》)

清代词人之冠。

(刘大杰《中国文学发展史》)

三、旁观博览

1. 赵秀亭,冯统一 编著:《饮水词笺校》,中华书局 2011 年版。
2. 纳兰性德 著:《通志堂集》,华东师范大学出版社 2008 年版。
3. 严迪昌:《清词史》,江苏古籍出版社 2001 年版。
4. 张秉戍:《纳兰词笺注》,北京出版社 2000 年版。

四、思考练习

1. 以“历代边塞诗词”为题,做一个 PPT。
2. 请分析《木兰花令》三四句中两个“故人”分别代指的意思。
3. 体会“长相思”词牌用韵平仄要求,摹仿完成一首词的写作。

曹雪芹

曹雪芹(1715?—1763?),名霑,字梦阮,号雪芹,又号芹溪、芹圃,籍贯沈阳(一说辽阳),生于南京,约13岁时迁回北京。曹雪芹出身清代内务府正白旗包衣世家,江宁织造曹寅之孙,曹頫之子(一说曹颙之子)。

曹雪芹早年在南京江宁织造府亲历了一段锦衣纨绔、富贵风流的生活。至雍正六年(1728),曹家因亏空获罪被抄家,曹雪芹随家人迁回北京老宅。后又移居北京西郊,靠卖字画和朋友救济为生。曹雪芹素性放达,爱好广泛,对金石、诗书、绘画、园林、中医、织补、工艺、饮食等均有所研究。他以坚韧不拔的毅力,历经多年艰辛,终于创作出极具思想性、艺术性的伟大作品《红楼梦》。

红楼梦·第五回
游幻境指迷十二钗　饮仙醪曲演红楼梦①

第四回中既将薛家母子在荣府内寄居等事略已表明,此回则暂不能写矣。

如今且说林黛玉自在荣府以来,贾母万般怜爱,寝食起居,一如宝玉,迎春、探春、惜春三个亲孙女倒且靠后;便是宝玉和黛玉二人之亲密友爱处,亦自较别个不同,日则同行同坐,夜则同息同止,真是言和意顺,略无**参商**②。不想如今忽然来了一个薛宝钗,年岁虽大不多,然品格端方,容貌丰美,人多谓黛玉所不及。而且宝钗行为豁达,随分从时,不比黛玉孤高自许,目无下尘,故比黛玉大得下人之心。便是那些小丫头子们,亦多喜与宝钗去顽。因此黛玉心中便有些恲郁不忿之意,宝钗却浑然不觉。那宝玉亦在孩提之间,况自天性所禀来的一片愚拙偏僻,视姊妹弟兄皆出一意,并无亲疏远近之别。其中因与黛玉同随贾母一处坐卧,故略比别个姊妹熟惯些。既熟惯,则更觉亲密;既亲密,则不免一时有求全之毁,不虞之隙③。这日不知为何,他二人言语有些不合起来,黛玉又气的独在房中垂泪,宝玉又自悔言语冒撞,前去俯就,那黛玉方渐渐的回转来。

---

① 仙醪(láo):仙酒。醪:本指发酵后未经过滤、汁渣相拌的原酿,即浊酒。

② 略无参(shēn)商:指彼此感情融洽,没有一点隔阂和矛盾。

③ 求全之毁,不虞之隙:毁:责难。不虞:料想不到。隙:嫌隙,裂痕。因要求完美而经常责难;因相处亲密常有料想不到的摩擦。《孟子·离娄上》:"有不虞之誉,有求全之毁。"语意相近。

因东边宁府中花园内梅花盛开，贾珍之妻尤氏乃治酒①，请贾母，邢夫人，王夫人等赏花。是日先携了贾蓉之妻，二人来面请。贾母等于早饭后过来，就在会芳园游顽，先茶后酒，不过皆是宁荣二府女眷家宴小集，并无别样新文趣事可记。

一时宝玉倦怠，欲睡中觉，贾母命人好生哄着，歇一回再来。贾蓉之妻秦氏便忙笑回道："我们这里有给宝叔收拾下的屋子，老祖宗放心，只管交与我就是了。"又向宝玉的奶娘丫鬟等道："嬷嬷、姐姐们，请宝叔随我这里来。"贾母素知秦氏是个极妥当的人，生的袅娜纤巧，行事又温柔和平，乃重孙媳中第一个得意之人，见他去安置宝玉，自是安稳的。

当下秦氏引了一簇人来至上房内间。宝玉抬头看见一幅画贴在上面，画的人物固好，其故事乃是《燃藜图》，也不看系何人所画，心中便有些不快。又有一幅对联，写的是：

世事洞明皆学问，人情练达即文章。

及看了这两句，纵然室宇精美，铺陈华丽，亦断断不肯在这里了，忙说："快出去！快出去！"秦氏听了笑道："这里还不好，可往那里去呢？ 不然往我屋里去吧。"宝玉点头微笑。有一个嬷嬷说道："那里有个叔叔往侄儿房里睡觉的理？"秦氏笑道："嗳哟哟，不怕他恼。他能多大呢，就忌讳这些个！ 上月你没看见我那个兄弟来了，虽然与宝叔同年，两个人若站在一处，只怕那个还高些呢。"宝玉道："我怎么没见过？ 你带他来我瞧瞧。"众人笑道："隔着二三十里，往那里带去，见的日子有呢。"说着大家来至秦氏房中。刚至房门，便有一股细细的甜香袭人而来。宝玉觉得眼饧②骨软，连说"好香！"入房向壁上看时，有唐伯虎画的《海棠春睡图》③，两边有宋学士秦太虚④写的一副对联，其联云：

嫩寒锁梦因春冷，芳气笼人是酒香⑤。

案上设着**武则天当日镜室中设的宝镜**，一边摆着**飞燕⑥立着舞过的金盘**，盘内盛着**安禄山掷过伤了太真⑦乳的木瓜**。上面设着**寿昌公主⑧于含章殿下卧的榻**，悬的是**同昌公主⑨制的联珠帐**。宝玉含笑连说："这里好！"秦氏笑道："我这屋子大约神仙也可以住得了。"说着亲自展开了西子浣过的纱衾，移了红娘抱过的鸳枕。于是众奶母伏侍宝玉卧好，款款散了，只留袭人、媚人、晴雯、麝月四个丫鬟为伴。秦氏便分咐小丫鬟们，好生在廊檐下看着猫儿狗儿打架。

那宝玉刚合上眼，便惚惚的睡去，犹似秦氏在前，遂悠悠荡荡，随了秦氏，至一所在。但

---

① 治酒：置办酒食。

② 饧(xíng)：眼睛半睁半闭。

③ 唐伯虎：唐寅，字伯虎，明代画家、文学家。海棠春睡：比喻杨贵妃的醉态。《明皇杂录》载："上尝登沉香亭，召妃子。妃子时卯酒未醒，高力士从侍儿扶掖而至。上皇笑曰：岂是妃子醉耶？ 海棠睡未足耳。"

④ 秦太虚：北宋词人秦观，字少游，一字太虚，与黄庭坚、晁补之和张耒合称苏(苏轼)门四学士。秦观词风婉约媚丽，多写男女情爱。

⑤ 嫩寒：春天微寒。锁梦：春睡沉沉，像被锁于梦乡。该对联不见于秦观《淮海集》。

⑥ 飞燕：赵飞燕，汉成帝的皇后，身轻善舞。

⑦ 太真：即杨玉环，道号太真。受宠于唐玄宗，封为贵妃。

⑧ 寿昌公主：应是寿阳公主之误。寿阳公主，南朝宋武帝刘裕的女儿。

⑨ 同昌公主：唐懿宗爱女。唐懿宗对同昌公主十分宠爱，据说为其营造的公主府，是旷古未有的奢华，就连打扫用的簸箕，都是用金丝编织的。

见朱栏白石，绿树清溪，真是人迹希逢，飞尘不到。宝玉在梦中欢喜，想道："这个去处有趣，我就在这里过一生，纵然失了家也愿意，强如天天被父母师傅打呢。"正胡思之间，忽听山后有人作歌曰：

> 春梦随云散，飞花逐水流；寄言众儿女，何必觅闲愁。

宝玉听了是女子的声音。歌声未息，早见那边走出一个人来，蹁跹袅娜，端的与人不同。有赋①为证：

> 方离柳坞②，乍出花房。但行处，鸟惊庭树③，将到时，影度回廊④。仙袂乍飘兮，闻麝兰⑤之馥郁，荷衣⑥欲动兮，听环佩之铿锵⑦。靥⑧笑春桃兮，云堆翠髻，唇绽樱颗⑨兮，榴齿⑩含香。纤腰之楚楚兮，回风舞雪⑪，珠翠之辉辉兮，满额鹅黄⑫。出没花间兮，宜嗔宜喜⑬，徘徊池上兮，若飞若扬。蛾眉颦笑兮，将言而未语，莲步⑭乍移兮，待止而欲行。美彼之良质兮，冰清玉润，美彼之华服兮，闪灼文章⑮。爱彼之貌容兮，香培玉琢，美彼之态度兮，凤翥龙翔。其素若何，春梅绽雪。其洁若何，秋菊被霜。其静若何，松生空谷。其艳若何，霞映澄塘。其文若何，龙游曲沼。其神若何，月射寒江。应惭西子，实愧王嫱。奇矣哉，生于孰地，来自何方，信矣乎，瑶池⑯不二，紫府⑰无双。果何人哉？如斯之美也！

宝玉见是一个仙姑，喜的忙来作揖问道："神仙姐姐不知从那里来，如今要往那里去？也

---

① 赋：文体名。起于战国，盛于两汉。赋在体式上有骈体也有散体。
② 坞(wù)：泛指四面高中央低的处所。柳坞：四周植满柳树的处所。
③ 鸟惊庭树：极言仙子的美丽。《庄子·齐物论》："毛嫱、丽姬，人之所美也；鱼见之深入，鸟见之高飞，麋鹿见之决骤：四者孰知天下之正色哉？"后以鱼入鸟惊形容女子容颜之美，与沉鱼落雁的意思类似。
④ 影度回廊：妙曼的身影在曲折回环的走廊上移动，形容仙子身姿之美。
⑤ 麝兰：麝香和兰草是古代妇女常用的香料，这里指香气。
⑥ 荷衣：用荷花荷叶制成的服饰，有出尘超世之态。屈原《九歌·少司命》："荷衣兮蕙带。"《离骚》："制芰荷以为衣兮，集芙蓉以为裳。"
⑦ 环佩之铿锵：见《东皇太一》注5。
⑧ 靥(yè)：酒窝，或指嘴两旁的小圆窝。
⑨ 唇绽樱颗：形容双唇如熟透的樱桃一般鲜润饱满。
⑩ 榴齿：指如石榴子般整齐莹润的牙齿。《博物论》载："石榴子似人齿，带淡红色光皎若琥珀。"
⑪ 回风舞雪：形容仙子体态轻盈飘忽。曹植《洛神赋》："仿佛兮若轻烟之蔽月，飘飘兮若流风之回雪。"
⑫ 满额鹅黄：古代妇女的一种化妆习俗，在额头上涂鹅黄色作为装饰。有说起源于汉代又说起源于六朝。李商隐《蝶》："寿阳公主嫁时妆，八字宫眉捧额黄。"
⑬ 宜嗔宜喜：无论生气还是高兴，都令人感到美。《西厢记》第一折："我见他宜嗔宜喜春风面。"
⑭ 莲步：据《南史·齐本记下》载："凿金为莲华以帖地，令潘妃行其上曰：'此步步生莲华也。'"后用来形容美女的步幅之美。
⑮ 文章：此处指花纹错杂相间。
⑯ 瑶池：与下文的紫府皆为古代传说中的仙境。据《史记·大宛列传赞》和《穆天子传》卷三载：瑶池在昆仑山上，是西王母所居之地。
⑰ 紫府：据《海内十洲记·长洲》载：紫府在青丘风山，天真仙女曾游于此。

不知这是何处，望乞携带携带。"那仙姑笑道："吾居离恨天之上，灌愁海之中，乃放春山遣香洞太虚幻境警幻仙姑是也。司人间之风情月债，掌尘世之女怨男痴。因近来风流冤孽，缠绵于此处，是以前来访察机会，布散相思。今忽与尔相逢，亦非偶然。此离吾境不远，别无他物，仅有自采仙茗一盏，亲酿美酒一瓮，素练魔舞歌姬数人，新填《红楼梦》仙曲十二支，试随吾一游否？"宝玉听说，便忘了秦氏在何处，竟随了仙姑，至一所在，有石牌横建，上书"太虚幻境"四个大字，两边一副对联，乃是：

> 假作真时真亦假，无为有处有还无。

转过牌坊，便是一座宫门，上面横书四个大字，道是："孽海情天"。又有一副对联，大书云：

> 厚地高天，堪叹古今情不尽；痴男怨女，可怜风月债难偿。

宝玉看了，心下自思道："原来如此。但不知何为'古今之情'，何为'风月之债'？从今倒要领略领略。"宝玉只顾如此一想，不料早把些邪魔招入膏肓了。当下随了仙姑进入二层门内，至两边配殿，皆有匾额对联，一时看不尽许多，惟见有几处写的是："痴情司"、"结怨司"、"朝啼司"、"夜怨司"、"春感司"、"秋悲司"。看了，因向仙姑道："敢烦仙姑引我到那各司中游玩游玩，不知可使得？"仙姑道："此各司中皆贮的是普天之下所有的女子过去未来的簿册，尔凡眼尘躯，未便先知的。"宝玉听了，那里肯依，复央之再四。仙姑无奈，说："也罢，就在此司内略随喜随喜①罢了。"宝玉喜不自胜，抬头看这司的匾上，乃是"薄命司"三字，两边对联写的是：

> 春恨秋悲皆自惹，花容月貌为谁妍。

宝玉看了，便知感叹。进入门来，只见有十数个大厨，皆用封条封着。看那封条上，皆是各省的地名。宝玉一心只拣自己的家乡封条看，遂无心看别省的了。只见那边厨上封条上大书七字云："金陵十二钗正册"。宝玉问道："何为'金陵十二钗正册'？"警幻道："即贵省中十二冠首女子之册，故为'正册'。"宝玉道："常听人说，金陵极大，怎么只十二个女子？如今单我家里，上上下下，就有几百女孩子呢。"警幻冷笑道："贵省女子固多，不过择其紧要者录之。下边二厨则又次之。余者庸常之辈，则无册可录矣。"宝玉听说，再看下首二厨上，果然写着"金陵十二钗副册"，又一个写着"金陵十二钗又副册"。宝玉便伸手先将"又副册"厨开了，拿出一本册来，揭开一看，只见这首页上画着一幅画，又非人物，也无山水，不过是水墨滃染的满纸乌云浊雾而已。后有几行字迹，写的是：

> 霁月难逢，彩云易散。心比天高，身为下贱。风流灵巧招人怨。寿夭多因毁谤生，多情公子空牵念。②

宝玉看了，又见后面画着一簇鲜花，一床破席，也有几句言词，写道是：

---

① 随喜：佛教术语。指人做了善事随之产生欢喜之意。后游览参观寺院也称随喜，这里就是游览参观的意思。

② "霁月难逢"一首：此为晴雯判词。霁月：雨过天晴时的明月叫作"霁月"，暗合晴雯的"晴"，雯即彩云，"彩云易散"暗指晴雯早夭的命运。白居易《简简吟》："大都好物不坚牢，彩云易散琉璃脆。""身为下贱"指晴雯乃婢女身份，属奴籍。"多情公子"指贾宝玉。

枉自温柔和顺,空云似桂如兰,堪美优伶有福,谁知公子无缘。①

宝玉看了不解。遂掷下这个,又去开了副册厨门,拿起一本册来,揭开看时,只见画着一株桂花,下面有一池沼,其中水涸泥干,莲枯藕败,后面书云:

根并荷花一茎香,平生遭际实堪伤。自从两地生孤木,致使香魂返故乡。②

宝玉看了仍不解。便又掷了,再去取"正册"看,只见头一页上便画着两株枯木,木上悬着一围玉带,又有一堆雪,雪下一股金簪。也有四句言词,道是:

可叹停机德,堪怜咏絮才。玉带林中挂,金簪雪里埋。③

宝玉看了仍不解。待要问时,情知他必不肯泄漏,待要丢下,又不舍。遂又往后看时,只见画着一张弓,弓上挂着香橼。也有一首歌词云:

二十年来辨是非,榴花开处照宫闱。三春争及初春景,虎兕相逢大梦归。④

后面又画着两人放风筝,一片大海,一只大船,船中有一女子掩面泣涕之状。也有四句写云:

才自精明志自高,生于末世运偏消。清明涕送江边望,千里东风一梦遥。⑤

后面又画几缕飞云,一湾逝水。其词曰:

富贵又何为,襁褓之间父母违。展眼吊斜晖,湘江水逝楚云飞。⑥

后面又画着一块美玉,落在泥垢之中。其断语云:

---

① "枉自"一首:此为袭人判词。袭人姓花,贾宝玉据"花气袭人知昼暖"的诗句将其改名为袭人,此诗的画面就是暗合此诗意,寓指袭人。优伶:旧时对歌舞戏曲艺人的称呼,这里指最终娶了袭人的蒋玉菡。公子指贾宝玉。

② "根并荷花"一首:此为香菱判词。画面"一株桂花"暗指薛蟠的妻子夏金桂,"莲枯藕败"暗指作为薛蟠妾室香菱(原名英莲)的悲剧命运。根并荷花:菱根挨着莲根,暗指香菱就是原来的英莲。两地生孤木:此用拆字法,地即土,双土加木合成一个"桂",指自从夏金桂出现,香菱就将走向悲剧结局。

③ "可叹停机德"一首:此为林黛玉和薛宝钗的判词。停机德典出《后汉书·列女传》,东汉河南郡乐羊子远出寻师求学,因为想家,只过了一年就回家了。他妻子正在织布,知道乐羊子回家的缘故后,拿起剪刀就把织布机上的绢割断。以此来比喻中断学业将前功尽弃,规劝乐羊子继续求学,谋取功名,不要半途而废。一般用"停机德"比喻那些恪守传统道德的女性,这里寓指薛宝钗。咏絮才:典出《世说新语·言语》,东晋女诗人谢道韫是宰相谢安的侄女,著名书法家王羲之之子王凝之的妻子。幼时冬日,叔父谢安召集众子侄论文义,俄而雪骤,安问:"白雪纷纷何所似也?"安侄谢朗答:"撒盐空中差可拟。"道韫答:"未若柳絮因风起。"谢安大为称赏。后世因称女子的文学才能为"咏絮才"。这里寓指林黛玉。玉带林中挂:前三字倒读即"林黛玉"的谐音。金簪雪里埋:金簪,喻宝钗,雪与"薛"谐音。

④ "二十年来辨是非"一首:此为贾元春判词。画面中的"弓"与"宫"谐音,香橼的"橼"与"元"谐音,暗指身处宫闱的元春。三春隐指贾家的迎春、探春、惜春。争及:怎及。虎兕(sì):又作"虎兔",意指不明。大梦归:指过世。

⑤ "才自精明志自高"一首:此为贾探春判词。暗指探春远嫁海外。

⑥ "富贵又何为"一首:此为史湘云判词。前二句指湘云父母早亡,后二句指湘云夫妻缘浅,转眼之间夫妻离散。吊:凭吊,伤悼。湘江水逝楚云飞,既暗合"湘"、"云"二字,也可借用宋玉《高唐赋》中楚怀王梦会巫山神女之事,比喻情爱短暂。

　　　　欲洁何曾洁，云空未必空。可怜金玉质，终陷淖泥中。①

　　后面忽见画着个恶狼，追扑一美女，欲啖之意。其书云：

　　　　子系中山狼，得志便猖狂。金闺花柳质，一载赴黄粱。②

　　后面便是一所古庙，里面有一美人在内看经独坐。其判云：

　　　　勘破三春景不长，缁衣顿改昔年妆。可怜绣户侯门女，独卧青灯古佛旁。③

　　后面便是一片冰山，上面有一只雌凤。其判曰：

　　　　凡鸟偏从末世来，都知爱慕此生才。一从二令三人木，哭向金陵事更哀。④

　　后面又是一座荒村野店，有一美人在那里纺绩。其判云：

　　　　势败休云贵，家亡莫论亲。偶因济刘氏，巧得遇恩人。⑤

　　后面又画着一盆茂兰，旁有一位凤冠霞帔的美人。也有判云：

　　　　桃李春风结子完，到头谁似一盆兰。如冰水好空相妒，枉与他人作笑谈。⑥

　　后面又画着高楼大厦，有一美人悬梁自缢。其判云：

　　　　情天情海幻情身，情既相逢必主淫。漫言不肖皆荣出，造衅开端实在宁。⑦

　　宝玉还欲看时，那仙姑知他天分高明，性情颖慧，恐把仙机泄漏，遂掩了卷册，笑向宝玉道："且随我去游玩奇景，何必在此打这闷葫芦！"

　　宝玉恍恍惚惚，不觉弃了卷册，又随了警幻来至后面。但见珠帘绣幕，画栋雕檐，说不尽

---

　　①　"欲洁何曾洁"一首：此为妙玉判词。画面中美玉暗指妙玉之"玉"。妙玉素有洁癖，同时身在佛门清净地。淖：泥沼、烂泥。暗指妙玉不堪的结局。

　　②　"子系中山狼"一首：此为贾迎春判词。子：旧时对男子的尊称。系：是。子系既是直指其事，同时二字合起来成一"孙（繁体为孫）"字。借指迎春的丈夫孙绍祖。中山狼指的是忘恩负义的典故。赴黄粱典出唐·沈既济《枕中记》，讲的是人生如梦的故事，这里暗指迎春被忘恩负义的丈夫折磨而死的结局。

　　③　"勘破三春景不长"一首：此为贾惜春判词。据脂批，惜春最后出家为尼，过着"缁衣乞食"的生活。勘破：看破。缁衣：黑色的衣服。僧尼穿黑衣，所以出家也叫披缁。

　　④　"凡鸟偏从末世来"一首：此为王熙凤判词。画中一片冰山指王熙凤所依凭的富贵荣华如冰山般，随着环境气候的改变即化为虚无，雌凤暗指熙凤，凡鸟合成一个"凤（繁体鳳）"，暗点其名，同时暗指嵇康兄嵇喜和吕安的典故，嵇康与吕安都是当世名士，某日吕安拜访嵇康，康外出，其兄喜出门迎接，吕安不入，在门上题"鳳"字，嵇喜以为吕安把自己比作凤凰，大喜。不知吕安其实在嘲笑他是凡鸟。此处暗讽王熙凤心高气傲，自命不凡，故行事失于跋扈。一从二令三人木，其意不明，或谓人木合起来就是"休"，暗指王熙凤被休弃的结局。

　　⑤　"势败休云贵"一首：此为王熙凤女巧姐的判词。画面暗指巧姐最后沦为村妇。刘氏指刘姥姥。巧：语意双关，既指凑巧，又指巧姐之"巧"。

　　⑥　"桃李春风结子完"一首：此为李纨判词。暗指李纨守寡一生，虽晚年因子富贵，但诰封与荣华与落寞的一生相比，终究虚幻。首句诗中桃李之"李"与结子完之"完"，谐音李纨姓名。次句中的"兰"暗指其子贾兰。

　　⑦　"情天情海幻情身"一首：此为秦可卿判词。据脂批，小说第十三回回目原是"秦可卿淫丧天香楼"，与画意相合。因某些原因，曹雪芹对此章作了删改，但在判词和画面中仍保留原意，给读者某些暗示。

那光摇朱户金铺地,雪照琼窗玉作宫。更见仙花馥郁,异草芬芳,真好个所在。又听警幻笑道:"你们快出来迎接贵客!"一语未了,只见房中又走出几个仙子来,皆是荷袂蹁跹,羽衣飘舞,姣若春花,媚如秋月。一见了宝玉,都怨谤警幻道:"我们不知系何'贵客',忙的接了出来!姐姐曾说今日今时必有绛珠妹子的生魂前来游玩,故我等久待。何故反引这浊物来污染这清净女儿之境?"

宝玉听如此说,便吓得欲退不能退,果觉自形污秽不堪。警幻忙携住宝玉的手,向众姊妹道:"你等不知原委:今日原欲往荣府去接绛珠,适从宁府所过,偶遇宁荣二公之灵,嘱吾云:'吾家自国朝定鼎以来①,功名奕世②,富贵传流,虽历百年,奈运终数尽,不可挽回者。故遗之子孙虽多,竟无可以继业。其中惟嫡孙宝玉一人,禀性乖张,生性怪谲,虽聪明灵慧,略可望成,无奈吾家运数合终,恐无人规引入正。幸仙姑偶来,万望先以情欲声色等事警其痴顽,或能使彼跳出迷人圈子,然后入于正路,亦吾兄弟之幸矣。'如此嘱吾,故发慈心,引彼至此。先以彼家上中下三等女子之终身册籍,令彼熟玩,尚未觉悟,故引彼再至此处,令其再历饮馔声色之幻,或冀将来一悟,亦未可知也。"

说毕,携了宝玉入室。但闻一缕幽香,竟不知其所焚何物。宝玉遂不禁相问。警幻冷笑道:"此香尘世中既无,尔何能知!此香乃系诸名山胜境内初生异卉之精,合各种宝林珠树之油所制,名'群芳髓'。"宝玉听了,自是羡慕而已。大家入座,小丫鬟捧上茶来。宝玉自觉清香异味,纯美非常,因又问何名。警幻道:"此茶出在放春山遣香洞,又以仙花灵叶上所带之宿露而烹,此茶名曰'千红一窟'。"宝玉听了,点头称赏。因看房内,瑶琴,宝鼎,古画,新诗,无所不有,更喜窗下亦有唾绒③,奁间时渍粉污。壁上也见悬着一副对联,书云:

幽微灵秀地,无可奈何天。

宝玉看毕,无不羡慕。因又请问众仙姑姓名:一名痴梦仙姑,一名钟情大士④,一名引愁金女,一名度恨菩提⑤,各各道号不一。少刻,有小丫鬟来调桌安椅,设摆酒馔。真是:琼浆满泛玻璃盏,玉液浓斟琥珀杯。更不用再说那肴馔之盛。宝玉因闻得此酒清香甘冽,异乎寻常,又不禁相问。警幻道:"此酒乃以百花之蕊,万木之汁,加以麟髓之醅⑥,凤乳之麴⑦酿成,因名为'万艳同杯'。"宝玉称赏不迭。

饮酒间,又有十二个舞女上来,请问演何词曲。警幻道:"就将新制《红楼梦》十二支演上来。"舞女们答应了,便轻敲檀板⑧,款⑨按银筝,听他歌道是:

---

① 定鼎:相传禹铸九鼎,夏、商、周三代都把它们作为传国重宝,此后"鼎"便成为拥有政权的象征,新王朝定都建国就称为定鼎。《左传》"宣公三年":"成王定鼎于郏鄏(jiá rǔ,今河南洛阳)。"
② 奕(yì)世:一代接一代。奕:次序,在这里指连绵不断的意思。
③ 唾绒:古代妇女刺绣,每当换线停针、用牙齿咬断绣线时,口中常沾留线绒,随口吐出,俗谓唾绒。李煜《一斛珠》词:"烂嚼红茸,笑向檀郎唾。""茸"与"绒"通。
④ 大士:佛教中称佛和菩萨为大士。
⑤ 菩提:佛教名词,系梵文音译,意译为觉悟、成佛。释迦牟尼在毕钵罗树下觉悟成佛,从此佛家称此地为菩提场,该树为菩提树。
⑥ 醅(pēi):未经过滤的酒。
⑦ 麴(qū):酿酒用的发酵物,多用大麦麸皮制成。
⑧ 檀板:乐器名。即拍板,又称牙板。因用檀木制成,故称檀板,因其色红,又称红牙板。
⑨ 款:动作缓慢、舒缓的样子。

开辟鸿蒙……

方歌了一句，警幻便说道："此曲不比尘世中所填传奇之曲①，必有生旦净末之则②，又有南北九宫之限③。此或咏叹一人，或感怀一事，偶成一曲，即可谱入管弦。若非个中人④，不知其中之妙。料尔亦未必深明此调。若不先阅其稿，后听其歌，翻成嚼蜡矣。"说毕，回头命小丫鬟取了《红楼梦》原稿来，递与宝玉。宝玉接来，一面目视其文，一面耳聆其歌曰：

〔红楼梦引子〕开辟鸿蒙，谁为情种？ 都只为风月情浓。趁着这奈何天，伤怀日，寂寥时，试遣愚衷。因此上，演出这怀金悼玉的《红楼梦》。⑤

〔终身误〕都道是金玉良姻，俺只念木石前盟。空对着，山中高士晶莹雪，终不忘，世外仙姝寂寞林。叹人间，美中不足今方信。纵然是**齐眉举案**，到底意难平。⑥

〔枉凝眉〕一个是阆苑仙葩，一个是美玉无瑕。若说没奇缘，今生偏又遇着他，若说有奇缘，如何心事终虚化？ 一个枉自嗟呀，一个空劳牵挂。一个是水中月，一个是镜中花。想眼中能有多少泪珠儿，怎经得秋流到冬尽，春流到夏！⑦

宝玉听了此曲，散漫无稽，不见得好处，但其声韵凄惋，竟能销魂醉魄。因此也不察其原委，问其来历，就暂以此释闷而已。因又看下道：

〔恨无常〕喜荣华正好，恨无常又到。眼睁睁，把万事全抛。荡悠悠，把芳魂消耗。望家乡，路远山高。故向爹娘梦里相寻告：儿命已入黄泉，天伦呵，须要退步抽身早！⑧

〔分骨肉〕一帆风雨路三千，把骨肉家园齐来抛闪。恐哭损残年，告爹娘，休把儿悬念。自古穷通皆有定，离合岂无缘？ 从今分两地，各自保平安。奴去也，莫牵连。⑨

---

① 传奇之曲：明代以后称南戏为传奇。曲：曲词。

② 生旦净末之则：生、旦、净、末，是传统戏曲中的角色类型，也有称生旦净末丑五类，总称为"行当"。每个行当都有自己独特的表演程式（法则），不能随便混用。

③ 南北九宫之限：指戏曲的宫调限制非常严格。南北九宫，指古代戏曲的宫调。南：指南曲（传奇）。北：指北曲（杂剧）。九宫：即指九个宫调，正宫、中吕宫、南吕宫、仙吕宫、黄钟宫五宫，加上大石调、双调、商调、越调四调。戏剧中的曲牌受宫调限制，某一曲牌属于某一宫调之内，不能放入其他宫调来用。也有的曲牌可以兼入两宫，但要按照曲谱规定。

④ 个中人：指处在局中，知晓内情之人。这里就是"行家"的意思。

⑤ 红楼梦引子：《红楼梦》十二支曲子和金陵十二钗册子判词互为补充，预示了书中人物的命运和结局。开辟鸿蒙：开天辟地以来。鸿蒙：指宇宙形成之前的混沌状态。遣：排遣，抒发。愚："我"的自谦称呼。衷：衷肠，情怀。怀金悼玉："金"指薛宝钗，"玉"指林黛玉，以此代指金陵十二钗。

⑥ 终身误：即指误了终身。曲子暗示了贾宝玉与薛宝钗婚后，念念不忘林黛玉，薛宝钗遭遇诸般冷落、难堪。金玉良姻：指贾宝玉和薛宝钗的姻缘，书中有金锁配玉的说法。木石前盟：指贾宝玉和林黛玉的因缘，书中有神瑛侍者（后为贾宝玉）以甘露灌溉绛珠仙草（后为林黛玉）的前因描述。

⑦ 枉凝眉：意指徒然悲愁，此曲暗喻宝黛情感的起兴转灭。阆苑：神仙的园林。仙葩：仙花，指林黛玉。嗟呀：伤感叹息。

⑧ 恨无常："无常"有年寿不永和荣辱无定双重意思。此曲暗喻贾元春的命运。

⑨ 分骨肉：意指骨肉分离，此曲暗喻贾探春的命运。抛闪：抛开。残年：晚年，指老年人。穷通：人生所遭遇的困窘和显达。定：命中注定。奴：旧时女子自称。牵连：牵挂留连。

〔乐中悲〕襁褓中，父母叹双亡。纵居那绮罗丛，谁知娇养？幸生来，英豪阔大宽宏量，从未将儿女私情略萦心上。好一似，霁月光风耀玉堂。厮配得才貌仙郎，博得个地久天长，准折得幼年时坎坷形状。终久是云散高唐，水涸湘江。这是尘寰中消长数应当，何必枉悲伤！①

〔世难容〕气质美如兰，才华阜比仙。天生成孤癖人皆罕。你道是啖肉食腥膻，视绮罗俗厌，却不知太高人愈妒，过洁世同嫌。可叹这，青灯古殿人将老，辜负了，红粉朱楼春色阑。到头来，依旧是风尘肮脏违心愿。好一似，无瑕白玉遭泥陷，又何须，王孙公子叹无缘。②

〔喜冤家〕中山狼，无情兽，全不念当日根由。一味的骄奢淫荡贪还构。觑着那，侯门艳质同蒲柳，作践的，公府千金似下流。叹芳魂艳魄，一载荡悠悠。③

〔虚花悟〕将那三春看破，桃红柳绿待如何？把这韶华打灭，觅那清淡天和。说什么，天上夭桃盛，云中杏蕊多。到头来，谁把秋捱过？则看那，白杨村里人呜咽，青枫林下鬼吟哦。更兼着，连天衰草遮坟墓。这的是，昨贫今富人劳碌，春荣秋谢花折磨。似这般，生关死劫谁能躲？闻说道，西方宝树唤婆娑，上结着长生果。④

〔聪明累〕机关算尽太聪明，反算了卿卿性命。生前心已碎，死后性空灵。家富人宁，终有个家亡人散各奔腾。枉费了，意悬悬半世心，好一似，荡悠悠三更梦。忽喇喇似大厦倾，昏惨惨似灯将尽。呀！一场欢喜忽悲辛。叹人世，终难定！⑤

〔留余庆〕留余庆，留余庆，忽遇恩人，幸娘亲，幸娘亲，积得阴功。劝人生，济困扶穷，休似俺那爱银钱忘骨肉的狠舅奸兄！正是乘除加减，上有苍穹。⑥

〔晚韶华〕镜里恩情，更那堪梦里功名！那美韶华去之何迅！再休提绣帐鸳衾。

---

①　乐中悲：此曲暗喻湘云的命运，虽生于富贵之家，但自幼父母双亡，虽得"才貌仙郎"，但又夫妻缘浅。绮罗丛：代指富贵家庭。霁月光风：雨过天晴时天地一片明净的景象，寓指湘云的性情品格。厮配：相配。准折：抵消；弥补。数：气数，运数。

②　世难容：意为被世俗所不容，此曲暗喻妙玉的命运。啖（dàn）：吃。膻：羊臊气。红粉：胭脂香粉，代指年轻女子。

③　喜冤家：意指本为喜庆事却招来冤家，此曲暗喻贾迎春的命运。贪还构：贪婪，构陷。觑（qù）：看。侯门艳质：指侯门千金小姐。蒲柳：即水杨，易生易凋。旧时常用来比喻本性低贱或易于衰朽的东西，本文指前者。

④　虚花悟：意为参悟到俗世富贵欢情皆为虚幻，此曲暗喻贾惜春最后皈依佛门的命运。韶华：美好的时光，指青春年华。天和：自然的和气，即所谓元气。觅天和：指修道养性。天上夭桃，云中杏蕊：指俗世幸福的婚姻生活，或指荣华富贵。婆娑：或为"婆频娑"的简称，即光明。或为"婆罗"，相传释迦牟尼在此树下涅槃。长生果：传说中食之能长生不老的果实，寓指解脱人间一切痛苦修成正果。

⑤　聪明累：意为聪明反被聪明误，此曲暗喻王熙凤的命运和贾府败落后的惨况。机关：心机，权术。黄庭坚《牧童诗》："骑牛远远过前村，短笛横吹隔陇闻。多少长安名利客，机关用尽不如君。"卿卿：夫妻间的爱称。《世说新语·惑溺》："王安丰妇常卿安丰，安丰曰：'妇人卿婿，于礼为不敬，后勿复尔。'妇曰：'亲卿爱卿，是以卿卿，我不卿卿，谁当卿卿？'遂恒听之。"这里的称呼卿卿有嘲弄的意思。意悬悬：提心吊胆，时刻劳神。

⑥　留余庆：意为长辈遗留下来的德泽，此曲暗喻贾巧姐在贾府败落后被舅舅所卖幸被刘姥姥所救的命运。余庆：前辈的善行使后代获得福报。《易·坤》："积善之家，必有余庆。"乘除加减：指人生荣枯消长，浮沉赏罚，皆有定数，报应不爽。苍穹：青天。

只这带珠冠,披凤袄,也抵不了无常性命。虽说是,人生莫受老来贫,也须要阴骘积儿孙。气昂昂头戴簪缨,气昂昂头戴簪缨,光灿灿胸悬金印,威赫赫爵禄高登,威赫赫爵禄高登,昏惨惨黄泉路近。问古来将相可还存?也只是虚名儿与后人钦敬。①

〔好事终〕画梁春尽落香尘。擅风情,秉月貌,便是败家的根本。箕裘颓堕皆从敬,家事消亡首罪宁。宿孽总因情。②

〔收尾·飞鸟各投林〕为官的,家业凋零,富贵的,金银散尽,有恩的,死里逃生,无情的,分明报应。欠命的,命已还,欠泪的,泪已尽。冤冤相报实非轻,分离聚合皆前定。欲知命短问前生,老来富贵也真侥幸。看破的,遁入空门,痴迷的,枉送了性命。好一似食尽鸟投林,落了片白茫茫大地真干净!③

歌毕,还要歌副曲。警幻见宝玉甚无趣味,因叹:"痴儿竟尚未悟!"那宝玉忙止歌姬不必再唱,自觉朦胧恍惚,告醉求卧。警幻便命撤去残席,送宝玉至一香闺绣阁之中,其间铺陈之盛,乃素所未见之物。更可骇者,早有一位女子在内,其鲜艳妩媚,有似乎宝钗,风流袅娜,则又如黛玉。正不知何意,忽警幻道:"尘世中多少富贵之家,那些绿窗风月,绣阁烟霞,皆被淫污纨袴与那些流荡女子悉皆玷辱。更可恨者,自古来多少轻薄浪子,皆以'好色不淫'为饰,又以'情而不淫'作案④,此皆饰非掩丑之语也。好色即淫,知情更淫。是以巫山之会,云雨之欢,皆由既悦其色,复恋其情所致也。吾所爱汝者,乃天下古今第一淫人也。"

宝玉听了,唬的忙答道:"仙姑差了。我因懒于读书,家父母尚每垂训饬,岂敢再冒'淫'字。况且年纪尚小,不知'淫'字为何物。"警幻道:"非也。淫虽一理,意则有别。如世之好淫者,不过悦容貌,喜歌舞,调笑无厌,云雨无时,恨不能尽天下之美女供我片时之趣兴,此皆皮肤淫滥之蠢物耳。如尔则天分中生成一段痴情,吾辈推之为'意淫'。'意淫'二字,惟心会而不可口传,可神通而不可语达。汝今独得此二字,在闺阁中,固可为良友,然于世道中未免迂阔怪诡,百口嘲谤,万目睚眦⑤。今既遇令祖宁荣二公剖腹深嘱,吾不忍君独为我闺阁增光,见弃于世道,是以特引前来,醉以灵酒,沁以仙茗,警以妙曲,再将吾妹一人,乳名兼美字可卿者,许配于汝。今夕良时,即可成姻。不过令汝领略此仙闺幻境之风光尚如此,何况尘境之情景哉?而今后万万解释⑥,改悟前情,留意于孔孟之间,委身于经济之道⑦。"说毕便秘授以云雨之事,推宝玉入房,将门掩上自去。那宝玉恍恍惚惚,依警幻所嘱之言,未免有儿女之事,难以尽述。至次

---

① 晚韶华:此曲暗喻李纨的命运,叹息"夕阳无限好,只是近黄昏"。镜里恩情:指李纨年轻守寡。梦里功名:似指贾兰"爵禄高登"后,李纨没享受多少欢喜荣华即死去。珠冠、凤袄:旧时诰命妇人穿戴的服饰。绣帐鸳衾:代指夫妻生活。阴骘(zhì):阴德。

② 好事终:意为情事终了,隐含讽刺,此曲暗喻秦可卿的命运。箕裘(jī qiú):簸箕和皮袍。《礼记·学记》:"良冶之子,必学为裘;良弓之子,必学为箕。"意思是善于冶补人家的子弟,必先学会补皮衣为冶接做准备;善于造弓人家的子弟,必定学会做簸箕为造弓做准备。后人便用"箕裘"来比喻祖先的事业。箕裘颓堕:指贾府的儿孙不能继承祖业。敬:指贾敬。宁:指宁国府。宿孽:祸根。

③ 收尾·飞鸟各投林:意为家败人散各奔东西,总写贾宝玉和金陵十二钗的各自结局和贾府的衰败景象。

④ 情而不淫:意为感情志趣相投,却不流于淫乱。

⑤ 睚眦(yá zì):瞪眼怒视,引申为很小的怨隙。

⑥ 解释:领悟、不受困惑的意思。

⑦ 经济之道:指传统社会的治国安民,经邦济世之道。

日,便柔情缱绻①,软语温存,与可卿难解难分。因二人携手出去游顽之时,忽至一个所在,但见荆榛遍地,狼虎同群,迎面一道黑溪阻路,并无桥梁可通。正在犹豫之间,忽见警幻后面追来,告道:"快休前进,作速回头要紧!"宝玉忙止步问道:"此系何处?"警幻道:"此即迷津也②。深有万丈,遥亘千里,中无舟楫可通,只有一个木筏,乃木居士掌舵,灰侍者撑篙,不受金银之谢,但遇有缘者渡之。尔今偶游至此,设如堕落其中,则深负我从前谆谆警戒之语矣。"话犹未了,只听迷津内水响如雷,竟有许多夜叉③海鬼将宝玉拖将下去。吓得宝玉汗下如雨,一面失声喊叫:"可卿救我!"吓得袭人辈众丫鬟忙上来搂住,叫:"宝玉别怕,我们在这里!"却说秦氏正在房外嘱咐小丫头们好生看着猫儿狗儿打架,忽听宝玉在梦中唤他的小名,因纳闷道:"我的小名这里从没人知道的,他如何知道,在梦里叫出来?"正是:

　　　　一场幽梦同谁近,千古情人独我痴。

📖 文本拓展

一、知识链接

📖 参商

　　参商即参星和商星。参星在天空的西方,商星在天空的东方。每当商星升起来时,参星已经落下去了,它们从不在天空中同时出现,故常用来比喻两人分离不得见面。据《左传》昭公元年:传说帝喾(kù)高辛氏二子阏(yān)伯与实沈不和,经常争斗。帝喾就把阏伯迁到商丘主管商星,又把实沈迁到大夏主管参星。参商也常用来比喻人与人之间感情不和。

📖 武则天……的宝镜,飞燕……的金盘,安禄山掷过……的木瓜,寿昌公主……卧榻,同昌公主……联珠帐

　　这一系列典故都与古代的香艳故事和涉及风流韵事的器物相关,暗示秦氏生活的淫靡奢侈。具体而言,宝镜的典故是据说高宗时武则天曾建造了一座镜殿,四壁都安着镜子(见李商隐《镜槛》诗之朱鹤龄注),借指其生活奢靡,同时野史记载武则天的宫闱生活十分淫乱。金盘的典故出自乐史《杨太真外传》之《汉成帝内传》载:"汉成帝获飞燕,身轻欲不胜风,恐其飘翥(音 zhù,飞翔),帝为造水晶盘,令宫人掌之而歌舞。"木瓜的典故是据宋代高承《事物纪原》"诃子"条载:"贵妃私安禄山,指爪伤胸乳之间,遂作诃子饰之。"掷瓜伤乳,因"掷"与"指"音似,"瓜"与"爪"形似,疑因此附会。卧榻的典故是据《太平御览·时序部》引《杂五行书》:

---

　　① 缱绻(qiǎn quǎn):缠绵。形容情投意合、难舍难分。
　　② 迷津:佛家谓三界(欲界、色界、五色界)六道(天道、人道、阿修罗道、畜生道、饿鬼道、地狱道)都是迷误虚妄的境界,故称迷津。世间众生,都陷溺于"迷津"之中,须赖佛家教义,觉迷情海,慈航普渡。后用迷津比喻人沉溺于迷途之中。津:江河的渡口。
　　③ 夜叉:梵语音译,亦作药叉,意译捷快,形容行动敏捷又迅速,又译苦活,形容他的生活是很痛苦的,男夜叉十分丑陋;女夜叉行动也十分敏捷又迅速,力量强大,不过很美。佛教多泛指恶鬼。后来一般借以形容相貌丑陋、性情凶恶的人。

"宋武帝女寿阳公主,人日(农历正月初七)卧于含章殿檐下,梅花落于公主额上,成五出花,拂之不去,……宫女奇其异,竞效之,今梅花妆是也。"联珠帐的典故是据苏鹗《杜阳杂编》载:唐懿宗"咸通九年,同昌公主出降,宅于广化里,……堂中设连珠之帐,却寒之帘。……连珠帐,续贞珠为之也"。

☞ 魔舞

魔舞即天魔舞。《续文献通考》卷一一九云:"胡应麟《少室山房笔丛》曰:天魔舞,唐时乐。王建《宫词》云:十六天魔舞袖长。不始元末也。"但该诗句并不见于《全唐诗》王建《宫词》。十六天魔舞大盛于元代,作为元代宫廷的一种乐舞,以其宝项庄严而又香艳飘逸受到观赏者的喜爱。

天魔舞的内容,正是从"天魔"诱惑佛祖或菩萨未能得逞的传说而来。南朝徐陵《徐孝穆集》卷三《谏仁山深法师罢道书》云:"《因果经》:菩萨将成道时,魔王恐诸众生皆归,空我境界,令三女供给以乱定意,菩萨不纳,三女忽然咸变陋形。"

天魔舞由十六名舞女组成,"为菩萨相而舞"。天魔们头戴佛冠,身披璎珞,手执加巴刺般等法器,中有一人执铃杵奏乐。舞蹈时,八人一组分作两行,技巧比较复杂,手势、步法自成一格。歌唱《金字经》《雁儿》等天魔供奉曲。舞曲初始,则"西天法曲曼声长","一派歌云随鼓掌",柔曼婆娑,飘若仙子。继之则轻歌曼舞,"婉转称纤腰",接着节奏加快,变化多端。"背番莲掌舞天魔","飘飘初似雪回风"。进入高潮,动作急转回旋,有凌空欲飞之妙。正所谓"回雪纷难定,行云不肯归。舞心挑转急,一一欲空飞"。又有健舞之风,由高潮渐入尾声,"桂香满殿步月妃,花雨飞空降天女;瑶池日出会蟠桃,普陀烟消现鹦鹉",重现庄严华艳之态。下场时,雁队两行,翩翩而入,"婉转还同雁遵渚"。

(摘引自邹代兰 郑莉《浅谈十六天魔舞》,《九江学院学报》2008 年第 4 期)

☞ 齐眉举案

《后汉书·梁鸿传》:"(梁鸿)为人赁春(春米),每归。妻为具食,不敢于鸿前仰视,举案齐眉。"后世以"举案齐眉"比喻妻子对丈夫的恭顺,成为妇德的楷模。按清人胡鸣玉《订伪杂录》的说法:案,通"椀",即碗。

二、点评辑要

《红楼梦》自是我国美术史上之唯一大著述,则其作者之姓名与其著作之年月固当为唯一考证之一题目。

(近代·王国维《红楼梦评论》)

《石头记》者,清康熙朝政小说也。作者持民族主义甚挚。书中本事在吊明之亡,揭清之失,而尤于汉族名士仕清者寓痛惜之意。当时既虑触文网,又欲别开生面,特于本事以上加以数层障幕,使读者有横看成岭侧看成峰之状况。……书中红字多影朱字。朱者明也,汉也。宝玉有爱红之癖,言以满人而爱汉族文化也;好吃人口上胭脂,言拾汉人唾余也。……甄士隐即真事隐,贾雨村即假语存,尽人皆知,然作者深信正统之说,而斥清室为伪统,所谓贾府即伪朝也。

(近代·蔡元培《石头记索隐》)

　　至于说到《红楼梦》的价值，可是在中国底小说中实在是不可多得的。其要点在于敢于如实描写，并无讳饰，和从前的小说叙好人完全是好，坏人完全是坏的，大不相同，所以其中所叙的人物，都是真的人物。总之，自有《红楼梦》出来以后，传统的思想和写法都打破了。

（近代·鲁迅《中国小说史略》）

　　《红楼梦》是中国许多人所知道，至少，是知道这名目的书。谁是作者和续者姑且勿论，单是命意，就因读者的眼光而有种种：经学家看见《易》，道学家看见淫，才子看见缠绵，革命家看见排满，流言家看见宫闱秘事……。在我的眼下的宝玉，却看见他看见许多死亡；证成多所爱者，当大苦恼，因为世上，不幸人多。惟憎人者，幸灾乐祸，于一生中，得小欢喜，少有窒碍。然而憎人却不过是爱人者的败亡的逃路，与宝玉之终于出家，同一小器。但在作《红楼梦》时的思想，大约也止能如此；即使出于续作，想来未必与作者本意大相悬殊。惟被了大红猩猩毡斗篷来拜他的父亲，却令人觉得诧异。

（近代·鲁迅《鲁迅全集·〈绛洞花主〉小引》）

　　我为什么要考证《红楼梦》？消极方面，我要教人怀疑王梦阮、徐柳泉一班人的谬说。在积极方面，我要教人一个思想学问的方法。我要教人疑而后信，考而后信，有充分证据而后信……少年朋友们，莫把这些小说考证看作我教你们读小说的文字。这些都只是思想学问的方法的一些例子。在这些文字里，我要读者学得一点科学精神，一点科学态度，一点科学方法。科学精神在于寻求事实，寻求真理。科学态度在于撇开成见，搁起感情，只认得事实，只跟着证据走。科学方法只是"大胆的假设，小心的求证"十个字。没有证据，只可悬而不断；证据不够，只可假设，不可武断；必须等到证实之后，方才奉为定论……我这里千言万语，也只是要教人一个不受人惑的方法。

（胡适《介绍我自己的思想》）

　　有人说过"三大恨事"是"一恨鲥鱼多刺，二恨海棠无香"，第三件不记得了，也许因为我下意识的觉得应当是"三恨《红楼梦》未完"。

（张爱玲《红楼梦魇》）

　　《红楼梦》一名《石头记》，书只八十回没有写完，却不失为中国第一流长篇小说。它综合了古典文学，特别是古小说的特长，加上作者独特的才华，创辟的见解，发为沈博绝丽的文章。用口语来写小说到这样高的境界，可以说是空前的。书的开头说"真事隐去"仿佛有所影射，再说"假语村言"而所用笔法又深微隐曲，所以它出现于文坛，如万丈光芒的彗星一般。

（俞平伯《红楼心解》）

　　《红楼梦》很早就介绍到国外，引起广泛的注意，这也不是偶然的。从世界文学史看来，大批判现实主义巨著中，《红楼梦》是出世最早的，它比欧洲的批判现实主义整整早了一百多年。

　　从人物的行动中表现人物性格，本来是中国古典文学优秀的传统，《红楼梦》则把它发展到更高峰。例如黛玉与晴雯、宝钗与袭人，向来被视为两组性格类似的人，然而此四人各有个性，充分表现了他们由于出身、教养、环境之不同，故而其性格同中有异、异中有同。此四人各有各的声音笑貌，绝不相混。其它人物之各有个性，亦复如此。

（茅盾《关于曹雪芹》，《文艺报》1963年12期）

　　什么人都不注意《红楼梦》的第四回，那是个总纲，还有《冷子兴演说荣国府》，《好了歌》和注。第四回《葫芦僧乱判葫芦案》，讲护官符，提到四大家族："贾不假，白玉为堂金作马；阿房宫,三百里,住不下金陵一个史;东海缺少白玉床,龙王请来金陵王;丰年好大雪(薛),珍珠如土金如铁。"《红楼梦》写四大家族,阶级斗争激烈,几十条人命。统治者二十几人(有人算了说是三十三人),其他都是奴隶,三百多人,鸳鸯、司棋、尤二姐、尤三姐等等。讲历史不拿阶级斗争观点讲,就讲不通。《红楼梦》写出二百多年了,研究红学的到现在还没有搞清楚,可见问题之难。有俞平伯、王昆仑,都是专家。何其芳也写了个序,又出了个吴世昌。这是新红学,老的不算。蔡元培对《红楼梦》的观点是不对的,胡适的看法比较对一点。

（毛泽东语,《当代》1979 年第 2 期,张仙朋《为了人民……》）

《红楼梦》是一部具有高度思想性和高度艺术性的伟大作品。从本书反映的思想倾向来看,作者具有初步的民主主义思想,他对现实社会包括宫廷及官场的黑暗、封建贵族阶级及其家族的腐朽,封建的科举制度、婚姻制度、奴婢制度、等级制度,以及与此相适应的社会统治思想即孔孟之道和程朱理学、社会道德观念等等,都进行了深刻的批判,并且提出了朦胧的带有初步民主主义性质的理想和主张。这些理想和主张正是当时正在滋生的资本主义经济萌芽因素的曲折反映。

《红楼梦》塑造了众多的人物形象,他们各自具有自己独特而鲜明的个性特征,成为不朽的艺术典型,在中国文学史和世界文学史上永远放射着奇光异彩。

《红楼梦》的情节结构,在以往传统小说的基础上,也有了新的重大的突破。它改变了以往如《水浒传》《西游记》等一类长篇小说情节和人物单线发展的特点,创造了一个宏大完整而又自然的艺术结构,使众多的人物活动于同一空间和时间,并且使情节的推移具有整体性,表现出作者卓越的艺术才思。

《红楼梦》的语言艺术成就,更代表了我国古典小说语言艺术的高峰。作者往往只需用三言两语,就可以勾画出一个活生生的具有鲜明的个性特征的形象;作者笔下每一个典型形象的语言,都具有自己独特的个性,从而使读者仅仅凭借这些语言就可以判别人物。作者的叙述语言,也具有高度的艺术表现力,包括小说里的诗词曲赋,不仅能与小说的叙事融成一体,而且这些诗词的创作也能为塑造典型性格服务,做到了"诗如其人"——切合小说中人物的身份口气。

（1982 年版《红楼梦》前言）

三、旁观博览

1. 清·曹雪芹,高鹗 著,俞平伯 校,启功 注:《红楼梦》,人民文学出版社 2000 年版。
2.《红楼真味谁解得——五位红学大家的印迹》,人民文学出版社 2016 年版。
3. 张爱玲:《张爱玲集:红楼梦魇》,北京十月文艺出版社 2007 年版。
4. 刘晓枫:《拯救与逍遥》,华东师范大学出版社 2007 年版。
5. 蔡义江:《红楼梦诗词曲赋全解》,复旦大学出版社 2012 年版。

四、思考练习

1. 为本回贾宝玉入梦后的际遇画一幅详细的流程图。
2. 结合具体人物,评述本文中的"意淫"在中国传统社会的积极意义。
3. 任选本回《红楼梦》诸曲中其中一曲,将相关人物代入,根据曲意,结合其平生遭际,改写成一篇散文。

沈 复

沈复(1763—?)，字三白，号梅逸，清乾隆二十八年(1763)生于长洲(今江苏苏州)。清代文学家。著有《浮生六记》。工诗画、散文。据《浮生六记》记载，他出身于幕僚家庭，没有参加科举考试，曾以卖画维持生计。乾隆四十二年(1777)随父亲到浙江绍兴求学。乾隆四十九年(1784)，乾隆皇帝巡江南，沈复随父亲迎圣驾。后到苏州从事酒业。他与妻陈芸感情甚好，因遭家庭变故，夫妻曾旅居外地，历经坎坷。妻子死后，他去四川充当幕僚。此后情况不明。

闺房记乐①

余生乾隆癸未②冬十一月二十有二日，正值太平盛世，且在衣冠之家③，居苏州沧浪亭畔，天之厚我可谓至矣。东坡云："事如春梦了无痕"④，苟不记之笔墨，未免有辜彼苍之厚。因思《关雎》冠三百篇之首⑤，故列夫妇于首卷，余以次递及焉。所愧少年失学，稍识之无，不过记其实情实事而已。若必考订其文法，是责明于垢鉴矣⑥。

余幼聘金沙于氏，八龄而夭。娶陈氏。陈名芸，字淑珍，舅氏心余先生女也。生而颖慧，学语时，口授《琵琶行》即能成诵。四龄失怙⑦。母金氏，弟克昌，家徒壁立。芸既长，娴女红，三口仰其十指供给，克昌从师，修脯无缺⑧。一日，于书簏中得《琵琶行》，挨字而认，始识

---

① 选自《浮生六记》。

② 乾隆癸未：即乾隆二十八年，公元 1763 年。

③ 衣冠之家：由古代士大夫的穿戴引申而来，指士大夫、官绅家庭。《后汉书·羊涉传》："家世衣冠族。"

④ 苏轼《正月二十日与潘、郭二生出郊寻春，忽记去年是日同至女王城作诗，乃和前韵》，全诗为："东风未肯入东门，走马还寻去岁村。人似秋鸿来有信，事如春梦了无痕。江城白酒三杯酽，野老苍颜一笑温。已约年年为此会，故人不用赋《招魂》。"

⑤ 《诗经》共三百零五篇。《周南·关雎》是全诗第一篇，描写少男少女相互倾慕爱恋之情。

⑥ 责：责备。垢鉴：不清晰的镜子。

⑦ 《诗经·小雅·蓼莪》："无父何怙？无母何恃？"因称父死为"失怙"，母死为"失恃"。

⑧ 修脯：本义为干肉。《论语·述而》："自行束修以上，吾未尝无悔焉。"后来借称致送教师的酬金。又写作"束修""修金"。

字;刺绣之暇,渐通吟咏,有"秋侵人影瘦,霜染菊花肥"之句。余年一十三,随母归宁①,两小无嫌,得见所作,虽叹其才思隽秀②,窃恐其福泽不深③;然心注不能释④,告母曰:"若为儿择妇,非淑姊不娶。"母亦爱其柔和,即脱金约指⑤缔姻焉。此乾隆乙未七月十六日也⑥。

是中冬⑦,值其堂姊出阁,余又随母往。芸与余同齿⑧而长余十月,自幼姊弟相呼,故仍呼之曰淑姊。时但见满室鲜衣,芸独通体素淡,仅新其鞋而已。见其绣制精巧,询为己作,始知其慧心不仅在笔墨也。其形削肩长颈,瘦不露骨,眉弯目秀,顾盼神飞。唯两齿微露,似非佳相。一种缠绵⑨之态,令人之意也消。索观诗稿,有仅一联,或三四句,多未成篇者。询其故,笑曰:"无师之作,愿得知己堪师者敲成之耳⑩。"余戏题其签⑪曰"锦囊佳句",不知夭寿之机⑫此已伏矣。是夜送亲城外,返已漏三下⑬。腹饥索饵⑭,婢妪⑮以枣脯进,余嫌其甜。芸暗牵余袖,随至其室,见藏有暖粥并小菜焉。余欣然举箸,忽闻芸堂兄玉衡呼曰:"淑妹速来!"芸急闭门曰:"已疲乏,将卧矣。"玉衡挤身而入,见余将吃粥,乃笑睨⑯芸曰:"顷我索粥,汝曰'尽矣',乃藏此专待汝婿耶⑰?"芸大窘避去,上下哗笑之。余亦负气,挈⑱老仆先归。自吃粥被嘲,再往,芸即避匿,余知其恐贻人笑也⑲。

至乾隆庚子正月二十二日花烛之夕⑳,见瘦怯身材依然如昔,头巾既揭,相视嫣然。合卺后㉑,并肩夜膳,余暗于案下握其腕,暖尖滑腻,胸中不觉抨抨㉒作跳。让之食,适逢斋期,已数年矣。暗计吃斋之初,正余出痘之期,因笑调曰㉓:"今我光鲜无恙,姊可从此开戒否?"

---

① 归宁:《诗经·周南·葛覃》:"归宁父母。"指已嫁女子回娘家看望父母。
② 才思隽秀:《广韵》:"隽,鸟肥美也。"《汉书·贾谊传》:"吴公闻其秀材,招置门下。"颜师古注:"秀,美也。"引申为才智出众。
③ 福泽不深:暗指芸寿命不长之意。
④ 心注不能释:寄情于陈芸身上,不能释怀。
⑤ 金约指:黄景仁《绮怀》诗:"解意尚呈银约指,含羞频整玉搔头。"即金戒指。
⑥ 乾隆四十年,公元1775年。
⑦ 中冬:即仲冬,冬季的第二月。"中"通"仲"。
⑧ 同齿:同岁。
⑨ 缠绵:情谊深厚。
⑩ 堪:能。敲成:修改定稿。
⑪ 题其签:在那些稿笺上写字。
⑫ 夭寿之机:短寿的征兆。
⑬ 漏三下:更打了三次,指半夜。漏:古代计时用的漏壶。
⑭ 索饵:寻找食物。
⑮ 婢妪:侍女,阿婆。
⑯ 睨:斜看。
⑰ 婿:古指丈夫、夫婿。
⑱ 挈(qiè):原意为提,此处意为"带着"。
⑲ 贻(yí)人笑:被人笑。贻:原意为赠送,引申为"被……"。
⑳ 乾隆庚子:即1780年。
㉑ 嫣然:美好貌,常指笑容。宋玉《登徒子好色赋》:"嫣然一笑。"合卺(jǐn):结婚。卺:古代婚礼上所用的一种酒器,由一个瓠(hù)分成的两个瓢谓之"卺",新郎新娘各执一片,在婚宴上啜酒漱口,完成婚礼。
㉒ 抨抨:通"怦怦"。
㉓ 笑调:开玩笑。

芸笑之以目，点之以首。

廿四日为余姊于归①，廿三国忌不能作乐，故廿二之夜即为余姊款嫁，芸出堂陪宴。余在洞房与伴娘对酌，拇战辄北②，大醉而卧；醒则芸正晓妆未竟也。是日亲朋络绎，上灯后始作乐。廿四子正③，余作新舅送嫁，丑末归来，业已灯残人静。悄然入室，伴妪盹于床下。芸卸妆，尚未卧，高烧银烛，低垂粉颈，不知观何书而出神若此。因抚其肩曰："姊连日辛苦，何犹孜孜不倦耶？"芸忙回首，起立曰："顷正欲卧，开橱得此书，不觉阅之忘倦。《西厢》④之名闻之熟矣，今始得见，真不愧才子之名，但未免形容尖薄耳。"余笑曰："唯其才子，笔墨方能尖薄。"伴妪在旁促卧，令其闭门先去。遂与比肩调笑，恍同密友重逢，戏探其怀，亦怦怦作跳，因俯其耳曰："姊何心春乃尔耶⑤？"芸回眸微笑，便觉一缕情丝摇入魂魄，拥之入帐，不知东方之既白。

芸作新妇，初甚缄默，终日无怒容，与之言，微笑而已。事上以敬，处下以和，井井然未尝稍失。每见朝暾⑥上窗，即披衣急起，如有人呼促者然。余笑曰："今非吃粥比矣，何尚畏人嘲耶？"芸曰："曩之藏粥待君⑦，传为话柄。今非畏嘲，恐堂上⑧道新娘懒惰耳。"余虽恋其卧而德其正⑨，因亦随之早起。自此耳鬓相磨⑩，亲同形影，爱恋之情有不可以言语形容者。

而欢娱易过，转睫弥月。时吾父稼夫公在会稽幕府⑪，专役相迓⑫，受业于武林赵省斋先生门下。先生循循善诱，余今日之尚能握管⑬，先生力也。归来完姻时，原订随侍到馆。闻信之余，心甚怅然。恐芸之对人堕泪，而芸反强颜劝勉，代整行装，是晚但觉神色稍异而已。临行，向余小语曰："无人调护，自去经心⑭。"及登舟解缆，正当桃李争妍之候，而余则恍同林鸟失群，天地异色。到馆后，吾父即渡江东去。

居三月，如十年之隔。芸虽时有书来，必两问一答，半多勉励词，余皆浮套语，心殊怏怏。每当风生竹院，月上蕉窗，对景怀人，梦魂颠倒。先生知其情，即致书吾父，出十题而遣余暂归，喜同戍人得赦。登舟后，反觉一刻如年。及抵家，吾母处问安毕，入房，芸起相迎，握手未

----

① 于归：《诗经·周南·桃夭》："之子于归，宜其室家。"因称女子出嫁为于归。

② 拇战辄北：拇战：划拳。北：失败逃跑者。贾谊《过秦论上》："追亡逐北。"此处是说饮酒猜拳总是输。

③ 子正：十二时辰之一，从夜半十一点到凌晨一点叫子时，一点到三点叫丑时。后来又把每个时辰分为"初""正"，十二点叫子正。

④ 《西厢》：即《西厢记》，元朝王实甫所作杂剧。故事源出元稹《莺莺传》。写张生与相国之女崔莺莺"人约黄昏后，待月西厢下"的爱情传奇。

⑤ 心春(chōng)：心跳兴奋的样子。

⑥ 朝暾(tūn)：早晨初升的太阳。暾：初升的太阳。《楚辞·九歌》："暾将出兮东方。"

⑦ 曩(nǎng)之藏粥待君：指陈芸未嫁前藏粥给沈复吃被堂兄嘲笑之事。曩：从前。

⑧ 堂上：指父母。

⑨ 德其正：被她那贤淑的品德所感化。

⑩ 耳鬓相磨：形容亲密无间。

⑪ 弥月：整月。韦应物《答贡士黎逢》："弥月旷不接，公门但趋弛。"幕府：明清的督抚衙门称为幕府。也泛指地方军政大吏的府署。这里是说沈复的父亲在此做幕僚。

⑫ 专役相迓(yà)：专门派人来接。迓：迎接。

⑬ 握管：握笔写字。

⑭ 经心：注意，小心。《红楼梦》："你看宝玉何尝肯念书？他若略一经心，无有不能的。"

通片语,而两人魂魄恍恍然化烟成雾,觉耳中惺然一响①,不知更有此身矣。

时当六月,内室炎蒸,幸居沧浪亭爱莲居西间壁,板桥内一轩临流,名曰:"我取",取"清斯濯缨,浊斯濯足"②意也;檐前老树一株,浓阴覆窗,人面俱绿,隔岸游人往来不绝,此吾父稼夫公垂帘宴客处也。禀命吾母,携芸消夏于此,因暑罢绣,终日伴余课③书论古、品月评花而已。芸不善饮,强之可三杯,教以射覆④为令。自以为人间之乐,无过于此矣。

一日,芸问曰:"各种古文,宗何为是⑤?"余曰:"《国策》《南华》⑥取其灵快,匡衡、刘向取其雅健,史迁、班固取其博大,昌黎取其浑,柳州取其峭,庐陵取其宕,三苏取其辩,他若贾、董策对,庾、徐骈体,陆贽奏议,取资者不能尽举,在人之慧心领会耳。"芸曰:"古文全在识高气雄,女子学之恐难入彀⑦,唯诗之一道,妾稍有领悟耳。"余曰:"唐以诗取士,而诗之宗匠必推李、杜,卿爱宗何人?"芸发议曰:"杜诗锤炼精纯,李诗激洒落拓。与其学杜之森严,不如学李之活泼。"余曰:"工部为诗家之大成,学者多宗之,卿独取李,何也?"芸曰:"格律谨严,词旨老当,诚杜所独擅。但李诗宛如姑射仙子⑧,有一种落花流水之趣,令人可爱。非杜亚于李,不过妾之私心宗杜心浅,爱李心深。"余笑曰:"初不料陈淑珍乃李青莲知己。"芸笑曰:"妾尚有启蒙师白乐天先生,时感于怀,未尝稍露。"余曰:"何谓也?"芸曰:"彼非作《琵琶行》者耶?"余笑曰:"异哉!李太白是知己,白乐天是启蒙师,余适字三白,为卿婿,卿与'白'字何其有缘耶?"芸笑曰:"白字有缘,将来恐白字连篇耳(吴音呼别字为白字)。"相与大笑。余曰:"卿既知诗,亦当知赋之弃取。"芸曰:"《楚辞》为赋之祖,妾学浅费解。就汉、晋人中调高语炼,似觉相如为最。"余戏曰:"当日文君之从长卿⑨,或不在琴而在此乎?"复相与大笑而罢。

余性爽直,落拓不羁;芸若腐儒⑩,迂拘多礼。偶为之整袖,必连声道"得罪";或递巾授扇,必起身来接。余始厌之,曰:"卿欲以礼缚我耶?《语》:'礼多必诈⑪。'"芸两颊发赤,曰:"恭而有礼,何反言诈?"余曰:"恭敬在心,不在虚文。"芸曰:"至亲莫如父母,可内敬在心而外肆狂放耶⑫?"余曰:"前言戏之耳。"芸曰:"世间反目多由戏起,后勿冤妾,令人郁死!"余

---

① 惺(xīng):醒悟。刘基《醒斋铭》:"昭昭生于惺惺。"
② "清斯濯缨,浊斯濯足":濯(zhuó):洗涤。缨:系冠的丝带。《楚辞·渔父》:"渔父莞尔而笑,鼓枻而去,歌曰:'沧浪之水清兮,可以濯吾缨;沧浪之水浊兮,可以濯吾足。'"
③ 课:按照规定的内容学习。白居易《与元九书》:"苦节读书,二十以来,昼课赋,夜课书,间又课诗。"
④ 射覆:这里指一种酒令。清·俞敦培《酒令丛钞·古令》:"今酒座所谓射覆,又名射雕覆者,……法以上一字为雕,下一字为覆。设注意'酒'字,则言'春'字,'浆'字,使人射之,盖'春酒''酒浆'也。射者言某字,彼此会意。"
⑤ 宗何为是:哪一个才是值得推崇学习的呢?
⑥ 南华:《南华经》,即《庄子》。唐玄宗天宝元年(742)追封庄子为南华真人,称《庄子》为《南华经》。
⑦ 入彀:指水平达到某一程度。
⑧ 姑射仙子:原本是指神仙,后来专门指一些长相好看的女子。
⑨ 长卿:司马相如,字长卿,西汉著名的文学家,代表作有《子虚赋》《上林赋》等,作品词藻富丽,结构宏大,是汉赋的代表作家,被后人誉为"赋圣""辞宗"。
⑩ 腐儒:像儒生那样迂腐。
⑪ 诈:虚假。
⑫ 外肆狂放:表现得狂妄放肆。

乃挽之入怀,抚慰之,始解颜为笑。自此"岂敢""得罪"竟成语助词矣。鸿案相庄①廿有三年,年愈久而情愈密。家庭之内,或暗室相逢,窄途邂逅,必握手问曰:"何处去?"私心忐忑②,如恐旁人见之者。实则同行并坐,初犹避人,久则不以为意。芸或与人坐谈,见余至,必起立偏挪其身,余就而并焉。彼此皆不觉其所以然者③,始以为惭,继成不期然而然。独怪老年夫妇相视如仇者,不知何意?或曰:"非如是,焉得白头偕老哉?"斯言诚然欤④?

　　是年七夕,芸设香烛瓜果,同拜天孙⑤于我取轩中。余镌"愿生生世世为夫妇"图章二方,余执朱文⑥,芸执白文⑦,以为往来书信之用。是夜月色颇佳,俯视河中,波光如练,轻罗小扇,并坐水窗,仰见一飞云过天,变态万状。芸曰:"宇宙之大,同此一月,不知今日世间,亦有如我两人之情兴否?"余曰:"纳凉玩月,到处有之。若品论云霞,或求之幽闺绣闼⑧,慧心默证⑨者固亦不少。若夫妇同观,所品论着恐不在此云霞耳。"未几,烛烬月沉,撤果归卧。

　　七月望⑩,俗谓之鬼节⑪。芸备小酌,拟邀月畅饮,夜忽阴云如晦。芸愀然⑫曰:"妾能与君白头偕老,月轮当出。"余亦索然。但见隔岸萤光,明灭万点,梳织于柳堤蓼渚⑬间。余与芸联句以遣闷怀,而两韵之后,愈联愈纵,想入非夷⑭,随口乱道。芸已漱涎涕泪,笑倒余怀,不能成声矣。觉其鬓边茉莉浓香扑鼻,因拍其背,以他词解之曰:"想古人以茉莉形色如珠,故供助妆压鬓,不知此花必沾油头粉面之气,其香更可爱,所供佛手当退三舍矣⑮。"芸乃止笑曰:"佛手乃香中君子,只在有意无意间;茉莉是香中小人,故须借人之势,其香也如胁肩谄笑⑯。"余曰:"卿何远君子而近小人?"芸曰:"我笑君子爱小人耳。"正话间,漏已三滴。渐见风扫云开,一轮涌出,乃大喜。倚窗对酌,酒未三杯,忽闻桥下哄然一声,如有人堕,就窗细瞩,波明如镜,不见一物,惟闻河滩有只鸭急奔声。余知沧浪亭畔素有溺鬼⑰,恐芸胆怯,未

---

①　鸿案相庄:是指古代梁鸿与妻子举案齐眉的故事,后来常用举案齐眉来形容夫妻之间关系融洽,相敬如宾。

②　私心忐忑:私下里心中十分忐忑不安。

③　不觉其所以然者:不知不觉成了理所当然的事情。

④　斯言诚然欤:这句话难道真的是这样的吗?

⑤　天孙:指织女。

⑥　朱文:古代特制的图章,印出来阳文的是红字。

⑦　白文:与朱文相似,只不过印出来的是阴文。

⑧　求之幽闺绣闼:宾语前置,应为"于幽闺绣闼求之"。

⑨　慧心默证:用聪明的心思来观赏景色。

⑩　七月望:即七月十五日。望:从初一到月末月亮最大时候的样子,此月相总在农历每月十五日前后,因此常称农历十五日为"望"。

⑪　鬼节:中国传统习俗中的扫墓祭祀先人的节日。时间是农历七月十五日。

⑫　愀(qiǎo)然:容色变动,成凄凉状。《史记·司马相如列传》:"于是二子愀然改容。"

⑬　蓼渚(liǎo zhǔ):长有蓼草的水中小洲。渚:水中小洲。

⑭　想入非夷:即所思匪夷。谓不是常理所能想象的。夷:平易、平坦。《易·涣》:"涣有丘,匪夷所思。"

⑮　佛手:果实冬季成熟,鲜黄色,形状像半握着的人手,故称佛手。古人常供奉在室内。退三舍:舍,古代长度单位,一舍三十里。《左传》"僖公二十三年":"晋楚治兵,遇于中原,其辟(避)君三舍。"

⑯　胁肩谄笑:敛缩双肩,装着笑脸巴结人。《孟子·滕文公下》:"胁肩谄笑。"

⑰　溺鬼:淹死之人。

敢即言。芸曰："嘻! 此声也,胡为乎来哉?"不禁毛骨皆栗,急闭窗,携酒归房。一灯如豆,罗帐低垂,弓影杯蛇①,惊神未定。剔灯入帐,芸已寒热大作,余亦继之,困顿两旬。真所谓乐极灾生,亦是白头不终之兆。

中秋日,余病初愈,以芸半年新妇,未尝一至间壁之沧浪亭,先令老仆约守者,勿放闲人。于将晚时,偕芸及余幼妹,一妪一婢扶焉。老仆前导,过石桥,进门折东,曲径而入,叠石成山,林木葱翠,亭在土山之巅。循级至亭心,周望极目可数里,炊烟四起,晚霞烂然。隔岸名"近山林",为大宪行台②宴集之地,时正谊书院③犹未启也。携一毯设亭中,席地环坐,守者烹茶以进。少焉,一轮明月已上林梢,渐觉风生袖底,月到波心,俗虑尘怀,爽然顿释。芸曰:"今日之游,乐矣! 若驾一叶扁舟,往来亭下,不更快哉!"时已上灯,忆及七月十五夜之惊,相扶下亭而归。吴俗,妇女是晚不拘大家小户皆出,结队而游,名曰:"走月亮"④。沧浪亭幽雅清旷,反无一人至者。

📖 文本拓展

一、知识链接

☞ 《浮生六记》

《浮生六记》是清朝沈复著于嘉庆十三年(1808)的自传体散文。清人杨引传在苏州的冷摊上发现《浮生六记》残稿四卷,交给当时在上海主持申报的妻兄王韬,1877 年以活字板刊行,轰动一时。"浮生"二字典出李白诗《春夜宴从弟桃李园序》中"夫天地者,万物之逆旅也;光阴者,百代之过客也。而浮生若梦,为欢几何?"《浮生六记》为卷一闺房记乐、卷二闲情记趣、卷三坎坷记愁、卷四浪游记快、卷五中山记历、卷六养生记道。

☞ 芸娘形象

《浮生六记》的女主角陈芸被林语堂赞誉为"最可爱的女人",阅读《浮生六记》者,莫不对陈芸留下美好而深刻的印象。鲜活的形象塑造,才使得"薄薄"的《浮生六记》在文学史上占有一席之地。早在《浮生六记》被发现之初,管贻葄、潘近僧题诗对陈芸赞许有加,王韬有感于沈复、陈芸"一往情深",慨叹"美妇得才人,虽死贤于不死",借写跋语而抒其身世之感。林语堂对陈芸作出较高而全面的评价,在一定程度上是为陈芸这一"最可爱的女人"所吸引而

---

① 弓影杯蛇:即"杯弓蛇影"。《晋书·乐广传》:"尝有亲客,久阔不复来。广问其故,答曰:'前在坐,蒙赐酒,方欲饮,见杯中有蛇,意甚恶之,既饮而疾。'于时河南听事壁上有角弓,漆画作蛇,广意杯中蛇即角影也。复置酒于前处,谓客曰:'酒中复有所见不?'答曰:'所见如初。'广乃告所以,客豁然意解,沉疴顿愈。"按《风俗通义·怪神》记,应郴请杜宣饮酒,杯中有形如蛇,宣得疾,后于故处设酒,蛇乃弩影。其事相同。后用以比喻因疑虑而引起恐惧。

② 大宪行台:清代地方官名。

③ 正谊书院:该书院建于嘉庆十年(1805)。故沈复说此时未启。此处还可证明俞平伯说沈复"卒年无考,当在嘉庆十二年之后"的论断。

④ 走月亮:苏州地区颇具特色的中秋风俗。

"把她的故事翻译出来""以流传她的芳名"。他由衷激赏陈芸,认为"在芸身上,我们似乎看见这样贤达的美德特别齐全,一生中不可多得",说"我颇觉得芸是中国文学中所记的女子中最为可爱的一个"。事实上,林语堂是把陈芸当作一个完全符合中国传统文化审美标准的女性的代表看待的。到了 20 世纪 90 年代,随着女性地位的提高和女性主义思潮的勃兴,学术界也随之掀起了研究陈芸形象的热潮,有研究认为:"芸的可爱恐不在于其母性,也不在于其女儿性,而在于其独有的妻性",芸之妻性计有柔媚和顺,温婉秀丽,品貌兼备,知书识理,才思隽永,伶俐乖巧,吃苦耐劳,聪明能干,宽容大度(主动为丈夫纳妾)等;研究还指出"她的妻性有可取的一面,也有其必弃的一面"。有研究者通过透视陈芸形象的文化底蕴,探究了构成《浮生六记》夫妇之爱近代色彩的文化因子,研究认为"苏杭一带才女辈出的人文环境,使他们的爱情萌发于沈复对陈芸才性韵致的倾慕,与父母之命捏合的封建婚姻不同。陈芸对性灵派理念的文化认同,使这对夫妇的生活情趣和处世态度非常契合,日常生活的夫妇之爱和精神层面的知己之爱在他们艺术化的婚姻生活中融合为一",而"陈芸形象所凝聚的文化底蕴"使得《浮生六记》获得了永久的艺术魅力。

☞ 浮生六记之后二记

　　《浮生六记》自《雁来红丛报》本,《独悟庵丛钞》本,乃至俞平伯点校本以来,只有四记,其五、六两记早已佚失。但民国二十四年(1935)十一月,上海世界书局出版《足本浮生六记》,除原存之前四记外,尚有王均卿新发现之《中山记历》与《养生记逍》,还附有赵苕狂《浮生六记考》及朱剑芒《浮生六记校读后附记》。赵苕狂《浮生六记考》交代了发现者王均卿在吴中冷摊上得到了《浮》"首尾俱全"的一个钞本,"久已佚去的五六两卷也都赫然在内"。

　　《足本浮生六记》的刊印引起学人极大关注。但大多数研究者认为后两记为伪作。研究指出,沈复琉球之行是嘉庆十三年,所谓《中山记历》记载的是嘉庆五年五月至十一月初之事,时间上相差八年之久;从文词风格上,《中山记历》中的十二首诗词与沈复《望海》《雨中游山》两诗诗风"迥不相类";研究发现《中山记历》94%的文字是抄袭李鼎元《使琉球记》,《中山记历》的开端序言是抄自杨芳灿《李墨庄〈使琉球记〉序》。第六记《养生记逍》有八处"抄袭自曾国藩《求阙斋日记类钞》卷《颐养》类",有十一条抄袭自张英的《聪训斋语》。

　　关于后二记"真伪"问题,郑逸梅于 1980 年 9 月致函俞平伯:"世界书局有《浮生六记》足本,后二记不知出于何人代撰。当时王均卿一度与弟接洽,嘱撰二记,弟以笔拙不类,谢之。"1989 年 9 月 26 日,《团结报》刊载了王瑜孙《足本〈浮生六记〉之谜》一文,王文介绍:据大东书局同仁告知《足本浮生六记》之五、六两卷"是出自一位叫黄楚香的寒士之手,酬劳为二百大洋",当时王均卿与黄楚香私下订有默契,由王均卿提供资料,黄楚香参照了赵介山等人有关出使琉球的资料补写成后二记。有研究认为:"《浮生六记》后两记系后人伪作,是否即王瑜孙所云,尚需再作考证,但可确认不是出自前四记的作者沈复之手。"

二、点评辑要

　　笔墨之间,缠绵哀感,一往情深。

(王韬《浮生六记跋》)

　　吾国文学,自来以礼法顾忌之故,不敢多言男女间关系,而于正式男女关系如夫妇者,尤少涉及。盖闺房燕昵之情意,家庭迷盐之琐屑,大抵不列于篇章,惟以笼统之词,概括言之而已。此后来沈三白《浮生六记》之《闺房记乐》，所以为例外创作。

（陈寅恪《元白诗笺证稿》）

芸，我想，是中国文学中最可爱的女人。在芸身上，我们似乎看见这样贤达的美德特别齐全，一生中不可多得。我们看见这书的作者自身也表示那种爱美爱真的精神，和那中国文化最特色的知足常乐恬淡自适的天性。我想这对伉俪的生活是最悲惨而同时是最活泼快乐的生活——那种善处忧患的活泼快乐。

（林语堂《浮生六记序文》）

有雕琢一样的完美，却不见一点斧凿痕。犹之佳山佳水，明明是天开的图画，然仿佛处处吻合人工的意匠。当此种境界，我们的分析推寻的技巧，原不免有穷时。此《记》所录所载，妙肖不足奇，奇在全不着力而得妙肖；韶秀不足异，异在韶秀以外竟似无物。俨如一块纯美的水晶，只见明莹，不见衬露明莹的颜色；只见精微，不见制作精微的痕迹。

（俞平伯《重刊浮生六记序》）

三、旁观博览

1. 沈复 著，俞平伯 校点：《浮生六记》，书目文献出版社 1993 年版。
2. 王人恩，谢志煌：《〈浮生六记〉百年研究述评》，《甘肃社会科学》，2005 年第 4 期。
3. 黄强：《〈〈浮生六记〉百年研究述评〉补述》，《中国古代小说戏剧研究丛刊》2007 年第 2 期。

四、思考练习

1. 中国文学史上，描写情爱的诗文很多，但大多或写宫廷艳史，或写权势礼法淫威下的爱情悲剧，或写风尘知己及少男少女的缠绵，清·沈复作《浮生六记》之《闺房记乐》，以深情直率的笔调叙写夫妻闺房之乐。请检索有关资料，做一个树形图，分类择选中国历来见于典籍的爱情故事，展示中国文学发展世俗化、平民化、人文主义化的过程。
2. 请参阅《浮生六记》，分析陈芸"独有的妻性"具体体现，探讨这种"妻性"是否具有现实意义。
3. 阅读《浮生六记》，为沈复和陈芸编一张生活年表。

梁启超

梁启超(1873—1929),字卓如,一字任甫,号任公,又号饮冰室主人。广东新会人,中国近代著名思想家、政治家、文史专家。戊戌变法的两个主要领导人之一,戊戌变法失败后流亡日本。后继续鼓吹君主立宪制度,辛亥革命后加入袁世凯政府和段祺瑞政府,倡导新文化运动。梁启超主张"诗界革命",以"新民体"文体带来了文风革新。晚年被聘为清华大学国学院导师。其著作合编为《饮冰室合集》。

李鸿章传绪论[①]

天下惟庸人无咎无誉[②]。举天下人而恶之,斯可谓非常之奸雄矣乎。举天下人而誉之,斯可谓非常之豪杰矣乎。虽然,天下人云者,常人居其千百,而非常人不得其一,以常人而论非常人,乌见其可?故誉满天下,未必不为乡愿[③];谤[④]满天下,未必不为伟人。语曰:盖棺论定。吾见有盖棺后数十年数百年,而论犹未定者矣。各是其所是,非其所非,论人者将乌从而鉴之。曰:有人于此,誉之者千万,而毁之者亦千万;誉之者达其极点,毁之者亦达其极点;今之所毁,适足与前之所誉相消,他之所誉,亦足与此之所毁相偿;若此者何如人乎?曰是可谓非常人矣。其为非常之奸雄与为非常之豪杰姑勿论,而要之其位置行事,必非可以寻常庸人之眼之舌所得烛照而雌黄之者也。知此义者可以读我之"李鸿章"。

吾敬李鸿章之才,吾惜李鸿章之识,吾悲李鸿章之遇[⑤]。李之历聘欧洲也,至德见前宰相俾斯麦[⑥],叩之曰:"为大臣者,欲为国家有所尽力。而满廷意见,与己不合,群掣其肘[⑦],于

---

① 《李鸿章传》与林语堂《苏东坡传》、吴晗《朱元璋传》、朱东润《张居正大传》合称为"二十世纪四大传记"。

② 庸人:平庸的人。咎:过失,罪过。

③ 乡愿:最早出自《论语·阳货》:子曰:"乡愿,德之贼也。"指乡里貌似忠厚,而实际上与流俗合污的伪善者。

④ 谤:责备,怪罪。

⑤ 遇:遭遇。

⑥ 俾斯麦:19世纪德国最卓越的政治家,担任普鲁斯王国宰相期间,通过一系列铁血战争统一德意志,成为德意志帝国第一任宰相。

⑦ 掣肘:本意是拉着胳膊,引申为干扰和阻挠别人做事。群掣其肘:指大家都在干扰他做事。

此而欲行厥志①，其道何由？"俾斯麦应之曰："首在得君。得君既专，何事不可为？"李鸿章曰："譬有人于此，其君无论何人之言皆听之，居枢要侍近习者，常假威福，挟持大局。若处此者当如之何？"俾斯麦良久曰："苟为大臣，以至诚忧国，度未有不能格君心者，惟与妇人孺子②共事，则无如何矣。"（注：此语据西报译出，寻常华文所登于星轺日记者，因有所忌讳不敢译录也）李默然云。呜呼！吾观于此，而知李鸿章胸中块垒③，牢骚郁抑，有非旁观人所能喻者。吾之所以责李者在此，吾之所以恕李者亦在此。

自李鸿章之名出现于世界以来，五洲万国人士，几于见有李鸿章，不见有中国。一言蔽之，则以李鸿章为中国独一无二之代表人也。夫以甲国人而论乙国事，其必不能得其真相，固无待言，然要之李鸿章为中国近四十年第一流紧要人物。读中国近世史者，势不得不曰李鸿章，而读李鸿章传者，亦势不得不手中国近世史，此有识者所同认也。故吾今此书，虽名之为"同光④以来大事记"可也。

不宁惟是。凡一国今日之现象，必与其国前此之历史相应，故前史者现象之原因，而现象者前史之结果也。夫以李鸿章与今日之中国，其关系既如此其深厚，则欲论李鸿章之人物，势不可不以如炬之目，观察夫中国数千年来政权变迁之大势，民族消长之暗潮，与夫现时中外交涉之隐情，而求得李鸿章一身在中国之位置。孟子曰：知人论世，世固不易论。人亦岂易知耶？

今中国俗论家，往往以平发平捻⑤为李鸿章功，以数次和议为李鸿章罪。吾以为此功罪两失其当者也。昔俾斯麦又尝语李曰："我欧人以能敌异种者为功。自残同种以保一姓，欧人所不贵也。"夫平发平捻者，是兄与弟阋墙⑥而**鱠弟之脑**也。此而可功，则为兄弟者其惧矣。若夫吾人积愤于国耻，痛恨于和议，而以怨毒集于李之一身，其事固非无因，然苟易地以思，当夫乙未二三月庚子八九月之交，使以论者处李鸿章之地位，则其所措置，果能有以优胜于李乎？以此为非，毋亦旁观笑骂派之徒快其舌而已。故吾所论李鸿章有功罪于中国者，正别有在。

李鸿章今死矣。外国论者，皆以李为中国第一人。又曰：李之死也，于中国今后之全局，必有所大变动。夫李鸿章果足称为中国第一人与否，吾不敢知，而要之现今五十岁以上之人，三四品以上之官，无一可以望李之肩背者，则吾所能断言也。李之死，于中国全局有关系与否，吾不敢知，而要之现在政府失一李鸿章，如虎之丧其伥⑦，瞽⑧之失其相，前途岌岌，愈益多事，此又吾之所敢断言也。抑吾冀夫外国人之所论非其真也。使其真也，则以吾中国之大，而惟一李鸿章是赖，中国其尚有瘳⑨耶？

---

① 厥：其，他的。
② 妇人孺子：指妇女与小孩，这里暗指李鸿章所面对的慈禧太后与光绪皇帝。
③ 胸中块垒：指胸中郁结的不平之气。《世说新语·任诞》载："阮籍胸中垒块，故须酒浇之。"
④ 同光：同治、光绪年号的简称。
⑤ 平发平捻：指平定太平天国与捻军。因为太平天国蓄发，不同于清人削发。捻军则以一捻为建制。
⑥ 兄与弟阋(xì)墙：兄弟之间的争斗，比喻内部争斗。
⑦ 伥：传说中被老虎咬死的人变成鬼又助虎伤人，这里引申为得力助手。
⑧ 瞽(gǔ)：盲人。
⑨ 瘳(chōu)：病愈。这里引申为救。

西哲①有恒言曰：时势造英雄，英雄亦造时势。若李鸿章者，吾不能谓其非英雄也。虽然，是为时势所造之英雄，非造时势之英雄也。时势所造之英雄，寻常英雄也。天下之大，古今之久，何在而无时势？故读一部二十四史，如李鸿章其人之英雄者，车载斗量焉。若夫造时势之英雄，则阅千载而未一遇也。此吾中国历史，所以陈陈相因，而终不能放一异彩以震耀世界也。吾著此书，而感不绝于余心矣。

史家之论霍光②，惜其不学无术。吾以为李鸿章所以不能为非常之英雄者。亦坐此四字而已。李鸿章不识国民之原理，不通世界之大势，不知政治之本原，当此十九世纪竞争进化之世，而惟弥缝补苴③，偷一时之安，不务扩养国民实力，置其国于威德完盛之域，而仅撷拾泰西④皮毛，汲流忘源，遂乃自足，更挟小智小术，欲与地球著名之大政治家相角，让其大者，而争其小者，非不尽瘁，庸有济乎？孟子曰：放饭流歠⑤，而问无齿决⑥，此之谓不知务。殆谓是矣。李鸿章晚年之著著失败，皆由于是。虽然，此亦何足深责？彼李鸿章固非能造时势者也，凡人生于一社会之中，每为其社会数千年之思想习俗义理所困，而不能自拔。李鸿章不生于欧洲而生于中国，不生于今日而生于数十年以前，先彼而生并彼而生者，曾无一能造时势之英雄以导之翼之，然则其时其地所孕育之人物，止于如是，固不能为李鸿章一人咎也。而况乎其所遭遇，又并其所志而不能尽行哉？吾故曰：敬李之才，惜李之识，而悲李之遇也。但此后有袭李而起者乎，其时势既已一变，则其所以为英雄者亦自一变，其勿复以吾之所以恕李者而自恕也。

文本拓展

一、知识链接

☞ 新民体

新民体是梁启超在报纸杂志上创立的新的散文创作体裁，因发表于《新民丛报》而得名。该文体打破了古文、时文、骈文的界限和各文章宗派的门户之见，是文言文过渡到白话文的一种文体。该文体处于文白之间与雅俗之间，杂糅了桐城派古文与古白话小说文体，往往感情饱满，洋洋洒洒，文气贯穿文章之间，具有强烈的鼓动性与感染力。新民体还引进了日本汉字，譬如"政治""经济""哲学""组织"等新词，大大丰富了中国近代词汇。

---

① 西哲：指西方的先贤。

② 霍光：霍去病异母弟，西汉权臣，麒麟阁十一功臣之首，曾尽心辅佐汉昭帝与汉宣帝。但班固《汉书》本传中称其"不学无术"。

③ 弥缝补苴(jū)：弥补缺陷。

④ 泰西：犹言极西，清人用来泛指西方国家。

⑤ 放饭流歠(chuò)：出自《孟子·尽心上》，大口吃饭，大口喝汤，指没有礼貌，这里引申为不识时务。

⑥ 问无齿决：问：讲求。齿决：用牙齿啃干肉。《礼记·曲礼》："濡肉(煮烂的肉)齿决，干肉不齿决。"指在尊长前大嚼干肉是不敬的行为。这里同样引申为不识时务。

☞ **盬弟之脑**

盬(gǔ):吮吸。典出《左传》"僖公二十八年":"晋侯梦与楚子搏,楚子伏己而盬其脑。"指城濮之战前,晋文公梦见跟楚成王打架,楚成王趴在自己身上吸食自己的脑浆。本文用此典,指平定太平天国和捻军,就好像兄弟之间打架,哥哥趴在弟弟身上吸食弟弟的脑子。把这当成功劳,会使做兄弟的都感到害怕。

二、点评辑要

文体的改革,是梁启超最伟大的功绩。

杂以俚语的新文体(报章体),才使得国民阅读的程度一日千里。

(吴其昌《梁启超》)

(梁启超的思想)实代表西洋资本社会的思想,与数千年宗法封建思想一大的洗刷。

梁氏在中国思想史上的贡献,不如在学术史贡献之大,在思想史上的贡献,创设不如康有为,破坏不如谭嗣同,而其思想多来自康、谭二氏,故其思想不深刻,不一贯,随时转移,前后矛盾,然其影响甚大,则因其文笔生动,宣传力大。

(郭湛波《近三十年中国思想史》)

我在澄衷一年半,看了一些课外的书籍。严复译的《群己权界论》,像是在这时代读的。严先生的文字太古雅,所以少年人受他的影响没有梁启超的影响大。梁先生的文章,明白晓畅之中,带着浓挚的热情,使读的人不能不跟他走,不能不跟着他想。有时候,我们跟他走到一点上,还想望前走,他倒打住了,或者换了方向走了。在这种时候,我们不免感觉一点失望。

(胡适《四十自述》)

三、旁观博览

1. 梁启超:《李鸿章传》,商务印书馆 2015 年版。
2. 梁启超:《饮冰室合集》,中华书局 2015 年版。
3. 孟祥才:《梁启超评传》,中华书局 2012 年版。

四、思考练习

1. 根据本文所述,为李鸿章画一个人物介绍气泡图,来展现他一生功过遭际。

2. 梁启超认为中国历史上"造时势之英雄,则阅千载而未一遇也",你是否认同这一观点? 若是,请分析原因;若否,请举一个你觉得属于"造时势之英雄",做简要分析。

3. 梁启超认为为政者应该"识国民之原理,通世界之大势,知政治之本原",请试着选择当前某国,选定一个时间点,根据以上三点进行简要分析。

中国现当代文学

鲁 迅

鲁迅(1881—1936),本名周樟寿,后改名周树人。1918年发表小说《狂人日记》开始使用"鲁迅"笔名。浙江绍兴人。文学家、思想家,中国现代文学的奠基者。著有小说集《呐喊》《彷徨》《故事新编》,散文诗集《野草》,散文集《朝花夕拾》和大量杂文等。

伤 逝①
——涓生的手记

如果我能够,我要写下我的悔恨和悲哀,为子君,为自己。

会馆②里的被遗忘在偏僻里的破屋是这样地寂静和空虚。时光过得真快,我爱子君,仗着她逃出这寂静和空虚,已经满一年了。事情又这么不凑巧,我重来时,偏偏空着的又只有这一间屋。依然是这样的破窗,这样的窗外的半枯的槐树和老紫藤,这样的窗前的方桌,这样的败壁,这样的靠壁的板床。深夜中独自躺在床上,就如我未曾和子君同居以前一般,过去一年中的时光全被消灭,全未有过,我并没有曾经从这破屋子搬出,在吉兆胡同创立了满怀希望的小小的家庭。

不但如此。在一年之前,这寂静和空虚是并不这样的,常常含着期待;期待子君的到来。在久待的焦躁中,一听到皮鞋的高底尖触着砖路的清响,是怎样地使我骤然生动起来呵!于是就看见带着笑涡的苍白的圆脸,苍白的瘦的臂膊,布的有条纹的衫子,玄色的裙。她又带了窗外的半枯的槐树的新叶来,使我看见,还有挂在铁似的老干上的一房一房的紫白的藤花。

然而现在呢,只有寂静和空虚依旧,子君却决不再来了,而且永远,永远地! ……

子君不在我这破屋里时,我什么也看不见。在百无聊赖中,顺手抓过一本书来,科学也好,文学也好,横竖什么都一样;看下去,看下去,忽而自己觉得,已经翻了十多页了,但是毫不记得书上所说的事。只是耳朵却分外地灵,仿佛听到大门外一切往来的履声,从中便有子君的,而且橐橐地逐渐临近,——但是,往往又逐渐渺茫,终于消失在别的步声的杂沓中了。

---

① 选自《彷徨》,收入《鲁迅全集》第2卷,人民文学出版社1981年版。

② 会馆:旧时都市中同乡会或同业公会设立的馆舍,供同乡或同业旅居、聚会之用。

我憎恶那不像子君鞋声的穿布底鞋的长班①的儿子,我憎恶那太像子君鞋声的常常穿着新皮鞋的邻院的搽雪花膏的小东西!

莫非她翻了车么? 莫非她被电车撞伤了么?……

我便要取了帽子去看她,然而她的胞叔就曾经当面骂过我。

蓦然,她的鞋声近来了,一步响于一步,迎出去时,却已经走过紫藤棚下,脸上带着微笑的酒窝。她在她叔子的家里大约并未受气;我的心宁帖了,默默地相视片时之后,破屋里便渐渐充满了我的语声,谈家庭专制,谈打破旧习惯,谈男女平等,谈伊孛生②,谈泰戈尔③,谈雪莱④……她总是微笑点头,两眼里弥漫着稚气的好奇的光泽。壁上就钉着一张铜板的雪莱半身像,是从杂志上裁下来的,是他的最美的一张像。当我指给她看时,她却只草草一看,便低了头,似乎不好意思了。这些地方,子君大概还未脱尽旧思想的束缚,——我后来也想,倒不如换一张雪莱淹死在海里的记念像或是伊孛生的罢;但也终于没有换,现在是连这一张也不知那里去了。

"我是我自己的,他们谁也没有干涉我的权利!"

这是我们交际了半年,又谈起她在这里的胞叔和在家的父亲时,她默想了一会之后,分明地,坚决地,沉静地说了出来的话。其时是我已经说尽了我的意见,我的身世,我的缺点,很少隐瞒;她也完全了解的了。这几句话很震动了我的灵魂,此后许多天还在耳中发响,而且说不出的狂喜,知道中国女性,并不如厌世家所说那样的无法可施,在不远的将来,便要看见辉煌的曙色的。

送她出门,照例是相离十多步远;照例是那鲇鱼须的老东西的脸又紧帖在脏的窗玻璃上了,连鼻尖都挤成一个小平面;到外院,照例又是明晃晃的玻璃窗里的那小东西的脸,加厚的雪花膏。她目不斜视地骄傲地走了,没有看见;我骄傲地回来。

"我是我自己的,他们谁也没有干涉我的权利!"这彻底的思想就在她的脑里,比我还透澈,坚强得多。半瓶雪花膏和鼻尖的小平面,于她能算什么东西呢?

我已经记不清那时怎样地将我的纯真热烈的爱表示给她。岂但现在,那时的事后便已模胡,夜间回想,早只剩了一些断片了;同居以后一两月,便连这些断片也化作无可追踪的梦影。我只记得那时以前的十几天,曾经很仔细地研究过表示的态度,排列过措辞的先后,以及倘或遭了拒绝以后的情形。可是临时似乎都无用,在慌张中,身不由己地竟用了在电影上见过的方法了。后来一想到,就使我很愧恧,但在记忆上却偏只有这一点永远留遗,至今还如暗室的孤灯一般,照见我含泪握着她的手,一条腿跪了下去……。

不但我自己的,便是子君的言语举动,我那时就没有看得分明;仅知道她已经允许我了。但也还仿佛记得她脸色变成青白,后来又渐渐转作绯红,——没有见过,也没有再见的绯红;

---

① 长班:旧时官员的随身仆人,也用来称呼一般的"听差"。

② 伊孛生:通译易卜生,挪威剧作家。

③ 泰戈尔:印度诗人。1924 年曾来过我国。当时他的诗作译成中文的有《新月集》《飞鸟集》等。

④ 雪莱:英国诗人。曾参加爱尔兰民族独立运动,因传播革命思想和争取婚姻自由屡遭迫害。后在海里覆舟淹死。他的《西风颂》《云雀颂》等著名短诗,"五四"后被介绍到我国。

孩子似的眼里射出悲喜，但是夹着惊疑的光，虽然力避我的视线，张皇地似乎要破窗飞去。然而我知道她已经允许我了，没有知道她怎样说或是没有说。

她却是什么都记得：我的言辞，竟至于读熟了的一般，能够滔滔背诵；我的举动，就如有一张我所看不见的影片挂在眼下，叙述得如生，很细微，自然连那使我不愿再想的浅薄的电影的一闪。夜阑人静，是相对温习的时候了，我常是被质问，被考验，并且被命复述当时的言语，然而常须由她补足，由她纠正，像一个丁等的学生。

这温习后来也渐渐稀疏起来。但我只要看见她两眼注视空中，出神似的凝想着，于是神色越加柔和，笑窝也深下去，便知道她又在自修旧课了，只是我很怕她看到我那可笑的电影的一闪。但我又知道，她一定要看见，而且也非看不可的。

然而她并不觉得可笑。即使我自己以为可笑，甚而至于可鄙的，她也毫不以为可笑。这事我知道得很清楚，因为她爱我，是这样地热烈，这样地纯真。

去年的暮春是最为幸福，也是最为忙碌的时光。我的心平静下去了，但又有别一部分和身体一同忙碌起来。我们这时才在路上同行，也到过几回公园，最多的是寻住所。我觉得在路上时时遇到探索，讥笑，猥亵和轻蔑的眼光，一不小心，便使我的全身有些瑟缩，只得即刻提起我的骄傲和反抗来支持。她却是大无畏的，对于这些全不关心，只是镇静地缓缓前行，坦然如入无人之境。

寻住所实在不是容易事，大半是被托辞拒绝，小半是我们以为不相宜。起先我们选择得很苛酷，——也非苛酷，因为看去大抵不像是我们的安身之所；后来，便只要他们能相容了。看了二十多处，这才得到可以暂且敷衍的处所，是吉兆胡同一所小屋里的两间南屋；主人是一个小官，然而倒是明白人，自住着正屋和厢房。他只有夫人和一个不到周岁的女孩子，雇一个乡下的女工，只要孩子不啼哭，是极其安闲幽静的。

我们的家具很简单，但已经用去了我的筹来的款子的大半；子君还卖掉了她唯一的金戒指和耳环。我拦阻她，还是定要卖，我也就不再坚持下去了；我知道不给她加入一点股分去，她是住不舒服的。

和她的叔子，她早经闹开，至于使他气愤到不再认她做侄女；我也陆续和几个自以为忠告，其实是替我胆怯，或者竟是嫉妒的朋友绝了交。然而这倒很清静。每日办公散后，虽然已近黄昏，车夫又一定走得这样慢，但究竟还有二人相对的时候。我们先是沉默的相视，接着是放怀而亲密的交谈，后来又是沉默。大家低头沉思着，却并未想着什么事。我也渐渐清醒地读遍了她的身体，她的灵魂，不过三星期，我似乎于她已经更加了解，揭去许多先前以为了解而现在看来却是隔膜，即所谓真的隔膜了。

子君也逐日活泼起来。但她并不爱花，我在庙会①时买来的两盆小草花，四天不浇，枯死在壁角了，我又没有照顾一切的闲暇。然而她爱动物，也许是从官太太那里传染的罢，不一月，我们的眷属便骤然加得很多，四只小油鸡，在小院子里和房主人的十多只在一同走。但她们却认识鸡的相貌，各知道那一只是自家的。还有一只花白的叭儿狗，从庙会买来，记得似乎原有名字，子君却给它另起了一个，叫作阿随。我就叫它阿随，但我不喜欢这名字。

这是真的，爱情必须时时更新，生长，创造。我和子君说起这，她也领会地点点头。

———————————
① 庙会：又称"庙市"，旧时在节日或规定的日子，设在寺庙或其附近的集市。

唉唉,那是怎样的宁静而幸福的夜呵!

安宁和幸福是要凝固的,永久是这样的安宁和幸福。我们在会馆里时,还偶有议论的冲突和意思的误会,自从到吉兆胡同以来,连这一点也没有了;我们只在灯下对坐的怀旧谭中,回味那时冲突以后的和解的重生一般的乐趣。

子君竟胖了起来,脸色也红活了;可惜的是忙。管了家务便连谈天的工夫也没有,何况读书和散步。我们常说,我们总还得雇一个女工。

这就使我也一样地不快活,傍晚回来,常见她包藏着不快活的颜色,尤其使我不乐的是她要装作勉强的笑容。幸而探听出来了,也还是和那小官太太的暗斗,导火线便是两家的小油鸡。但又何必硬不告诉我呢?人总该有一个独立的家庭。这样的处所,是不能居住的。

我的路也铸定了,每星期中的六天,是由家到局,又由局到家。在局里便坐在办公桌前钞,钞,钞些公文和信件;在家里是和她相对或帮她生白炉子,煮饭,蒸馒头。我的学会了煮饭,就在这时候。

但我的食品却比在会馆里时好得多了。做菜虽不是子君的特长,然而她于此却倾注着全力;对于她的日夜的操心,使我也不能不一同操心,来算作分甘共苦。况且她又这样地终日汗流满面,短发都粘在脑额上;两只手又只是这样地粗糙起来。

况且还要饲阿随,饲油鸡,……都是非她不可的工作。

我曾经忠告她:我不吃,倒也罢了;却万不可这样地操劳。她只看了我一眼,不开口,神色却似乎有点凄然;我也只好不开口。然而她还是这样地操劳。

我所豫期的打击果然到来。双十节的前一晚,我呆坐着,她在洗碗。听到打门声,我去开门时,是局里的信差,交给我一张油印的纸条。我就有些料到了,到灯下去一看,果然,印着的就是:

奉

局长谕史涓生着毋庸到局办事

秘书处启　　十月九号

这在会馆里时,我就早已料到了;那雪花膏便是局长的儿子的赌友,一定要去添些谣言,设法报告的。到现在才发生效验,已经要算是很晚的了。其实这在我不能算是一个打击,因为我早就决定,可以给别人去钞写,或者教读,或者虽然费力,也还可以译点书,况且《自由之友》的总编辑便是见过几次的熟人,两月前还通过信。但我的心却跳跃着。那么一个无畏的子君也变了色,尤其使我痛心;她近来似乎也较为怯弱了。

"那算什么。哼,我们干新的。我们……"她说。

她的话没有说完;不知怎地,那声音在我听去却只是浮浮的;灯光也觉得格外黯淡。人们真是可笑的动物,一点极微末的小事情,便会受着很深的影响。我们先是默默地相视,逐渐商量起来,终于决定将现有的钱竭力节省,一面登"小广告"去寻求钞写和教读,一面写信给《自由之友》的总编辑,说明我目下的遭遇,请他收用我的译本,给我帮一点艰辛时候的忙。

"说做,就做罢!来开一条新的路!"

我立刻转身向了书案,推开盛香油的瓶子和醋碟,子君便送过那黯淡的灯来。我先拟广告;其次是选定可译的书,迁移以来未曾翻阅过,每本的头上都满漫着灰尘了;最后才写信。

我很费踌蹰,不知道怎样措辞好,当停笔凝思的时候,转眼去一瞥她的脸,在昏暗的灯光下,又很见得凄然。我真不料这样微细的小事情,竟会给坚决的,无畏的子君以这么显著的变化。她近来实在变得很怯弱了,但也并不是今夜才开始的。我的心因此更缭乱,忽然有安宁的生活的影像——会馆里的破屋的寂静,在眼前一闪,刚刚想定睛凝视,却又看见了昏暗的灯光。

许久之后,信也写成了,是一封颇长的信;很觉得疲劳,仿佛近来自己也较为怯弱了。于是我们决定,广告和发信,就在明日一同实行。大家不约而同地伸直了腰肢,在无言中,似乎又都感到彼此的坚忍崛强的精神,还看见从新萌芽起来的将来的希望。

外来的打击其实倒是振作了我们的新精神。局里的生活,原如鸟贩子手里的禽鸟一般,仅有一点小米维系残生,决不会肥胖;日子一久,只落得麻痹了翅子,即使放出笼外,早已不能奋飞。现在总算脱出这牢笼了,我从此要在新的开阔的天空中翱翔,趁我还未忘却了我的翅子的扇动。

小广告是一时自然不会发生效力的;但译书也不是容易事,先前看过,以为已经懂得的,一动手,却疑难百出了,进行得很慢。然而我决计努力地做,一本半新的字典,不到半月,边上便有了一大片乌黑的指痕,这就证明着我的工作的切实。《自由之友》的总编辑曾经说过,他的刊物是决不会埋没好稿子的。

可惜的是我没有一间静室,子君又没有先前那么幽静,善于体帖了,屋子里总是散乱着碗碟,弥漫着煤烟,使人不能安心做事,但是这自然还只能怨我自己无力置一间书斋。然而又加以阿随,加以油鸡们。加以油鸡们又大起来了,更容易成为两家争吵的引线。

加以每日的"川流不息"的吃饭;子君的功业,仿佛就完全建立在这吃饭中。吃了筹钱,筹来吃饭,还要喂阿随,饲油鸡;她似乎将先前所知道的全都忘掉了,也不想到我的构思就常常为了这催促吃饭而打断。即使在坐中给看一点怒色,她总是不改变,仍然毫无感触似的大嚼起来。

使她明白了我的作工不能受规定的吃饭的束缚,就费去五星期。她明白之后,大约很不高兴罢,可是没有说。我的工作果然从此较为迅速地进行,不久就共译了五万言,只要润色一回,便可以和做好的两篇小品,一同寄给《自由之友》去。只是吃饭却依然给我苦恼。菜冷,是无妨的,然而竟不够;有时连饭也不够,虽然我因为终日坐在家里用脑,饭量已经比先前要减少得多。这是先去喂了阿随了,有时还并那近来连自己也轻易不吃的羊肉。她说,阿随实在瘦得太可怜,房东太太还因此嗤笑我们了,她受不住这样的奚落。

于是吃我残饭的便只有油鸡们。这是我积久才看出来的,但同时也如赫胥黎①的论定"人类在宇宙间的位置"一般,自觉了我在这里的位置:不过是叭儿狗和油鸡之间。

---

① 赫胥黎:英国生物学家。他的《人类在宇宙间的位置》(今译《人类在自然界的位置》)是宣传达尔文的进化论的重要著作。

后来,经多次的抗争和催逼,油鸡们也逐渐成为肴馔,我们和阿随都享用了十多日的鲜肥;可是其实都很瘦,因为它们早已每日只能得到几粒高粱了。从此便清静得多。只有子君很颓唐,似乎常觉得凄苦和无聊,至于不大愿意开口。我想,人是多么容易改变呵!

但是阿随也将留不住了。我们已经不能再希望从什么地方会有来信,子君也早没有一点食物可以引它打拱或直立起来。冬季又逼近得这么快,火炉就要成为很大的问题;它的食量,在我们其实早是一个极易觉得的很重的负担。于是连它也留不住了。

倘使插了草标①到庙市去出卖,也许能得几文钱罢,然而我们都不能,也不愿这样做。终于是用包袱蒙着头,由我带到西郊去放掉了,还要追上来,便推在一个并不很深的土坑里。

我一回寓,觉得又清静得多多了;但子君的凄惨的神色,却使我很吃惊。那是没有见过的神色,自然是为阿随。但又何至于此呢?我还没有说起推在土坑里的事。

到夜间,在她的凄惨的神色中,加上冰冷的分子了。

"奇怪。——子君,你怎么今天这样儿了?"我忍不住问。

"什么?"她连看也不看我。

"你的脸色……。"

"没有什么,——什么也没有。"

我终于从她言动上看出,她大概已经认定我是一个忍心的人。其实,我一个人,是容易生活的,虽然因为骄傲,向来不与世交来往,迁居以后,也疏远了所有旧识的人,然而只要能远走高飞,生路还宽广得很。现在忍受着这生活压迫的苦痛,大半倒是为她,便是放掉阿随,也何尝不如此。但子君的识见却似乎只是浅薄起来,竟至于连这一点也想不到了。

我拣了一个机会,将这些道理暗示她;她领会似的点头。然而看她后来的情形,她是没有懂,或者是并不相信的。

天气的冷和神情的冷,逼迫我不能在家庭中安身。但是,往那里去呢? 大道上,公园里,虽然没有冰冷的神情,冷风究竟也刺得人皮肤欲裂。我终于在通俗图书馆里觅得了我的天堂。

那里无须买票;阅书室里又装着两个铁火炉。纵使不过是烧着不死不活的煤的火炉,但单是看见装着它,精神上也就总觉得有些温暖。书却无可看:旧的陈腐,新的是几乎没有的。

好在我到那里去也并非为看书。另外时常还有几个人,多则十余人,都是单薄衣裳,正如我,各人看各人的书,作为取暖的口实。这于我尤为合式。道路上容易遇见熟人,得到轻蔑的一瞥,但此地却决无那样的横祸,因为他们是永远围在别的铁炉旁,或者靠在自家的白炉边的。

那里虽然没有书给我看,却还有安闲容得我想。待到孤身枯坐,回忆从前,这才觉得大半年来,只为了爱,——盲目的爱,——而将别的人生的要义全盘疏忽了。第一,便是生活。人必生活着,爱才有所附丽。世界上并非没有为了奋斗者而开的活路;我也还未忘却翅子的扇动,虽然比先前已经颓唐得多……。

屋子和读者渐渐消失了,我看见怒涛中的渔夫,战壕中的兵士,摩托车②中的贵人,洋场上的投机家,深山密林中的豪杰,讲台上的教授,昏夜的运动者和深夜的偷儿……。子

---

①　草标:旧时在被卖的人身或物品上插置的草秆,作为出卖的标志。

②　摩托车:当时对小汽车的称呼。

君，——不在近旁。她的勇气都失掉了，只为着阿随悲愤，为着做饭出神；然而奇怪的是倒也并不怎样瘦损……。

冷了起来，火炉里的不死不活的几片硬煤，也终于烧尽了，已是闭馆的时候。又须回到吉兆胡同，领略冰冷的颜色去了。近来时间或遇到温暖的神情，但这却反而增加我的苦痛。记得有一夜，子君的眼里忽而又发出久已不见的稚气的光来，笑着和我谈到还在会馆时候的情形，时时又很带些恐怖的神色。我知道我近来的超过她的冷漠，已经引起她的忧疑来，只得也勉力谈笑，想给她一点慰藉。然而我的笑貌一上脸，我的话一出口，却即刻变为空虚，这空虚又即刻发生反响，回向我的耳目里，给我一个难堪的恶毒的冷嘲。

子君似乎也觉得的，从此便失掉了她往常的麻木似的镇静，虽然竭力掩饰，总还是时时露出忧疑的神色来，但对我却温和得多了。

我要明告她，但我还没有敢，当决心要说的时候，看见她孩子一般的眼色，就使我只得暂且改作勉强的欢容。但是这又即刻来冷嘲我，并使我失却那冷漠的镇静。

她从此又开始了往事的温习和新的考验，逼我做出许多虚伪的温存的答案来，将温存示给她，虚伪的草稿便写在自己的心上。我的心渐被这些草稿填满了，常觉得难于呼吸。我在苦恼中常常想，说真实自然须有极大的勇气的；假如没有这勇气，而苟安于虚伪，那也便是不能开辟新的生路的人。不独不是这个，连这人也未尝有！

子君有怨色，在早晨，极冷的早晨，这是从未见过的，但也许是从我看来的怨色。我那时冷冷地气愤和暗笑了；她所磨练的思想和豁达无畏的言论，到底也还是一个空虚，而对于这空虚却并未自觉。她早已什么书也不看，已不知道人的生活的第一着是求生，向着这求生的道路，是必须携手同行，或奋身孤往的了，倘使只知道捶着一个人的衣角，那便是虽战士也难于战斗，只得一同灭亡。

我觉得新的希望就只在我们的分离；她应该决然舍去，——我也突然想到她的死，然而立刻自责，忏悔了。幸而是早晨，时间正多，我可以说我的真实。我们的新的道路的开辟，便在这一遭。

我和她闲谈，故意地引起我们的往事，提到文艺，于是涉及外国的文人，文人的作品：《诺拉》①，《海的女人》②。称扬诺拉的果决……。也还是去年在会馆的破屋里讲过的那些话，但现在已经变成空虚，从我的嘴传入自己的耳中，时时疑心有一个隐形的坏孩子，在背后恶意地刻毒地学舌。

她还是点头答应着倾听，后来沉默了。我也就断续地说完了我的话，连余音都消失在虚空中了。

"是的。"她又沉默了一会，说，"但是，……涓生，我觉得你近来很两样了。可是的？你，——你老实告诉我。"

我觉得这似乎给了我当头一击，但也立即定了神，说出我的意见和主张来：新的路的开辟，新的生活的再造，为的是免得一同灭亡。

临末，我用了十分的决心，加上这几句话：

---

① 《诺拉》：通译《娜拉》或《玩偶之家》。

② 《海的女人》：通译《海的夫人》，与《娜拉》都是易卜生的著名剧作。

"……况且你已经可以无须顾虑，勇往直前了。你要我老实说；是的，人是不该虚伪的。我老实说罢：因为，因为我已经不爱你了！但这于你倒好得多，因为你更可以毫无挂念地做事……。"

我同时豫期着大的变故的到来，然而只有沉默。她脸色陡然变成灰黄，死了似的；瞬间便又苏生，眼里也发了稚气的闪闪的光泽。这眼光射向四处，正如孩子在饥渴中寻求着慈爱的母亲，但只在空中寻求，恐怖地回避着我的眼。

我不能看下去了，幸而是早晨，我冒着寒风径奔通俗图书馆。

在那里看见《自由之友》，我的小品文都登出了。这使我一惊，仿佛得了一点生气。我想，生活的路还很多，——但是，现在这样也还是不行的。

我开始去访问久已不相闻问的熟人，但这也不过一两次；他们的屋子自然是暖和的，我在骨髓中却觉得寒冽。夜间，便蜷伏在比冰还冷的冷屋中。

冰的针刺着我的灵魂，使我永远苦于麻木的疼痛。生活的路还很多，我也还没有忘却翅子的扇动，我想。——我突然想到她的死，然而立刻自责，忏悔了。

在通俗图书馆里往往瞥见一闪的光明，新的生路横在前面。她勇猛地觉悟了，毅然走出这冰冷的家，而且，——毫无怨恨的神色。我便轻如行云，漂浮空际，上有蔚蓝的天，下是深山大海，广厦高楼，战场，摩托车，洋场，公馆，晴明的闹市，黑暗的夜……。

而且，真的，我豫感得这新生面便要来到了。

我们总算度过了极难忍受的冬天，这北京的冬天；就如蜻蜓落在恶作剧的坏孩子的手里一般，被系着细线，尽情玩弄，虐待，虽然幸而没有送掉性命，结果也还是躺在地上，只争着一个迟早之间。

写给《自由之友》的总编辑已经有三封信，这才得到回信，信封里只有两张书券①：两角的和三角的。我却单是催，就用了九分的邮票，一天的饥饿，又都白挨给己一无所得的空虚了。

然而觉得要来的事，却终于来到了。

这是冬春之交的事，风已没有这么冷，我也更久地在外面徘徊；待到回家，大概已经昏黑。就在这样一个昏黑的晚上，我照常没精打采地回来，一看见寓所的门，也照常更加丧气，使脚步放得更缓。但终于走进自己的屋子里了，没有灯火；摸火柴点起来时，是异样的寂寞和空虚！

正在错愕中，官太太便到窗外来叫我出去。

"今天子君的父亲来到这里，将她接回去了。"她很简单地说。

这似乎又不是意料中的事，我便如脑后受了一击，无言地站着。

"她去了么？"过了些时，我只问出这样一句话。

"她去了。"

"她，——她可说什么？"

"没说什么。单是托我见你回来时告诉你，说她去了。"

---

① 书券：购书用的代价券，可按券面金额到指定书店选购。旧时有的报刊用它代替现金支付稿酬。

我不信；但是屋子里是异样的寂寞和空虚。我遍看各处，寻觅子君；只见几件破旧而黯淡的家具，都显得极其清疏，在证明着它们毫无隐匿一人一物的能力。我转念寻信或她留下的字迹，也没有；只是盐和干辣椒，面粉，半株白菜，却聚集在一处了，旁边还有几十枚铜元。这是我们两人生活材料的全副，现在她就郑重地将这留给我一个人，在不言中，教我借此去维持较久的生活。

我似乎被周围所排挤，奔到院子中间，有昏黑在我的周围；正屋的纸窗上映出明亮的灯光，他们正在逗着孩子推笑。我的心也沉静下来，觉得在沉重的迫压中，渐渐隐约地现出脱走的路径：深山大泽，洋场，电灯下的盛筵；壕沟，最黑最黑的深夜，利刃的一击，毫无声响的脚步……。

心地有些轻松，舒展了，想到旅费，并且嘘一口气。

躺着，在合着的眼前经过的豫想的前途，不到半夜已经现尽；暗中忽然仿佛看见一堆食物，这之后，便浮出一个子君的灰黄的脸来，睁了孩子气的眼睛，恳托似的看着我。我一定神，什么也没有了。

但我的心却又觉得沉重。我为什么偏不忍耐几天，要这样急急地告诉她真话的呢？现在她知道，她以后所有的只是她父亲——儿女的债主——的烈日一般的严威和旁人的赛过冰霜的冷眼。此外便是虚空。负着虚空的重担，在严威和冷眼中走着所谓人生的路，这是怎么可怕的事呵！而况这路的尽头，又不过是——连墓碑也没有的坟墓。

我不应该将真实说给子君，我们相爱过，我应该永久奉献她我的说谎。如果真实可以宝贵，这在子君就不该是一个沉重的空虚。谎语当然也是一个空虚，然而临末，至多也不过这样地沉重。

我以为将真实说给子君，她便可以毫无顾虑，坚决地毅然前行，一如我们将要同居时那样。但这恐怕是我错误了。她当时的勇敢和无畏是因为爱。

我没有负着虚伪的重担的勇气，却将真实的重担卸给她了。她爱我之后，就要负了这重担，在严威和冷眼中走着所谓人生的路。

我想到她的死……。我看见我是一个卑怯者，应该被摈于强有力的人们，无论是真实者，虚伪者。然而她却自始至终，还希望我维持较久的生活……。

我要离开吉兆胡同，在这里是异样的空虚和寂寞。我想，只要离开这里，子君便如还在我的身边；至少，也如还在城中，有一天，将要出乎意表地访我，像住在会馆时候似的。

然而一切请托和书信，都是一无反响；我不得已，只好访问一个久不问候的世交去了。他是我伯父的幼年的同窗，以正经出名的拔贡①，寓京很久，交游也广阔的。

大概因为衣服的破旧罢，一登门便很遭门房的白眼。好容易才相见，也还相识，但是很冷落。我们的往事，他全都知道了。

"自然，你也不能在这里了，"他听了我托他在别处觅事之后，冷冷地说，

"但那里去呢？很难。——你那，什么呢，你的朋友罢，子君，你可知道，她死了。"

---

①　拔贡：清代科举考试制度。在规定的年限（原定 6 年，后改为 12 年）选拔"文行兼优"的秀才，保送到京师，贡入国子监，称为"拔贡"。是贡生的一种。

我惊得没有话。

"真的?"我终于不自觉地问。

"哈哈。自然真的。我家的王升的家,就和她家同村。"

"但是,——不知道是怎么死的?"

"谁知道呢。总之是死了就是了。"

我已经忘却了怎样辞别他,回到自己的寓所。我知道他是不说谎话的;子君总不会再来的了,像去年那样。她虽是想在严威和冷眼中负着虚空的重担来走所谓人生的路,也已经不能。她的命运,已经决定她在我所给与的真实——无爱的人间死灭了!

自然,我不能在这里了;但是,"那里去呢?"

四围是广大的空虚,还有死的寂静。死于无爱的人们的眼前的黑暗,我仿佛一一看见,还听得一切苦闷和绝望的挣扎的声音。

我还期待着新的东西到来,无名的,意外的。但一天一天,无非是死的寂静。

我比先前已经不大出门,只坐卧在广大的空虚里,一任这死的寂静侵蚀着我的灵魂。死的寂静有时也自己战栗,自己退藏,于是在这绝续之交,便闪出无名的,意外的,新的期待。

一天是阴沉的上午,太阳还不能从云里面挣扎出来;连空气都疲乏着。耳中听到细碎的步声和咻咻的鼻息,使我睁开眼。大致一看,屋子里还是空虚;但偶然看到地面,却盘旋着一匹小小的动物,瘦弱的,半死的,满身灰土的……。

我一细看,我的心就一停,接着便直跳起来。

那是阿随。它回来了。

我的离开吉兆胡同,也不单是为了房主人们和他家女工的冷眼,大半就为着这阿随。但是,"那里去呢?"新的生路自然还很多,我约略知道,也间或依稀看见,觉得就在我面前,然而我还没有知道跨进那里去的第一步的方法。

经过许多回的思量和比较,也还只有会馆是还能相容的地方。依然是这样的破屋,这样的板床,这样的半枯的槐树和紫藤,但那时使我希望,欢欣,爱,生活的,却全都逝去了,只有一个虚空,我用真实去换来的虚空存在。

新的生路还很多,我必须跨进去,因为我还活着。但我还不知道怎样跨出那第一步。有时,仿佛看见那生路就像一条灰白的长蛇,自己蜿蜒地向我奔来,我等着,等着,看看临近,但忽然便消失在黑暗里了。

初春的夜,还是那么长。长久的枯坐中记起上午在街头所见的葬式,前面是纸人纸马,后面是唱歌一般的哭声。我现在已经知道他们的聪明了,这是多么轻松简截的事。

然而子君的葬式却又在我的眼前,是独自负着虚空的重担,在灰白的长路上前行,而又即刻消失在周围的严威和冷眼里了。

我愿意真有所谓鬼魂,真有所谓地狱,那么,即使在孽风怒吼之中,我也将寻觅子君,当面说出我的悔恨和悲哀,祈求她的饶恕;否则,地狱的毒焰将围绕我,猛烈地烧尽我的悔恨和悲哀。

我将在孽风和毒焰中拥抱子君,乞她宽容,或者使她快意……。

但是,这却更虚空于新的生路;现在所有的只是初春的夜,竟还是那么长。我活着,我总得向着新的生路跨出去,那第一步,——却不过是写下我的悔恨和悲哀,为子君,为自己。

我仍然只有唱歌一般的哭声,给子君送葬,葬在遗忘中。

我要遗忘;我为自己,并且要不再想到这用了遗忘给子君送葬。

我要向着新的生路跨进第一步去,我要将真实深深地藏在心的创伤中,默默地前行,用遗忘和说谎做我的前导……。

一九二五年十月二十一日毕。

文本拓展

一、知识链接

☞ 《玩偶之家》

挪威剧作家易卜生(1828—1906)著有四大名剧:《社会支柱》《玩偶之家》《群鬼》《人民公敌》。其中《玩偶之家》最为重要,该剧主要描写女主人公娜拉从安于玩偶之家到坚决出走的过程。她与丈夫海尔茂结婚8年,生育了3个孩子,但始终"像要饭的叫花子,要一口吃一口",处于玩偶的地位。起初耽于幻想并不自知,后来逐渐萌生"我是一个人"的意识,最终在"伪造签字"事件之后,完全看透了丈夫的真实面目和自己的玩偶角色,断然冲破封建观念的束缚,为争取人格独立和自由解放,义无反顾地走出了家门。

当然,娜拉走后,怎样生活? 路在何方? 易卜生没有明示,也无法回答。

☞ 创作背景

《伤逝》是鲁迅唯一一篇描写爱情婚姻生活的小说。其创作背景,一是与五四时期的社会思潮密切相关。自由平等、个性解放的思想激发青年男女尤其是知识青年挣脱封建礼教,追求恋爱自由和个性解放,为小说创作提供了现实题材。二是与《玩偶之家》的传入有关。易卜生《玩偶之家》等"社会问题剧"传入中国,其现实主义精神对五四文坛产生巨大影响,启发中国作家关注现实生活,探讨人生和社会问题,产生了一批"问题小说"。三是与作者的个人经历有关。《伤逝》创作于1925年10月,这一年是鲁迅个人生活的起落之年,旧家庭的阴霾在心底尚未完全驱散,新的希望却已在萌芽生长。1923年7月鲁迅与其弟周作人彻底决裂,"八道湾"大家庭从此消亡。1925年3月,鲁迅收到许广平第一封书信,两人的感情在发生发展,一个新的家庭即将诞生。告别与朱安20年无爱的婚姻,如何经营新家,不得不深刻思考。

☞ 手记

手记,又称手记体。它与日记体、自传体相类似,是文学创作中自曝隐秘、私密性较强的一种文体形式,意在从叙述自我和自我叙述中获得自知与自治。其显著特征在于采用第一人称的叙述视角,故事的叙述者又是故事的参与者;多用自白、独白、追忆、回叙等表达手法,具有强烈的抒情性;侧重人物的心理刻画和作者的情感抒发。茅盾曾说:"在中国新文坛上,

鲁迅君常常是创造'新形式'的先锋。"他的小说"几乎一篇有一篇新形式"。《伤逝》的手记体
与《狂人日记》的日记体一样,是鲁迅对中国现代小说形式的创举之一。

☞ "鲁迅"笔名

鲁迅一生共用 140 余个笔名。1918 年发表中国现代文学史上第一篇白话小说《狂人日
记》,首次使用笔名"鲁迅"。通常认为,该笔名一是寄托对母亲鲁瑞之爱,二是蕴涵愚鲁之人
快快觉醒的自勉,三是中国古代周、鲁原本一家。

二、点评辑要

● 评鲁迅

真是晴天的霹雳,在南台的宴会席上,忽而听到了鲁迅的死。……

没有伟大的人物出现的民族,是世界上最可怜的生物之群;有了伟大的人物,而不知拥
护、爱戴、崇仰的国家,同样是没有希望的奴隶之邦。因鲁迅的一死,使人们自觉出了民族的
尚可以有为,也因鲁迅之一死,使人家看出了中国还是奴隶性很浓厚的半绝望的国家。

(郁达夫《怀鲁迅》)

作为鲁迅的儿子和孙子,……我们的不安显得尤为迫切。在已经存在的对鲁迅的认识
和理解中,鲁迅的真实形象显得遥远而模糊。现在我们虽然在很多地方可以听到鲁迅,鲁迅
也还是以各种各样的形式呈现着,但是这样的鲁迅并不是非常真实的。根据我们的不完全
调查,现在青年的一代已经开始淡忘鲁迅了,如果你去问他们"鲁迅是谁",他们就会说对敌
人"横眉冷对千夫指",对人民"俯首甘为孺子牛"。这都是一个已经"阶级斗争化"了的鲁迅,
一个除了用"战士"这个名词来说明以外就找不到词汇来说明的鲁迅。鲁迅在二十世纪所做
的工作及其对推动中国社会现代转型的历史意义,他们几乎没有什么了解。所有这些都令
我们十分不安和迷惑,因此,如何让鲁迅活在二十一世纪青年人的心中,这是一个需要全社
会共同来关注的大问题。而解决这个问题的关键恐怕首先在于回答"鲁迅是谁"这样一个
问题。

那么,鲁迅是谁呢?

(周海婴、周令飞《鲁迅是谁?》)

● 评鲁迅小说

中国现代小说在鲁迅手中开始,又在鲁迅手中成熟,这在历史是一种并不多见的现象。
把握鲁迅小说的高度成功,可以用鲁迅自己的两句话:一是"表现的深切",二是"格式的特
别"。前者一句指独特的题材与思想发现,后一句指小说结构模式与形式手法的创新。鲁迅
创作抱着启蒙主义的目的,所以取材"多采自病态社会的不幸的人们,意思是在揭出病苦,引
起疗救的注意",并由此开掘了表现农民与知识分子两类题材。

(温儒敏《中国现代文学课程学习指导》)

● 评《伤逝》

如果说在象征性的小说中,主人公的恶性表现得有多种解释的话,那么在鲁迅偏于写实
的小说中,主人公的恶性便显露无疑。《伤逝》里的涓生与子君同居之后,若是按照善意的设
计,就应该好好照顾、包容为他脱离家庭的子君。但是对自由的热爱使涓生平添了浑身的恶

性,他在爱与真实、爱与自由之间进行着艰难的选择。同居之后,涓生很快发现了对子君的隔膜,伴随着隔膜的增大,二人的分歧也越来越大:子君专心营造一个充满了童趣的安乐窝,眼中只有阿随和小油鸡,涓生向往的却是"怒涛中的渔夫,战壕中的兵士,摩托车中的贵人,洋场上的投机家,深山密林中的豪杰,讲台上的教授,昏夜的运动者和深夜的偷儿……"换句话说,涓生向往的是自由!看到子君不断地让他温习过去的缠绵,涓生也不忍心把真实说给子君。然而,如果涓生不将真实说出来,他自主的主体性都无法确立,用小说的话说就是连这个人都没有。最后,涓生为了自由还是将带有恶性的真实自我呈现给了子君,然而子君无力承担这种孑然一身的孤独和自由,涓生的真实等于杀死了子君。当涓生以带有毒气的自由选择熏死了子君之后,他又深深地忏悔了,甚至在怀疑真实与自由的价值,他要在"孽风狂吼之中""寻觅子君",在"地狱的毒焰"中"拥抱子君"。在如此温情的情爱题材里,"恶之花"再一次盛开。

(高旭东《高旭东讲鲁迅》)

作家(以及一定程度上的读者)主体精神、生命体验的介入(融入),是充分体现了鲁迅小说的"主观抒情性"的特征的。沿着这样的思路去读《伤逝》,就可以发现,小说的重心可能不在那失败了的爱情本身,而在于涓生明确意识到与子君之间只剩下无爱的婚姻"以后",他所面临的两难选择:"不说"出爱情已不存在的真相,即是"安于虚伪";"说"出,则意味着"将真实的重担"卸给对方,而且确实导致了子君的死亡。这类无论怎样都不免空虚与绝望,而且难以逃脱犯罪感的"两难",正是终身折磨着鲁迅的人生困境之一,直到逝世前他还写了一篇《我要骗人》,表露他渴望"被披露真实的心",却还要"骗人"的矛盾与相伴随的精神痛苦。

(钱理群、温儒敏、吴福辉《中国现代文学三十年》)

还是鲁迅伟大,二十年代中期创作的小说《伤逝》,就让男主人公涓生嗫嚅着然而绝对明确地告诉先前的爱人:"我已经不爱你了!"涓生认为这是"说真实","说真实自然须有极大的勇气的;假如没有这勇气,而苟安于虚伪,那也便是不能开辟新的生路的人"。涓生说出的真实送了子君的命,令他追悔莫及,但他仍然强调,无爱的曾经相爱者彼此说谎,结局只有空虚;说出真实,倒可以彼此敬重,"毅然前行"。

《伤逝》之所以耐读,就因为鲁迅深刻表现了涓生在掩盖"不爱"的真相而说谎与坦陈"不爱"而悔恨悲哀之间长久经受的灵魂紧张。鲁迅没有给灵魂的问题找出答案,但他的真诚书写,毕竟让那些王顾左右而言它的无谓的诠解纷纷落空,《伤逝》也因此一直以其不容抹杀的灵魂问题傲立于百年文学史中。相比之下,"五四"时期大多数恋爱小说之所以给人轻薄幼稚的印象,也就因为它们未能正视现代恋人没有爱和无所爱的痛苦,未能体会他们无可奈何地说出"我已经不爱你了"之时和之后灵魂中发生的变化。

(郜元宝《"我已经不爱你了!"》)

三、旁观博览

1. 张梦阳:《中国鲁迅学通史》,广东教育出版社 2001 年版。
2. 周海婴:《鲁迅与我七十年》,南海出版社 2001 年版。
3. 陈明远 主编:《假如鲁迅活着》,文汇出版社 2001 年版。
4. 房向东:《"骂"人与被"骂"——鲁迅生前身后事》,青岛出版社 2007 年版。
5. 李欧梵 著,尹慧珉 译:《铁屋中的呐喊》,人民文学出版社 2010 年版。

6. 刘再复：《鲁迅传》，人民日报出版社 2010 年版。

7. 曹聚仁：《鲁迅年谱》，生活·读书·新知三联书店 2011 年版。

四、思考练习

1. "五四"时期涌现出一批"问题小说"，除鲁迅的《伤逝》之外，请利用检索工具搜索，列举 3—5 篇。

2. 有人说《伤逝》是一种对痛失爱情的忏悔，也有人说是一种对扼杀爱情的控诉，也有人说是对至上爱情的反思，还有人说是对理智爱情的诠释。你认同哪种说法？为什么？

3. 这部涓生自述小说中，子君没有机会表达自己的想法，请当涓生对子君说出："因为我已经不爱你了！但这于你倒好得多，因为你更可以毫无挂念地做事……"请揣摩子君的心理，写一篇 400 字左右的内心独白。

胡 适

胡适(1891—1962),字适之,取"物竞天择,适者生存"之义。安徽绩溪人。中国现代著名学者、诗人。著有《尝试集》《白话文学史》《中国哲学史大纲》《中国章回小说考证》等。

容忍与自由①

十七八年前,我最后一次会见了母校康耐尔大学的史学大师布尔先生(George Lincoln Burr)。我们谈到英国文学大师阿克顿(Lord Acton)一生准备要著作一部"自由之史",没有完成他就死了。布尔先生那天谈话很多,有一句话我至今没有忘记。他说:"我年纪越大,越感觉到容忍(tolerance)比自由还更重要。"

布尔先生死了十多年了,他这句话我越想越觉得是一句不可磨灭的格言。我自己也有"年纪越大,越觉得容忍比自由还更重要"的感想。有时我竟觉得容忍是一切自由的根本;没有容忍,就没有自由。

我十七岁的时候(1908)曾在《竞业旬报》上发表几条"无鬼丛话",其中有一条是痛骂小说《西游记》和《封神榜》的,我说:

> 《王制》有之:"假于鬼神时日卜筮以疑众,杀。"吾独怪夫数千年来之掌治权者,之以济世明道自期者,乃懵然不之注意,惑世诬民之学说得以大行,遂举我神州民族投诸极黑暗之世界!……

这是一个小孩子很不容忍的"卫道"态度。我在那时候已是一个无鬼论者,所以发出那种摧除迷信的狂论,要实行《王制》(《礼让》的一篇)的"假于鬼神时日卜筮以疑众,杀"的一条经典。

我在那时候当然没有梦想到说这话的小孩子在十五年后(1923)会很热心的给《西游记》作两万字的考证! 我在那时候当然更没有想到那个小孩子在二十年后还时时留心搜求可以考证《封神榜》的作者的材料! 我在那时候也完全没有想想《王制》那句话的历史意义。那一段《王制》的全文是这样的:

> 析言破律,乱名改作,执左道以乱政,杀。作淫声异服奇技异器以疑众,杀。行

———————————
①　选自《中国新文学大系·杂文卷(1949—1976)》,上海文艺出版社1997年版。

伪而坚，言伪而辩，学非而博，顺非而泽以疑众，杀。假于鬼神时日卜筮以疑众，杀。

此四诛者，不以听。

我在五十年前，完全没有懂得这一段话的"诛"正是中国专制政体之下禁止新思想、新学术、新信仰、新艺术的经典的根据。我在那时候抱着"破除迷信"的热心，所以拥护那"四诛"之中的第四诛："假于鬼神时日卜筮以疑众，杀。"我当时完全没有梦到第四诛的"假于鬼神……以疑众"和第一诛的"执左道以乱政"的两条罪名都可以用来摧残宗教信仰的自由。我当时也完全没有注意到郑玄注里用了公输般作"奇技异器"的例子，更没有注意到孔颖达《正义》里举了"孔子为鲁司寇七日而诛少正卯"的例子来解释"行伪而坚，言伪而辩，学非而博，顺非而泽以疑众，杀"。故第二诛可以用来禁绝艺术创作的自由，也可以用来"杀"许多发明"奇技异器"的科学家。故第三诛可以用来摧残思想的自由，言论的自由，著作出版的自由。

我在五十年前引用了《王制》第四诛，要"杀"《西游记》《封神榜》的作者。那时候我当然没有梦想到十年之后我在北京大学教书时就有一些同样"卫道"的正人君子也想引用《王制》的第三诛，要"杀"我和我的朋友们，当年我要"杀"人，后来人要"杀"我，动机是一样的：都是因为动了一点正义的火气，就都失掉容忍的度量了。

我自己叙述五十年前主张"假于鬼神时日卜筮以疑众，杀"的故事，为的是要说明我年纪越大，越觉得"容忍"比"自由"还更重要。

我到今天还是一个无神论者，我不信有一个有意志的神，我也不信灵魂不朽的说法。

我自己总觉得，这个国家、这个社会、这个世界，绝大多数人是信神的，居然能有这雅量，能容忍我的无神论，能容忍我这个不信神也不信灵魂不灭的人，能容忍我在国内和国外自由发表我的无神论的思想，从没有人因此用石头掷我，把我关在监狱里，或把我捆在柴堆上用火烧死。我在这个世界里居然享受了四十多年的容忍与自由。我觉得这个国家、这个社会、这个世界对我的容忍态度是可爱的，是可以感激的。

所以我自己总觉得我应该用容忍的态度来报答社会对我的容忍。所以我自己不信神，但我能诚心的谅解一切信神的人，也能诚心的容忍并且敬重一切信仰有神的宗教。

我要用容忍的态度来报答社会对我的容忍，因为我年纪越大，我越觉得容忍的重要意义。若社会没有这点容忍的气度，我决不能享受四十多年大胆怀疑的自由，公开主张无神论的自由了。

在宗教自由史上，在思想自由史上，在政治自由史上，我们都可以看见容忍的态度是最难得、最稀有的态度。人类的习惯总是喜同而恶异的，总不喜欢和自己不同的信仰、思想、行为。这就是不容忍的根源。不容忍只是不能容忍和我自己不同的新思想和新信仰。一个宗教团体总相信自己的宗教信仰是对的，是不会错的，所以它总相信那些和自己不同的宗教信仰必定是错的，必定是异端，邪教。一个政治团体总相信自己的政治主张是对的，是不会错的，所以它总相信那些和自己不同的政治见解必定是错的，必定是敌人。

一切对异端的迫害，一切对"异己"的摧残，一切宗教自由的禁止，一切思想言论的被压迫，都由于这一点深信自己是不会错的心理。因为深信自己是不会错的，所以不能容忍任何和自己不同的思想信仰了。

试看欧洲的宗教革新运动的历史。马丁·路德（Martin Luther）和约翰·高尔文（John Calvin）等人起来革新宗教，本来是因为他们不满意于罗马旧教的种种不容忍，种种不自由。

但是新教在中欧、北欧胜利之后，新教的领袖们又都渐渐走上了不容忍的路上去，也不容许别人起来批评他们的新教条了。高尔文在日内瓦掌握了宗教大权，居然会把一个敢独立思想，敢批评高尔文的教条的学者塞维图斯（Servetus）定了"异端邪说"的罪名，把他用铁链锁在木桩上，堆起柴来，慢慢的活烧死。这是 1553 年 10 月 23 日的事。

这个殉道者塞维图斯的惨史，最值得人们的追念和反省。宗教革新运动原来的目标是要争取"基督教的人的自由"和"良心的自由"。何以高尔文和他的信徒们居然会把一位独立思想的新教徒用慢慢的火烧死呢？何以高尔文的门徒（后来继任高尔文为日内瓦的宗教独裁者）柏时（Beze）竟会宣言"良心的自由是魔鬼的教条"呢？

基本的原因还是那一点深信我自己是"不会错的"的心理。像高尔文那样虔诚的宗教改革家，他自己深信他的良心确是代表上帝的命令，他的口和他的笔确是代表上帝的意志，那末他的意见还会错吗？他还有错误的可能吗？在塞维图斯被烧死之后，高尔文曾受到不少人的批评。1554 年，高尔文发表一篇文字为他自己辩护，他毫不迟疑地说："严厉惩治邪说者的权威是无可疑的，因为这就是上帝自己的说话。……这工作是为上帝的光荣战斗。"

上帝自己的说话，还会错吗？为上帝的光荣作战，还会错吗？这一点"我不会错"的心理，就是一切不容忍的根苗。深信我自己的信念没有错误的可能（infallible），我的意见就是"正义"，反对我的人当然都是"邪说"了。我的意见代表上帝的意旨，反对我的人的意见当然都是"魔鬼的教条"了。

这是宗教自由史给我们的教训：容忍是一切自由的根本；没有容忍"异己"的雅量，就不会承认"异己"的宗教信仰可以享受自由。但因为不容忍的态度是基于"我的信念不会错"的心理习惯，所以容忍"异己"是最难得，最不容易养成的雅量。

在政治思想上，在社会问题的讨论上，我们同样的感觉到不容忍是常见的，而容忍总是很稀有的。我试举一个死了的老朋友的故事作例子。四十多年前，我们在《新青年》杂志上开始提倡白话文学的运动，我曾从美国寄信给陈独秀，我说：

> 此事之是非，非一朝一夕所能定，亦非一二人所能定。甚愿国中人士能平心静气与吾辈同力研究此问题。讨论既熟，是非自明。吾辈已张革命之旗，虽不容退缩，然亦决不敢以吾辈所主张为必是而不容他人之匡正也。

独秀在《新青年》上答我道：

> 鄙意容纳异议，自由讨论，固为学术发达之原则，独于改良中国文学当以白话为正宗之说，其是非甚明，必不容反对者有讨论之余地；必以吾辈所主张者为绝对之是，而不容他人之匡正也。……

我当时就觉得这是很武断的态度。现在在四十多年之后，我还忘不了陈独秀这一句话，我还觉得这种"必以吾辈所主张者为绝对之是"的态度是很不容忍的态度，是最容易引起别人的恶感，是最容易引起反对的。

我曾说过，我应该用容忍的态度来报答社会对我的容忍。现在常常想，我们还得戒律自己：我们若想别人容忍谅解我们的见解，我们必须先养成能够容忍谅解别人的见解的度量。至少我们应该戒约自己决不可"以吾辈所主张者为绝对之是"。我们受过实验主义的训练的人，本来就不承认有"绝对之是"，更不可以"以吾辈所主张者为绝对之是"。

文本拓展

一、知识链接

☞ 创作背景

胡适一生经历丰富,兴趣广泛,学识渊博。曾留美七年,深受赫胥黎和杜威思想的影响。回国后即提倡五四新文化运动和文学革命,宣扬民主、科学,引进自由主义、实证主义思想。历任北京大学教授、中华民国驻美大使、北京大学校长、台湾"中央研究院"院长、普林斯顿大学教授等,在文学、哲学、史学等诸多领域均取得重要成果,既享誉遐迩,又饱受争议。20世纪50年代后期,在台湾与雷震倾心创办《自由中国》半月刊杂志,频遭当局干涉。时值晚年,身心俱疲,于1959年3月16日第20卷第6期《自由中国》发表《容忍与自由》一文,并于该年11月20日《自由中国》十周年纪念会上再作同题演讲。老来回眸,总其一生,痛定思痛,道出深切体验,"年纪越大,越觉得容忍比自由还更重要","容忍是一切自由的根本:没有容忍,就没有自由",并告诫后人"我们若想别人容忍谅解我们的见解,我们必须先养成能够容忍谅解别人的见解的度量"。

☞ 《文学改良刍议》

五四新文化运动的一个重要组成部分是五四文学革命。作为五四文学革命的第一篇宣言,胡适于1917年1月《新青年》杂志2卷5号发表《文学改良刍议》一文,提出从"八事"入手,反对文言,提倡白话,反对旧文学,提倡新文学,即:须言之有物,不摹仿古人,须讲求文法,不作无病之呻吟,务去滥调套语,不用典,不讲对仗,不避俗字俗句。这既批判了旧文学的流弊,又正面主张书面语与口头语合一,以白话文学为正宗去实现文学的变革,初步涉及了文学的内容与形式、文学的社会功能等一系列文学的根本问题。学界一般认为该文是五四文学革命最先发难的信号,也是中国新文学初期重要的理论建树。

二、点评辑要

● 评胡适

胡适作为中国"五四"新文化运动的首倡者,与陈独秀齐名,时人称之为"陈胡",是这个运动最有名的代表人物。而作为中国自由主义知识分子的代表,胡适的一生又是相当复杂的。自由主义者在中国的生存境遇颇为艰困,既不容于守成主义,也不容于激进主义。胡适一生便是在这种艰困的境遇中奋斗与挣扎,直到晚年公开拥蒋反共,成为人民中国的反对者,却又并不见容于逃踞台湾一岛的蒋介石独裁政权,最后在海峡两岸的"批判"与"围剿"中完结他悲剧的人生历程。然而,作为致力于中国文化现代化的学者,胡适可以称得上终生勤奋,著作等身。特别是在提倡白话文、反对文言文的文学革命中,胡适更是开路的先锋,作出了卓越的贡献,被誉为"中国文化革命之父"。

(易竹贤《胡适其人及胡适研究述评》)

胡适与鲁迅是中国现代最具代表性的自由知识分子。他们具有相同的自由思想:高举个人主义大旗,在寂寞中呐喊,呼唤人性解放,反对思想专制;追求思想自由,并为此不懈努力,与各式各样扼制自由的势力抗争,坚持言论的自由;在政权更迭、动荡不安的 20 世纪上半叶的中国,他们都不依附任何政治势力,竭力保持人格的独立,艰难困守思想的自由,并为此不屈不挠地反抗。他们又有较大分歧:胡适强调容忍,认为容忍是自由的根源;鲁迅强调决不宽恕,认为只有抗争才能获得自由。胡适维护体制,主张改良,反对激进;鲁迅不与任何权势合作,主张革命。

(庄森《胡适与鲁迅的自由思想比较论》)

● 评《容忍与自由》

根据胡颂平的记载,胡适晚年在忆及布尔教授的说法后没几天,曾解释孔子"六十而耳顺"一语说,"耳顺"含有容忍的意思。即人到了六十岁,听到人家的逆耳之言,也有容忍的涵养,就没有什么是"逆耳"的了。这样看来,胡适那时针对的更多仍是思想观念的竞争。他自己在七十之年还说出"宁愿不自由,也就自由了"的话,颇与孔子所说"七十而从心所欲,不逾矩"的意思相通。倘能宁愿不自由,又有何事不是从心所欲呢? 自然也就不会逾越什么规矩了。

胡适那时领悟到,"容忍是一切自由的根本"。然而,"若想别人容忍谅解我们的见解,我们必须先养成能够容忍谅解别人的见解的度量"。他对自己少年时不能容忍对立面的思想,略有悔意,打算"用容忍的态度来报答社会对我的容忍"。在他看来,"人类的习惯总是喜同而恶异的,总不喜欢和自己不同的信仰、思想、行为。这就是不容忍的根源"。很多人正是"因为深信自己是不会错的,所以不能容忍任何和自己不同的思想信仰"。

这类话曾引起殷海光等人的不满,其实更多是一种思想通达之后的涵容。胡适是个现代自由主义者,而现代自由主义的一个特点就是带些粉红的颜色,与强调政府功能的社会主义有些异曲同工。胡适终生坚持着自由主义的基本立场,但他也曾长期向往有计划的政治,恐怕对计划经济也是赞同多于反对。

(罗志田《容忍的度量与争个人的自由》)

在一九五九年三月十六日刊行的《自由中国》第二十卷第六期上,胡适先生发表了一篇很重要的文章:《容忍与自由》。……我们知道胡先生的基本出发点是着重社会中每个人的态度问题,他所说的容忍与历代儒家所一再强调的恕道并没有多大不同。从这种思路推演下去,全文所谈的,主要是容忍的态度与自由的关系。胡先生认为,如果大家希望享有自由的话,每个人均应采取两种态度:在道德方面,大家都应有谦虚的美德,每人都必须持有自己的看法不一定是对的态度;在心理方面,每人都应有开阔的胸襟与兼容并蓄的雅量来宽容与自己不同甚至相反的意见。换句话说,采取了这两种态度以后,你会容忍我的意见,我也会容忍你的意见,这样大家便都享有自由了。胡先生此文的主旨,便如上述。

(林毓生《两种关于如何构成政治秩序的观念——兼论容忍与自由》)

三、旁观博览

1. 胡适:《中国思想史》,华东师范大学出版社 2015 年版。
2. 子通 主编:《胡适评说八十年》,中国华侨出版社 2003 年版。
3. 谢泳 编:《胡适还是鲁迅》,中国工人出版社 2003 年版。
4. 唐德刚:《胡适杂忆》,广西师范大学出版社 2005 年版。

5. 胡明:《胡适思想与中国文化》,广西师范大学出版社 2005 年版。

6. [美]周明之:《胡适与中国现代知识分子的选择》,广西师范大学出版社 2005 年版。

四、思考练习

1. 请列举古今中外各种不容忍的事例及其影响,画一个复流程图。

2. 本文所提倡的"容忍"的内涵是什么? 胡适为什么说"容忍的态度是最难得、最稀有的态度"?

3. 请就本文所解析的容忍与自由,分别从新闻中找一个案例,记录下来,从容忍与自由的角度做简要分析。

郁达夫

郁达夫(1896—1945),浙江富阳人。中国现代作家,创造社重要成员。主要作品有小说集《沉沦》、散文集《达夫游记》等。

迟桂花①

……

刚在北平住了个把月,重回到上海的翌日,和我进出的一家书铺里,就送了这一封挂号加邮托转交的厚信来。我接到了这信,捏在手里,起初还以为是一位我认识的作家,寄了稿子来托我代售的。但翻转信背一看,却是杭州翁家山的翁某某所发,我立时就想起了那位好学不倦,面容妩媚,多年不相闻问的旧同学老翁。他的名字叫翁矩,则生是他的小名。人生得矮小娟秀,皮色也很白净,因而看起来总觉得比他的实际年龄要小五六岁。在我们的一班里,算他的年纪最小,操体操的时候,总是他立在最后的,但实际上他也只不过比我小两岁。那一年寒假之后,和他同去房州避寒,他的左肺尖,已经被结核菌损蚀得很利害了。住不上几天,一位也住在那近边养肺病的日本少女,很热烈地和他要好了起来,结果是那位肺病少女的因兴奋而病剧,他也就同失了舵的野船似地迁回到了中国。以后一直十多年,我虽则在大学里毕了业,但关于他的消息,却一向还不曾听见有人说起过。拆开了这封长信,上书室去坐下,从头到尾细细读完之后,我呆视着远处,茫茫然如失了神的样子,脑子里也触起了许多感慨与回想。我远远的看出了他的那种柔和的笑容,听见了他的沉静而又清澈的声气。直到天将暗下去的时候,我一动也不动,还坐在那里呆想,而楼下的家人却来催吃晚饭了。在吃晚饭的中间,我就和家里的人谈起了这位老同学,将那封长信的内容约略说了一遍。家里的人,就劝我落得上杭州去旅行一趟,象这样的秋高气爽的时节,白白地消磨在煤烟灰土很深的上海,实在有点可惜,有此机会,落得去吃吃他的喜酒。

第二天仍旧是一天晴和爽朗的好天气,午后二点钟的时候,我已经到了杭州城站,在雇车上翁家山去了。但这一天,似乎是上海各洋行与机关的放假的日子,从上海来杭州旅行的人,特别的多。城站前面停在那里候客的黄包车,都被火车上下来的旅客雇走了。不得已,我就只好上一家附近的酒店去吃午饭。在吃酒的当中,问了问堂倌以去翁家山的路径,他便

① 节选自《郁达夫文集》,花城出版社 1983 年版。

很详细地指示我说：

"你只教坐黄包车到旗下的陈列所，搭公共汽车到四眼井下来走上去好了。你又没有行李，天气又这么的好，坐黄包车直去是不上算的。"

得到了这一个指数，我就从容起来了，慢慢的喝完了半斤酒，吃了两大碗饭，从酒店出来，便坐车到了旗下。恰好是三点前后的光景，湖六段的汽车刚载满了客人，要开出去。我到了四眼井下车，从山下稻田中间的一条石板路走进满觉陇的时候，太阳已经平西到了三五十度斜角度的样子，是牛羊下山，行人归舍的时刻了。在满觉陇的狭路中间，果然遇见了许多中学校的远足归来的男女学生的队伍。上水乐洞口去坐下喝了一碗清茶，又拉住了一位农夫，问了声翁则生的名字，他就晓得得很详细似地告诉我说：

"是山上第二排的朝南的一家，他们那间楼房顶高，你一上去就可以看得见的。则生要讨新娘子了，这几天他们正在忙着收拾。这时候则生怕还在晏公祠的学堂里哩。"

谢了他的好意，付过了茶钱，我就顺着上烟霞洞去的石级，一步一步的走上了出去。渐走渐高，人声人影是没有了，在将暮的晴天之下，我只看见了许多树影。在半山亭里立住歇了一歇，回头向东南一望，看得见的，只有些青葱的山和如云的树，在这些绿树丛中又是些这儿几点，那儿一簇的屋瓦和白墙。

"啊啊，怪不得他的病会得好起来了，原来翁家山是在这样的一个好地方。"

烟霞洞我儿时也曾来过的。但当这样晴爽的秋天，于这一个西下夕阳东上月的时刻，独立在山中的空亭里，来仔细赏玩景色的机会，却还不曾有过。我看见了东天的已经满过半弓的月亮，心里正在羡慕翁则生他们老家的处地的幽深，而从背后又吹来了一阵微风，里面竟含满着一种说不出的撩人的桂花香气。

"啊……"

我又惊异了起来：

"原来这儿到这时候还有桂花？我在以桂花著名的满觉陇里，倒不曾看到，反而在这一块冷僻的山里面来闻吸浓香，这可真也是奇事了。"

这样的一个人独自在心中惊异着，闻吸着，赏玩着，我不知在那空亭里立了多少时候。突然从脚下树从深处，却幽幽的有晚钟声传过来了，东嗡，东嗡地这钟声实在真来得缓慢而凄清。我听得耐不住了，拔起脚跟，一口气就走上了山顶，走到了那个山下农夫曾经教过我的烟霞洞西面翁则生家的近旁。约莫离他家还有半箭路远时候，我一面喘着气，一面就放大了喉咙向门里面叫了起来：

"喂，老翁！老翁！则生！翁则生！"

听见了我的呼声，从两扇关在那里的腰门里开出来答应的却不是被我所唤的翁则生自己，而是我从来也没有见过的，比翁则生略高三五分的样子，身体强健，两颊微红，看起来约莫有二十四五的一位女性。

她开出了门，一眼看见了我，就立住脚惊疑似地略呆了一呆。同时我看见她脸上却涨起了一层红晕，一双大眼睛眨了几眨，深深地吞了一口气，她似乎已经镇静下去了，便很腼腆地对我一笑。在这一脸柔和的笑容里，我立时就看到了翁则生的面相与神气，当然她是则生的妹妹无疑了，走上了一步，我就也笑着问她说：

"则生不在家么？你是他的妹妹不是？"

听了我这一句问话，她脸上又红了一红，柔和地笑着，半俯了头，她方才轻轻地回答我说：

"是的,大哥还没有回来,你大约是上海来的客人罢?吃中饭的时候,大哥还在说哩!"

这沉静清澈的声气,也和翁则生的一色而没有两样。

"是的,我是从上海来的。"

我接着说:

"我因为想使则生惊骇一下,所以电报也不打一个来通知,接到他的信后,马上就动身来了。不过你们大哥的好日也太逼近了,实在可也没有写一封信来通知的时间余裕。"

"你请进来罢,坐坐吃碗茶,我马上去叫了他来。怕他听到了你来,真要惊喜得象疯了一样哩。"

……

月光下的翁家山,又不相同了。从树枝里筛下来的千条万条银线,像是电影里的白天的外景。不知躲在什么地方的许多秋虫的鸣唱,骤听之下,满以为在下急雨。白天的热度,日落之后,忽然收敛了,于是草木很多的这深山顶上,就也起了一层白茫茫的透明雾障。山上电灯线似乎还没有接上,远近一家一家看得见的几点煤油灯光,仿佛是大海湾里的渔灯野火。一种空山秋夜的沉默的感觉,处处在高压着人,使人肃然会起一种畏敬之思。我独立在庭前的月光亮里看不小几分钟,心里就有点寒辣辣的怕了起来,回身再走回客室,洒茶杯筷,都已热气蒸腾的摆好在那里候客了。

四个人当吃晚饭的中间,则生又说了许多笑话。因为在前回听取一番他所告诉我的衷情之后,我于举酒杯的瞬间,偷眼向她妹妹望望,觉得在她的柔和的笑脸上,的确似乎是有一种说不出的悲寂的表情流露出那里的样子。这一餐晚饭,吃尽了许多时间,我因为白天走路走得不少,而谈话之后又感到了一点兴奋,肚子有点饿了,所以酒和菜,竟吃得比平时要多一倍。到了最后将快吃完的当儿,我就向则生提出说:

"老翁,五云山我倒还没有去玩过,明天你可不可以陪我一道去玩一趟?"

则生仍复以他的那种滑稽的口吻回答我说:

"到了结婚的前一日,新郎官哪里走得开呢,还是改天再去罢。等新娘子来了之后,让新郎新娘抬了你去烧香,也还不迟。"

我却仍复主张着说,明天非去不行。则生就说:

"那么替你去叫一顶轿子来,你坐了轿子去,横竖是明天轿夫会来的。"

"不行不行,游山玩山,我是喜欢走的。"

"你认得路么?"

"你们这一种乡下的僻路,我哪里会认得呢?"

"那就怎么办呢?……"

则生抓着头皮,脸上露出了一脸为难的神气。停了一二分钟,他就举目向他的妹妹说:

"莲!你怎么样!你是一位女豪杰,走路又能走,地理又熟悉,你替我陪了郁先生去怎么样?"

他妹妹也笑了起来,举起眼睛来向她娘看了一眼。接着她娘就说:

"好的,莲,还是你陪了郁先生去罢,明天你大哥是走不开的。"

我一看她脸上的表情,似乎已经有了答应的意思了,所以又追问了她一声说:

"五云山可着实不近哩,你走得动的么?回头走到半路,要我来背,那可办不到。"

她听了这话,就真同从心坎里笑出来的一样笑着说:

"别说五云山，就是老东岳，我们也一天要往返两次哩。"

从她的红红的双颊，挺突的胸脯，和肥圆的肩臂看来，这句话也决不是她夸的大口。吃完晚饭，又谈了一阵闲天，我们因为明天各有忙碌的操作在前，所以一早就分头到房里去睡了。

山中的清晓，又是一种特别的情景。我因为昨天夜里多喝了一点酒，上床去一睡，就同大石头掉下海里似的，一直就酣睡到了天明。窗外面吱吱唧唧的鸟声喧噪得厉害，我满以为还是夜半，月明将野鸟惊醒了，但睁开眼掀开帐子来一望，窗内窗外已饱浸着晴天爽朗的清晨光线，窗子上面的一角，却已经有一楼朝阳的红箭射到了。急忙滚出了被窝，穿起衣服，跑下楼去一看，他们母子三人，也已梳洗得妥妥服服，说是已经做了个把钟头的事情之后。平常他们总是于五点钟前后起床的。这一种日出而作，日入而息的山中住民的生活秩序，又使我对他们感到了无穷的敬意。四人一道吃过了早餐，我和则生的妹妹，就整了一整行装，预备出发。临行之际，他娘又叫我等一下子，她很迅速地跑上楼去取了一枝黑漆手杖下来，说，这是则生生病的时候用过的，走山路的时候，用它来撑扶撑扶，气力要省得多。我谢过了她的好意，就让则生的妹妹上前带路，走出了她们的大门。

早晨的空气，实在澄鲜得可爱。太阳已经升高了，但它的领域，还只限于屋檐，树梢，山顶等突出的地方。山路两旁的细草上，露山还没有干，而一味清凉触鼻的绿色草气，和入在桂花香味之中，闻了好象是宿梦也能摇醒的样子。起初还在翁家山村内走着，则生的妹妹，对村中的同性，三步一招呼，五步一立谈的应接得忙不暇给。走尽了这村子的最后一家，沿了入谷的一条石板路走上下山面的时候，遇见的人也没有了，前面眺望，也转换了一个样子。朝我们去的方向看去，原又是冈峦的起伏和别墅的纵横，但稍一住脚，掉头向东面一望，一片同呵了一口气的镜子似的湖光，却躺在眼下了。远远从两山之间的谷顶望去，并且还看得出一角城里的人家，隐约藏躲在尚未消尽的湖雾当中。

我们的路先朝西北，后又向西南，先下了山坡，后又上了山背，因为今天有一天的时间，可以供我们消磨，所以一离了村境，我就走得特别的慢。每这里看看，那里看看的看个不住。若看见了一件稍可注意的东西，那不管它是风景里的一点一堆，一山一水，或植物界的一草一木与动物界的一鸟一虫，我总要拉住了她。寻根究底的问得它仔仔细细。说也奇怪，小时候只在村里的小学校里念过四年书的她——这是她自己对我说——对于我所问的东西，却没有一样不晓得的。关于湖上的山水古迹，庙宇楼台哩，那还不要去管它，大约是生长在西湖附近的人，个个都能够说出一个大概来的，所以她的知道得那么详细，倒还在情理之中，但我觉得最奇怪的，却是她的关于这西湖附近的区域之内的种种动植物的知识。无论是如何小的一只鸟，一个虫，一株草，一棵树，她非但各能把它们的名字叫出来，并且连几时孵化，几时他迁，几时鸣叫，几时脱壳，或几时开花，几时结实，花的颜色如何，果的味道如何等，都说得非常有趣而详尽，使我觉得仿佛是在读一部活的桦候脱的"赛儿鹏自然史"①(G. White's Natural History and Antiquities of Selborne)。而桦候脱的书，却决没有叙述得她那么朴质自然则富于刺激，因为听听她那种舒徐清澈的语气，看看她那一双天生成象饱使过耐吻胭脂般的红唇，更加上了以她所特有的那一脸微笑，在

_____
① 桦候脱的"赛儿鹏自然史"：18世纪英国作家吉尔伯特·怀特所著《赛耳彭自然史》，是一部用书信体描写作者家乡草木、鱼虫、鸟兽等的博物学著作。

知识分子之外还不得不添一种情的成分上去,于书的趣味之上更要兼一层人的风韵在里头。我们慢慢的谈着天,走着路,不上一个钟头的光景,我竟恍恍惚惚,象又回复了青春时代似的完全为她迷倒了。

好的身体,也真发育得太完全,穿虽是一件乡下裁缝做的不大合式的大绸夹袍,但在我的前面一步一步的走去,非但她的肥突的后部,紧密的腰部,和斜圆的胫部的曲线,看得要簇生异想,就是她的两只圆而且软的肩膊,多看一歇,也要使我贪鄙起来。立在她的前面和她讲话哩,则那一双水汪汪的大眼,那一个隆正的尖鼻,那一张红白相间的椭圆嫩脸,和因走路走得气急,一呼一吸涨落得特别快的那个高突的胸脯,又要使我恼杀。还有她那一头不曾剪去的黑发哩,梳的虽然是一个自在的懒髻,但一映到了她那个圆而且白的额上,和短而且腴的颈际,看起来,又格外的动人。总之,我在昨天晚上,不曾在她身上发见的康健和自然的美点,今天因这一加的游山,完全被我观察到了。此外我又在她的谈话之中,证实了翁则生也和我曾经讲到过的她的生性的活泼与天真。譬如我问她今年几岁了?她说,二十八岁。我说这真看不出,我起初还以为你只有二十三四岁,她说,女人不生产是不大会老的。我又问她,对于则生这一回的结婚,你有点什么感触?她说,另外也没有什么,不过以后长住在娘家,似乎有点对不起大哥和大嫂。象这一类的纯粹真率的谈话,我另外还听取了许多许多,她的朴素的天性,真真如翁则生之所说,是一个永久的小孩子的天性。

爬上了龙井狮子峰下的一处平坦的山顶,我于听了一段她所讲的如何栽培茶叶,如何摘取焙烘,与那时候的山家生活的如何紧张而有趣的故事之后,便在路旁的一块大岩石上坐下来了。遥对着在睛天下太阳光是躺着的杭州城市,和近水遥山,我的双眼只凝视着苍空的一角,有半晌不曾说话。一边在我的脑里,却只在回想着德国的一位名延生(Jenson)的作家所著的一部小说"野紫薇立喀"(Die Braune Erika)。这小说后来又有一位英国的作家哈特生(Hodson)摹仿了,写了一部"绿阴"(Green Mansions)。两部小说里所描写的,都是一个极可爱的生长在原野里的天真的女性,而女主人公的结果,后来都是不太好的。我沉默着痴想了许久,她却从我背后用了她那只肥软的右手很自然地搭上了我的肩膀。

"你一声也不响的在那里想什么?"

我就伸上手去把她的那只肥手捏住了,一边就扭转了头微笑着看入了她的那双大眼,因为她是坐在我的背后的。我捏住了她的手又默默地对她注视了一分钟,但她的眼里脸上却丝毫也没有羞惧兴奋的痕迹出现,她的微笑,还依旧同平时一点儿也没有什么的笑容一样。看了我这一种奇怪的形状,她过了一歇,反又很自然的问我说:

"你究竟在那里想什么?"

倒是我被她问得难为情起来了,立时觉得两颊就潮热了起来。先放开了那只被我捏住在那儿的她的手,然后干咳了两声,最后我就鼓动了勇气,发了一声同被绞出来似的笑语:

"我……我在这儿想你!"

"是在想我的将来如何的和他们同住么?"

她的这句反问,又是非常的率真而自然,满以为我是在为她设想的样子。

我只好沉默着把头点了几点,而眼睛里却酸溜溜的觉得有点热起来了。

"啊,我自己倒并没有想得什么伤心,为什么,你,你却反而为我流起眼泪来了呢?"

她像吃了一惊似的立了起来问我,同时我也立起来了,且在将身体起立的行动当中,乘机拭去了我的眼泪。我的心地开朗了,欲情也净化了,重复向南慢慢走上岭去的时候,我就把刚才我所想的心事，尽情告诉了她。我将那两部小说的内容讲给了她听，我将我自己的邪心说出来，我对于我刚才所触动的那一种自己的心情，更下了一个严正的批判，末后，便这样的对她说：

"对于一个洁白得同白纸似的天真小孩，而加以玷污，是不可赦免的罪恶。我刚才的一念邪心，几乎要使我犯下这个大罪了。幸亏是你的那颗纯洁的心，那颗同高山上的深雪似的心，却救我出了这一个险。不过我虽则犯罪的形迹没有，但我的心，却是已经犯过罪的。所以你要罚我的话，就是处我以死刑，我也毫无悔恨。你若以为我是那样卑鄙，而将来永没有改善的希望的话，那今天晚上回去之后，向你大哥母亲，将我的这一种行为宣布了也可以。不过你若以为这是我的一时糊涂，将来是永也不会再犯的话，那请你相信我的誓言，以后请你当我作你大哥一样那么的看待，你若有急有难，有不了的事情，我总情愿以死来代替着你。"

当我在对她作这些忏悔的时候，两人起初是慢慢在走的，后来又在路旁坐下了。说到了最后的一节，倒是她反同小孩子似的发着抖，捏住了我的两手，倒入了我的怀里。呜呜咽咽的哭了起来。我等她哭了一阵之后，就拿出了一块手帕来替她揩干了眼泪，将我的嘴唇轻轻地搁到了她的头上。两人偎抱着沉默了好久，我又把头俯了下去，问她，我所说的这段话的意思，究竟明白了没有。她眼看着地上，把头点了几点。我又追问了她一声：

"那么你承认我以后做你的哥哥了不是？"

她又俯视着把头点了几点，我撒开了双手，又伸出去把她的头捧了起来，使她的脸正对着了我。对我凝视了一会，她的那双泪珠还没有收尽的水汪汪的眼睛，却笑起来了。我乘势把她一拉，就同她搀着手并立了起来。

"好，我们是已经决定了，我们将永久地结作最亲爱最纯洁的兄妹。时候已经不早了，让我们快一点走，赶上五云山去吃午饭去。"

我这样说着，搀着她向前一走，她也恢复了早晨刚出发的时候的元气，和我并排着走向了前面。

两人沉默着向前走了几十步之后，我侧眼向她一看，同奇迹似地忽而在她的脸上看出了一层一点儿忧虑也没有的满含着未来的希望和信任的圣洁的光耀来。这一种光耀，却是我在这一刻以前的她的脸上从没有看见过的。我愈看愈觉得对她生起敬爱的心思来了，所以不知不觉，在走路的当中竟接连着看了她好几眼。本来只是笑嘻嘻地在注视着前面太阳光里的五云山的白墙头的她，因为我的脚步的迟乱，似乎也感觉到了我的注意力的分散了，将头一侧，她的双眼，却和我的视线接成了两条轨道。她又笑起来了，同时也放慢了脚步。再向我看了一眼，她才腼腆地开始问我说：

"那我以后叫你什么呢？"

"你叫则生叫什么，就叫我也叫什么好了。"

"那么——大哥！"

大哥的两字，是很急速的紧连着叫出来的，听到了我的一声高声的"啊！"的应声之后，她就涨了脸，撒开了手，大笑着跑上前面去了。一面跑，一面她又回转头来，"大哥！""大哥！"的接连叫了我好几声。等我一面叫她别跑，一面我自己也跑着追上了她背后的时候，我们的去路已经变成了一条很窄的石岭，而五云山的山顶，看过去也似乎是很近了。仍复了平时的脚步，两人分着前后，在那条窄岭上缓步的当中，我才觉得真真是成了她的哥哥的样子，满含着

了慈爱,很正经地吩咐她说:

"走得小心,这一条岭多么险啊!"

走到了五云山的财神殿里,太阳刚当正午,庙里的人已经在那里吃晚饭了。我们因为在太阳底下的半天行路,口已经干渴得象旱天的树木一样,所以一进客堂去坐下,就教他们先起茶来,然后再开饭给我们吃。洗了一个手脸,喝了两三碗清茶,静坐了十几分钟,两人的疲劳兴奋,都已平复了过去,这时候饥饿却抬起头来了,于是就又催他们快点开饭。这一餐只我和她两人对食的五云山上的中餐,对于我正敌得过英国诗人所幻想着的亚力山大王的高宴。若讲到心境的满足,和谐,与食欲的高潮亢进,那恐怕亚力亚山大王还不及当时的我。

吃过午饭,管庙的和尚又领我们上前后左右去走了一圈。这五云山,实在是高,立在庙中阁上,开窗向东北一望,湖上的群山,都象青色的土堆了。本来西湖的山水的妙处,就在于它的比舞台上的布景又真实伟大一点,而比各处的名山大川又同盆景似地整齐渺小一点这地方。而五云山的气概,却又完全不同了。以其山之高与境的僻,一般脚力不健的游人是不会到的,就在这一点上,五云山已略备着名山的资格了,更何况前面远处,蜿蜒盘曲在青山绿野之间的,是一条历史上也着实有名的钱塘江水呢?所以若把西湖的山水,比作一只锁在铁笼子里的白熊来看,那这五云山峰与钱塘江水,便是一只深山的野鹿。笼里的白熊,是只能满足满足胆怯无力者的冒险雄心的;至于深山的野鹿,虽没有高原的狮虎那么雄壮,但一股自由奔放之情,却可以从它那里摄取得来。

我们在五云山的南面又看了一会钱塘江上的帆影与青山,就想动身上我们的归路了,可是举起头来一望,太阳还在中天,只西偏了没有几分。从此地回去,路上若没有耽搁,是不消两个钟头就能到翁家山上的;本来是打算出来把一天光阴消磨过去的我们,回去得这样的早,岂不是辜负了这大好的时间了么?所以走到五云山西南角的一条狭路边上的时候,我就又立了下来,拉着了她的手亲亲热热地问了她一声:

"莲,你还走得动走不动?"

"起码三十里路总还可以走的。"

她说这句话的神气,是富有着自信和决断,一点也不带些夸张卖弄的风情,真真是自然到了极点,所以使我看了不得不伸上手去,向她的下巴底下拨一拨。她怕痒,缩着头颈笑起来了,我也笑开了大口,对她说:

"让我们索性上云楼去罢!这一条是去云楼的便道,大约走下去,总也没有多少路的,你若是走不动的话,我可以背你。"

两人笑着说着,似乎只转瞬之间,已经把那条狭窄的下山便道走尽了大半了。山下面尽是些绿玻璃似的翠竹,西斜的太阳晒到了这条坞里,一种又清新又寂静的淡绿色的光同清水一样,满浸在附近的空气里在流动。我们到了云栖寺里坐下,刚喝完了一碗茶,忽而前面的大殿上,有嘈杂的人声起来了,接着就走进了两位穿着分外宽大的黑布和尚衣的老僧来。知客僧便指着他们夸耀似地对我们说:

"这两位高僧,是我们方丈的师兄,年纪都快八十岁了,是从城里某公馆里回来的。"

城里的某巨公,的确是一位佞佛的先锋,他的名字,我本系也听见过的,但我以为同和尚来谈这些俗天,也不大相称,所以就把话头扯了开去,问和尚大殿上的嘈杂的人声,是为什么而起的。知客僧轻鄙似地笑了一笑说:

"还不是城里的轿夫在敲酒钱,轿钱是公馆里付了来的,这些穷人心实心太凶。"

这一个伶俐世俗的知客僧的说话,我实在听得有点厌起来了,所以就要求他说:

"你领我们上寺前寺后去走走罢?"

我们看过了"御碑"及许多石刻之后,穿出大殿,那几个轿夫还在咕噜着没有起身。我一半也觉得走路走得太多了,一半也想给那个知客僧以一点颜色看看,所以就走了上去对轿夫说:

"我给你们两块钱一个人,你们抬我们两人回翁家山去好不好?"

轿夫们喜欢极了,同打过吗啡针后的鸦片嗜好者一样,立时将态度一变,变得有说有笑了。

知客僧又陪我们到了寺外的修竹丛中,我看了竹上的或刻或写在那里的名字诗句之类,心里倒有点奇怪起来,就问她这是什么意思。于是他也同轿夫他们一样,笑迷迷地对我说了一大串话。我听了他的解释,倒也觉得非常有趣,所以也就拿出了五圆纸币,递给了他,说:

"我们也来买两枝竹放放生罢!"

说着我就向立在我旁边的她看了眼,她却正同小孩子得到了新玩意儿还不敢去抚摸的一样,微笑着靠近了我的身边轻轻地问我:

"两枝竹上,写什么名字好?"

"当然是一枝上写你的,一枝上写我的。"

她笑着摇摇头说:

"不好,不好,写名字也不好,两个人分开了写也不好。"

"那么写什么呢?"

"只教把今天的事情写下去就对。"

我静立着想了一会,恰好那知客僧向寺里去拿的油墨和笔也已经拿到了。我拣取了两株并排着的大竹,提起笔来,就各写上了"郁翁兄妹放生之竹"的八个字。将年月日写完之后,我搁下了笔,回头来问她八个字怎么样,她真象是心花怒放似的笑着,不说话而尽在点头。在绿竹之下的这一种她的无邪的憨态,又使我深深地,深深地受到了一个感动。

坐上轿子,向西向南的在竹荫之下走了六七里坂道,出梵村,到闸口西首,从九溪口折入九溪十八涧的山坳,登杨梅岭,到南高峰下的翁家山的时候,太阳已经悬在北高峰与天竺山的两峰之间了。他们的屋里,早已挂上了满堂的灯彩,上面的一对红灯,也已经点尽了一半的样子。嫁妆似乎已经在新房里摆好,客厅上看热闹的人,也早已散了。我们轿子一到,则生和他的娘,就笑着迎了出来,我付过轿钱,一跨进门槛,他娘就问我说:

"早晨拿出去的那枝手杖呢?"

我被她一问,方才想起,便只笑着摇摇头对她慢声的说:

"那一枝手杖么——做了我的祭礼了。"

"做了你的祭礼?什么祭礼?"则生惊疑似地问我。

"我们在狮子峰下,拜过天地,我已经和你妹妹结成了兄妹了。那一枝手杖,大约是忘记在那块大岩石的旁边的。"

正在这个时候,先下轿而上楼去换了衣服下来的他的妹妹,也嬉笑着,走到了我们的旁边。则生听了我的话后,就也笑着对他的妹妹说:

"莲,你们真好!我们倒还没有拜堂,而你和老郁,却已经在狮子峰拜过天地了,并且还把我的一枝手杖忘掉,作了你们的祭礼。娘！你说这事情应怎么罚罚他们？"

经他这一说,说得大家都笑了起来,我也情愿自己认罚,就认定后日馈房①,算作是我一个人的东道。

这一晚翁家请了媒人,及四五个近族的人来吃酒,我的新郎官,在下面奉陪。做媒人的那位中老乡绅,身体虽则并不十分肥胖,但相貌态度,却也是很富裕的样子。我和他两人干杯,竟干满了十八九杯。因酒有点微醉,而日里的路,也走得很多,所以这一晚睡得比前一晚还要沉熟。

九月十二的那一天结婚正日,大家整整忙了一天。婚礼虽系新旧合参的仪式,但因两家都不喜欢铺张,所以百事也还比较简单。午后五时,新娘轿到,行过礼后,那位好好先生的媒人硬要拖我出来,代表来宾,说几句话。我推辞不得,就先把我和则生在日本念书时候的交情说了一说,末了我就想起了则生同我说的迟桂花的好处,因而就抄了他的一段来恭祝他们：

"则生前天对我说,桂花开得愈迟愈好,因为开得迟,所以经得日子久。现在两位的结婚,比较起平常的结婚年龄来,似乎是觉得大一点了,但结婚结得迟,日子也一定经得久。明年迟桂花开的时候,我一定还要上翁家山来。我预先在这儿计算,大约明年来的时候,在这两株迟桂花的中间,总已经有一株早桂花发出来了。我们大家且等着,等到明年这个时候,再一同来吃他们的早桂的喜酒。"

说完之后,大家就坐拢来吃喜酒。猜猜拳,闹闹房,一直闹到了半夜,各人方才散去。当这一日的中间,我时时刻刻在注意偷看则生的妹妹的脸色,可是则生所说而我也曾看到过的那一种悲寂的表情,在这一日当中却终日没有在她的脸上流露过一丝痕迹。这一日,她笑的时候,真是乐得难耐似的完全是很自然的样子。因为她的这一种心情的反射的结果,我当然可以不必说,就是则生和他的母亲,在这一日里,也似乎是愉快到了极点。

因为两家都喜欢简单成事的缘故,所以三朝回郎等繁缛的礼节,都在十三那一天白天行完了,晚上房,总算是我的东道。则生虽则很希望我在他家多住几日,可以和他及他的妹妹谈谈笑笑,但我一则因为还有一篇稿子没有做成,想另外上一个更僻静点的地方去做文章,二则我觉得这一次吃喜酒的目的也已经达到了,所以在房的翌日,就离开翁家山去乘早上的特别快车赶回上海。

送我到车站的,是翁则生和他的妹妹两个人。等开车的信号钟将打,而火车的机头上在吐白烟的时候,我又从车窗里伸出了两手,一只捏着了则生,一只捏着了他的妹妹,很重很重的捏了一回,汽笛鸣后,火车微动了,他们兄妹又随车前走了许多步,我也俯出了头,叫他们说：

"则生！莲！再见,再见！但愿得我们都是迟桂花！"

火车开出了老远老远,月台上送客的人都回去了,我还看见他们兄妹俩直立在东面月台蓬外的太阳光里,在向我挥手。

---

① 馈(nuǎn)房：女子出嫁后三日,母亲或亲戚馈送食物或设酒宴祝贺。

文本拓展

一、知识链接

☞ 创作背景

《迟桂花》写于 1932 年,是郁达夫后期创作的代表作。小说描写"我"去参加朋友的婚礼,与友人之妹翁莲共游五云山,感受到她犹如大自然般的清新、纯洁。诗情画意的叙写,表现了 30 年代前中期郁达夫沉静、旷达的名士之气,明显地与作者前期小说困扰于觉醒后找不到归宿的失望与悲哀相区别,早年的性欲情结转化为山水襟怀,也反映了作者的创作风格由感伤之美向宁静之美的嬗变。然而,尽管如此,在风云际会的年代,诚如郭沫若在《论郁达夫》中所言:"他的作品中透露出一种真挚,似乎还有一个极其虚弱的声音在向你求救,那是灵魂的无奈在低吟浅唱。"

☞ 《沉沦》

《沉沦》写于 1921 年 5 月作者留学日本时期,是郁达夫早期创作的代表作。小说描写一个中国留学生在日本的遭遇。主人公受中西文化的影响,既有传统文人的气质,又有自由、叛逆的个性意识,身处异国他乡,饱经外族的冷漠歧视,渴望真挚爱情而不可得,逐渐失去理性的控制,用自渎的变态方式寻求感官的刺激,填充空虚的灵魂,最终以投海自尽结束饮鸩止渴的恶性循环。小说以惊人的取材和大胆的描写,解剖了一个时代的青年忧郁症,揭示了主人公灵与肉、欲望与伦理、情感与理智、本我与超我的矛盾冲突,表达了弱国子民"生的苦闷"导致"性的苦闷"的社会主题。

小说深受当时风靡日本的"私小说"的影响,是一篇"注重内心纷争苦闷"的现代抒情小说,带有"自叙传"的感伤色彩,曾经引起许多知识青年的共鸣。此外,《沉沦》也是郁达夫第一本小说集的集名,于 1921 年 10 月出版,是中国现代文学史上的第一本小说集。

二、点评辑要

● 评郁达夫作品

《沉沦》的主人公在稠人广众之中总是感到孤独,总是感到别人对自己的压迫,以致离群索居,自怨自艾。这其实就是青春期常有的忧郁症,不过比较严重,到了病态的地步。这种忧郁症表现为在性的问题上格外的敏感,如主人公遇到日本女学生时,那种惊喜与害羞,那种忐忑不安,本来也就是青春期常有的对异性的敏感,不过小说突出了其中的夸大妄想狂的症状,又加上对于"弱国子民"地位的强烈的自惭,那复杂的病态情绪就带上了特有的时代色彩,"弱国子民"的自惭与爱的渴求,是小说情节发展中互相交叉的两个"声部"。读这小说时,如果把其中爱国的反抗的意蕴剥离出来,只能说是读懂了一部分,其实小说的大部分笔力是在写性的渴求,通过青春期忧郁症的描写表达性的苦闷,青春的伤感,这是更吸引人的地方。对异性爱的渴望而不得,并由此生出种种苦闷,实在是青春期常见的心理现象,《沉沦》把这种心理现象夸大了,写出其因压抑而生的精神变态与病态。如窥浴、嫖妓等等,在旧小说中也是常见的情节,但在《沉沦》中出现,就特别注重精神病态的揭示,灵与肉冲突的心理紧张在其中得以充分的表现。《沉沦》写病态,其意却不在展览病态,而在于正视作为人的天性中重要组成部分的情欲问题。五四时期个性解放的思潮促使人们开始尝试探讨这个敏感问题。郁达夫用小说的形式那么大胆地真率地写出青春期的忧郁和因情欲问题引起的心理紧张,这在中国历来的文学中都是罕见的,郁达夫因此被视为敢于彻底暴露自我的作家。《沉沦》正视作为人性的情欲矛盾,题材和写法都有很大的突破。

(温儒敏《一份率真,一份才情》)

郁达夫可能并不是现代文学史上最杰出的作家,却属于最有性情、最让人难以忘怀的作家。鲁迅之外的"五四"小说,到了郁达夫才真正传达出某种令人心灵悸动的力量。《沉沦》称得上是除了鲁迅《狂人日记》之外"五四"时期最值得关注的小说,它最早透露了郁达夫的感伤情怀和颓废美学,同时氤氲着一种萎靡不振的阴柔气息,这种阴柔气息的形成最终可以追溯到作者孱弱多病的身体。疾病的主题由此成为介入郁达夫小说的一个重要的角度。读他的小说,读者能感受到一种令人窒息的病的气息以及郁达夫对病的题材的处理所表现出的一种"新的态度"。郁达夫堪称最频繁地触及疾病母题的中国现代作家。从最初的《沉沦》,到后来的《胃病》《茫茫夜》《空虚》《杨梅烧酒》《迷羊》《蜃楼》……小说中的男主人公经常生病:感冒、头痛、胃病、肺炎、忧郁症、肺结核、神经衰弱……差不多囊括了一个人所能罹患的所有疾病,而且常常一病就要一年半载才好,因此病院和疗养院也构成了小说中具有典型性的场景。而生理和身体上的疾病往往制约着主人公的情绪和气质,最终则会在小说的美感层面中体现出来。郁达夫小说中萎靡的感伤之美、阴柔的文化情趣与他大量处理疾病的母题有密切的关系。读郁达夫的小说,你会深切地感受到,疾病就是人物的命运,是人物的生存形态,同时也构成了"对于自我之新态度的比喻象征"。郁达夫笔下的病因此具有一种深刻的"意义":在小说人物颓废、落魄、病态的外表下其实暗含着一个新的自我,一个零余者的主体形象。《沉沦》表征着中国现代小说从创生伊始讲述的就是现代人的生存困境的故事。郁达夫笔下零余者的命运,在某种意义上,正是现代人生命际遇的一个侧影。

(吴晓东《中国现代审美主体的创生——郁达夫小说再解读》)

● 评《迟桂花》

《迟桂花》是郁达夫诗意最浓的一篇小说,它是先有意境然后才执笔写成的。郁达夫在《小说论》中曾引用斯蒂文森的话说,写小说有三种方法,第三种是"先有了一定氛围气,然后去找可以表现和实现这氛围气的行为和人物来"。《迟桂花》就是按照这种方法构思写作的。……《迟桂花》一文处处写桂花的清香,这种花香飘散在灵秀的山水间,飘散在和谐的家庭气氛里,飘散在天真无邪的女性的笑声中,它象征着和谐与清新,象征着青春与祝福,其浓郁馨郁的气味仿佛能把人们的宿梦摇醒,把人们的灵魂涤净,具有一种沁人心脾的艺术魅力。

(杨义《中国现代小说史》)

郁达夫的文学气质比较复杂,但主要是受近代欧洲浪漫主义的深刻影响,也接受世纪末艺术思潮的果实,同时具有放浪形骸的中国名士气度和现代的自由民主精神。……《迟桂花》属于他后期较圆熟的作品,全篇抒写女主人公天真健全的美的人格,纯洁无邪的美的感情,与清新自由的美的自然环境,构成了和谐的诗的意境,不仅完满地传达了"人性返归自然"、心灵净化的主旨,而且完成了从感伤美向宁静美的转化。在小说抒情方式上,也由"作者、小说主人公、叙述者"三者合一直抒胸臆的方式,转向抒情主人公的客观塑造与诗的意境的营造上。尽管存在着这些艺术上的发展,但随着30年代读者审美趣味的变化,郁达夫的"自叙传"抒情小说显得与激荡的时代不甚合拍了,于是,他的影响就渐渐传入潜在的层面。

(钱理群、温儒敏、吴福辉《中国现代文学三十年》)

三、旁观博览

1. 王自立,陈子善 编:《郁达夫研究资料》,知识产权出版社2010年版。
2. 袁庆丰:《郁达夫传:欲将沉醉换悲凉》,中国传媒大学出版社2010年版。
3. 曾华鹏,范伯群:《郁达夫评传》,南京大学出版社2012年版。
4. 许子东:《郁达夫新论》,华东师范大学出版社2014年版。

四、思考练习

1. 以《沉沦》和《迟桂花》为例,分析郁达夫前后期创作风格发生的变化。
2. 你认同"但愿得我们都是迟桂花"这个观点吗?为什么?
3. 《迟桂花》抒情性的笔触潜藏着延续《伤逝》对于女性生存问题的思考,请以"女性的解放"为题,写一篇论说文。

沈从文

沈从文(1902—1988)，原名沈岳焕，笔名休芸芸、甲辰、上官碧、璇若等，乳名茂林，字崇文。湖南凤凰县人，祖母刘氏是苗族，其母黄素英是土家族，祖父沈宏富是汉族。沈从文是现代著名作家、历史文物研究家、京派小说代表人物。14岁时，他投身行伍，浪迹湘川黔边境地区。1924年开始文学创作，抗战爆发后到西南联大任教，1931—1933年在山东大学任教，1946年回到北京大学任教。新中国成立后在中国历史博物馆和中国社会科学院历史研究所工作，主要从事中国古代历史的研究。1988年病逝于北京。

萧　萧①

乡下人吹唢呐接媳妇，到了十二月是成天有的事情。

唢呐后面一顶花轿，两个佚子平平稳稳的抬着，轿中人被铜锁锁在里面，虽穿了平时不上过身的体面红绿衣裳，也仍然得荷荷大哭。在这些小女人心中，做新娘子，从母亲身边离开，且准备作他人的母亲，从此必然将有许多事情等待发生。像做梦一样，将同一个陌生男子汉在一个床上睡觉，做着承宗接祖的事情。这些事想起来，当然有些害怕，所以照例觉得要哭，就哭了。

也有做媳妇不哭的人。萧萧做媳妇就不哭。这女人没有母亲，从小寄养到伯父种田的庄子上，出嫁只是从这家转到那家。因此到那一天这女人还只是笑。她又不害羞，又不怕，她是什么事也不知道，就做了人家的新媳妇了。

萧萧做媳妇时年纪十二岁，有一个小丈夫，年纪三岁。丈夫比她年少九岁，还在吃奶。地方规矩如此，过了门，她喊他做弟弟。她每天应作的事是抱弟弟到村前柳树下去玩，饿了，喂东西吃，哭了，就哄他，摘南瓜花或狗尾草戴到小丈夫头上，或者亲嘴，一面说："弟弟，哪，喔。再来，喔。"在那满是肮脏的小脸上亲了又亲，孩子于是便笑了。孩子一欢喜，会用短短的小手乱抓萧萧的头发。那是平时不大能收拾蓬蓬松松到头上的黄发。有时垂到脑后一条有红绒绳作结的小辫儿被拉，生气了，就挞那弟弟，弟弟自然嘤的哭出声来。萧萧便也装成要哭的样子，用手指着弟弟的哭脸，说："哪，不讲理，这可不行！"

天晴落雨日子混下去，每日抱抱丈夫，也时常到溪沟里去洗衣，搓尿片，一面还捡拾有花

---

① 　选自《沈从文全集》第八卷，北岳文艺出版社2002年版。

纹的田螺给坐在身边的小丈夫玩。到了夜里睡觉,便常常做世界上人所做过的梦,梦到后门角落或别的什么地方捡得大把大把铜钱,吃好东西,爬树,自己变成鱼到水中溜扒,或一时仿佛很小很轻,飞到天上众星中,没有一个人,只是一片白,一片金光,于是大喊"妈!"人醒了。醒来心里还只是跳。

吵了隔壁的人,就骂着:"疯子,你想什么!"却不作声只是咕咕笑着。也有很好很爽快的梦,为丈夫哭醒的事情。那丈夫本来晚上在自己母亲身边睡,吃奶方便,但是吃多了奶,或因另外情形,半夜大哭,起来放水拉稀是常有的事。丈夫哭到婆婆不能处置,于是萧萧轻脚轻手爬起来,眼屎蒙眬,走到床边,把人抱起,给他看灯光,看星光;或者仍然啍啍的亲嘴,互相觑着,孩子气的"嗨嗨,看猫呵!"那样喊着哄着,于是丈夫笑了,慢慢的阖上眼。人睡了,放上床,站在床边看着,听远处一传一递的鸡叫,知道天快到什么时候了,于是仍然蜷到小床上睡去。天亮了,虽不做梦,却可以无意中闭眼开眼,看一阵空中黄金颜色变幻无端的葵花。

萧萧嫁过了门,做了拳头大丈夫的小媳妇,一切并不比先前受苦,这只看她半年来身体发育就可明白。风里雨里过日子,像一株长在园角落不为人注意的蓖麻;大叶大枝,日增茂盛,这小女人简直是全不为丈夫设想那么似的长大起来了。

夏夜光景说来如做梦。坐到院心,挥摇蒲扇,看天上的星同屋角的萤,听南瓜棚上纺织娘子咯咯咯拖长声音纺车,禾花风翛翛吹到脸上,正是让人在各种方便中说笑话的时候。

萧萧好高,一个人常常爬到草料堆上去,抱了已经熟睡的丈夫在怀里,轻轻的轻轻的随意唱着那使自己也快要睡去的歌。

在院中,公公婆婆,祖父祖母,另外还有帮工汉子两个,散乱的坐,小板凳无一作空。

祖父身边有烟包,在黑暗中放光。这用艾蒿作成的长火绳,是驱逐长脚蚊得力东西,蜷在祖父脚边,犹如一条黑色长蛇。

想起白天场上的事情,祖父开口说话:"听三金说前天有女学生过身。"

大家就哄然笑了起来。

这笑的意义何在? 只因为大家都知道女学生没有辫子,像个尼姑。吃的,用的,……总而言之一想起来就觉得怪可笑!

萧萧不大明白,她不笑。所以祖父又说话了。他说:"萧萧,你将来也会做女学生!"

大家于是更哄然大笑起来。

萧萧为人并不愚蠢,觉得这一定是不利于己的一件事情了,所以接口便说:"我不做女学生!"

"不做可不行。"

"我不做。"

众口一声的说:"非做女学生不行!"

女学生这东西,在本乡的确永远是奇闻。每年热天,据说放"水"假日子一到,便有三三五五女学生,由一个荒谬不经的热闹地方来,到另一个远地方去,取道从本地过身。从乡下人眼中看来,这些人都近于另一世界中活下的人,装扮如怪如神,行为也不可思议。这种人过身时,使一村人皆可以说一整天的笑话。

祖父是当地人物,因为想起所知道的女学生在大城中的生活情形,所以说笑话要萧萧也去作女学生。一面听到这话就感觉一种打哈哈趣味,一面还有那被说的萧萧感觉一种惶恐,说这话的不为无意义了。

女学生由祖父方面所知道的是这样一种人：她们穿衣服不管天气冷暖，吃东西不问饥饱，晚上交到子时才睡觉，白天正经事全不作，只知唱歌打球，读洋书。她们一年用的钱可以买十六只水牛。她们在省里京里想往什么地方去时，不必走路，只要钻进一个大匣子中，那匣子就可以带她到地。她们在学校，男女一处上课，人熟了，就随意同那男子睡觉，也不要媒人，也不要财礼，名叫"自由"。她们也做官；做县官，带家眷上任，男子仍然喊作"老爷"，小孩子叫"少爷"。她们自己不养牛，却吃牛奶羊奶，如小牛小羊；买那奶时是用铁罐子盛的。她们无事时到一个唱戏地方去，那地方完全像个大庙，从衣袋中取出一块洋钱来(那洋钱在乡下可买五只母鸡)，买了一小方纸片儿，拿了那纸片到里面去，就可以坐下看洋人扮演影子戏。她们被冤了，不赌咒，不哭。她们年纪有老到二十四岁还不肯嫁人的，有老到三十四十还好意思嫁人的。她们不怕男子，男子不能使她们受委屈，一受委屈就上衙门打官司，要官罚男子的款，这笔钱她可以同官平分。

她们不洗衣煮饭，有了小孩子也只化五块钱或十块钱一月，雇人专管小孩，自己仍然整天看戏打牌……

总而言之，说来都希奇古怪，岂有此理。这时经祖父一为说明，听过这话的萧萧，心中却忽然有了一种模模糊糊的愿望，以为倘若她也是个女学生，她是不是照祖父说的女学生一个样子去做那些事？不管好歹，做女学生极有趣味，因此一来却已为这乡下姑娘体念到了。

因为听祖父说起女学生是怎样的人物，到后萧萧独自笑得特别久。笑够了时，她说："祖爹，明天有女学生过路，你喊我，我要看。"

"你看，她们捉你去作丫头。"

"我不怕她们。"

"她们读洋书你不怕？"

"我不怕。"

"她们咬人你不怕？"

"也不怕。"

可是这时节萧萧手上所抱的丈夫，不知为甚么，在睡梦中哭了，媳妇用作母亲的声势，半哄半吓的说："弟弟，弟弟，不许哭，不许哭，女学生咬人来了。"

丈夫还仍然哭着，得抱起各处走走。萧萧抱着丈夫离开了祖父，祖父同人说另外一样话去了。

萧萧从此以后心中有个"女学生"。做梦也便常常梦到女学生，且梦到同这些人并排走路。仿佛也坐过那种自己会走路的匣子，她又觉得这匣子并不比自己跑路更快。在梦中那匣子的形体同谷仓差不多，里面有小小灰色老鼠，眼珠子红红的。

因为有这样一段经过，祖父从此喊萧萧不喊"小丫头"，不喊"萧萧"，却唤作"女学生"。在不经意中萧萧答应得很好。

乡下里日子也如世界上一般日子，时时不同。世界上人把日子糟蹋，和萧萧一类人家把日子吝惜是同样的，各人皆有所得，各人皆为命定。城市中文明人，把一个夏天完全消磨到软绸衣服精美饮料以及种种好事情上面。萧萧的一家，因为一个夏天，却得了十多斤细麻，二三十担瓜。

作小媳妇的萧萧，一个夏天中，一面照料丈夫，一面还绩了细麻四斤。这时工人摘瓜，在瓜间玩，看硕大如盆上面满是灰粉的大南瓜，成排成堆摆到地上，很有趣味。时间到摘瓜，秋天已来了，院中各处有从屋后林子里树上吹来的大红大黄木叶。萧萧在瓜旁站定，手拿木叶一束，为丈夫编小笠帽玩。

工人中有个名叫花狗，抱了萧萧的丈夫到枣树下去打枣子。小小竹竿打在枣树上，落枣满地。

"花狗大，莫打了，太多了吃不完。"

虽这样喊，还不动身。到后，仿佛完全因为丈夫要枣子，花狗才不听话。萧萧于是又喊她那小丈夫："弟弟，弟弟，来，不许捡了。吃多了生东西肚子痛！"

丈夫听话，兜了大堆枣子向萧萧身边走来，请萧萧吃枣子。

"姊姊吃，这是大的。"

"我不吃。"

"要吃一颗！"

她两手那里有空！ 木叶帽正在制边，工夫要紧，还正要个人帮忙！

"弟弟，把枣子喂我口里。"

丈夫照她的命令作事，作完了觉得有趣，哈哈大笑。

她要他放下枣子帮忙捏紧帽边，便于添加新木叶。

丈夫照她吩咐作事，但老是顽皮的摇动，口中唱歌。这孩子原来像一只猫，欢喜时就得捣乱。

"弟弟，你唱的是什么？"

"我唱花狗大告我的山歌。"

"好好的唱给我听。"

丈夫于是就唱下去，照所记到的歌唱：

> 天上起云云起花，包谷林里种豆荚，豆荚缠坏包谷树，娇妹缠坏后生家。
> 天上起云云重云，地下埋坟坟重坟，娇妹洗碗碗重碗，娇妹床上人重人。

丈夫唱歌中意义全不明白，唱完了就问好不好。萧萧说好，并且问从谁学来的，她知道是花狗教他的，却故意盘问他。

"花狗大告我，他说还有好多歌，长大了再教我唱。"

听说花狗会唱歌，萧萧说："花狗大，花狗大，您唱一个歌我听听。"

那花狗，面如其心，生长得不很正气，知道萧萧要听歌，人也快到听歌的年龄了，就给她唱"十岁娘子一岁夫"。那故事说的是妻年大，可以随便到外面作一点不规矩事情；夫年小，只知道吃奶，让他吃奶。这歌丈夫完全不懂，懂到一点儿的是萧萧。把歌听过后，萧萧装成"我全明白"那种神气，她用生气的样子，对花狗说："花狗大，这个不行，这是骂人的歌！"

花狗分辩说："不是骂人的歌。"

"我明白，是骂人的歌。"

花狗难得说多话，歌已经唱过了，错了陪礼，只有不再唱。他看她已经有点懂事了，怕她回头告祖父,就把话支吾开,扯到"女学生"。他问萧萧,看不看过女学生习体操唱洋歌的事情。

若不是花狗提起,萧萧几乎已忘却了这事情。这时又提到女学生,她问花狗近来有不有女学生过路。

花狗一面把南瓜从棚架边抱到墙角去,告她女学生唱歌的事,这些事的来源还是萧萧的那个祖父。他在萧萧面前说了点大话,说他曾经到官路上见过四个女学生,她们都拿得有旗帜,走长路流汗喘气之中仍然唱歌,同军人所唱的一模一样。不消说,这完全是笑话。可是那故事把萧萧可乐坏了。

花狗是会说会笑的一个人。听萧萧带着歆羡口气说:"花狗大,您膀子真大。"他就说:"我不止膀子大。"

"你身个子也大。"

"我全身无处不大。"

到萧萧抱了她的丈夫走去以后,同花狗在一起摘瓜,取名字叫哑叭的,开了平时不常开的口。他说:

"花狗,你少坏点。人家是黄花女,还要等十二年才圆房!"

花狗不做声,打了那伙计一掌,走到枣树下捡落地枣去了。

到摘瓜的秋天,日子计算起来,萧萧过丈夫家有一年了。

几次降霜落雪,几次清明谷雨,都说萧萧是大人了。天保佑,喝冷水,吃粗砺饭,四季无疾病,倒发育得这样快。婆婆虽生来像一把剪,把凡是给萧萧暴长的机会都剪去了,但乡下的日头同空气都帮助人长大,却不是折磨可以阻拦得住。

萧萧十五岁时高如成人,心却还是一颗糊糊涂涂的心。

人大了一点,家中做的事也多了一点。绩麻纺车洗衣照料丈夫以外,打猪草推磨一些事情也要作,还有浆纱织布。

两三年来所聚集的粗细麻和纺就的棉纱,已够萧萧坐到土机上抛三个月的梭子了。

丈夫已断了奶。婆婆有了新儿子,这五岁儿子就像归萧萧独有了。不论做什么,走到什么地方去,丈夫总跟在身边。丈夫有些方面很怕她,当她如母亲,不敢多事。他们俩"感情不坏"。

地方稍稍进步,祖父的笑话转到"萧萧你也把辫子剪去"那一类事上去了。听着这话的萧萧,某个夏天也看过了一次女学生了,虽不把祖父笑话认真,可是每一次在祖父说过这笑话以后,她到水边去,必用手捏着辫子末梢,设想没有辫子的人那种神气,那点趣味。

因为打猪草,带丈夫上螺蛳山的山阴是常有的事。

小孩子不知事,听别人唱歌也唱歌。唱歌,就把花狗引来了。

花狗对萧萧生了另外一种心,萧萧有点明白了,常常觉得惶恐。但花狗是男子,凡是男子的美德恶德都不缺少,所以一面使萧萧的丈夫非常欢喜同他玩,一面一有机会即缠在萧萧身边,且总是想方设法把萧萧那点惶恐减去。

山大人小,平时不知道萧萧所在,花狗就站在高处唱歌逗萧萧身边的丈夫;丈夫小口一开,花狗穿山越岭就来到萧萧面前了。

见了花狗,小孩子只有欢喜,不知其他。他原要花狗为他编草虫玩,做竹箫哨子玩,花狗想方法支使他到一个远处去,便坐到萧萧身边来,要萧萧听他唱那使人红脸的歌。她有时觉得害怕，不许丈夫走开；有时又像有了花狗在身边，打发丈夫走去也好一点。终于有一天，萧萧就给花狗变成了妇人了。

那时节，丈夫走到山下采刺莓去了，花狗唱了许多歌，到后却向萧萧说，我想了你二三年。

他又说，我为你睡不着觉。他又说，我赌咒不把这事情告给人。听了这些话仍然不懂什么的萧萧，眼睛只注意到他那一对膀子，耳朵只注意到他最后一句话。末了花狗大便又唱歌给她听，她心里乱了。她要他当真对天赌咒，赌了咒，一切好像有了保障，她就一切尽他了。到丈夫返身时，手被毛毛虫螫伤，肿了一片，走到萧萧身边。萧萧捏紧这一只小手，且用口去呵它，呪它，想起刚才的糊涂，才仿佛明白作了一点糊涂事。

花狗诱她做坏事情是麦黄四月，到六月，李子熟了，她欢喜吃生李子。她觉得身体有点特别，碰到花狗，就将这事情告给他，问他怎么办。

讨论了多久，花狗全无主意。虽以前自己当天赌得有咒，也仍然无主意。这家伙个子大，胆量小。个子大容易做错事，胆量小做了错事就想不出办法。

到后，萧萧捏着自己那条辫子，想起城里了。她说："花狗，我们到城里去过日子，不好么？"

"那怎么行？到城里去做什么？"

"我肚子大了。"

"我们找药去。"

"我想……"

"你想逃？"

"我想逃吗？我想死！"

"我赌咒不辜负你。"

"负不负我有什么用，帮我个忙，拿去肚子里这块肉罢。我害怕！"

花狗不再做声，过了一会，便走开了。不久丈夫从他处回来，见萧萧一个人坐在草地上哭，丈夫心中纳罕。看了一会，问萧萧："姊姊，为甚么哭？"

"不为甚么，灰尘落到眼睛里，痛。"

"你瞧我，得这些这些。"

他把从溪中捡来的小蚌小石头陈列萧萧面前，萧萧用泪眼看了一会，笑着说："弟弟，我们要好，我哭你莫告家中。"到后这事情家中当真就无人知道。

第二天，花狗不辞而行，把自己所有的衣裤都拿去了。祖父问同住的哑叭知不知道他为什么走路，走那儿去？哑叭只是摇头，说，花狗还欠了他两百钱，临走时话都不留一句，为人少良心。哑叭说他自己的话，并没有把花狗走的理由说明，因此这一家希奇一整天，谈论一整天。不过这工人既不偷走物件，又不拐带别的，这事过后不久自然也就把他忘了。

萧萧仍然是往日的萧萧。她能够忘记花狗，就好了，但是肚子真有些不同了，肚中东西使她常常一个人干发急，尽做怪梦。

她脾气似乎坏了一点，这坏处只有丈夫知道，因为她对丈夫似乎严厉苛刻了好些。

仍然每天同丈夫在一处，她的心，想到的事自己也不十分明白。她常想，我现在死了，什么都好了。可是为什么要死？她还很高兴活下去，愿意活下去。

家中人不拘谁在无意中提起关于丈夫弟弟的话,提起小孩子,提起花狗,都像使这话如拳头,在萧萧胸口上重重一击。

到八月,她担心人知道更多了,引丈夫庙里去玩,就私自许愿,吃了一大把香灰。吃香灰时被她丈夫看见了,丈夫问这是做什么事,萧萧就说这是肚痛,应当吃这个。萧萧自然说谎。虽说求菩萨保佑,菩萨当然没有如她的希望,肚子中长大的东西仍在慢慢的长大。

她又常常往溪里去喝冷水,给丈夫见到了,丈夫问她她就说口渴。

一切她所想到的方法都没有能够使她与自己不欢喜的东西分开。大肚子只有丈夫一人知道,他却不敢告这件事给父母晓得。因为时间长久,年龄不同,丈夫有些时候对于萧萧的怕同爱,比对于父母还深切。

她还记得那花狗赌咒那一天里的事情,如同记着其他事情一样。到秋天,屋前屋后毛毛虫更多了,丈夫像故意折磨她一样,常常提起几个月前被毛毛虫所螫的话,使萧萧难过。她因此极恨毛毛虫,见了那小虫就想用脚去踹。

有一天,又听人说有好些女学生过路,听过这话的萧萧,睁了眼做过一阵梦,愣愣的对日头出处痴了半天。

萧萧步花狗后尘,也想逃走,收拾一点东西预备跟了女学生走的那条路上城。但没有动身,就被家里人发觉了。

家中追究这逃走的根源,才明白这个十年后预备给小丈夫生儿子继香火的萧萧肚子已被另外一个人抢先下了种。这真是了不得的大事!一家人的平静生活为这一件事全弄乱了。生气的生气,流泪的流泪。悬梁,投水,吃毒药,诸事萧萧全想到了,年纪太小,舍不得死,却不曾做。于是祖父想出了个聪明主意,把萧萧关在房里,派两人好好看守着,请萧萧本族的人来说话,看是沉潭还是发卖?萧萧家中人要面子,就沉潭淹死,舍不得死就发卖。萧萧既只有一个伯父,在近处庄子里为人种田,去请他时先还以为是吃酒,到了才知道是这样丢脸事情,弄得这家长手足无措。

大肚子作证,什么也没有可说。伯父不忍把萧萧沉潭,萧萧当然应当嫁人作二路亲了。

这处罚好像也极其自然,照习惯受损失的是丈夫家里,然而却可以在改嫁上收回一笔钱,当作赔偿损失的数目。那伯父把这事告给了萧萧,就要走路。萧萧拉着伯父衣角不放,只是幽幽的哭。伯父摇了一会头,一句话不说,仍然走了。

没有相当的人家来要萧萧,就仍然在丈夫家中住下。这件事既经说明白,倒又像不什么要紧,大家反而释然了。先是小丈夫不能再同萧萧在一处,到后又仍然如月前情形,姊弟一般有说有笑的过日子了。

丈夫知道了萧萧肚子中有儿子的事情,又知道因为这样萧萧才应当嫁到远处去。但是丈夫并不愿意萧萧去,萧萧自己也不愿意去。大家全莫名其妙,像逼到要这样做,不得不做。

在等候主顾来看人,等到十二月,还没有人来。

萧萧次年二月间,坐草生了一个儿子,团头大眼,声响宏壮,大家把母子二人照料得好好的,照规矩吃蒸鸡同江米酒补血,烧纸谢神。一家人都欢喜那儿子。

生下的既是儿子,萧萧不嫁别处了。

到萧萧正式同丈夫拜堂圆房时,儿子年纪十岁,已经能看牛割草,成为家中生产者一员平时喊萧萧丈夫做大叔,大叔也答应,从不生气。

这儿子名叫牛儿。牛儿十二岁时也接了亲,媳妇年长六岁。媳妇年纪大,方能诸事作帮手,对家中有帮助。唢呐到门前时,新娘在轿中呜呜的哭着,忙坏了那个祖父,曾祖父。

这一天,萧萧抱了自己新生的月毛毛,却在屋前榆蜡树篱笆看热闹,同十年前抱丈夫一个样子。

1929年作

1957年2月校改字句,在结尾处增加了一段:

小毛毛哭了,唱歌一般地哄着他:

"哪,毛毛,看,花轿来了。看,新娘子穿花衣,好体面! 不许闹,不讲道理不成的! 不讲理我要生气的! 看看,女学生也来了! 明天长大了,我们也讨个女学生媳妇!"

文本拓展

一、知识链接

☞ 《萧萧》

《萧萧》作于1929年,原载《小说月报》21卷1号。当时沈从文由湘西来到上海,失望于现代物质文明浸染下的都市人的人性异化失落,试图用体现了中国人天人合一的社会理想的"湘西世界"来抵御现代物质文明对人的生命异化和人性扭曲。《萧萧》中写湘西农村小丈夫娶大老婆的陋俗,但沈从文把这种本来十分痛苦的不合理的关系写得非常谐和而亲善。萧萧十二岁时嫁给三岁的小丈夫,每天哄他睡觉,帮他洗尿布。她逐渐发育成熟后,就难免感到寂寞。家中长工花狗的情歌挑逗起她青春的欲望,并使她糊里糊涂地怀孕,而花狗逃之夭夭了。照当地规矩,等待萧萧的命运或是被发卖,或是被沉潭淹死。但沈从文对这种习俗以回避的方式进行了粉饰:对于没有读过"子曰"的善良的乡下人来说,一切都从现实出发,采取的是恬静、不计较儒家贞节伦理的态度。因此,萧萧既没有被沉潭,也没有被发卖,而是被留下来了。在萧萧生下一个团头大眼的男孩后,一家人都欢喜,"大家把母子二人照料得好好的,照规矩吃蒸鸡同江米酒补血,烧纸谢神"。再后来同丈夫圆了房,又生下了毛毛,过着一种恬然自足的生活。这种超越了世俗观念的湘西社会观念作为一种"优美、健康、自然而又不悖乎人性的人生形式",与都市文明乃至传统道德对人肉体欲求的极端压抑,和那虚伪的贞洁观相比,他们无疑是健全人性的代表。沈从文在这里以性爱为焦点透视社会人生,并旨在与都市世界人性压抑与扭曲的虚伪的两性关系形成鲜明对照,从而获取一种文化上的优越感。

二、点评辑要

小说"在不及万字的篇幅中鱼翔虾戏,从现实中写出梦,以小说联结着《风俗通》式的风俗散文和《竹枝词》式的爱情歌谣"。

(杨义《中国现代小说史》)

想借文字的力量,把野蛮人的血液注射到老态龙钟颓废腐败的中华民族身体里去,使他兴奋起来,年轻起来,好在20世纪舞台上去与别个民族争生存权利。

(苏雪林《沈从文论》)

总之，在乡下与城市、自然与文明之间，沈从文选择了前者，但他的内心充满矛盾：当他通过笔下臆想的湘西构筑供奉人性的"希腊小庙"时，现实中破败的湘西却如影随形地追逐着他，使他的笔端带上莫名的忧愁；当他为自然人性大唱颂时，又清醒地意识到人性之"常"难以适应时代之"变"，他想在变中求生，却又害怕变带来人性的堕落。我们在此解析沈从文文化心态的矛盾，并非要贬低沈从文，而是要接近更加真实的沈从文。沈从文复杂的文化心态，彰显了一代知识分子探索人生之路的艰辛，值得我们认真认识、反思。

（王学振《从〈萧萧〉看沈从文文化心态的矛盾》）

三、旁观博览

1. 沈从文：《沈从文全集》，北岳文艺出版社 2002 年版。
2. 金介甫：《沈从文传》，湖南文艺出版社 1992 年版。
3. 汪曾祺：《读〈萧萧〉》，《汪曾祺文集》（第五卷），北京师范大学出版社 1998 年版。

四、思考练习

1. 给本篇小说中所表现的"湘西世界"中人的生命状态画一个圆圈图。
2. 沈从文 1957 年 2 月校改时加了一段文字，这表现了他怎样的心态？你认为加了之后是更体现了沈从文《边城》《萧萧》等篇中展示的"自在状态"的"湘西世界"，还是加入了批判的意味？
3. 给"萧萧"写一份人物简介。

钱钟书

钱钟书(1910—1998),字默存,号槐聚,曾用笔名中书君。因他周岁"抓周"时抓得一本书,故取名为"钟书"。江苏无锡人。中国现当代著名学者、作家。钱钟书学贯中西,渊博而睿智,在诸多领域成就卓著。他的主要著作有《写在人生边上》《人·兽·鬼》《围城》《谈艺录》《宋诗选注》《旧文四篇》《管锥编》等。这些著述已被人们当作"钱学"来学习和研究。散文大都收入《写在人生边上》一书。《谈艺录》是一部具有开创性的中西比较诗论。所著多卷本《管锥编》,对中国著名的经史子集进行考释,并从中西文化和文学的比较上阐发、辨析。钱钟书先生一生淡泊名利、甘于寂寞、著作等身,培养和影响了几代学人,深为世人所景仰。

论快乐[①]

在旧书铺里买回来维尼(Vigny)的《诗人日记》(Journald'unpote),信手翻开,就看见有趣的一条。他说,在法语里,喜乐(bonheur)一个名词是"好"和"钟点"两字拼成,可见好事多磨,只是个把钟头的玩意儿(Silebon heurn'taitqu'unebonnedenie!)。我们联想到我们本国话的说法,也同样的意味深永,譬如快活或快乐的快字,就把人生一切乐事的飘瞥难留,极清楚地指示出来。所以我们又慨叹说:"欢娱嫌夜短!"因为人在高兴的时候,活得太快,一到困苦无聊,愈觉得日脚像跛了似的,走得特别慢。德语的沉闷(langweile)一词,据字面上直译,就是"长时间"的意思。《西游记》里小猴子对孙行者说:"天上一日,下界一年。"这种神话,确反映着人类的心理。天上比人间舒服欢乐,所以神仙活得快,人间一年在天上只当一日过。从此类推,地狱里比人间更痛苦,日子一定愈加难度;段成式《酉阳杂俎》就说:"鬼言三年,人间三日。"嫌人生短促的人,真是最快活的人;反过来说,真快活的人,不管活到多少岁死,只能算是短命夭折。所以,做神仙也并不值得,在凡间已经三十年做了一世的人,在天上还是个未满月的小孩。但是这种"天算",也有占便宜的地方:譬如戴君孚《广异记》载崔参军捉狐妖,"以桃枝决五下",长孙无忌说罚得太轻,崔答:"五下是人间五百下,殊非小刑。"可见卖老祝寿等等,在地上最为相宜,而刑罚呢,应该到天上去受。

"永远快乐"这句话,不但渺茫得不能实现,并且荒谬得不能成立。快过的决不会永久;

---

① 选自《写在人生边上》,中国社会科学出版社1990年版。

我们说永远快乐,正好像说四方的圆形,静止的动作同样地自相矛盾。在高兴的时候,我们空对瞬息即逝的时间喊着说:"逗留一会儿罢!你太美了!"那有什么用?你要永久,你该向痛苦里去找。不讲别的,只要一个失眠的晚上,或者有约不来的下午,或者一课沉闷的听讲——这许多,比一切宗教信仰更有效力,能使你尝到什么叫做"永生"的滋味。人生的刺,就在这里,留恋着不肯快走的,偏是你所不留恋的东西。

快乐在人生里,好比引诱小孩子吃药的方糖,更像跑狗场里引诱狗赛跑的电兔子。几分钟或者几天的快乐赚我们活了一世,忍受着许多痛苦。我们希望它来,希望它留,希望它再来——这三句话概括了整个人类努力的历史。在我们追求和等候的时候,生命又不知不觉地偷度过去。也许我们只是时间消费的筹码,活了一世不过是为那一世的岁月充当殉葬品,根本不会想到快乐。但是我们到死也不明白是上了当,我们还理想死后有个天堂,在那里——谢上帝,也有这一天!我们终于享受到永远的快乐。你看,快乐的引诱,不仅像电兔子和方糖,使我们忍受了人生,而且仿佛钓钩上的鱼饵,竟使我们甘心去死。这样说来,人生虽痛苦,却不悲观,因为它终抱着快乐的希望;现在的账,我们预支了将来去付。为了快活,我们甚至于愿意慢死。

穆勒曾把"痛苦的苏格拉底"和"快乐的猪"比较。假使猪真知道快活,那么猪和苏格拉底也相去无几了。猪是否能快乐得像人,我们不知道;但是人会容易满足得像猪,我们是常看见的。把快乐分肉体的和精神的两种,这是最糊涂的分析。一切快乐的享受都属于精神的,尽管快乐的原因是肉体上的物质刺激。小孩子初生了下来,吃饱了奶就乖乖地睡,并不知道什么是快活,虽然它身体感觉舒服。缘故是小孩子时的精神和肉体还没有分化,只是混沌的星云状态。洗一个澡,看一朵花,吃一顿饭,假使你觉得快活,并非全因为澡洗得干净,花开得好,或者菜合你口味,主要因为你心上没有挂碍,轻松的灵魂可以专注肉体的感觉,来欣赏,来审定。要是你精神不痛快,像将离别时的宴席,随它怎样烹调得好,吃来只是土气息、泥滋味。那时刻的灵魂,仿佛害病的眼怕见阳光,撕去皮的伤口怕接触空气,虽然空气和阳光都是好东西。快乐时的你一定心无愧怍。假如你犯罪而真觉快乐,你那时候一定和有道德、有修养的人同样心安理得。有最洁白的良心,跟全没有良心或有最漆黑的良心,效果是相等的。

发现了快乐由精神来决定,人类文化又进一步。发现这个道理,和发现是非善恶取决于公理而不取决于暴力,一样重要。公理发现以后,从此世界上没有可被武力完全屈服的人。发现了精神是一切快乐的根据,从此痛苦失掉它们的可怕,肉体减少了专制。精神的炼金术能使肉体痛苦都变成快乐的资料。于是,烧了房子,有庆贺的人;一箪食,一瓢饮,有不改其乐的人;千灾百毒,有谈笑自若的人。所以我们前面说,人生虽不快乐,而仍能乐观。譬如从写《先知书》的所罗门直到做《海风》诗的马拉梅(Mallarmé),都觉得文明人的痛苦,是身体困倦。但是偏有人能苦中作乐,从病痛里滤出快活来,使健康的消失有种赔偿。苏东坡诗就说:"因病得闲殊不恶,安心是药更无方。"王丹麓《今世说》也记毛稚黄善病,人以为忧,毛曰:"病味亦佳,第不堪为躁热人道耳!"在着重体育的西洋,我们也可以找着同样达观的人。工愁善病的诺凡利斯(Novalis)在《碎金集》里建立一种病的哲学,说病是"教人学会休息的女教师"。罗登巴煦(Rodenbach)的诗集《禁锢的生活》(Les Vies Encloses)里有专咏病味的一卷,说病是"灵魂的洗涤(puration)"。身体结实、喜欢活动的人采用了这个观点，就对病痛也感到另有风味。顽健粗壮的十八世纪德国诗人白洛柯斯（B.H.Brockes）第一次害病，得是一个"可惊异的大发现（EinebewunderungswrdigeErfindung）"。对于这种人，人生还有什么威胁？这种快乐，把忍受变为享受，是精神对于物质的最大胜利。灵魂可以自主——同时也许是自欺。能一贯抱这种态度的人，当然是大哲学家，但是谁知道他不也是个大傻子？

是的，这有点矛盾。矛盾是智慧的代价。这是人生对于人生观开的玩笑。

文本拓展

一、知识链接

☞ 创作背景

《论快乐》的背景就是上世纪 40 年代，日本帝国主义侵略中国的步伐受到中国人民反抗斗争的阻挠，中国的抗日战争进入相持阶段。日本侵略者及汉奸、走狗四处散布日本"必胜论"，中国"必亡论"，妄图从思想上、精神上瓦解中国人民的抗日意志。《论快乐》强调对快乐的希望是人生永不悲观的精神源泉，实际上就是鼓励人们永不丢弃理想与追求。文章宣言：世界上没有可被武力完全屈服的人——这更是当时抗日到底的精神写照。

（《山东师大学报（社会科学版）》1992 年第 2 期）

☞ 《写在人生边上》

《写在人生边上》是钱钟书的第一本散文集，1941 年初版，总共只有 10 篇散文，不到 3 万来字。谈人生的大问题，却字字珠玑，大放智慧的异彩。他或旁征博引，或侃侃而谈，文风如行云流水，汪洋恣肆，奇思妙想和真知灼见俯拾皆是。而这一切他都以一种幽默的情趣，为之披上一件微笑的外衣，轻者令人绽然，重者令人喷饭，笑过之后又让人们沉思良久，咀嚼回味再三，每有会意，无不拍手击节。

二、点评辑要

● 评《论快乐》

全篇文章在阐述快乐命题的层次表现上可以划分出三个部分来解读：

前两个自然段为第一个部分，它阐述了作者对于快乐概念的理解，即快乐的短暂性，以及永远快乐的不可能，快乐本身就是痛苦的一种对应。

第三个自然段是第二个部分，它进一步揭示出了快乐对于人生的意义，即我们每一个人期待快乐在整个人生历程中的积极作用，它表现为追求快乐是人生的原动力，它使痛苦的熬煎变得可以忍受，也就是说，人生的意义和希望在于追求快乐和享受快乐。

末三个自然段是第三个也是最后一个部分，它深入阐明了决定快乐的内在因素，即快乐的享受其实是由精神来决定，精神是一切快乐的根由，精神可以支配肉体，并对于肉体具有反作用。由此我们可以对快乐有更高层次的理解，即先前所言"快乐"只限于物质享受，此处所言"快乐"已超脱肉体,转化为精神、信仰、信念、理想和追求。

（王献锋《品鉴钱钟书散文〈论快乐〉》,《语文学刊》2014 年第 12 期）

三、旁观博览

1. 钱钟书:《写在人生边上》,三联书店 2002 年版。
2. 钱钟书:《围城》,人民文学出版社 1991 年版。
3. 钱钟书:《人·兽·鬼》,三联书店 2002 年版。
4. 杨绛:《我们仨》,三联书店 2003 年版。
5. 张文江:《钱锺书传:营造巴比塔的智者》,上海人民出版社 2016 年版。

四、思考练习

1. 钱钟书在行文过程中用了大量引用内容,给本文做一个论证逻辑的流程图,并在相应位置标上引用内容。
2. 钱钟书在《论快乐》中说:"人生虽痛苦,却不悲观,因为它终抱着快乐的希望;现在的账,我们预支了将来去付。为了快活,我们甚至于愿意慢死。"你是否认同这个观点? 为什么?
3. 假设鲁迅看到本文,你觉得他会作何反应? 请模拟鲁迅口吻,写一段针对性的文字。

萧 红

萧红(1911—1942),中国现代著名女作家,黑龙江呼兰县人。原名张廼莹,笔名萧红、悄吟等。曾入北平大学女子师范学院附属女子中学短暂读书。萧红一生流浪,从家乡到哈尔滨,再到青岛,后来去了上海。在上海,萧红的写作得到了鲁迅的提携和肯定。萧红也曾在日本生活过半年,然后又流亡武汉、重庆、香港,1942 年病逝于日军占领下的香港。代表作有《生死场》《呼兰河传》《小城三月》《马伯乐》《回忆鲁迅先生》等。

小城三月①

一

三月的原野已经绿了,像地衣那样绿,透出在这里,那里。郊原上的草,是必须转折了好几个弯儿才能钻出地面的,草儿头上还顶着那胀破了种粒的壳,发出一寸多高的芽子,欣幸的钻出了土皮。放牛的孩子,在掀起了墙脚片下面的瓦片时,找到了一片草芽了,孩子们到家里告诉妈妈,说:“今天草芽出土了!”妈妈惊喜的说:“那一定是向阳的地方!”抢根菜的白色的圆石似的籽儿在地上滚着,野孩子一升一斗的在拾。蒲公英发芽了,羊咩咩的叫,乌鸦绕着杨树林子飞,天气一天暖似一天,日子一寸一寸的都有意思。杨花满天照地的飞,像棉花似的。人们出门都是用手捉着,杨花挂着他了。

草和牛粪都横在道上,放散着强烈的气味,远远的有用石子打船的声音,空空……的大响传来。

河冰发了,冰块顶着冰块,苦闷的又奔放的向下流。乌鸦站在冰块上寻觅小鱼吃,或者是还在冬眠的青蛙。

天气突然的热起来,说是“二八月,小阳春”,自然冷天气还是要来的,但是这几天可热了。春天带着强烈的呼唤从这头走到那头……

小城里被杨花给装满了,在榆树还没变黄之前,大街小巷到处飞着,像纷纷落下的雪块……

---

① 选自《萧红小说》,亦祺选编,浙江文艺出版社 2009 年版。

春来了，人人像久久等待着一个大暴动，今天夜里就要举行，人人带着犯罪的心情，想参加到解放的尝试……春吹到每个人的心坎，带着呼唤，带着蛊惑……

我有一个姨，和我的堂哥哥大概是恋爱了。

姨母本来是很近的亲属，就是母亲的姊妹。但是我这个姨，她不是我的亲姨，她是我的继母的继母的女儿。那么她可算与我的继母有点血统的关系了，其实也是没有的。

因为我这个外祖母已经做了寡妇之后才来到的外祖父家，翠姨就是这个外祖母的原来在另外的一家所生的女儿。

翠姨还有一个妹妹，她的妹妹小她两岁，大概是十七八岁，那么翠姨也就是十八九岁了。

翠姨生得并不是十分漂亮，但是她长得窈窕，走起路来沉静而且漂亮，讲起话来清楚的带着一种平静的感情。她伸手拿樱桃吃的时候，好像她的手指尖对那樱桃十分可怜的样子，她怕把它触坏了似的轻轻的捏着。

假若有人在她的背后招呼她一声，她若是正在走路，她就会停下，若是正在吃饭，就要把饭碗放下，而后把头向着自己的肩膀转过去，而全身并不大转，于是她自觉的闭合着嘴唇，像是有什么要说而一时说不出来似的……

而翠姨的妹妹，忘记了她叫什么名字，反正是一个大说大笑的，不十分修边幅，和她的姐姐完全不同。花的绿的，红的紫的，只要是市上流行的，她就不大加以选择，做起一件衣服来赶快就穿在身上。穿上了而后，到亲戚家去串门，人家恭维她的衣料怎样漂亮的时候，她总是说，和这完全一样的，还有一件，她给了她的姐姐了。

我到外祖父家去，外祖父家里没有像我一般大的女孩子陪着我玩，所以每当我去，外祖母总是把翠姨喊来陪我。

翠姨就住在外祖父的后院，隔着一道板墙，一招呼，听见就来了。

外祖父住的院子和翠姨住的院子，虽然只隔一道板墙，但是却没有门可通，所以还得绕到大街上去从正门进来。

因此有时翠姨先来到板墙这里，从板墙缝中和我打了招呼，而后回到屋去装饰了一番，才从大街上绕了个圈来到她母亲的家里。

翠姨很喜欢我，因为我在学堂里念书，而她没有，她想什么事我都比她明白。所以她总是有许多事务同我商量，看看我的意见如何。

到夜里，我住在外祖父家里了，她就陪着我也住下的。

每每从睡下了就谈，谈过了半夜，不知为什么总是谈不完……

开初谈的是衣服怎样穿，穿什么样的颜色的，穿什么样的料子。比如走路应该快或是应该慢，有时白天里她买了一个别针，到夜里她拿出来看看，问我这别针到底是好看或是不好看，那时候，大概是十五年前的时候，我们不知别处如何装扮一个女子，而在这个城里几乎个个都有一条宽大的绒绳结的披肩，蓝的，紫的，各色的也有，但最多多不过枣红色了。几乎在街上所见的都是枣红色的大披肩了。

哪怕红的绿的那么多，但总没有枣红色的最流行。

翠姨的妹妹有一张，翠姨有一张，我的所有的同学，几乎每人有一张。就连素不考究的外祖母的肩上也披着一张，只不过披的是蓝色的，没有敢用那最流行的枣红色的就是了。因为她总算年纪大了一点，对年轻人让了一步。

还有那时候都流行穿绒绳鞋，翠姨的妹妹就赶快的买了穿上。因为她那个人很粗心大意,好坏她不管,只是人家有她也有,别人是人穿衣裳,而翠姨的妹妹就好像被衣服所穿了似的,芜芜杂杂。但永远合乎着应有尽有的原则。

翠姨的妹妹的那绒绳鞋,买来了,穿上了。在地板上跑着,不大一会工夫,那每只鞋脸上系着的一只毛球,竟有一个毛球已经离开了鞋子,向上跳着,只还有一根绳连着,不然就要掉下来了。很好玩的,好像一颗大红枣被系到脚上去了。因为她的鞋子也是枣红色的。大家都在嘲笑她的鞋子一买回来就坏了。

翠姨,她没有买,她犹疑了好久,不管什么新样的东西到了,她总不是很快的就去买了来,也许她心里边早已经喜欢了,但是看上去她都像反对似的,好像她都不接受。

她必得等到许多人都开始采办了,这时候看样子,她才稍稍有些动心。

好比买绒绳鞋,夜里她和我谈话,问过我的意见,我也说是好看的,我有很多的同学,她们也都买了绒绳鞋。

第二天翠姨就要求我陪着她上街,先不告诉我去买什么,进了铺子选了半天别的,才问到我绒绳鞋。

走了几家铺子,都没有,都说是已经卖完了。我晓得店铺的人是这样瞎说的。表示他家这店铺平常总是最丰富的,只恰巧你要的这件东西,他就没有了。我劝翠姨说咱们慢慢的走,别家一定会有的。

我们是坐马车从街梢上的外祖父家来到街中心的。

见了第一家铺子,我们就下了马车。不用说,马车我们已经是付过了车钱的。等我们买好了东西回来的时候,会另外叫一辆的。因为我们不知道要有多久。大概看见什么好,虽然不需要也要买点,或是东西已经买全了不必要再多留连,也要留连一会,或是买东西的目的,本来只在一双鞋,而结果鞋子没有买到,反而罗里罗索的买回来许多用不着的东西。

这一天,我们辞退了马车,进了第一家店铺。

在别的大城市里没有这种情形,而在我家乡里往往是这样,坐了马车,虽然是付过了钱,让他自由去兜揽生意,但是他常常还仍旧等候在铺子的门外,等一出来,他仍旧请你坐他的车。

我们走进第一个铺子,一问没有。于是就看了些别的东西,从绸缎看到呢绒,从呢绒再看到绸缎,布匹是根本不看的,并不像母亲们进了店铺那样子,这个买去做被单,那个买去做棉袄的,因为我们管不了被单棉袄的事。母亲们一月不进店铺,一进店铺又是这个便宜应该买,那个不贵,也应该买。比方一块在夏天才用的花洋布,母亲们冬天里就买起来了,说是趁着便宜多买点,总是用得着的。而我们就不然了,我们是天天进店铺的,天天搜寻些个好看的,是贵的值钱的,平常时候,绝对的用不到想不到的。

那一天我们就买了许多花边回来,钉着光片的,带着琉璃的。说不上要做什么样的衣服才配得着这种花边。也许根本没有想到做衣服,就贸然的把花边买下了。一边买着,一边说好,翠姨说好,我也说好。到了后来,回到家里,当众打开了让大家评判,这个一言,那个一语,让大家说得也有一点没有主意了,心里已经五六分空虚了。于是赶快的收拾了起来,或者从别人的手中夺过来,把它包起来,说她们不识货,不让她们看了。

勉强说着:"我们要做一件红金丝绒的袍子,把这个黑琉璃边镶上。"

或是:"这红的我们送人去……"

说虽仍旧如此说,心里已经八九分空虚了,大概是这些所心爱的,从此就不会再出头露面的了。

在这小城里,商店究竟没有多少,到后来又加上看不到绒绳鞋,心里着急,也许跑得更快些,不一会工夫,只剩了三两家了。而那三两家,又偏偏是不常去的,铺子小,货物少。想来它那里也是一定不会有的了。

我们走进一个小铺子里去,果然有三四双非小即大,而且颜色都不好看。

翠姨有意要买,我就觉得奇怪,原来就不十分喜欢,既然没有好的,又为什么要买呢?让我说着,没有买成回家去了。

过了两天,我把买鞋子这件事情早就忘了。

翠姨忽然又提议要去买。

从此我知道了她的秘密,她早就爱上了那绒绳鞋了,不过她没有说出来就是,她的恋爱的秘密就是这样子的,她似乎要把它带到坟墓里去,一直不要说出口,好像天底下没有一个人值得听她的告诉……

在外边飞着满天的大雪,我和翠姨坐着马车去买绒绳鞋。

我们身上围着皮褥子,赶车的车夫高高的坐在车夫台上,摇晃着身子唱着沙哑的山歌:"喝咧咧……"耳边的风呜呜的啸着,从天上倾下来的大雪迷乱了我们的眼睛,远远的天隐在云雾里,我默默的祝福翠姨快快买到可爱的绒绳鞋,我从心里愿意她得救……

市中心远远的朦朦胧胧的站着,行人很少,全街静悄无声。我们一家挨一家的问着,我比她更急切,我想赶快买到吧,我小心的盘问着那些店员们,我从来不放弃一个细微的机会,我鼓励翠姨,没有忘记一家。使她都有点儿诧异,我为什么忽然这样热心起来,但是我完全不管她的猜疑,我不顾一切的想在这小城里,找出一双绒绳鞋来。

只有我们的马车,因为载着翠姨的愿望,在街上奔驰得特别的清醒,又特别的快。

雪下的更大了,街上什么人都没有了,只有我们两个人,催着车夫,跑来路去。一直到天都很晚了,鞋子没有买到。翠姨深深的看到我的眼里说:"我的命,不会好的。"我很想装出大人的样子,来安慰她,但是没有等到找出什么适当的话来,泪便流出来了。

二

翠姨以后也常来我家住着,是我的继母把她接来的。

因为她的妹妹订婚了,怕是她一旦的结了婚,忽然会剩下她一个人来,使她难过。

因为她的家里并没有多少人,只有她的一个六十多岁的老祖父,再就是一个也是寡妇的伯母,带一个女儿。

堂姊妹本该在一起玩耍解闷的,但是因为性格的相差太远,一向是水火不同炉的过着日子。

她的堂妹妹,我见过,永久是穿着深色的衣裳,黑黑的脸,一天到晚陪着母亲坐在屋子里,母亲洗衣裳,她也洗衣裳,母亲哭,她也哭。也许她帮着母亲哭她死去的父亲,也许哭的是她们的家穷。那别人就不晓得了。

本来是一家的女儿,翠姨她们两姊妹却像有钱的人家的小姐,而那个堂妹妹,看上去却像乡下丫头。这一点使她得到常常到我们家里来住的权利。

她的亲妹妹订婚了，再过一年就出嫁了。在这一年中，妹妹大大的阔气了起来，因为婆家那方面一订了婚就来了聘礼。

这个城里，从前不用大洋票，而用的是广信公司出的帖子，一百吊一千吊的论。她妹妹的聘礼大概是几万吊。所以她忽然不得了起来，今天买这样，明天买那样，花别针一个又一个的，丝头绳一团一团的，带穗的耳坠子，洋手表，样样都有了。每逢出街的时候，她和她的姐姐一道，现在总是她付车钱了，她的姐姐要付，她却百般的不肯，有时当着人面，姐姐一定要付，妹妹一定不肯，结果闹得很窘，姐姐无形中觉得一种权利被人剥夺了。

但是关于妹妹的订婚，翠姨一点也没有羡慕的心理。妹妹未来的丈夫，她是看过的，没有什么好看，很高，穿着蓝袍子黑马褂，好像商人，又像一个小土绅士。又加上翠姨太年轻了，想不到什么丈夫，什么结婚。

因此，虽然妹妹在她的旁边一天比一天的丰富起来，妹妹是有钱了，但是妹妹为什么有钱的，她没有考查过。

所以当妹妹尚未离开她之前，她绝对的没有重视"订婚"的事。

就是妹妹已经出嫁了，她也还是没有重视这"订婚"的事。

不过她常常的感到寂寞。她和妹妹出来进去的，因为家庭环境孤寂，竟好像一对双生子似的，而今去了一个。不但翠姨自己觉得单调，就是她的祖父也觉得她可怜。

所以自从她的妹妹嫁了，她就不大回家，总是住在她的母亲的家里，有时我的继母也把她接到我们家里。

翠姨非常聪明，她会弹大正琴，就是前些年所流行在中国的一种日本琴，她还会吹箫或是会吹笛子。不过弹那琴的时候却很多。住在我家里的时候，我家的伯父，每在晚饭之后必同我们玩这些乐器的。笛子，箫，日本琴，风琴，月琴，还有什么打琴。真正的西洋的乐器，可一样也没有。

在这种正玩得热闹的时候，翠姨也来参加了，翠姨弹了一个曲子，和我们大家立刻就配合上了。于是大家都觉得在我们那已经天天闹熟了的老调子之中，又多了一个新的花样。

于是立刻我们就加倍的努力，正在吹笛子的把笛子吹得特别响，把笛膜振抖得似乎就要爆裂了似的滋滋的叫着。十岁的弟弟在吹口琴，他摇着头，好像要把那口琴吞下去似的，至于他吹的是什么调子，已经是没有人留意了。在大家忽然来了勇气的时候，似乎只需要这种胡闹。

而那按风琴的人，因为越按越快，到后来也许是已经找不到琴键了，只是那踏脚板越踏越快，踏的呜呜的响，好像有意要毁坏了那风琴，而想把风琴撕裂了一般的。

大概所奏的曲子是《梅花三弄》，也不知道接连的弹过了多少圈，看大家的意思都不想要停下来。不过到了后来，实在是气力没有了，找不着拍子的找不着拍子，跟不上调的跟不上调，于是在大笑之中，大家停下来了。

不知为什么，在这么快乐的调子里边，大家都有点伤心，也许是乐极生悲了，把我们都笑得一边流着眼泪，一边还笑。

正在这时候，我们往门窗处一看，我的最小的小弟弟，刚会走路，他也背着一个很大的破手风琴来参加了。

谁都知道，那手风琴从来也不会响的。把大家笑死了。在这回得到了快乐。

　　我的哥哥(伯父的儿子,钢琴弹得很好),吹箫吹得最好,这时候他放下了箫,对翠姨说:"你来吹吧!"翠姨却没有言语,站起身来,跑到自己的屋子去了,我的哥哥,好久好久的看住那帘子。

三

　　翠姨在我家,和我住一个屋子。月明之夜,屋子照得通亮,翠姨和我谈话,往往谈到鸡叫,觉得也不过刚刚半夜。

　　鸡叫了,才说:"快睡吧,天亮了。"

　　有的时候,一转身,她又问我:"是不是一个人结婚太早不好,或许是女子结婚太早是不好的!"

　　我们以前谈了很多话,但没有谈到这些。

　　总是谈什么,衣服怎样穿,鞋子怎样买,颜色怎样配,买了毛线来,这毛线应该打个什么的花纹,买了帽子来,应该评判这帽子还微微有点缺点,这缺点究竟在什么地方!

　　虽然说是不要紧,或者是一点关系也没有,但批评总是要批评的。

　　有时再谈得远一点,就是表姊表妹之类订了婆家,或是什么亲戚的女儿出嫁了。或是什么耳闻的,听说的,新娘子和新姑爷闹别扭之类。

　　那个时候,我们的县里,早就有了洋学堂了,小学好几个,大学没有。只有一个男子中学,往往成为谈论的目标,谈论这个,不单是翠姨,外祖母,姑姑,姐姐之类,都愿意讲究这当地中学的学生。因为他们一切洋化,穿着裤子,把裤腿卷起来一寸,一张口格得毛宁①外国话,他们彼此一说话就答答答②,听说这是什么毛子话。而更奇怪的就是他们见了女人不怕羞。这一点,大家都批评说是不如从前了,从前的书生,一见了女人脸就红。

　　我家算是最开通的了,叔叔和哥哥他们都到北京和哈尔滨那些大地方去读书了,他们开了不少的眼界,回到家里来,大讲他们那里都是男孩子和女孩子同学。

　　这一题目,非常的新奇,开初都认为这是造了反。后来因为叔叔也常和女同学通信,因为叔叔在家庭里是有点地位的人。并且父亲从前也加入过国民党,革过命,所以这个家庭都"咸与维新"起来。

　　因此在我家里一切都是很随便的,逛公园,正月十五看花灯,都是不分男女,一齐去。

　　而且我家里设了网球场,一天到晚的打网球,亲戚家的男孩子来了,我们也一齐的打。

　　这都不谈,仍旧来谈翠姨。

　　翠姨听了很多的故事,关于男学生结婚事情,就是我们本县里,已经有几件事情不幸的了。有的结婚了,从此就不回家了,有的婆来了太太,把太太放在另一间屋子里住着,而且自己却永久住在书房里。

　　每逢讲到这些故事时,多半别人都是站在女的一面,说那男子都是念书念坏了,一看了那不识字的又不是女学生之类就生气。觉得处处都不如他。天天总说是婚姻不自由,可是自古至今,都是爹许娘配的,偏偏到了今天,都要自由,看吧,这还没有自由呢,就先来了花头

---

　　① 格得毛宁,英语 Good morning 的音译,意为早安。——编者注。

　　② 答答答,俄语 Da,Da,Da 的音译,意为是的,对的。——编者注。

故事了,娶了太太的不回家,或是把太太放在另一个屋子里。这些都是念书念坏了的。

翠姨听了许多别人家的评论。大概她心里边也有些不平,她就问我不读书是不是很坏的,我自然说是很坏的。而且她看了我们家里男孩子,女孩子通通到学堂去念书的。

而且我们亲戚家的孩子也都是读书的。

因此她对我很佩服,因为我是读书的。

但是不久,翠姨就订婚了。就是她妹妹出嫁不久的事情。

她的未来的丈夫,我见过。在外祖父的家里。人长得又低又小,穿一身蓝布棉袍子,黑马褂,头上戴一顶赶大车的人所戴的五耳帽子。

当时翠姨也在的,但她不知道那是她的什么人,她只当是哪里来了这样一位乡下的客人。外祖母偷着把我叫过去,特别告诉了我一番,这就是翠姨将来的丈夫。

不久翠姨就很有钱,她的丈夫的家里,比她妹妹丈夫的家里还更有钱得多。婆婆也是个寡妇,守着个独生的儿子。儿子才十七岁,是在乡下的私学馆里读书。

翠姨的母亲常常替翠姨解说,人矮点不要紧,岁数还小呢,再长上两三年两个人就一般高了。劝翠姨不要难过,婆家有钱就好的。聘礼的钱十多万都交过来了,而且就由外祖母的手亲自交给了翠姨,而且还有别的条件保障着,那就是说,三年之内绝对的不准娶亲,借着男的一方面年纪太小为辞,翠姨更愿意远远的推着。

翠姨自从订婚之后,是很有钱的了,什么新样子的东西一到,虽说不是一定抢先去买了来,总是过不了多久,箱子里就要有的了。那时候夏天最流行银灰色市布大衫,而翠姨的穿起来最好,因为她有好几件,穿过两次不新鲜就不要了,就只在家里穿,而出门就又去做一件新的。

那时候正流行着一种长穗的耳坠子,翠姨就有两对,一对红宝石的,一对绿的,而我的母亲才能有两对,而我才有一对。可见翠姨是顶阔气的了。

还有那时候就已经开始流行高跟鞋了。可是在我们本街上却不大有人穿,只有我的继母早就开始穿,其余就算是翠姨。并不是一定因为我的母亲有钱,也不是因为高跟鞋一定贵,只是女人们没有那么摩登的行为,或者说她们不很容易接受新的思想。

翠姨第一天穿起高跟鞋来,走路还很不安定,但到第二天就比较的习惯了。到了第三天,就是说以后,她就是跑起来也是很平稳的。而且走路的姿态更加可爱了。

我们有时也去打网球玩玩,球撞到她脸上的时候,她才用球拍遮了一下,否则她半天也打不到一个球。因为她一上了场站在白线上就是白线上,站在格子里就是格子里,她根本的不动。有的时候,她竟拿着网球拍子站着一边去看风景去。尤其是大家打完了网球,吃东西的吃东西去了,洗脸的洗脸去了,惟有她一个人站在短篱前面,向着远远的哈尔滨市影痴望着。

有一次我同翠姨一同去做客。我继母的族中娶媳妇。她们是八旗人,也就是满人,满人才讲究场面呢,所有的族中的年轻的媳妇都必得到场,而个个打扮得如花似玉。似乎咱们中国的社会,是没这么繁华的社交的场面的,也许那时候,我是小孩子,把什么都看得特别繁华,就只说女人们的衣服吧,就个个都穿得和现在西洋女人在夜会里边那么庄严。一律都穿着绣花大袄。而她们是八旗人,大袄的襟下一律的没有开口。而且很长。大袄的颜色枣红的居多,绛色的也有,玫瑰紫色的也有。而那上边绣的颜色,有的荷花,有的玫瑰,有的松竹梅,一句话,特别的繁华。

她们的脸上，都擦着白粉，她们的嘴上都染得桃红。

每逢一个客人到了门前，她们是要列着队出来迎接的，她们都是我的舅母，一个一个的上前来问候了我和翠姨。

翠姨早就熟识她们的，有的叫表嫂子，有的叫四嫂子。而在我，她们就都是一样的，好像小孩子的时候，所玩的用花纸剪的纸人，这个和那个都是一样，完全没有分别。都是花缎的袍子，都是白白的脸，都是很红的嘴唇。

就是这一次，翠姨出了风头了，她进到屋里，靠着一张大镜子旁坐下了。

女人们就忽然都上前来看她，也许她从来没有这么漂亮过；今天把别人都惊住了。

以我看翠姨还没有她从前漂亮呢，不过她们说翠姨漂亮得像棵新开的腊梅。翠姨从来不擦胭脂的，而那天又穿了一件为着将来作新娘子而准备的蓝色缎子满是金花的夹袍。

翠姨让她们围起看着，难为情了起来，站起来想要逃掉似的，迈着很勇敢的步子，茫然的往里边的房间里闪开了。

谁知那里边就是新房呢，于是许多的嫂嫂们，就哗然的叫着，说："翠姐姐不要急，明年就是个漂亮的新娘子，现在先试试去。"

当天吃饭饮酒的时候，许多客人从别的屋子来呆呆的望着翠姨。翠姨举着筷子，似乎是在思量着，保持着镇静的态度，用温和的眼光看着她们。仿佛她不晓得人们专门在看着她似的。但是别的女人们羡慕了翠姨半天了，脸上又都突然的冷落起来，觉得有什么话要说出，又都没有说，然后彼此对望着，笑了一下，吃菜了。

四

有一年冬天，刚过了年，翠姨就来到了我家。

伯父的儿子——我的哥哥，就正在我家里。

我的哥哥，人很漂亮，很直的鼻子，很黑的眼睛，嘴也好看，头发也梳得好看，人很长，走路很爽快。大概在我们所有的家族中，没有这么漂亮的人物。

冬天，学校放了寒假，所以来我们家里休息。大概不久，学校开学就要上学去了。

哥哥是在哈尔滨读书。

我们的音乐会，自然要为这新来的角色而开了。翠姨也参加的。

于是非常的热闹，比方我的母亲，她一点也不懂这行，但是她也列了席，她坐在旁边观看，连家里的厨子，女工，都停下了工作来望着我们，似乎他们不是听什么乐器，而是在看人。我们聚满了一客厅。这些乐器的声音，大概很远的邻居都可以听到。

第二天邻居来串门的，就说："昨天晚上，你们家又是给谁祝寿？"

我们就说，是欢迎我们的刚到的哥哥。

因此我们家是很好玩的，很有趣的。不久就来到了正月十五看花灯的时节了。

我们家里自从父亲维新革命，总之在我们家里，兄弟姊妹，一律相待，有好玩的就一齐玩，有好看的就一齐去看。

伯父带着我们，哥哥，弟弟，姨……共八九个人，在大月亮地里往大街里跑去了。

那路之滑，滑得不能站脚，而且高低不平。他们男孩子们跑在前面，而我们因为跑得慢就落了后。

于是那在前边的他们回头来嘲笑我们，说我们是小姐，说我们是娘娘。说我们走不动。

我们和翠姨早就连成一排向前冲去，但是不是我倒，就是她倒。到后来还是哥哥他们一个一个的来扶着我们，说是扶着未免的太示弱了，也不过就是和他们连成一排向前进着。

不一会到了市里，满路花灯。人山人海。又加上狮子，旱船，龙灯，秧歌，闹得眼也花起来，一时也数不清多少玩艺。

哪里会来得及看，似乎只是在眼前一晃，就过去了，而一会别的又来了，又过去了。

其实也不见得繁华得多么了不得了，不过觉得世界上是不会比这个再繁华的了。

商店的门前，点着那么大的火把，好像热带的大椰子树似的。一个比一个亮。

我们进了一家商店，那是父亲的朋友开的。他们很好的招待我们，茶，点心，橘子，元宵。我们哪里吃得下去，听到门外一打鼓，就心慌了。而外边鼓和喇叭又那么多，一阵来了，一阵还没有去远，一阵又来了。

因为城本来是不大的，有许多熟人，也都是来看灯的都遇到了。其中我们本城里的在哈尔滨念书的几个男学生，他们也来看灯了。哥哥都认识他们。我也认识他们，因为这时候我们到哈尔滨念书去了。所以一遇到了我们，他们就和我们在一起，他们出去看灯，看了一会，又回到我们的地方，和伯父谈话，和哥哥谈话。我晓得他们，因为我们家比较有势力，他们是很愿和我们讲话的。

所以回家的一路上，又多了两个男孩子。

不管人讨厌不讨厌，他们穿的衣服总算都市化了。个个都穿着西装，戴着呢帽，外套都是到膝盖的地方，脚下很利落清爽。比起我们城里的那种怪样子的外套，好像大棉袍子似的好看得多了。而且颈间又都束着一条围巾，那围巾自然也是全丝全线的花纹。

似乎一束起那围巾来，人就更显得庄严，漂亮。

翠姨觉得他们个个都很好看。

哥哥也穿的西装，自然哥哥也很好看。因此在路上她直在看哥哥。

翠姨梳头梳得是很慢的，必定梳得一丝不乱，擦粉也要擦了洗掉，洗掉再擦，一直擦到认为满意为止。花灯节的第二天早晨她就梳得更慢，一边梳头一边在思量。本来按规矩每天吃早饭，必得三请两请才能出席，今天必得请到四次，她才来了。

我的伯父当年也是一位英雄，骑马，打枪绝对的好。后来虽然已经五十岁了，但是风采犹存。我们都爱伯父的，伯父从小也就爱我们。诗，词，文章，都是伯父教我们的。

翠姨住在我们家里，伯父也很喜欢翠姨。今天早饭已经开好了。

催了翠姨几次，翠姨总是不出来。

伯父说了一句："林黛玉……"

于是我们全家的人都笑了起来。

翠姨出来了，看见我们这样的笑，就问我们笑什么。我们没有人肯告诉她。翠姨知道一定是笑的她，她就说："你们赶快的告诉我，若不告诉我，今天我就不吃饭了，你们读书识字，我不懂，你们欺侮我……"

闹嚷了很久，还是我的哥哥讲给她听了。伯父当着自己的儿子面前到底有些难为情，喝了好些酒，总算是躲过去了。

翠姨从此想到了念书的问题，但是她已经二十岁了，上哪里去念书？上小学没有她这样大的学生，上中学，她是一字不识，怎样可以。所以仍旧住在我们家里。

　　弹琴，吹箫，看纸牌，我们一天到晚的玩着。我们玩的时候，全体参加，我的伯父，我的哥哥，我的母亲。

　　翠姨对我的哥哥没有什么特别的好，我的哥哥对翠姨就像对我们，也是完全的一样。

　　不过哥哥讲故事的时候，翠姨总比我们留心听些，那是因为她的年龄稍稍比我们大些，当然在理解力上，比我们更接近一些哥哥的了。哥哥对翠姨比对我们稍稍的客气一点。他和翠姨说话的时候，总是"是的""是的"的，而和我们说话则"对啦""对啦"。

　　这显然因为翠姨是客人的关系，而且在名分上比他大。

　　不过有一天晚饭之后，翠姨和哥哥都没有了。每天饭后大概总要开个音乐会的。这一天也许因为伯父不在家，没有人领导的缘故。大家吃过也就散了。客厅里一个人也没有。我想找弟弟和我下一盘棋，弟弟也不见了。于是我就一个人在客厅里按起风琴来，玩了一下也觉得没有趣。客厅是静得很的，在我关上了风琴盖子之后，我就听见了在后屋里，或者在我的房子里是有人的。

　　我想一定是翠姨在屋里。快去看看她，叫她出来张罗着看纸牌。

　　我跑进去一看，不单是翠姨，还有哥哥陪着她。

　　看见了我，翠姨就赶快的站起来说："我们去玩吧。"

　　哥哥也说："我们下棋去，下棋去。"

　　他们出来陪我来玩棋，这次哥哥总是输，从前是他回回赢我的，我觉得奇怪，但是心里高兴极了。

　　不久寒假终了，我就回到哈尔滨的学校念书去了。可是哥哥没有同来，因为他上半年生了点病，曾在医院里休养了一些时候，这次伯父主张他再请两个月的假，留在家里。

　　以后家里的事情，我就不大知道了。都是由哥哥或母亲讲给我听的。我走了以后，翠姨还住在家里。

　　后来母亲还告诉过，就是在翠姨还没有订婚之前，有过这样一件事情。我的族中有一个小叔叔，和哥哥一般大的年纪，说话口吃，没有风采，也是和哥哥在一个学校里读书。虽然他也到我们家里来过，但怕翠姨没有见过。那时外祖母就主张给翠姨提婚。那族中的祖母，一听就拒绝了，说是寡妇的儿子，命不好，也怕没有家教，何况父亲死了，母亲又出嫁了，好女不嫁二夫郎，这种人家的女儿，祖母不要。但是我母亲说，辈分合，他家还有钱，翠姨过门是一品当朝的日子，不会受气的。

　　这件事情翠姨是晓得的，而今天又见了我的哥哥，她不能不想哥哥大概是那样看她的。她自觉的觉得自己的命运不会好的，现在翠姨自己已经订了婚，是一个人的未婚妻。

　　二则她是出了嫁的寡妇的女儿，她自己一天把这个背了不知有多少遍，她记得清清楚楚。

五

　　翠姨订婚，转眼三年了，正这时，翠姨的婆家，通了消息来，张罗要娶。她的母亲来接她回去整理嫁妆。

　　翠姨一听就得病了。

　　但没有几天，她的母亲就带着她到哈尔滨采办嫁妆去了。

　　偏偏那带着她采办嫁妆的向导又是哥哥给介绍来的他的同学。他们住在哈尔滨的秦家岗上，风景绝佳，是洋人最多的地方。那男学生们的宿舍里边，有暖气，洋床。翠姨带着哥哥的介绍信，像一个女同学似的被他们招待着。又加上已经学了俄国人的规矩，处处尊重女子，所以翠姨当然受了他们不少的尊敬，请她吃大菜，请她看电影。坐马车的时候，上车让她先上，下车的时候，人家扶她下来。她每一动别人都为她服务，外套一脱，就接过去了。她刚一表示要穿外套，就给她穿上了。

　　不用说，买嫁妆她是不痛快的，但那几天，她总算一生中最开心的时候。

　　她觉得到底是读大学的人好，不野蛮，不会对女人不客气，绝不能像她的妹夫常常打她的妹妹。

　　经这到哈尔滨去一买嫁妆，翠姨就更不愿意出嫁了。她一想那个又丑又小的男人，她就恐怖。

　　她回来的时候，母亲又接她来到我们家来住着，说她的家里又黑，又冷，说她太孤单可怜。我们家是一团暖气的。

　　到了后来，她的母亲发现她对于出嫁太不热心，该剪裁的衣裳，她不去剪裁。有一些零碎还要去买的，她也不去买。

　　做母亲的总是常常要加以督促，后来就要接她回去，接到她的身边，好随时提醒她。

　　她的母亲以为年轻的人必定要随时提醒的，不然总是贪玩。而况出嫁的日子又不远了，或者就是二、三月。

　　想不到外祖母来接她的时候，她从心的不肯回去，她竟很勇敢的提出来她要读书的要求。她说她要念书，她想不到出嫁。

　　开初外祖母不肯，到后来，她说若是不让她读书，她是不出嫁的，外祖母知道她的心情，而且想起了很多可怕的事情……

　　外祖母没有办法，依了她。给她在家里请了一位老先生，就在自己家院子的空房子里边摆上了书桌，还有几个邻居家的姑娘，一齐念书。

　　翠姨白天念书，晚上回到外祖母家。

　　念了书，不多日子，人就开始咳嗽，而且整天的闷闷不乐。她的母亲问她，有什么不如意？陪嫁的东西买得不顺心吗？或者是想到我们家去玩吗？什么事都问到了。

　　翠姨摇着头不说什么。

　　过了一些日子，我的母亲去看翠姨，带着我的哥哥，他们一看见她，第一个印象，就觉得她苍白了不少。而且母亲断言的说，她活不久了。

　　大家都说是念书累的，外祖母也说是念书累的，没有什么要紧的，要出嫁的女儿们，总是先前瘦的，嫁过去就要胖了。

　　而翠姨自己则点点头，笑笑，不承认，也不加以否认。还是念书，也不到我们家来了，母亲接了几次，也不来，回说没有工夫。

　　翠姨越来越瘦了，哥哥去到外祖母家看了她两次，也不过是吃饭，喝酒，应酬了一番。而且说是去看外祖母的。在这里年轻的男子，去拜访年轻的女子，是不可以的。哥哥回来也并不带回什么欢喜或是什么新的忧郁，还是一样和大家打牌下棋。

　　翠姨后来支持不了啦，躺下了，她的婆婆听说她病，就要娶她，因为花了钱，死了不是可惜了吗？这一种消息，翠姨听了病就更加严重。婆家一听她病重，立刻要娶她。

因为在迷信中有这样一章,病新娘娶过来一冲,就冲好了。翠姨听了就只盼望赶快死,拼命的糟蹋自己的身体,想死得越快一点儿越好。

母亲记起了翠姨,叫哥哥去看翠姨。是我的母亲派哥哥去的,母亲拿了一些钱让哥哥给翠姨去,说是母亲送她在病中随便买点什么吃的。母亲晓得他们年轻人是很拘泥的,或者不好意思去看翠姨,也或者翠姨是很想看他的,他们好久不能看见了。同时翠姨不愿出嫁,母亲很久的就在心里边猜疑着他们了。

男子是不好去专访一位小姐的,这城里没有这样的风俗。

母亲给了哥哥一件礼物,哥哥就可去了。

哥哥去的那天,她家里正没有人,只是她家的堂妹妹应接着这从未见过的生疏的年轻的客人。

那堂妹妹还没问清客人的来由,就往外跑,说是去找她们的祖父去,请他等一等。

大概她想是凡男客就是来会祖父的。

客人只说了自己的名字,那女孩子连听也没有听就跑出去了。

哥哥正想,翠姨在什么地方? 或者在里屋吗? 翠姨大概听出什么人来了,她就在里边说:"请进来。"

哥哥进去了,坐在翠姨的枕边,他要去摸一摸翠姨的前额,是否发热,他说:"好了点吗?"

他刚一伸出手去,翠姨就突然的拉了他的手,而且大声的哭起来了,好像一颗心也哭出来了似的。哥哥没有准备,就很害怕,不知道说什么作什么。他不知道现在应该是保护翠姨的地位,还是保护自己的地位。同时听得见外边已经有人来了,就要开门进来了。一定是翠姨的祖父。

翠姨平静的向他笑着,说:"你来得很好,一定是姐姐告诉你来的,我心里永远纪念着她,她爱我一场,可惜我不能去看她了……我不能报答她了……不过我总会记起在她家里的日子的……她待我也许没有什么,但是我觉得已经太好了……我永远不会忘记的……

我现在也不知道为什么,心里只想死得快一点就好,多活一天也是多余的……人家也许以为我是任性……其实是不对的,不知为什么,那家对我也是很好的,我要是过去,他们对我也会是很好的,但是我不愿意。我小时候,就不好,我的脾气总是不从心的事,我不愿意……这个脾气把我折磨到今天了……可是我怎能从心呢……真是笑话……谢谢姐姐她还惦着我……请你告诉她,我并不像她想的那么苦呢,我也很快乐……"翠姨痛苦的笑了一笑,"我心里很安静,而且我求的我都得到了……"

哥哥茫然的不知道说什么,这时祖父进来了。看了翠姨的热度,又感谢了我的母亲,对我哥哥的降临,感到荣幸。他说请我母亲放心吧,翠姨的病马上就会好的,好了就嫁过去。

哥哥看了翠姨就退出去了,从此再没有看见她。

哥哥后来提起翠姨常常落泪,他不知翠姨为什么死,大家也都心中纳闷。

尾声

等我到春假回来,母亲还当我说:"要是翠姨一定不愿意出嫁,那也是可以的,假如他们当我说。"

……………

翠姨坟头的草籽已经发芽了,一掀一掀的和土粘成了一片,坟头显出淡淡的青色,常常会有白色的山羊跑过。

这时城里的街巷，又装满了春天。

暖和的太阳，又转回来了。

街上有提着筐子卖蒲公英的了，也有卖小根蒜的了。更有些孩子们他们按着时节去折了那刚发芽的柳条，正好可以拧成哨子，就含在嘴里满街的吹。声音有高有低，因为那哨子有粗有细。

大街小巷，到处的呜呜呜，呜呜呜。好像春天是从他们的手里招待回来了似的。

但是这为期甚短，一转眼，吹哨子的不见了。

接着杨花飞起来了，榆钱飘满了一地。

在我的家乡那里，春天是快的，五天不出屋，树发芽了，再过五天不看树，树长叶了，再过五天，这树就像绿得使人不认识它了。使人想，这棵树，就是前天的那棵树吗？

自己回答自己，当然是的。春天就像跑的那么快。好像人能够看见似的，春天从老远的地方跑来了，跑到这个地方只向人的耳朵吹一句小小的声音："我来了呵"，而后很快的就跑过去了。

春，好像它不知多么忙迫，好像无论什么地方都在招呼它，假若它晚到一刻，阳光会变色的，大地会干成石头，尤其是树木，那真是好像再多一刻工夫也不能忍耐，假若春天稍稍在什么地方留连了一下，就会误了不少的生命。

春天为什么它不早一点来，来到我们这城里多住一些日子，而后再慢慢的到另外的一个城里去，在另外一个城里也多住一些日子。

但那是不能的了，春天的命运就是这么短。

年轻的姑娘们，她们三两成双，坐着马车，去选择衣料去了，因为就要换春装了。

她们热心的弄着剪刀，打着衣样，想装成自己心中想得出的那么好，她们白天黑夜的忙着，不久春装换起来了，只是不见载着翠姨的马车来。

文本拓展

一、知识链接

☞ 流亡文学

狭义的指由于战争、政治、宗教、种族或其他原因被迫流亡国外，在另一个国度、族群、文化氛围下所创作出来的文学作品。希特勒统治时期和苏联革命胜利前后，欧洲大批优秀的作家被迫流亡国外，例如布莱希特、托马斯·曼、雷马克、茨威格、蒲宁、索尔仁尼琴、茨维塔耶娃、阿·托尔斯泰、米兰·昆德拉等。他们后来在世界各地的创作作品，往往表现的是反抗、痛苦、焦虑、忧郁、孤寂、乡愁、疏离与认同或民族文化情怀等内容和情感。广义的包括所有被动地离开家乡而创作的有关国仇家恨或怀念故乡等内容和情感的文学作品。比如中国的南宋文学，抗日流亡文学。流亡作家通常会用个人史或家族史来写民族史或族群史。流亡文学现象和成就成为文学批评不可忽视的一部分。19世纪丹麦文学评论家在他的巨著《十九世纪文学主流》第一章就是"流亡文学"。

☞ **叙述视角**

一般多指小说中讲故事人的身份和角度。西方学者把叙述视角分为三种形态。全知视角(零视角),叙述者〉人物,也就是叙述者比任何人物知道的都多,他全知全觉,而且可以不向读者解释这一切他是如何知道的。内视角,叙述者＝人物,也就是叙述者所知道得同人物知道得一样多,叙述者只借助某个人物的感觉和意识,从他的视觉、听觉及感受的角度去传达一切。叙述者不能像"全知全觉"那样,提供人物自己尚未知的东西,也不能进行这样或那样的解说。外视角,叙述者〈人物。这种叙述视角是对"全知全能"视角的根本反拨,因为叙述者对其所叙述的一切不仅不全知,反而比所有人物知道得还要少,他像是一个对内情毫无所知的人,仅仅在人物的后面向读者叙述人物的行为和语言,他无法解释和说明人物任何隐蔽的和不隐蔽的一切。不同的叙述视角决定了作品不同的构成方式,同时也决定了接受者不同的感受方式。小说的叙述视角并不等同于人称。全知视角类似于全能的第三人称的视角,外视角相当于第一人称的视角。

二、点评辑要

● **评萧红**

评萧红的《生死场》:叙事和写景,胜于人物的描写,然而北方人民的对于生坚强,对于死的挣扎,却往往已经力透纸背;女性作者的细致的观察和越轨的笔致,又增加了不少明丽和新鲜。

(《鲁迅杂文全集》之《且介亭杂文二集》《萧红作〈生死场〉序》)

评萧红的《呼兰河传》:要点不在《呼兰河传》不像是一部严格意义的小说,而在它于这"不像"之外,还有些别的东西——一些比"像"一部小说更为"诱人"些的东西:它是一篇叙事诗,一幅多彩的风土画,一串凄婉的歌谣。

(茅盾《呼兰河传序》)

四五年前我生平第一次系统地读了萧红的作品,真认为我书里未把《生死场》《呼兰河传》加以评论,实在是最不可饶恕的疏忽。

我相信萧红的书,将成为此后世世代代都有人阅读的经典之作。

(夏志清《中国现代小说史》)

以她那短短的创作生涯来看,她在当时可算是最有才气、最成功的小说家。除此而外,萧红是可列民国时期女小说家的前茅。……

……如果我们在文学立场上对萧红成败的评断正确的话,我们对萧红的成就可作下列结论:萧红作品之所以能得传世不朽,是在于她与众不同的题材和文艺。

([美]葛浩文《萧红传·总结》)

三、旁观博览

1. 亦祺 选编:《萧红小说》,浙江文艺出版社 2009 年版。

2. 赵园:《论小说十家》,生活·读书·新知三联书店 2011 年版。

3. 季红真:《萧红全传》,现代出版社 2016 年版。

4. 孟悦,戴锦华:《浮出历史地表——现代中国妇女研究》,中国人民大学出版社 2004 年版。

四、思考练习

1. 绘制一幅括号图，从人物个性、人际交往、人物遭际等多方面对萧萧和翠姨进行比较分析。

2. 小说为什么起名《小城三月》，而不是《翠姨》？

3. 模仿文中的景物描写，写一下你印象深刻的故乡的景色。

穆 旦

穆旦(1918—1977),原名查良铮,曾用笔名梁真。祖籍浙江省海宁市袁花镇,出生于天津。爱国主义诗人、翻译家。

1940 年在西南联大毕业后留校任教。1949 年赴美国留学,入芝加哥大学英国文学系学习。1952 年获文学硕士学位。1953 年回国后,任南开大学外文系副教授。1958 年受到政治迫害,调图书馆工作。1977 年因心脏病突发去世。

穆旦于 40 年代出版了《探险者》《穆旦诗集(1939～1945)》《旗》三部诗集,将西欧现代主义和中国诗歌传统结合起来,诗风富于象征寓意和心灵思辨,是"**九叶诗派**"的代表性诗人。20 世纪 80 年代之后,许多现代文学专家推其为现代诗歌第一人。主要译作有俄国普希金的作品《青铜骑士》《普希金抒情诗集》,英国雪莱的《云雀》《雪莱抒情诗选》,英国拜伦的《唐璜》《拜伦抒情诗选》《拜伦诗选》,英国《布莱克诗选》《济慈诗选》。

赞 美[①]

> 走不尽的山峦的起伏,河流和草原,
> 数不尽的密密的村庄,鸡鸣和狗吠,
> 接连在原是荒凉的亚洲的土地上,
> 在野草的茫茫中呼啸着干燥的风,
> 在低压的暗云下唱着单调的东流的水,
> 在忧郁的森林里有无数埋藏的年代
> 它们静静地和我拥抱:
> 说不尽的故事是说不尽的灾难,沉默的
> 是爱情,是在天空飞翔的鹰群,
> 是干枯的眼睛期待着泉涌的热泪,
> 当不移的灰色的行列在遥远的天际爬行;
> 我有太多的话语,太悠久的感情,
> 我要以荒凉的沙漠,坎坷的小路,骡子车,

---

① 选自《穆旦诗文集》(增订版),人民文学出版社 2014 年版。

我要以槽子船,漫山的野花,阴雨的天气,
我要以一切拥抱你,你,
我到处看见的人民呵,
在耻辱里生活的人民,佝偻的人民,
我要以带血的手和你们一一拥抱,
因为一个民族已经起来。

一个农夫,他粗糙的身躯移动在田野中,
他是一个女人的孩子,许多孩子的父亲,
多少朝代在他的身边升起又降落了
而把希望和失望压在他身上,
而他永远无言地跟在犁后旋转,
翻起同样的泥土溶解过他祖先的,
是同样的受难的形象凝固在路旁。
在大路上多少次愉快的歌声流过去了,
多少次跟来的是临到他的忧患;
在大路上人们演说,叫嚣,欢快,
然而他没有,他只放下了古代的锄头,
再一次相信名词,溶进了大众的爱,
坚定地,他看着自己溶进死亡里,
而这样的路是无限的悠长的
而他是不能够流泪的,
他没有流泪,因为一个民族已经起来。

在群山的包围里,在蔚蓝的天空下,
在春天和秋天经过他家园的时候,
在幽深的谷里隐着最含蓄的悲哀:
一个老妇期待着孩子,许多孩子期待着
饥饿,而又在饥饿里忍耐,
在路旁仍是那聚集着黑暗的茅屋,
一样的是不可知的恐惧,一样的是
大自然中那侵蚀着生活的泥土,
而他走去了从不回头诅咒。
为了他我要拥抱每一个人,
为了他我失去了拥抱的安慰,
因为他,我们是不能给以幸福的,
痛哭吧,让我们在他的身上痛哭吧,
因为一个民族已经起来。

一样的是这悠久的年代的风，

一样的是从这倾圮的屋檐下散开的

无尽的呻吟和寒冷，

它歌唱在一片枯槁的树顶上，

它吹过了荒芜的沼泽，芦苇和虫鸣，

一样的是这飞过的乌鸦的声音

当我走过，站在路上踟蹰，

我踟蹰着为了多年耻辱的历史

仍在这广大的山河中等待，

等待着，我们无言的痛苦是太多了，

然而一个民族已经起来，

然而一个民族已经起来。

1941 年 12 月

文本拓展

一、知识链接

☞ 九叶诗派

九叶诗派是抗战后期和解放战争时期的一个具有现代主义倾向的诗歌流派，主要成员有辛笛、穆旦、陈敬容、杜运燮等九人，主要刊物有《诗创造》《中国新诗》。

☞ 现代诗

现代诗也叫"白话诗"，是诗歌的一种，与古典诗歌相对而言，一般不拘格式和韵律。

☞ 现代主义

19 世纪末兴起至 20 世纪中期，具有前卫特色并与传统文艺分道扬镳的各种文艺流派和思潮，又称现代派。

二、点评辑要

● 评穆旦及其作品

四十年代的诗坛活动着一批青年诗人，他们继承戴望舒、艾青、卞之琳、冯至等人开创的新诗传统，进一步探索着新诗现代化的道路，在诗歌创作上成绩斐然。其代表人物便是以后被称为"九叶诗人"的辛笛、陈敬容、杜运燮、杭约赫、郑敏、唐祈、唐湜、袁可嘉、穆旦。他们在极其困难的条件下创办了两个有影响的诗刊《诗创造》与《中国新诗》，虽然它们仅存在一年零八个月，就被查封，但却表现了一种新的美学思想和诗歌观念。

(鲍昌宝《九叶诗人与西方现代主义思潮》)

穆旦的诗歌创作是受西方诗歌影响而产生的。他善于吸收外国诗歌,尤其是西方现代诗歌的长处,并用自己的生命加以吸收消化。穆旦的独特的人生经历在他的诗歌中凝结为两大类具有鲜明现代色彩的意象:"自我"意象、"荒原"意象,而且这两个意象始终贯穿于穆旦全部的诗歌中。

(吴恒颐《"自我"、"荒原"——穆旦诗歌中现代性意象》,《语文学刊》2009 年第 6B 期)

穆旦是"九叶诗派"的代表诗人。他的诗中充满着对自我和社会的拷问。人的内心困境和中华民族的苦难与希望是他诗歌的主体。他那"丰富而又丰富的痛苦"是九叶诗人共同的人生体验和时代感知。穆旦深受西方文化的影响,并结合自身独特的人生经历凝炼出一个现代的"自我"意象。

(蒋裕银,杨东《论穆旦诗歌中的"自我"意象》,《南方论刊》,2015 年第 12 期)

在穆旦诗歌中,"行走在路上"这一命题已远超出现实经验,而得到了丰富的现代性阐发。关于"道路"以及"行走"的经验,已由具象指向抽象,由生命个体的求索困厄推及对宇宙存在的终极探索,在感性与知性,抒情性与超验性的融合混沌中,纳入"丰富和丰富的痛苦",在穆旦诗歌阐释中形成宏阔的精神空间和巨大的美学张力。

(彭亚英《行走在路上——解读穆旦诗歌中的道路意象及行走哲学》《乐山师范学院学报》2006 年第 7 期)

在诗人穆旦的大量诗作中频繁地出现了"死亡"意象,诗人使用这个意象并不意味着是对"死亡"的绝望和屈服,相反,是对生的渴望与追求。

(邱丽平《绝望中燃起希望——论穆旦诗歌里的"死亡"意象》,《云南电大学报》2006 年第 3 期)

穆旦,作为"九叶"诗派的重要诗人,创造了许多堪称经典的诗作。他的不同凡响之处更在于融会贯通之后的创新。尤其在诗歌意象艺术上,他有着自己独到的见解,这些意象增加了穆旦诗歌的新颖性和现代性,也延长了审美感觉的时间和过程。同时,它又是精确的,表达了诗人细微复杂的思想感情。穆旦晚年诗歌在意象的选取方式上有发展和变化,有对传统意象的颠覆,更显示其独特性。他晚年的诗歌创作呈现出自然的意象集中采用的特点,同时这也使诗人的诗歌意境更为深邃和悠远。

(戴惠《论穆旦诗歌的意象艺术》《苏州大学学报(哲学社会科学版)》2010 年第 6 期)

尽管穆旦和昌耀所处的历史语境与个人境遇大不相同,诗学动机大不一致,其写作却获得了相似的诗学效果:词汇本身充满力度,诗歌语言获具一种独特的质感。

(易彬《从穆旦到昌耀:新诗的语言质感论略》《南京师范大学文学院学报》2013 第 2 期)

穆旦是九叶诗派里诗歌创作成就最高、最具风格特色的诗人。诗人立足于当时的现实背景,借用西方现代派诗歌的艺术技巧和表现手法,用感性、凝重、冷峻的语言深刻地刻画了当时的严峻社会现实,表现了诗人对国家、民族、人民命运的关注与思考以及对民族未来前途走向的深深忧郁。他的诗作既忠于时代又忠于艺术,呈现了中国现代文学史上现代派诗歌成熟期的特征。

(邱丽平《探索与思考后的忧郁》《新世纪论丛》2006 年第 1 期)

● 评《赞美》

《赞美》是穆旦写于一九四一年十二月的一首抒情诗,当时穆旦还在大后方的昆明。我们可以想象得到,这首诗里所写的场景,都来自他在抗日战争开始以后,在中国的南方大地上辗转流徙、颠簸飘泊的生活经历。

（魏家骏《苦难民族的精神赞歌》——穆旦的诗《赞美》赏析《名作欣赏》2004 年第 10 期）

诗人穆旦于 1938—1941 年所写的部分诗歌，着力于对苦难中国的现实场景的绘写，最终则 落实到《赞美》。由于诗人所选用的词语和意象基本上都是非"赞美型"的，这意味着他在加入到民族大合唱行列的时候，着意将自己置于一个"隐藏在生活表层之下"的位置，试图通过宣谕和强调而给世人一种"朝向光明的激动"，表达一种对于"新生的中国"的强炽希望：唯有人们（包括知识者）不断地"扶助"深陷苦难 之中的民族，"耻辱的历史"局面才能改观，"无言的痛苦"才能获得解除，这一民族才能真正"起来"，大众也才能真正从"不幸"的牢笼中解救过来。

（易彬《赞美：在命运和历史的慨叹中——论穆旦写作（1938—1941）的一个侧面》《中国现代文学研究丛刊》2006 年第 5 期）

三、旁观博览

1. 《穆旦诗全集》，人民文学出版社 1996 年版。

2. 《穆旦诗文集》（增订版），人民文学出版社 2014 年版。

3. 马永波：《九月诗派与西方现代主义》，东方出版中心 2010 年版。

4. 萧映：《苍凉时代的灵魂之舞 》，北京师范大学出版社 2008 年版。

5. 高秀芹，徐立钱：《穆旦：苦难与忧思铸就的诗魂》，文津出版社 2007 年版。

6. 谭梅 等：《中国现代新诗抒情方式研究——以林庚、穆旦为中心》，四川大学出版社 2014 年版。

四、思考练习

1. 给本诗中的农民形象绘制一个圆圈图。

2. 比较本诗与《义勇军进行曲》的异同。

3. 写一首表达你对祖国情感的小诗。

纪 弦

纪弦(1913—2013),原名路逾,笔名路易士、青空律。原籍陕西周至,生于河北清苑。当代诗人,现代派诗歌倡导者,台湾诗坛的三位元老之一(另两位为覃子豪与钟鼎文),在台湾诗坛享有极高的声誉。主张写"主知"的诗,强调"横的移植"。诗风明快,善嘲讽,乐戏谑。他的诗极有韵味,且注重创新,令后学者竞相仿效,成为台湾诗坛的一面旗帜。诗集有《易士集》《行过之生命》《爱云的奇人》《烦哀的日子》《不朽的肖像》《夏天》《三十前集》《槟榔树甲集》《槟榔树乙集》《槟榔树丙集》《槟榔树丁集》,散文集有《终南山下》《园丁之歌》等。

你的名字①

用了世界上最轻最轻的声音,
轻轻地唤你的名字每夜每夜。

写你的名字。
画你的名字。
而梦见的是你的发光的名字:

如日,如星,你的名字。
如灯,如钻石,你的名字。
如缤纷的火花,如闪电,你的名字。
如原始森林的燃烧,你的名字。

刻你的名字!
刻你的名字在树上。
刻你的名字在不凋的生命树上。
当这植物长成了参天的古木时,
啊啊,多好,多好,

---

① 选自《台湾爱情诗选》,中国文联出版公司1987年版。

你的名字也大起来。

大起来了,你的名字。
亮起来了,你的名字。
于是,轻轻轻轻轻轻轻地唤你的名字。

📖 文本拓展

一、知识链接

✍ 纪弦的诗

上世纪 50 年代后期开始,台湾经济从复兴到起飞,物质的丰富和精神的匮乏形成鲜明的对比,精神空虚、苦闷、失落、孤独成为一种普遍的"现代病"。《文学杂志》和《现代文学》大量介绍西方现代派文学作品和理论批评,台湾的现代诗应运而生。

纪弦等人成立的"现代派",对台湾新诗现代化起了推波助澜的作用。作为一种文学运动,它的功绩主要"在于奠定'自由诗体'为新诗的主要形式、语言上的勇猛的实验"以及"导致了诗人们努力的向人类心灵的内在挖掘"。它的弊病,则是逃避现实矛盾,走进个人的象牙之塔。它强调"横的移植",提倡异国情调,形成了盲目西化的倾向;它强调为艺术而艺术,促使唯美主义的流行和形式主义的泛滥;它向内在挖掘,导致了矫饰造作、无病呻吟和晦涩如谜,甚至使"唯性主义"大行其道。所以,步入 70 年代,在乡土文学崛起的时候,现代诗受到了猛烈的批评。当然,这些弊病是就现代诗总体而言,并非每个诗人和所有的诗都如此。现代诗运动中的探求者,如纪弦、余光中、痖弦、郑愁予等,在创作上都取得了一定的成就。

二、点评辑要

● 评纪弦的作品

纪弦唱了,唱得真好。用现代人的日常语言写现代人的生活体验,这是新诗。

台湾现代派虽以纪弦为鼻祖,却并非他的独创,不过是四十年代中国诗苑流行过的具有进步色彩的现代派的旁枝之变异而已。台湾现代派在诗歌艺术领域自有其贡献,但在思想上却无进步意义可言。他们的诗纲可归纳为三:一是强调"横的移植",硬搬西洋,力排传统;二是"主智"不主情,导致无感不情的文字游戏;三是要求 Pure Poetry 即"纯诗",勿去触动社会生活,勿去干预现实,否则便不"纯"了。

纪弦固守着没落阶级的偏见,有时候不免要爆发出醉话满纸的荒唐,兴冲冲地跑去配合不干不净的政治宣传,"智" 耶? "纯"耶?

(流沙河《独步的狼》)

● 评《你的名字》

平心而论,这该是他的杰作之一。简明其外,复沓其内,循环不绝地一气贯注到底地诉说着"你的名字"。诉说得那么多情,乃至沉湎入迷,絮絮缕缕,如小儿女说悄悄话。细听之,竟不象在说话,而更象幽夜中独对一灯的喃喃自语。不着一爱字而痴爱之情毕露。不具体写出"你"的性别、身份、外貌、内心,留余地给读者,让读者随意代入自己的恋慕者,这正是作家手段高明处。

(流沙河《独步的狼》)

纪弦不愧是诗坛老手。此诗写得是那样明朗,又是那样朦胧。文字一读就懂,但内涵却极其丰富。

作者在艺术形式上做了许多方案。诸如结构的紧凑、旋律的急促、造句的随意和首尾照应,均增加了此诗的艺术魅力。

(古远清《台港朦胧诗赏析》)

三、旁观博览

1. 纪弦:《纪弦诗拔萃》,海峡出版社 2002 年版。

2. 郭济访,王建 选评:《台湾三家诗精品》,安徽文艺出版社 1990 年版。

3.《台湾诗选》,人民文学出版社 1980 年版。

4. 流沙河 编著:《台湾诗人十二家》,重庆出版社 1983 年版。

5. 候吉琼 编:《等你,在雨中——台湾爱情诗歌名篇欣赏》(台湾诗歌散文经典作品配乐朗诵系列),河北教育音像出版社。

四、思考练习

1. 以"你的名字"为题的有不少文学影音作品,做一个括号图,对作品中传达的情感进行比较分析。

2. 你觉得"你的名字"的"你"的指代对象是什么? 爱人、亲人、祖国……选择一种写出你的理解。

3. 下面是小说《洛丽塔》的开头:

洛丽塔,我生命之光,我欲念之火。我的罪恶,我的灵魂。洛—丽—塔:舌尖向上,分三步,从上颚往下轻轻落在牙齿上。洛。丽。塔。

请从情感内容与表现手法方面,比较与《你的名字》的异同。

余光中

余光中(1928—)，现代诗人、散文家。祖籍福建永春，1928生于江苏南京，1947年入金陵大学外语系(后转入厦门大学)，1949年随父母迁香港，次年赴台，就读于台湾大学外文系。1953年，与覃子豪、钟鼎文等共创"蓝星"诗社。后赴美进修，获爱荷华大学艺术硕士学位。返台后任师大、政大、台大及香港中文大学教授，现任台湾中山大学文学院院长。

听听那冷雨①

惊蛰一过，春寒加剧。先是料料峭峭，继而雨季开始，时而淋淋漓漓，时而淅淅沥沥，天潮潮地湿湿，即连在梦里，也似乎有把伞撑着。而就凭一把伞，躲过一阵潇潇的冷雨，也躲不过整个雨季。连思想也都是潮润润的。每天回家，曲折穿过金门街到厦门街迷宫式的长巷短巷，雨里风里，走入霏霏令人更想入非非。想这样子的台北凄凄切切完全是黑白片的味道，想整个中国整部中国的历史无非是一张黑白片子，片头到片尾，一直是这样下着雨的。这种感觉，不知道是不是从**安东尼奥尼**那里来的。不过那一块土地是久违了，二十五年，四分之一的世纪，即使有雨，也隔着千山万山，千伞万伞。十五年，一切都断了，只有气候，只有气象报告还牵连在一起，大寒流从那块土地上弥天卷来，这种酷冷吾与古大陆分担。不能扑进她怀里，被她的裙边扫一扫也算是安慰孺慕②之情吧。

这样想时，严寒里竟有一点温暖的感觉了。这样想时，他希望这些狭长的巷子永远延伸下去，他的思路也可以延伸下去，不是金门街到厦门街，而是金门到厦门。他是厦门人，至少是广义的厦门人，二十年来，不住在厦门，住在厦门街，算是嘲弄吧，也算是安慰。不过说到广义，他同样也是广义的江南人，常州人，南京人，川娃儿，五陵少年。杏花春雨江南，那是他的少年时代了。再过半个月就是清明。安东尼奥尼的镜头摇过去，摇过去又摇过来。残山剩水犹如是，皇天后土犹如是。纭纭黔首③、纷纷黎民从北到南犹如是。那里面是中国吗？那里面当然还是中国永远是中国。只是杏花春雨已不再，牧童遥指已不再，剑门细雨渭城轻尘也都已不再。然则他日思夜梦的那片土地，究竟在哪里呢？

---

① 选自《听听那冷雨》，山东文艺出版社1994年版。
② 孺慕：幼童爱慕父母。
③ 黔首：百姓。

在报纸的头条标题里吗？还是香港的谣言里？还是傅聪的黑键白键马恩聪的跳弓拨弦？还是安东尼奥尼的镜底勒马洲的望中？还是呢，故宫博物院的壁头和玻璃柜内，京戏的锣鼓声中太白和东坡的韵里？

杏花，春雨，江南。六个方块字，或许那片土就在那里面。而无论赤县也好神州也好中国也好，变来变去，只要仓颉①的灵感不灭，美丽的中文不老，那形象那磁石一般的向心力当必然长在。因为一个方块字是一个天地。太初有字，于是汉族的心灵他祖先的回忆和希望便有了寄托。譬如凭空写一个"雨"字，点点滴滴，滂滂沱沱，淅淅沥沥，一切云情雨意，就宛然其中了。视觉上的这种美感，岂是什么 rain 也好 pluie 也好所能满足？翻开一部《辞源》或《辞海》，金木水火土，各成世界，而一入"雨"部，古神州的天颜千变万化，便悉在望中，美丽的霜雪云霞，骇人的雷电霹雳，展露的无非是神的好脾气与坏脾气，气象台百读不厌门外汉百思不解的百科全书。

听听，那冷雨。看看，那冷雨。嗅嗅闻闻，那冷雨，舔舔吧，那冷雨。雨在他的伞上这城市百万人的伞上雨衣上屋上天线上，雨下在基隆港在防波堤海峡的船上，清明这季雨。雨是女性，应该最富于感性。雨气空而迷幻，细细嗅嗅，清清爽爽新新，有一点点薄荷的香味，浓的时候，竟发出草和树林之后特有的淡淡土腥气，也许那竟是蚯蚓的蜗牛的腥气吧，毕竟是惊蛰了啊。也许地上的地下的生命也许古中国层层叠叠的记忆皆蠢蠢而蠕，也许是植物的潜意识和梦紧，那腥气。

第三次去美国，在高高的丹佛他山居住了两年。美国的西部，多山多沙漠，千里干旱，天，蓝似安格罗萨克逊人的眼睛，地，红如印第安人的肌肤，云，却是罕见的白鸟，落基山簇簇耀目的雪峰上，很少飘云牵雾。一来高，二来干，三来森林线以上，杉柏也止步，中国诗词里"荡胸生层云②"或是"商略黄昏雨③"的意趣，是落基山上难睹的景象。落基山岭之胜，在石，在雪。那些奇岩怪石，相叠互倚，砌一场惊心动魄的雕塑展览，给太阳和千里的风看。那雪，白得虚虚幻幻，冷得清清醒醒，那股皑皑不绝一仰难尽的气势，压得人呼吸困难，心寒眸酸。不过要领略"白云回望合，青霭入看无④"的境界，仍须来中国。台湾湿度很高，最饶云气氛围雨意迷离的情调。两度夜宿溪头，树香沁鼻，宵寒袭肘，枕着润碧湿翠苍苍交叠的山影和万籁都歇的俱寂，仙人一样睡去。山中一夜饱雨，次晨醒来，在旭日未升的原始幽静中，冲着隔夜的寒气，踏着满地的断柯折枝和仍在流泻的细股雨水，一径探入森林的秘密，曲曲弯弯，步上山去。溪头的山，树密雾浓，翁郁的水气从谷底冉冉升起，时稠时稀，蒸腾多姿，幻化无定，只能从雾破云开的空处，窥见乍现即隐的一峰半堑，要纵览全貌，几乎是不可能的。至少上山两次，只能在白茫茫里和溪头诸峰玩捉迷藏的游戏。回到台北，世人问起，除了笑而不答心自问，故作神秘之外，实际的印象，也无非山在虚无之间罢了。云缘烟绕，山隐水迢的中

---

① 仓颉：我国古代传说人物。传说为皇帝的史官，汉字的发明者。

② 荡胸生层云：唐代诗人杜甫《望岳》诗："岱宗夫如何？齐鲁青未了。造化钟神秀，阴阳割昏晓。荡胸生层云，决眦入归鸟。会当凌绝顶，一览众山小。"

③ 商略黄昏雨：宋词人姜夔的《点绛唇》："燕雁无心，太湖西畔随云去。数峰清苦。商略黄昏雨。第四桥边，拟共天随住。今何许。凭阑怀古。残柳参差舞。"

④ "白云"二句：唐代诗人王维的《终南山》："太乙近天都，连山到海隅。白云回望合，青霭入看无。分野中峰变，阴晴众壑殊。欲投人处宿，隔水问樵夫。"

国风景，由来予人宋画的韵味。那天下也许是赵家的天下，那山水却是米家的山水。而究竟，是米氏父子下笔像中国的山水，还是中国的山水上只像宋画，恐怕是谁也说不清楚了吧？

雨不但可嗅，可亲，更可以听。听听那冷雨。听雨，只要不是石破天惊的台风暴雨，在听觉上总是一种美感。大陆上的秋天，无论是疏雨滴梧桐，或是骤雨打荷叶，听去总有一点凄凉，凄清，凄楚，于今在岛上回味，则在凄楚之外，再笼上一层凄迷了，饶你多少豪情侠气，怕也经不起三番五次的风吹雨打。一打少年听雨①，红烛昏沉。再打中年听雨，客舟中江阔云低。三打白头听雨的僧庐下，这更是亡宋之痛，一颗敏感心灵的一生：楼上，江上，庙里，用冷冷的雨珠子串成。十年前，他曾在一场摧心折骨的鬼雨中迷失了自己。雨，该是一滴湿漓漓的灵魂，窗外在喊谁。

雨打在树上和瓦上，韵律都清脆可听。尤其是铿铿敲在屋瓦上，那古老的音乐，属于中国。王禹的黄冈，破如椽的大竹为屋瓦。据说住在竹楼上面，急雨声如瀑布，密雪声比碎玉，而无论鼓琴，咏诗，下棋，投壶，共鸣的效果都特别好。这样岂不像住在竹和筒里面，任何细脆的声响，怕都会加倍夸大，反而令人耳朵过敏吧。

雨天的屋瓦，浮漾湿湿的流光，灰而温柔，迎光则微明，背光则幽黯，对于视觉，是一种低沉的安慰。至于雨敲在鳞鳞千瓣的瓦上，由远而近，轻轻重重轻轻，夹着一股股的细流沿瓦槽与屋檐潺潺泻下，各种敲击音与滑音密织成网，谁的千指百指在按摩耳轮。"下雨了"，温柔的灰美人来了，她冰冰的纤手在屋顶拂弄着无数的黑键啊灰键，把响午一下子奏成了黄昏。

在古老的大陆上，千屋万户是如此。二十多年前，初来这岛上，日式的瓦屋亦是如此。先是天黯了下来，城市像罩在一块巨幅的毛玻璃里，阴影在户内延长复加深。然后凉凉的水意弥漫在空间，风自每一个角落里旋起，感觉得到，每一个屋顶上呼吸沉重都覆着灰云。雨来了，最轻的敲打乐敲打这城市。苍茫的屋顶，远远近近，一张张敲过去，古老的琴，那细细密密的节奏，单调里自有一种柔婉与亲切，滴滴点点滴滴，似幻似真，若孩时在摇篮里，一曲耳熟的童谣摇摇欲睡，母亲吟哦鼻音与喉音。或是在江南的泽国水乡，一大筐绿油油的桑叶被啃于千百头蚕，细细琐琐屑屑，口器与口器咀咀嚼嚼。雨来了，雨来的时候瓦这幺说，一片瓦说千亿片瓦说，说轻轻地奏吧沉沉地弹，徐徐地叩吧挞挞地打，间间歇歇敲一个雨季，即兴演奏从惊蛰到清明，在零落的坟上冷冷奏挽歌，一片瓦吟千亿片瓦吟。

在旧式的古屋里听雨，听四月，霏霏不绝的黄梅雨，朝夕不断，旬月绵延，湿黏黏的苔藓从石阶下一直侵到舌底，心底。到七月，听台风台雨在古屋顶上一夜盲奏，千层海底的热浪沸沸被狂风挟挟，掀翻整个太平洋只为向他的矮屋檐重重压下，整个海在他的蜗壳上哗哗泻过。不然便是雷雨夜，白烟一般的纱帐里听羯鼓一通又一通，滔天的暴雨滂滂沛沛扑来，强劲的电琵琶忐忐忑忑忐忐忑忑，弹动屋瓦的惊悸腾腾欲掀起。不然便是斜斜的西北雨斜斜刷在窗玻璃上，鞭在墙上打在阔大的芭蕉叶上，一阵寒潮泻过，秋意便弥湿旧式的庭院了。

在旧式的古屋里听雨，春雨绵绵听到秋雨潇潇，从少年听到中年，听听那冷雨。雨是一种单调而耐听的音乐是室内乐是室外乐，户内听听，户外听听，冷冷，那音乐。雨是一种回忆的音乐，听听那冷雨，回忆江南的雨下得满地是江湖下在桥上和船上，也下在四川在秧田和

---

① 少年听雨：宋词人蒋捷的《虞美人》："少年听雨歌楼上，红烛昏罗帐。壮年听雨客舟中，江阔云低、断雁叫西风。而今听雨僧庐下，鬓已星星也。悲欢离合总无情，一任阶前、点滴到天明。"

蛙塘,一下肥了嘉陵江下湿布谷咕咕的啼声,雨是潮潮润润的音乐下在渴望的唇上,舔舔那冷雨。

因为雨是最最原始的敲打乐从记忆的彼端敲起。瓦是最最低沉的乐器灰蒙蒙的温柔覆盖着听雨的人,瓦是音乐的雨伞撑起。但不久公寓的时代来临,台北你怎么一下子长高了,瓦的音乐竟成了绝响。千片万片的瓦翩翩,美丽的灰蝴蝶纷纷飞走,飞入历史的记忆。现在雨下下来下在水泥的屋顶和墙上,没有音韵的雨季。树也砍光了,那月桂,那枫树,柳树和擎天的巨椰,雨来的时候不再有丛叶嘈嘈切切,闪动湿湿的绿光迎接。鸟声减了啾啾,蛙声沉了咯咯,秋天的虫吟也减了唧唧。七十年代的台北不需要这些,一个乐队接一个乐队便遣散尽了。要听鸡叫,只有去诗经的韵里找。现在只剩下一张黑白片,黑白的默片。

正如马车的时代去后,三轮车的伕工也去了。曾经在雨夜,三轮车的油布篷挂起,送她回家的途中,篷里的世界小得多可爱,而且躲在警察的辖区以外,雨衣的口袋越大越好,盛得下他的一只手里握一只纤纤的手。台湾的雨季这么长,该有人发明一种宽宽的双人雨衣,一人分穿一只袖子此外的部分就不必分得太苛。而无论工业如何发达,一时似乎还废不了雨伞。只要雨不倾盆,风不横吹,撑一把伞在雨中仍不失古典的韵味。任雨点敲在黑布伞或是透明的塑胶伞上,将骨柄一旋,雨珠向四方喷溅,伞缘便旋成了一圈飞檐。跟女友共一把雨伞,该是一种美丽的合作吧。最好是初恋,有点兴奋,更有点不好意思,若即若离之间,雨不妨下大一点。真正初恋,恐怕是兴奋得不需要伞的,手牵手在雨中狂奔而去,把年轻的长发的肌肤交给漫天的淋淋漓漓,然后向对方的唇上颊上尝凉凉甜甜的雨水。不过那要非常年轻且激情,同时,也只能发生在法国的新潮片里吧。

大多数的雨伞想不会为约会张开。上班下班,上学放学,菜市来回的途中。现实的伞,灰色的星期三。握着雨伞。他听那冷雨打在伞上。索性更冷一些就好了,他想。索性把湿湿的灰雨冻成干干爽爽的白雨,六角形的结晶体在无风的空中回回旋旋地降下来。等须眉和肩头白尽时,伸手一拂就落了。二十五年,没有受故乡白雨的祝福,或许发上下一点白霜是一种变相的自我补偿吧。一位英雄,经得起多少次雨季?他的额头是水成岩削成还是火成岩?他的心底究竟有多厚的苔藓?厦门街的雨巷走了二十年与记忆等长,一座无瓦的公寓在巷底等他,一盏灯在楼上的雨窗子里,等他回去,向晚餐后的沉思冥想去整理青苔深深的记忆。

前尘隔海。古屋不再。听听那冷雨。

📖 文本拓展

一、知识链接

☞ 安东尼奥尼

安东尼奥尼(英文名:Michelangelo Antonioni,1912 年 9 月 29 日—2007 年 7 月 30 日),意大利新现实主义电影导演,也是公认在电影美学上最有影响力的导演之一。1939 年去罗马为《电影》杂志工作,首批导演的影片有《波的家庭》《一次爱情的始末》等。以后的作品《冒险》和《红色的沙漠》使他蜚声国际。所执导的影片善于表现现代化社会题材,对话简洁,寓深意于画面之中。

二、点评辑要

台湾文坛"首先揭橥变革'五四'现代散文旗帜的是余光中"。

(楼肇明《台湾散文发展的一个轮廓》)

余氏以其抒情彩笔,纵横捭阖,缔造了一个中西古今交融的散文新天地。在 20 世纪中国作家中,大概无人能出其右。

(黄维梁《余光中选集·总序》)

余光中有一些散文也依据意识的自然流动结构全篇,《听听那冷雨》写的是春雨之夜作者对雨的记忆,作者由台北的潇潇冷雨写到江南的杏花春雨,由听着黄梅雨写到听台风雨,由少年听雨写到中年听雨,诸种感受和情调融汇在一起,构成了关于雨的交响曲。

(李立平《余光中散文创作论》)

三、旁观博览

1. 余光中:《余光中经典》,海峡文艺出版社 2007 年版。
2. 余光中:《乡愁》,人民文学出版社 1971 年版。
3. 黄维樑 选编:《余光中散文精选》,海天出版社 2001 年版。

四、思考练习

1. 做一个括号图,列举作者从冷雨中听到了什么。
2. 本文与作者的《乡愁》,你更喜欢哪一篇,为什么?
3. 文中采用了大量的时空交错的表现手法,请指出来,并模仿这种写作方法,写一段以"思念"为题的短文。

王鼎钧

王鼎钧(1925—)，山东省临沂县兰陵镇(今属临沂市兰陵县)人，当代著名散文作家，曾用笔名"方以直"。王鼎钧生于耕读之家。对日抗战期间，离开山东老家，投入李仙洲将军所创办之初中"国立第二十二中学"。初中毕业后，弃学从军。1949年，随国民政府到台湾，考入张道藩所创办的小说创作组，受教于王梦鸥、赵友培、李辰冬，打下写作的基础。

20世纪50年代，进入中广公司之后，因拒绝加入中国国民党，遭怀疑是匪谍，长期遭跟监。退休后离开台湾，旅居美国。王鼎钧的创作以散文为主，其他还有诗、小说、剧本及评论。有自传回忆录《昨天的云》《怒目少年》《关山夺路》《文学江湖》。

一方阳光①

　　四合房是一种闭锁式的建筑，四面房屋围成天井，房屋的门窗都朝着天井。从外面看，这样的家宅是关防严密的碉堡，厚墙高檐密不通风，挡住了寒冷和偷盗，不过，住在里面的人也因此牺牲了新鲜空气和充足的阳光。

　　我是在"碉堡"里出生的。依照当时的风气，那座碉堡用青砖砌成，黑瓦盖顶，灰色方砖铺地，墙壁、窗棂、桌椅、门板、花瓶、书本，没有一点儿鲜艳的颜色。即使天气晴朗，室内的角落里也黯淡阴沉，带着严肃，以致自古以来不断有人相信祖先的灵魂住在那一角阴影里。婴儿大都在靠近阴影的地方呱呱坠地，进一步证明了婴儿跟他的祖先确有密切难分的关系。

　　室外，天井，确乎是一口"井"。夏夜纳凉，躺在天井里看天，四面高耸的屋脊围着一方星空，正是"坐井"的滋味。冬天，院子里总有一半积雪迟迟难以融化，总有一排屋檐挂着冰柱，总要动用人工把檐溜敲断，把残雪运走。而院子里总有地方结了冰，害得爱玩好动的孩子们四脚朝天。

　　北面的一栋房屋，是四合房的主房。主房的门窗朝着南方，有机会承受比较多的阳光。中午的阳光像装在簸箕里，越过南房，倾泻下来，泼在主房的墙上。开在这面墙上的窗子，早用一层棉纸、一层九九消寒图糊得严丝合缝，阳光只能从房门伸进来，照门框的形状，在方砖上画出一片长方形。这是一片光明温暖的租界，是每一个家庭的胜地。

　　现在，将来，我永远能够清清楚楚看见，那一方阳光铺在我家门口，像一块发亮的地毯。

---

　　①　本篇选自王鼎钧的散文集《一方阳光》，江苏文艺出版社2009年版。

然后，我看见一只用麦秆编成、四周裹着棉布的坐墩，摆在阳光里。然后，一双谨慎而矜持的小脚，走进阳光，停在墩旁，脚边同时出现了她的针线筐。一只生着褐色虎纹的狸猫，咪呜一声，跳上她的膝盖，然后，一个男孩蹲在膝前，用心翻弄针线筐里面的东西，玩弄古铜顶针和粉红色的剪纸。那就是我，和我的母亲。

如果当年有人问母亲：你最喜欢什么？她的答复，八成是喜欢冬季晴天这门内一方阳光。她坐在里面做针线，由她的猫和她的儿子陪着。我清楚记得一股暖流缓缓充进我的棉衣，棉絮膨胀起来，轻软无比。我清楚记得毛孔张开，承受热絮的轻烫，无须再为了抵抗寒冷而收缩戒备，一切烦恼似乎一扫而空。血液把这种快乐传遍内脏，最后在脸颊上留下心满意足的红润。我还能清清楚楚听见那只猫的鼾声，它躺在母亲怀里，或者伏在我的脚面上，虔诚的念诵由西天带来的神秘经文。

在那一方阳光里，我的工作是持一本《三国演义》，或《精忠说岳》，念给母亲听。如果我念了别字，她会纠正，如果出现生字，——母亲说，一个生字是一只拦路虎，她会停下针线，帮我把老虎打死。渐渐地，我发现，母亲的兴趣并不在乎重温那些早已熟知的故事情节，而是使我多陪伴她。每逢故事告一段落，我替母亲把绣线穿进若有若无的针孔，让她的眼睛休息一下。有时候，大概是暖流作怪，母亲嚷着："我的头皮好痒！"我就攀着她的肩膀，向她的发根里找虱子，找白头发。

我在晒太阳晒得最舒服的时候，醺然如醉，岳飞大破牛头山在我喉咙里打转儿，发不出声音来。猫恰恰相反，它愈舒服，愈呼噜得厉害。有一次，母亲停下针线，看她膝上的猫，膝下的我。

"你听，猫在说什么？"

"猫没有说话，它在打鼾。"

"不，它是在说话。这里面有一个故事，一个很久很久以前的故事……"

母亲说，在远古时代，宇宙洪荒，人跟野兽争地。人类联合起来把老虎逼上山，把乌鸦逼上树，只是对满地横行的老鼠束手无策。老鼠住在你的家里，住在你的卧室里，在你最隐密最安全的地方出入无碍，肆意破坏。老鼠是那样机警、诡诈、敏捷、恶毒，人们用尽方法，居然不能安枕。

有一次，一个母亲轻轻的拍着她的孩子，等孩子睡熟了，关好房门，下厨做饭。她做好了饭，回到卧室，孩子在哪儿？床上有一群啾啾作声的老鼠，争着吮吸一具血肉斑斓的白骨。老鼠把她的孩子吃掉了。

——听到这里，我打了一个寒颤。

这个摧心裂肝的母亲向孙悟空哭诉。悟空说："我也制不了那些老鼠。"

但是，总该有一种力量可以消灭丑恶肮脏而又残忍的东西。天上地下，总该有个公理！

悟空想了一想，乘筋斗云进天宫，到玉皇大帝座前去找那一对御猫。猫问他从哪里来，他说，下界。猫问下界是什么样子，悟空说，下界热闹，好玩。天上的神仙哪个不想下凡？猫心动，担忧在下界迷路，不能再回天宫。悟空拍拍胸脯说："有我呢，我一定送你们回来。"

就这样，一个筋斗云，悟空把御猫带到地上。

御猫大发神威，杀死无数老鼠。从此所有的老鼠都躲进洞中苟延岁月。

可是，猫也从此失去天国。悟空把它们交给人类，自己远走高飞，再也不管它们。悟空知道，猫若离开下界，老鼠又要吃人，就硬着心肠，负义背信。从此，猫留在地上，成了人类最宠爱的家畜。可是,它们也藏着满怀的愁和怨,常常想念天宫,盼望悟空,反复不断的说:"许送,不送……许送,不送。……"

"许送,不送。"就是猫们鼾声的内容。原来人人宠爱的猫,心里也有委屈。原来安逸满足的鼾声里包含着失望的苍凉。如果母亲不告诉我这个故事,我永远想不到,也听不出来。

我以无限的爱心和歉意抱起那只狸猫,亲它。它伸了一个懒腰,身躯拉得好长,好细,一环一环肋骨露出来,抵挡我的捉弄。冷不防,从我的臂弯里窜出去,远了。母亲不以为然,她轻轻的纠正我:"不好好的缠毛线,逗猫做什么?"

在我的记忆中,每到冬天,母亲总要抱怨她的脚痛。她的脚是冻伤的。当年做媳妇的时候,住在阴暗的南房里,整年不见阳光。寒凛凛的水气,从地下冒上来,从室外渗进室内,首先侵害她的脚,两只脚永远冰冷。

在严寒中冻坏了的肌肉,据说无药可医。年复一年,冬天的讯息乍到,她的脚面和脚跟立即有了反应,那里的肌肉变色、浮肿,失去弹性,用手指按一下,你会看见一个坑儿。看不见的,是隐隐刺骨的疼痛。

分了家,有自己的主房,情况改善了很多,可是年年脚痛依然,它已成为终身的痼疾。尽管在那一方阳光里,暖流洋溢,母亲仍然不时皱起眉头,咬一咬牙。

当刺绣刺破手指的时候,她有这样的表情。母亲常常刺破手指。正在绣制的枕头上面,星星点点有些血痕。绣好了,第一件事是把这些多余的颜色洗掉。据说,刺绣的时候心烦虑乱,容易把绣花针扎进指尖的软肉里。母亲的心常常很乱吗?不刺绣的时候,母亲也会暗中咬牙,因为冻伤的地方会突然一阵刺骨难禁。

在那一方阳光里,母亲是侧坐的,她为了让一半阳光给我,才把自己的半个身子放在阴影里。常常是,在门旁端坐的母亲,只有左足感到温暖舒适,相形之下,右足特别难过。这样,左足受到的伤害并没有复元,右足受到的摧残反而加重了。母亲咬牙的时候,没有声音,只是身体轻轻震动一下。不论我在做什么,不论那猫睡得多甜,我们都能感觉出来。

这时,我和猫都仰起脸来看她,端详她平静的面容几条不平静的皱纹。

我忽然得到一个灵感:"妈,我把你的座位搬到另一边来好不好? 换个方向,让右脚也多晒一点太阳。"

母亲摇摇头。

我站起来,推她的肩,妈低头含笑,一直说不要。猫受了惊,蹄缝间露出白色爪尖。

座位终于搬到对面去了,狸猫跳到院子里去,母亲连声唤它,它装做没有听见;我去捉它,连我自己也没有回到母亲身边。

以后,母亲一旦坐定,就再也不肯移动。很显然,她希望在那令人留恋的几尺干净土里,她的孩子,她的猫,都不要分离,任发酵的阳光,酿造浓厚的情感。她享受那情感,甚于需要阳光,即使是严冬难得的煦阳。

芦沟桥的炮声使我们眩晕了一阵子。这年冬天,大家心情兴奋,比往年好说好动,母亲的世界也测到一些震波。

母亲在那一方阳光里,说过许多梦、许多故事。那年冬天,我们最后拥有那片阳光。

她讲了一个梦,对我而言,那是她最后的梦。

母亲说,她在梦中抱着我,站在一片昏天黑地里,不能行动,因为她的双足埋在几寸厚的碎琉璃碴儿里面,无法举步。四野空空旷旷,一望无边都是碎琉璃,好像一个琉璃做成的世界完全毁坏了，堆在那里，闪着燐一般的火焰。碎片最薄最锋利的地方有一层青光，纯钢打造的刀尖才有那种锋芒，对不设防的人，发生无情的威吓。而母亲是赤足的，几十把琉璃刀插在脚边。

我躺在母亲怀里，睡得很熟，完全不知道母亲的难题。母亲独立苍茫，汗流满面，觉得我的身体愈来愈重，不知道自己能支持多久。母亲想，万一她累昏了，孩子掉下去，怎么得了？想到这里，她又发觉我根本光着身体，没有穿一寸布。她的心立即先被琉璃碎片刺穿了。某种疼痛由小腿向上蔓延，直到两肩、两臂。她咬牙支撑，对上帝祷告。

就在完全绝望的时候，母亲身旁突然出现一小块明亮干净的土地，像一方阳光这么大，平平坦坦，正好可以安置一个婴儿。谢天谢地，母亲用尽最后的力气，把我轻轻放下。我依然睡得很熟。谁知道我着地以后，地面忽然倾斜，我安身的地方是一个斜坡，像是又陡又长的滑梯，长得可怕，没有尽头。我快速的滑下去，比飞还快，转眼间变成一个小黑点。

在难以测度的危急中，母亲大叫。醒来之后，略觉安慰的倒不是我好好的睡在房子里，而是事后记起我在滑行中突然长大，还遥遥向她挥手。

母亲知道她的儿子绝不能和她永远一同围在一个小方框里，儿子是要长大的，长大了的儿子会失散无踪的。

时代像筛子，筛得每一个人流离失所，筛得少数人出类拔萃。

于是，她有了混和着骄傲的哀愁。

她放下针线，把我搂在怀里问："如果你长大了，如果你到很远的地方去，不能回家，你会不会想念我？"

当时，我唯一的远行经验是到外婆家。外婆家很好玩，每一次都在父母逼迫下勉强离开。我没有思念过母亲，不能回答这样的问题。同时，母亲梦中滑行的景象引人入胜，我立即想到滑冰，急于换一双鞋去找那个冰封了的池塘。

跃跃欲试的儿子，正设法挣脱伤感留恋的母亲。

母亲放开手凝视我："只要你争气，成器，即使在外面忘了我，我也不怪你。"

文本拓展

一、知识链接

☞ 王鼎钧的兰陵旧梦

王鼎钧说："兰陵在历史上一度辖区甚广，有过兰陵郡的时代，有过兰陵县的时代，可称之为大兰陵。近代的兰陵是一个乡镇，本来属于临沂，后来成立了苍山县，划归苍山，这是小兰陵。"

中国历史以名人传记为龙骨。传记的格式，第一句是传主的姓名，第二句就是他的籍贯，例如："萧望之，东海兰陵人。""疏广，东海兰陵人。"王鼎钧对此洋洋得意："由于'兰陵人'一词在史书中出现的次数很多，以致当年，'我是兰陵人'这样平常的一句话，被人家赋予特别的意义。"

（吴永强《兰陵，山东第一县的千年变化》，《齐鲁周刊》2014年2月14日）

二、点评辑要

在王鼎钧先生抒写乡愁的散文中,《碎琉璃》是颇具分量的一部散文集。《碎琉璃》以温柔的口吻,娓娓叙说故乡的亲人、师友以及少年经历,自传色彩浓郁。《碎琉璃》的题记为"献给先母在天之灵",但文集中以母亲为主人公、专门抒写母子深情的,只有《一方阳光》一文。文集"碎琉璃"的命名,也只有在《一方阳光》中有间接的暗示。因此,如果文集也有"文眼",我想,《一方阳光》在《碎琉璃》中,乃至在王鼎钧先生的乡愁散文系列中,应该具有"文眼"的意义。王鼎钧先生以最深挚的情感,哀婉的情怀,绵密的笔法,最精致的文字,来叙写他心目中最神圣、最亲爱的母亲。

在尔雅版的王鼎钧散文选集《风雨阴晴》中,《一方阳光》文后选注了申抒真的一段评述,他说:"从前的人认为,读《陈情表》下泪的人都是孝子。由于语言变迁,时代隔阂,今天应该换个说法:凡是有孝心的人,读了《一方阳光》都会下泪。"

"一方阳光"是本文的中心意象。

"一方阳光"首先是一个象征,是母亲的象征性显现。

(赵秀媛《碎琉璃里的母爱光辉——王鼎钧散文〈一方阳光〉赏析》)

王鼎钧这棵"文学小草"的启蒙,最早的应该是来自母亲。幼年的时候,在封建大家庭中倍受压抑与磨难的母亲,以她的慈爱与智慧,潜移默化地影响着儿子。母子俩常常相守在祖屋门内那一方冬日的阳光里,母亲做着针线活,儿子的工作则是读《三国演义》之类的书给母亲听。如果儿子念了错别字,母亲会纠正,如果出现了生字——母亲说,一个生字是一只拦路虎,她会停下针线,帮儿子把"老虎"打死。儿子发现:"母亲的兴趣并不在乎重温那些早已熟知的故事情节,而是使我多陪伴她。"即使母亲不是有意训练儿子的读书和识字能力,客观上也培养了儿子的兴趣,为日后他走上文学道路打下了最初的基础。母亲还在那一方阳光里,给儿子讲述民间故事。这些故事善恶分明,充满爱和献身精神。

(刘红林《从散文集〈一方阳光〉看王鼎钧与兰陵》)

三、旁观博览

1. 王鼎钧:《一方阳光》,江苏文艺出版社 2009 年版。
2. 王鼎钧:《昨天的云》,生活·读书·新知三联书店 2013 年版。
3. 王鼎钧:《关山夺路》,生活·读书·新知三联书店 2013 年版。
4. 王鼎钧:《文学江湖》,生活·读书·新知三联书店 2013 年版。

四、思考练习

1. "一方阳光"指代什么? 请分别从母亲和孩子的视角进行分析。
2. 中学课本在节选这篇散文作为阅读材料时,删节掉了第 7 节母亲纠正别字及叙述猫鼠神话故事的部分,你认为这样做对理解全文有无影响? 做简要分析。
3. 模仿"时代像筛子,筛得每一个人流离失所,筛得少数人出类拔萃"这一句式,以"时代像……"起笔,写出你对时代的感受。

郑愁予

郑愁予(1933—)原名郑文韬,祖籍河北宁河,1933年生于山东济南,当代诗人。台湾中兴大学毕业,15岁开始创作新诗。台湾"现代派"代表性诗人,著有诗集《郑愁予诗选》《郑愁予诗集》等。

错　误①

我打江南走过
那等在季节里的容颜如莲花的开落
东风不来,三月的柳絮不飞
你底心如小小的寂寞的城
恰若青石的街道向晚
跫音②不响,三月的春帷不揭
你底心是小小的窗扉紧掩
我达达的马蹄是美丽的错误
我不是归人,是个过客……

📖 文本拓展

一、知识链接

☞ 关于江南

"江南"一直是个不断变化、富有伸缩性的地域概念,江南往往代表着繁荣发达的文化教育和美丽富庶的水乡景象。

在不同历史时期,江南的文学意象不尽相同。江南最早出现在先秦两汉时期,在东周时

---

① 选自《郑愁予的诗》(不惑年代选集),江苏凤凰文艺出版社2016年版。
② 跫(qióng)音:足音,脚步声,脚踏地的声音。

期是以吴国、越国等诸侯国为背景所指的长江中下游今浙江西北部、上海、安徽东南部、江苏南部、江西北部、江西东北部等地的长江以南部分。东周春秋时吴王曾建"姑苏台",以后"姑苏"一词经常出现在历代文人歌咏江南的诗词作品中,如唐诗中"姑苏城外寒山寺,夜半钟声到客船","姑苏台枕吴江水,层级鳞差向天倚",诗仙李白的"姑苏台上乌栖时,吴王宫里醉西施"等。苏东坡家喻户晓的名句"欲把西湖比西子,淡妆浓抹总相宜",将江南西湖美景比喻为西施之美,更是强化了这种文化内涵。唐代欧阳炯《江城子》一词中"空有姑苏台上月,如西子镜,照江城"的名句,无疑体现了脱胎于春秋吴越争霸历史背景的纯美文化,淡去侠骨,尽显柔情。因此,在历史上,江南一度被中原称为吴越,后来随着中原汉人大量南迁,江南成为一个文教发达、美丽富庶的地区,它反映了古代人民对美好生活的向往,是人们心目中的世外桃源。

二、点评辑要

● 评郑愁予作品

郑愁予很少写过强烈地触及社会病态的诗。他对现实生活的态度是消极的。他早就在《港边吟》中宣布过了:"我散着步,象小小的鲇鱼/穿游在路旁高大的水藻间/我吹着水泡,一面思想,一面游戏。"我们奈何他不得,只好遗憾了。

(流沙河《台湾诗人十二家》)

● 评《错误》

写于 1954 年的这首《错误》乃是情诗。在这首忆旧的情诗里,浪子检讨了自己的不情。鉴于江南不在台岛,可知这是他在追忆着大陆时期的旧情。首段是结局的倒叙,说那等着浪子归来的女子家在江南——"江南可采莲",联想到她那美如莲花的容颜,莲花笑盈盈地开了又失望地落了。中段说她在寂寞地等待着,兼说她住在青石板砌街面的小城里,她坐在家中,帘帷低垂,窗扉紧闭,等待着浪子的足音,从春等到夏。尾段说终于等来了"达达的马蹄"(这是虚拟,以添韵味,很可能是暗写橐橐的军靴),莲花笑开了,这就是"美丽"。当她知悉浪子不是归来而是路过,莲花愁落了,这就是"错误"。后面的"……"是什么呢? 就是这首诗的首段。这样就造成了循环往复"此恨绵绵"的效果。与某些现代派诗人相比,郑愁予的诗不难通读。他的文字典雅,多有旧体诗词之美。《错误》里迭出着"容颜""东风""飞絮""向晚""跫音""春帷""归人""过客"之类的旧词汇,粗看生疑,好象谬种流传,细看则佳,不是古代美人的金步摇,而是现代女子的蝴蝶结,虽然二者都是发饰。

台湾现代派的诗坛祭酒纪弦当时夸奖过他:"郑愁予先生是青年诗人中出类拔萃的一个。"又说:"他的诗,长于形象的描绘,其表现手法十足的现代化。"看来还应该补上这一句:他很注意汲取中国旧体诗词之美。他那时已经有好些妙句流传台岛,……当然,流传得最响的还是《错误》的结尾两句:"我达达的马蹄是美丽的错误/我不是归人,是个过客……"台湾诗人杨牧在许多年以后还唱着那两句的回声:"我不是过客,那的达是美丽的坠落"。

(流沙河《台湾诗人十二家》)

自从现代了以后,中国也有些外国诗人,用生疏恶劣的中国文学写他们的"现代感觉",但郑愁予是中国的中国诗人,用良好的中国文字写作,形象准确,声籁华美,而且绝对地现代的。有经验的人一定同意,郑愁予的诗最难英译,《错误》是最好的范例之一。

(杨牧《郑愁予传奇》)

他自觉地淘洗、剥离和熔铸古典诗美积淀中有生命力的部分生成的"愁予风",确已成为现代诗歌感应古典辉煌的代表形式:现代的胚胎,古典的清釉;既写出了现时代中国人(至少是作为文化放逐者族群的中国人)的现代感,又将这种现代感写得如此中国化和东方意味。

(沈奇《美丽的错位——郑愁予论》)

三、旁观博览

1. 郑愁予:《郑愁予诗选》,中国友谊出版公司 1984 年版。

2. 李怀宇:《知识人:台湾文化十六家》,漓江出版社 2012 年版。

3. 流沙河:《台湾诗人十二家》,重庆出版社 1983 年版。

4. 章亚昕:《二十世纪台湾诗歌史》,人民文学出版社 2010 年版。

四、思考练习

1. 诗中用了哪些具有古典意味的诗歌意象?请绘制一幅气泡图,分别为这些古典意象配一句中国古典诗词。

2. 诗人凭哪些线索判断自己犯了个"美丽的错误",你觉得这种判断能否成立,为什么?

3. 本诗的结尾,诗人以为姑娘并不爱他,准备离开,请你接着本诗,写一个后续故事。

北　岛

北岛(1949—　),本名赵振开,祖籍浙江湖州,生于北京。中国当代诗人。主要作品有《北岛诗歌集》,散文集《失败之书》和小说《波动》等。

回　答①

　　　　卑鄙是卑鄙者的通行证,
　　　　高尚是高尚者的墓志铭。
　　　　看吧,在那镀金的天空中,
　　　　飘满了死者弯曲的倒影。

　　　　冰川纪过去了,
　　　　为什么到处都是冰凌?
　　　　好望角发现了,
　　　　为什么死海里千帆相竞?

　　　　我来到这个世界上,
　　　　只带着纸、绳索和身影,
　　　　为了在审判前,
　　　　宣读那被判决了的声音:

　　　　告诉你吧,世界,
　　　　我——不——相——信!
　　　　纵使你脚下有一千名挑战者,
　　　　那就把我算作第一千零一名。

　　　　我不相信天是蓝的;

---

① 选自《北岛诗歌集》,南海出版公司2003年版。

　　我不相信雷的回声；
　　我不相信梦是假的；
　　我不相信死无报应。

　　如果海洋注定要决堤，
　　就让所有的苦水都注入我心中；
　　如果陆地注定要上升，
　　就让人类重新选择生存的峰顶。

　　新的转机和闪闪的星斗，
　　正在缀满没有遮拦的天空，
　　那是五千年的象形文字，
　　那是未来人们凝视的眼睛。

文本拓展

一、知识链接

☞　创作背景

　　北岛的诗歌创作开始于"文革"后期。《回答》写作于 1973 年，以现实为题材，表现了诗人对"文革"的独特感受，代表了一代青年从迷惘到觉醒的心声。"文革"起自 1966 年，终于 1976 年，当时称之为无产阶级专政下的继续革命，旨在一个阶级推翻另一个阶级，通过天下大乱达到天下大治，通过打碎旧世界而创造新世界。及至其中后期，已经"实践证明，'文化大革命'不是也不可能是任何意义上的革命或社会进步"，它所造成的严重混乱、破坏、倒退的灾难日益显现，但仍被坚称"是完全必要的，是非常及时的"。面对社会与人生的巨大悖论，诗人以现实挑战者的雄姿，发出了"我不相信"的呐喊，对历史的真相做出了决绝的回答，以未来先觉者的担当，书写下"让人类重新选择生存峰顶"的宣言，从而再一次证明了诗是时代的先声。

☞　朦胧诗

　　20 世纪 70 年代初中期开始写作，70 年代末期陆续发表，80 年代初期崛起的一种诗歌潮流。因其意蕴含蓄、情感隐秘、意象奇特、形式新颖，而显著区别于传统的现实主义诗歌模式，曾引起"看懂"与"看不懂"的争论，受到"晦涩""朦胧"的批评，故而得名"朦胧诗"。其作者多为"文革"时期成长起来的青年一代，主要有北岛、舒婷、顾城、杨炼、江河、芒克、梁小斌等。一般认为，北岛的《回答》标示着"朦胧诗"的开始。进入当代文学史的"朦胧诗"的概念，通常既指某些具体诗作，又指一种新的诗潮，认为它表现了新的思维方式、新的审美意识和新的主体精神，是特定时期诗歌创作的一种新的艺术实践。

二、点评辑要

● 评北岛作品

北岛诗的"质地"是坚硬的,是"黑色"的。80年代初,海明威在中国大陆曾经是很受欢迎的作家之一。有的人便把北岛比作海明威式的"硬汉子"。这是因为他的诗表现了强烈的否定意识,强烈的怀疑、批判精神。这种怀疑和批判,不只是针对所处的环境,而且也涉及人自身的分裂状况,这是北岛"深刻"的地方。

(洪子诚《一首诗要从什么地方读起——北岛的诗》)

北岛的诗作,从总体风格到话语构成的技艺环节,甚至是意蕴旨趣上,都呈现出扎实的渐变特点,而非鲜明的大面积转型。他一直是一个"有方向写作"的诗人。概括地说,其话语修辞型式属于象征主义—意象主义—超现实主义系谱;其诗歌意蕴,则始终围绕着人的存在,人的自由,人的现实、历史和文化境遇,人的宿命,人对有限生命的超越,以及诗人与语言艺术的复杂关系等方面展开。他的诗中持续表现出的孤独感、焦虑感、荒诞感、悲剧感,他的怀疑和批判精神,都应在对"人"的关注这个层面上得到解释。而且,北岛诗中的"人",首先是具体历史语境中个体存在的人。由于诗人将个体存在的历史语境揭示得如此真切,他同时也就引发了我们对"类群的人"的思考。只有看到个体主体性这一出发点与归宿,我们才能将北岛诗歌中的个体自由实践精神,与那些作为"代言人"的诗歌区分开来。因此,即使是在赞美的意义上,以往诗歌理论界仅将北岛定义为启蒙主义"总体话语"发布者式的诗人,也是不准确的。

(陈超《北岛论》)

在中国新时期诗歌发展史上,北岛是位有重要影响的诗人。这种影响可从两方面来看:一方面北岛作为一个新时代的歌者,他的直面现实的勇气、独立的人格力量和觉醒者的先驱意识,他的强烈的使命感和社会责任感,他诗中凝结的一代人的痛苦经历与思考,使他理所当然地成为朦胧诗派的代表人物,他的作品也构成了当代中国的一种重要的文化现象。进入新时期的年轻人,需要听到一种新的声音,一种发自真正意义上的人的声音。这种声音,他们在北岛的诗中听到了。

另一方面北岛作为新时期现代主义诗风的开启者,为中国新诗的现代转型起了重要的推动作用。中国新诗自诞生以来,始终运行在浪漫主义与现实主义的轨道上。尽管三四十年代先后有象征主义和诸种现代主义的引入和实验,但无论就规模和影响而言,都远不能与新时期以来,由朦胧诗人掀起的诗歌现代化的潮流相比。"文革"期间,诗人食指的出现尽管对一代青年产生了深刻影响,但这种影响主要还是指在思想、心理层面上的。食指的诗基本没有脱去浪漫主义的基调。在"今天"派诸诗人中,应该说,只有北岛才是最早步入现代主义诗歌的轨道,并以其无可怀疑的现代诗歌的创作实绩开启了现代主义的诗风。

(吴思敬《论北岛》)

● 评《回答》

北岛的《回答》,初稿写于1973年3月15日,原题为《告诉你吧,世界》,现在已经成为广为人知的名篇。1976年4月"天安门事件"发生后,诗人在哀恸与义愤中修改了此诗,即为我们后来见到的《回答》,《诗刊》于1979年3月号刊发该诗。诗歌以振聋发聩之势撞开沉闷萧条的主流诗歌世界,成为新时期"朦胧诗"最重要的代表作之一。《回答》诞生于特定的政治文化年代,不可避免地打上了时代的烙印。这些烙印或者来自诗歌中试图批判的那个时代,或者是诗歌修改正式发表时当下思潮的投影,同时亦有来自对新中国文艺影响至深的俄苏文学的影响。可以说是新与旧的改写与继承,中外多种文学要素的综合作用,最终形成了北岛早期诗歌的独特面貌。

(李琴《论北岛早期诗歌的写作资源与文学精神》)

毫无疑问,《回答》是一首杰出的政治抒情诗,诗人在表现时,没有像传统的政治抒情诗那样去直抒胸臆,也没有肤浅地演绎心中的主题概念。在概括现实表现怀疑精神和英雄气概的时候,诗人借助的是几组新异奇特的意象:如诗的第一段用通行证展现卑鄙者的畅通无阻;墓志铭表明高尚者被摧残被葬送;镀金暗示粉饰的虚假,弯曲的倒影暗指无数死者的冤屈。这些经过变形处理的意象,充分表现了诗人奇异的联想。意象化的表现手法把直说明言变为象征暗示,赋予这首主旨相当明确的政治抒情诗几分朦胧色彩,从而加大了诗句的张力,扩展了作品的艺术容量。无论是对十年动乱现实的高度概括,对现存秩序的怀疑否定的彻底,还是作为挑战反叛英雄的悲壮程度,抑或对这一切的崭新艺术的表现,在同派诗人的同类作品中,都是无与伦比的。因此,这首沉雄冷峻大气磅礴激荡人心的作品,成为现今流行的几个朦胧诗本压卷第一篇,是当之无愧非其莫属的。

(杨景龙《朦胧诗的压卷之作:北岛〈回答〉评析》)

三、旁观博览

1. 北岛:《履历:诗选 1972—1988》,生活·读书·新知三联书店 2015 年版。
2. 欧阳江河:《站在虚构这边》,生活·读书·新知三联书店 2001 年版。
3. 查建英:《八十年代访谈录》,生活·读书·新知三联书店 2006 年版
4. 温儒敏,姜涛 编著:《北大文学讲堂》,中央编译出版社 2007 年版。
5. 刘禾 主编:《持灯的使者》,广西师范大学出版社 2009 年版。

四、思考练习

1. 本诗中很多名词都有独特的指称对象,请一一梳理列举,绘制一幅桥型图。
2. 分析诗人向世界宣告"我不相信"的具体内涵和时代价值。
3. 模仿诗中"我不相信……"一节,同样以"我不相信……"引起,写四句属于你的宣言。

叶兆言

叶兆言,当代作家。生于 1957 年,南京人。祖父是现代教育家、文学家叶圣陶。1982年毕业于南京大学中文系,1986 年获南京大学中文系硕士。著有中篇小说集《艳歌》《夜泊秦淮》《枣树的故事》,长篇小说《一九三七年的爱情》《花影》《别人的爱情》《没有玻璃的花房》《我们的心太顽固》,散文集《旧影秦淮》《杂花生树》,等。《追月楼》获 1987—1988 年全国优秀中篇小说奖、首届江苏文学艺术奖。

哭泣的小猫①

老猫是小猫的母亲。老猫每次叫春的时候,老唐就预感到事情又要麻烦。这是一场灾难来临的前奏。老唐从来就没喜欢过猫,他讨厌那些被人豢养的畜性。老猫是老唐的妻子宝玲病故前,九岁的儿子唐人跟人要来的,宝玲的肾不好,有严重的腰子病。住院住了很长时间,医生对老唐说:"把你老婆接回去吧,她的病不会好了。"

老唐便让宝玲出院。

宝玲在家养病,越养越胖,她的胖是水肿。老唐依然上班,儿子唐人从同学家要了头小猫回来,老唐说:"你添什么乱,把猫还给人家。你哪有时间玩猫?"宝玲说:"我闲着,也是闲着,我来养,这猫就算是送给我玩的。"老唐骂骂咧咧不肯罢休,宝玲说:"我的日子不会长了,我们不吵架,好不好?"

老唐说:"谁想跟你吵架,你有病,就是王母娘娘,谁敢惹你。"

宝玲病歪歪地拖了两年多,老猫长大叫起春来,唐人问宝玲,猫干嘛这么死叫,又问猫为什么要打架。宝玲告诉儿子,等他再长大一些,就知道为什么。宝玲死的时候才三十五岁,她比老唐小八岁,婚前,别人老跟她开玩笑,说年龄相差这么多,老唐肯定会疼她。宝玲说:"我自己会心疼自己,用不着他来疼。"

老猫是在宝玲死后半个月,生第一胎的。宝玲已经知道老猫怀孕了,她为老猫准备好了一个全新的窝,在大澡盆里铺上了一层松软的棉花,再把澡盆放在床肚底下,并且吩咐唐人千万不要偷看。猫是有灵性的动物,它害怕有人会伤害它的小猫,会衔着小猫东躲西藏。老猫第一胎生了三只小猫,刚开始,老唐和唐人都没有注意到。宝玲尸骨未寒,家里乱糟糟的。

---

① 选自谢冕、钱理群主编:《百年中国文学经典·八》,北京大学出版社 1996 年。

老猫没有把小猫生在床肚底下的澡盆里,而是生在了堆破烂的阁楼上。

有一天,唐人看见老猫衔着一只小猫从阁楼上下来,接着又衔下来一只,又衔下来一只,小猫毛绒绒的,细声细气叫着,非常可爱。唐人感到很吃惊。

老猫每年都起码生一窝小猫,每次少则三四只,多便是六七只。老唐觉得这很糟蹋人。在老猫叫春的日子里,他将宝玲留下的口服避孕药,掺和在猫食里喂猫,可是没任何用处。这是一个不以人的意志为转移的恶性循环。老猫到日子就叫春,就怀孕,怀孕了胃口特别好,生了小猫要喂奶,胃口更好。小猫生长迅速,自己能吃猫食了,便和老猫抢着吃。

老唐为这猫食烦透了神,常常忘了喂猫,结果整天就听见猫饿得哇哇叫。一个没有女主人的家庭,根本就不应该养猫。

小猫长大了,要送人,也是一件烦人的事。凑巧,碰到喜欢猫的,小猫刚生下来,就来订货。小猫是非常可爱的动物,然而并不是什么人都喜欢猫,就算是喜欢猫的人,也不一定非要亲自养猫。老唐和老猫本来就没什么感情,他对它的仇越结越深,动不动就踢它一脚,老猫哇的一声惨叫,跑多远的。老猫已成为家里很多余的东西。

对付老猫的叫春,几乎是一场场惊心动魄的战斗。老唐关紧了门窗,坚决不让它逃出去。老猫上下跳,歇斯底里乱叫,吵得老唐和唐人整晚上没办法睡觉。老唐提着一根擀面杖,像打耗子一样,在房间里追过来追过去。唐人帮着老唐一起痛打老猫。老猫逃到了阁楼上,然后再从阁楼上纵身跳下来。碰翻的热水瓶掉在地上爆炸,烧饭的炉子也差点撞翻。

大家都精疲力尽,老猫有气无力地叫,老唐和唐人终于困得睡着了。

在门外也是猫叫。附近的公猫都来了,不仅叫,还要厮打。老唐醒来,从垫的棉胎上撕了些棉絮,拼命把耳朵塞起来。唐人睡得很香,老唐又扯了些棉絮,往儿子的耳朵里塞,用劲塞。唐人困意朦胧地睁开眼睛,说:“你把我弄醒了,你把我弄醒了。”

老唐听不见儿子说什么,他继续用劲堵塞儿子的耳朵。唐人说:“唉哟,你弄疼我了,你真的弄疼我了。”老唐说:“我要是不把这猫扔了,我他妈就是你儿子。”唐人也听不清父亲说什么,知道他是因为猫在生气。老唐嘀嘀咕咕地还在说着,困意朦胧的唐人突然一骨碌从床上跳起来,跑到门口用力把门拉开。老唐发疯一般扑向门口,他想赶紧把门关上,但是已经晚了,老猫像箭一样从老唐和唐人的脚底下冲了出去。

外面黑糊糊的,听得见猫急驰的脚步声。猫的眼睛在黑夜中闪亮。老唐随手抄起扔在门口的擀面杖,追出去,咬牙切齿地诅咒着。他仿佛置身于夜色的海洋中,天知道周围有多少只猫,浩浩荡荡,像一群欢乐的鱼一样,在老唐不远的地方游过来游过去。老猫是只白颜色的花猫,它身上有着大熊猫一样的黑色花纹。它跑到哪里,那些迫不及待的公猫就跟踪到哪里。老唐想把手上的擀面杖掷出去,又有些舍不得,便摸索着在地上捡石子砸。

那些猫在外面叫了一夜。唐人到后来也跑了出来,帮着父亲一起撵猫。那群猫就是不肯跑远,存心在附近转悠。老唐越来越愤怒,越战越勇,越战越徒劳。公猫们正为着爱情决一死战,它们根本就不在乎人类的存在。

老唐决定遗弃那头老猫,他把老猫带到城市的另一头,随手扔进了一个垃圾箱。晚上回家的时候,老唐吃惊地发现老猫正在儿子唐人的脚附近打转,绕来绕去地讨吃的。第二天,老唐把老猫扔在一个更远的地方,可是三天以后,老猫又若无其事地回了家。接二连三的行动都以失败告终,老唐发现那老猫简直就是个精灵。

　　遗弃老猫同样是一场战斗,距离一次次增加,老猫一次次令人难以置信地又回来。老唐想不出更好的办法,他的最后一招,是在猫食里加了足够的安眠药,然后让饥肠辘辘的老猫吃。老猫意识到了有些不一样,它不是嘴馋,而是已经饿得不能不吃。老唐将昏睡的老猫装在透气的面粉口袋里,和唐人一起等候在铁路边。一列货车缓慢地开过,老唐将面粉口袋十分准确地投进一节装甘蔗的车皮里。这是一辆开往北方的货车,老唐希望它开得越远越好。

　　老唐对自己这一招是否有效毫无信心。他苦着脸对唐人说:"我要是把你给扔了,早就扔了,可是要扔掉一头猫,你看看有多难。"

　　唐人说:"老猫这次还能回来吗?"

　　老唐没办法回答儿子的问题。父子俩一路没话地回到家,平时已经听惯了老猫的叫声,到吃饭的时候,感觉到安静得不得了。老唐让唐人找些话说,唐人问说什么,老唐说随便。

　　唐人想了想,说:"要是我妈知道我们把老猫这么扔了,她会怎想?"

　　老唐说:"怪就怪你妈,就是她要养这该死的猫的。"

　　唐人说:"妈肯定会不高兴?"

　　"你妈死都死了,她知道个屁,"老唐有些不高兴,他注意到儿子似乎比他更不高兴,婉转地说,"我们不谈这个好不好?"

　　唐人一脸阴云:"我们谈什么?"

　　老唐说:"谈猫可以,别谈你妈。"

　　三天过后,老猫没有回来。这是以往老猫被扔往别处,离家最长的时间。十天过去了,一个月过去了,老猫仍然没有回来。刚开始,老唐和唐人的耳朵边隐隐约约仿佛还听得见老猫的叫声,自然是一种错觉。有一天,这错觉非常强烈,强烈到了老唐父子俩都以为那老猫真的回来了。他们在附近到处寻找,一声又一声地呼唤它。渐渐地,老唐相信这老猫再也不会回来。很可能,老猫在遥远的北方找了一个新家,或者成了一头在山林里自由来往的野猫。成为野猫也许是老猫最聪明的选择。

　　老猫是在老唐父子差不多把它忘掉的时候,又一次出现在他们家附近的。它只是在周围转悠,犹豫着不敢进家。天知道老猫在外面有过一些什么样的痛苦经历,它瘦成了皮包骨,肮脏不堪,肚子却很大。老唐第一眼就看出它又快到临产的日子了。他把唐人叫过来,哭笑不得地对儿子说:"看见没有,这畜牲就是认定死理,它非要回来。它还是回来了!我操,它回来干什么?"

　　那只喂猫的钵子已经扔了,不得不重新找一个搪瓷碗代替。老猫的食量惊人,吃饱了便躲在阁楼上不下来。它总是把小猫生在阁楼上,没几天,唐人便听见阁楼上小猫像老鼠一样的吱吱叫声。这一次,老猫生了三只小猫,只有一只看上去还健壮,另外两只瘦骨嶙嶙,都叫不出声音来。老猫逮住了机会就拼命吃,吃饱了就爬到阁楼上去喂奶。猫似乎也明白老唐父子不是真心欢迎它归来,它始终保持着足够的警惕。终于有一天,老猫开始衔着小猫走下阁楼,让老唐父子感到奇怪的,是小猫就剩下孤零零的一只,另外两只小猫不在了。很显然,小猫是死了,唐人在阁楼上到处找,却没有见到那两只小猫的尸体。

　　老唐再次忙碌寻找乐意收养小猫的人家。那小猫长得非常可爱,像它的母亲,可是身上的花纹更好看。没人再乐意收养老唐家的小猫。老猫的繁殖能力实在太强,这个街区到处都是老猫的后代。老猫叫春的日子里,一大群盯在它后面乱跑的公猫,其中有一大半是它的直系亲属,有的是第二代,有的是第三代。老唐让唐人问问同学,有没有哪位同学乐意养小猫。有个女同学表示愿意,可是回家一问,女同学的父亲说:"养什么猫呀,你要敢把它捉回来,我就把它杀了烧着吃。"唐人把这话传达给老唐,老唐悻悻地说:"你就让她带回去烧着吃好了,我反正不心疼。"

那小猫长得很快,开始和母亲争夺猫食。老猫通常都是让它,饿极了也会抢着吃。日子就这么一天天拖下去,小猫仿佛永远不准备断奶,只要有机会,便往母亲的胯下钻。不久,老猫又有了叫春的迹象,老唐为此感到愤怒。老猫回来没有继续把它扔了,是个错误。让老猫在家里生产,反而多了一头小猫出来,更是错误。小猫是头母猫,等到小猫也会叫春,这后果的严重性不堪设想。

老唐向儿子表达他最后解决猫患的决定。老猫已经成了精,既然扔不掉,干脆想办法弄死它。老猫果然又叫起春来,它似乎再也顾不上小猫,独自溜了出去。带有色情意味的叫春和公猫厮打时的惨嗥,响彻云霄震耳欲聋。老唐往耳朵里塞了棉絮,若无其事地呼呼大睡。第二天,老唐为老猫准备好了最后的晚餐,他去菜市场买了条鱼,将鱼头和鱼尾放在一起用小火煮,香味在空气中弥漫,老猫和小猫围着炉子叫个不歇。

老唐是在老猫快吃饱的时候,将它轻轻地按住的。老猫丝毫没有感到老唐的恶意。老唐抱着老猫,径直向门外走去,将老猫塞进事先已经打开的黑黢黢的阴沟里,然后毫不犹豫地盖上又笨又重的水泥盖。阴沟里是老鼠大显身手的地方,老猫不是捕鼠能手,老唐从来没看见它捉过一只老鼠。也许是捉到了没看见,事实上,老唐很少注意老猫平时都干什么。老唐家曾经鼠满为患,有了猫,多厉害的老鼠都会逃之夭夭。

老猫的惨叫引起许多非议。刚开始凄楚的声音非常嘹亮,渐渐地减弱了。闻声赶来的公猫们终于失望而去,唯有小猫守在水泥盖周围,嘶哑地叫着,直到叫不出声音来,才怏怏离去。天知道老猫是什么时候咽气的,很久以后,下了一场大雨,阴沟排水不畅,老唐立刻想到那是因为老猫的尸首堵着的缘故。老唐把遗弃小猫的任务交给了唐人。小猫还小,只要把它扔到野外,肯定不会再回来。为保险起见,老唐建议他走得越远越好。

唐人选择了一个星期天,他将小猫装进一个鞋盒里,然后用绳子扎住。他刚学会骑自行车,又约了几个小伙伴,穿过城市,沿着乡间大路往前骑,五个小伙伴只有两辆自行车,有一辆车必须载三个人。乡间大路高低不平,其中一辆自行车没刹住,猛地冲到麦田里。

一个小伙伴提议将小猫放在麦田里。麦田里有老鼠,让小猫自己去捉老鼠好了。另一个小伙伴立刻反对,说这不好玩,说既然把小猫带出去了,就应该好好地和它玩一会儿。他们来到水库边的一片空地上,将小猫从鞋盒子里放了出来,然后像追逐猎物,在空地上追小猫。小猫东躲西藏,不明白这些小孩子究竟想干什么。它跑得远远的,回过头来,对着唐人充满疑惑地叫着。

小伙伴们玩累了,便坐在山坡上休息,休息了一阵,又互相扔土块玩。小猫远远地看着他们。唐人的额头被扔中了,顿时痛得直流眼泪。扔土块的连忙上前打招呼,连声说对不起。大家于是停止了互相扔土块的游戏,再次坐下来说笑。五个小伙伴中最大的那位,无师自通地向其他的几个人讲述带色情意味的故事,讲的人津津有味,听的人很入迷。

小猫对野外的环境显然感到陌生,它悄悄地来到唐人身边,轻声地叫着,作着媚态,试探唐人对它的态度。它突然纵身跃到唐人的大腿上,蜷伏在他身上休息。小伙伴说:"这猫是公的,还是母的?"

唐人说:"是母的。"

小伙伴说:"那好,让我们看看它的那玩意。"

唐人拎起小猫的两只后腿,分开来,让小伙伴们欣赏。小猫的尾巴乱晃,唐人说:"你们真是笨蛋,把尾巴拉住不就行了。"

年龄最大的那位小伙伴手臂让小猫的爪子抓了一下,当场留下一道深深的血痕。大家都笑他没用。被抓伤的小伙伴恶狠狠地给了小猫一巴掌,小猫反过来又抓了他一下。这一次他被惹火了,从唐人手上抢过小猫,飞快地赶到水库边用劲往水库里扔。唐人大声阻止,已经来不及了。

小猫在空中划过一道弧线,落在了水库里。唐人早就听说过,狗是会游泳的,而猫不会,猫的强项只是捉老鼠和爬树。但是落了水的小猫却会游泳,它在水里打了个转,慢慢地向堤岸游过来。它游得很慢很慢,水库很深,水很清澈。唐人他们站在堤岸上,能够看见小猫细细的腿像桨一样轻轻划着。它终于游到了岸边,湿漉漉地爬了上来。膨松的毛一旦湿透,小猫只有一点点大,它胆颤心惊地对着唐人哀叫着。

既然小猫会游泳,小伙伴们决定让它游个够。有人上前,拎着小猫的头颈皮,又一次把小猫抛下水库。唐人仍然想阻止,但是他自己也忍不住参加了这次虐杀小猫的游戏。这场游戏玩了很久,也很有趣。小猫哀叫着,徒劳地一次次游上岸,又一次次地被扔下水库。它终于明白应该躲开那些向它奔过来的小孩子。小伙伴们兴高采烈地喊着,他们注意到小猫的肚子已经像气球一样地膨胀起来。

"不能再扔了,小猫要淹死了,"一个小伙伴说。

"死就死吧,反正又不要它了,"另一个小伙伴说。

唐人走到水边,招呼着小猫,想把它捞上来。小猫对他已经失去了信任,它毅然掉过头,向另一个方向游去。小猫的肚子里灌足了水,它实际上已游不动。渐渐地,它只能无效地在原地打转转。唐人大声地招呼它,无望地对它做着手势。小猫的腿开始动弹不了,它瞪大着眼睛,像一个球静静地漂浮在水面上。

小猫的眼角边全是水珠,那是小猫哭泣时留下的泪水。

文本拓展

一、知识链接

☞ 新写实小说

20世纪80年代开始在中国兴起的现实主义的一种创作流派。它不同于历史上已有的现实主义的追求典型性和鲜明的意识形态色彩,在吸收、借鉴现代主义和后现代主义各种流派的某些长处的基础上,强调表现生活的原始形态,绝少作家的情感投入和主观想象,直面社会、直面人生,写实地再现普通人的困境、尴尬和失重的日常状态或偶然事件。代表人物有池莉、方方、刘震云、刘恒、叶兆言等。

☞ 生态文学

生态文学是以生态整体主义为思想基础,以生态系统整体利益为最高价值的考察和表现自然与人之关系和探寻生态危机之社会根源的文学。生态责任、文明批判、生态理想和生态预警是其突出特点。

（王诺《欧美生态文学》）

二、点评辑要

八十年代江苏涌现一批青年小说家,其中叶兆言、范小青是创作成绩比较突出的代表。他们的作品也被认为具有新写实小说的特征。

（张炯等总编《中国文学通史》）

那么特别选择了叶兆言,主要的原因不只是因为他是地道的书写南京的作家,而是他有一部作品《夜泊秦淮》真是说中了南京忧郁的那个抒情的层面上最精彩、最精致的片段。……所以,《夜泊秦淮》是以诗意的方式所呈现的南京故事的一个高潮。

（王德威《南京的文学现代史:11 个关键时刻》）

更值得注意的反是他作品中强烈的通俗化倾向。叶对市井人间的兴趣,不仅得见于题材的选择上,尤其得见于小说形式的斟酌上。……叶兆言的文字实验毋宁更具民间气息。

（王德威《当代小说二十家》）

在当代的中国作家中,最善于讲故事的莫过于叶兆言。他笔下的故事以旧式家族伦理兴衰之传奇最为精彩。

（季红真《被拆解的名节神话——读〈追月楼〉》）

三、旁观博览

1. 《中国好小说·叶兆言》,中国青年出版社 2016 年版。
2. 徐春浩:《叶兆言小说论》,南京大学出版社 2014 年版。
3. 王德威:《当代小说二十家》,生活·读书·新知三联书店 2006 年版。
4. [法]阿尔贝特·史怀泽 著,陈泽环 译:《敬畏生命》,上海社会科学院出版社 1992 年版。

四、思考练习

1. 给老猫的一生做一份流程图。
2. 分析老猫给老唐父子造成了哪些困扰,这些困扰有否解决的办法。
3. 小猫的死与老猫的死哪个让你更震撼? 就此写一段你的感触。

余 华

余华,现代作家,1960年生于浙江杭州。鲁迅文学院作家班毕业。著有短篇小说集《鲜血梅花》《世事如烟》等,长篇小说《在细雨中呼喊》《活着》《许三观卖血记》《兄弟》等,另有散文、随笔、文论及音乐评论。1998年获意大利格林扎纳·卡佛文学奖,2002年获澳大利亚悬念句子文学奖,2004年获法兰西文学艺术骑士勋章。2005年获得中华图书特殊贡献奖。2008年凭借作品《兄弟》,获得第一届法国《国际信使》外国小说奖。中国大陆先锋派小说的代表人物。

鲜血梅花①(节选)

六

阮海阔对白雨潇的寻找,是他漫无目标漂泊之旅的无限延长。此刻青云道长在他内心如一道烟一样消失了。而胭脂女和黑针大侠委托之事虽已完成,可在他后来的漫游途中,却如云中之月一样若有若无。尽管胭脂女和黑针大侠的模糊形象,会偶尔地出现在道路的前方。

但他们的居住之处,阮海阔早已遗忘。因此他们像白雨潇一样显得虚无飘渺。

然而阮海阔毫无目的地漂泊,却在暗中开始接近黑针大侠了。他身不由己的行走进行到这一日傍晚时,来到了黑针大侠居住的村口。

这一日傍晚的情景与他初次来到的清晨似乎毫无二致,黑针大侠那时正坐在那棵古老的榆树下,落日的光芒和作为背景的晚霞使阮海阔感到无比温暖。这时候他已经知道来到了何处。他如上次一样走上了井台,提起井旁的木桶扔入井内,提上来以后喝下一口冰凉的井水,井水使他感受到了正在来临的黑夜。然后他回头注视着黑针大侠,他看到黑针大侠也正望着自己,于是他说:

"我找到青云道长了。"

他看到黑针大侠脸上出现了迷惑的神色,显然黑针大侠已将阮海阔彻底遗忘,就像阮海

---

① 选自余华著《鲜血梅花》,作家出版社2012年版。

阔遗忘他的居住之处一样。阮海阔继续说：

"李东已经离开广西，正往华山而去。"

黑针大侠始才省悟过来，他突然仰脸大笑。笑声使榆树的树叶纷纷飘落。笑毕，黑针大侠站起走入了近旁的一间茅屋。不久他背着包袱走了出来，步到阮海阔身旁时略略停顿了一下，说：

"你就在此住下吧。"

说罢，他疾步而去。

阮海阔看着他的身影在那条小路的护送下，进入了沉沉而来的夜色，然后他才回身走入黑针大侠的茅屋。

七

阮海阔在离开黑针大侠茅屋约十来天后，一种奇怪的感觉使他隐约感到自己正离胭脂女越来越近。事实上他已不由自主地走上了那条指示着荒凉的大道。他在无知的行走中与黑针大侠重新相遇以后，依然是无知的行走使他接近了胭脂女。

那是中午的时刻，很久以前在黑夜里行走过的这条大道，现在以灿烂的姿态迎接了他。

然而阳光的明媚无法掩饰道路伸展时的荒凉。阮海阔依稀回想起很久以前这条大道的黑暗情景。

不久之后他嗅到了阵阵异香，那时他已看到了远处的茅屋。他明白自己已经来到了何处。当他来到茅屋近前时，那一日清晨曾经向他招展过的奇花异草，在此刻中午阳光的照耀下，使他感到一种难以承受的热烈。

胭脂女伫立在花草之中，她的容颜比那个夜晚所见更为艳丽。奇花异草的簇拥，使她全身五彩缤纷。她看着阮海阔走来，如同看着一条河流来。

阮海阔没有走到她身旁，她异样的微笑使他在不远处无法举步向前。他告诉她：

"刘天现在正走在去华山的路上，他已经离开云南。"

胭脂女听后嫣然一笑，然后扭身走出花草，走入茅屋。她拖在地上的影子如一股水一样流入了茅屋。

阮海阔站了一会，胭脂女进去以后并没有立刻出来。于是他转身离去了。

八

阮海阔对白雨潇的寻找，在后来又继续了三年。在三年空虚的漂泊之后，这一日由于过度的劳累，他在一条大道中央的凉亭里席地而睡。

在阮海阔沉睡之时，一个白须白袍的老人飘然而至。他朝阮海阔看了很久，从此刻放在地上的梅花剑，他辨认出了这位沉睡的男子便是多年前曾经相遇过的阮进武之子。于是他蹲下身去拿起了梅花剑。

梅花剑的离去，使阮海阔蓦然醒来。他第二次与白雨潇相遇就这样实现了。

白雨潇微微一笑，问："还没有找到青云道长？"

这话唤起了阮海阔十分遥远的记忆，事实上在这三年对白雨潇空荡荡的寻找里，已经完全抹去了青云道长。

阮海阔说：

"我在找白雨潇。"

"你已经找到白雨潇了，我就是。"

阮海阔低头沉吟了片刻，他依稀感到那种毫无目标的美妙漂泊行将结束。接下去他要寻找的将是十五年前的杀父仇人。也就是说他将去寻找自己如何去死。

但是他还是说：

"我想知道杀死我父亲的人。"

白雨潇听后再次微微一笑，告诉他：

"你的杀父仇敌是两个人。一个叫刘天，一个叫李东。他们三年前在去华山的路上，分别死在胭脂女和黑针大侠之手。"

阮海阔感到内心一片混乱。他看着白雨潇将梅花剑举到眼前，将剑从鞘内抽出。在亭外辉煌阳光的衬托下，他看到剑身上有九十九朵斑斑锈迹。

白雨潇离去以后，阮海阔依旧坐在凉亭之内，面壁思索起很久以前离家出门时的情景。

他闭上双目以后，看到自己在轮廓模糊的群山江河、村庄集镇之间漫游。那个遥远的傍晚他如何莫名其妙地走上了那条通往胭脂女的荒凉大道，以及后来在那个黎明之前他神秘地醒来，再度违背自己的意愿而走近了黑针大侠。他与白雨潇初次相遇在那条滚滚而去的江边，却又神秘地错开。在那个群山环抱的集镇里，那场病和那场雨同时进行了三天，然后木桥被冲走了，他无法走向对岸，却走向了青云道长。后来他那漫无目标的漫游，竟迅速地将他带到了黑针大侠的村口和胭脂女的花草旁。三年之后，他在这里与白雨潇再次相遇。现在白雨潇已经离去了。

📖 文本拓展

一、知识链接

☞ 后现代文学

后现代主义文学出现在二战后，20 世纪七八十年代达到了高峰。后现代主义文学是对现代主义文学的继承、超越和悖离，它在反传统上比现代主义走得更远，把反传统推向极端，不仅反对现实主义旧传统，也反对现代主义新规则。否定作品的整体性、确定性、规范性和目的性，主张无限制的开放性、多样性和相对性，反对任何规范、模式、中心等等对文学创作的制约。在作品的情节内容上，具有明显的虚构性与荒诞性特征。人物表现出扭曲变形，常常以自我戏拟形式出现，反讽和认同荒谬的社会现实生活，表现了自嘲、沉默、颓废、反英雄特征。后现代主义文学的流派有荒诞派戏剧、黑色幽默、魔幻现实主义等。

☞ 先锋小说

20 世纪 80 年代中后期在中国兴起、兴盛的一种具有现代主义和后现代主义倾向的创作思潮和流派。是对过去的"写什么"和"怎么写"的反叛，不追求宏大、共性，突出人性和主观性，在形式上更是强调创新实验，在文体、叙事方式和语言方面以先锋的姿态多样探索。

代表人物有马原、莫言、洪峰、残雪、苏童、格非、北村、余华、扎西达娃等。

☞ 文艺思潮与文学思潮

文艺思潮：以创作和理论倡导某种文艺观念而形成的具有较大影响力的社会思潮。它形成与流变，与一个时代的经济、政治、哲学、道德等整体文化状态，乃至一个时代的自然科学思潮，都有着不同程度的关系。每一历史时期，往往并存几种文艺思潮，其中有一种占主导地位，如欧洲16—17世纪的古典主义，18世纪末至19世纪初的浪漫主义，19世纪30年代的批判现实主义，20世纪初起始的现代主义思潮等，在同一文艺思潮影响下，又有各种文艺倾向和流派。（摘自《辞海》词条）

文学作为文艺的一部分，文学思潮往往是和文艺思潮合流的。文学思潮不同于文学流派和创作方法。文学流派通常表现为由思想和艺术的共性而不一定由纲领上的共性联系着的作家集团，出现文学流派并不一定能形成文学思潮。只有在特定的情况下，文学思潮、文学流派和创作方法才发生重合，如欧洲17世纪的古典主义、18世纪末至19世纪前期的浪漫主义和同时稍后的批判现实主义，就既是大规模的文学思潮，又是文学流派，也是文学的创作方法。

二、点评辑要

余华在90年代创作的《在细雨中呼喊》《活着》以及《许三观卖血记》所获得的成功，说明这批年青的先锋小说家在艺术上正在走向成熟。

（黄修己 主编《二十世纪中国文学史·下卷》）

《鲜血梅花》《河边的错误》《古典爱情》这些通常被看做是对于武侠、侦探、言情小说的戏拟作品，也参与了对于"现实秩序"的"共享"经验的颠覆。当然，在事实上，此时的余华是发掘了过去被遮蔽、掩埋的那部分"现实"。……

但90年代开始，余华的写作出现了变化。……这种变化，更重要的是来源于他与"现实"的态度的调整。

（洪子诚《中国当代文学史》）

从余华的创作历程看，20世纪80年代他的创作无疑带有相当浓厚的哲学理念色彩：他对人生、对世界结构、对历史与现实之关系等问题的思考，都带有某种执拗的本体论拷问倾向；而他在20世纪90年代的创作，也同样带有那个是时代独特的文化色彩。……公正地说，与其他大量作家相比，余华的创作的确与我们这个时代贴得相当之紧。无论是80年代独具一格的玄思冥想，还是90年代后平和悠远的世俗关怀，都深深折射出了时代文化精神的沧桑巨变。

……就精神气质而言，20世纪80年代对人生、存在进行不懈拷问的余华与20世纪90年代后对底层生存热情关注的余华，都无不令人联想起陀思妥耶夫斯基的某些特点。如果可以类比的话，无论是20世纪80年代还是90年代后的余华，在象征意义上可能都只不过是半个陀思妥耶夫斯基。

（王世诚《向死而生：余华》）

如果说《现实一种》至今是余华最出色的作品，余华的新作使我们有信心他将在中国文学史上站稳地位。

　　更彻底的文类颠覆是余华的武侠小说《鲜血梅花》,标题陈腐,一如情节公式。为父报仇本应是侠客最庄严的行为动机,但是主人公却无法在心中点燃对仇人的恨。他长年仆仆于道,追寻武林黑道仇家,完全不明白自己为什么要这样做。……有复仇而没有仇恨,使这些符合文类要求的情节都成为没有意义的象征,整篇小说成为非语义化的凯旋式。

（赵毅衡《非语义化的凯旋——细读余华》）

三、旁观博览

1. 余华:《活着》,作家出版社 2012 年版。

2. 余华:《许三观卖血记》,作家出版社 2012 年版。

3. 余华:《余华精选集》,北京燕山出版社 2011 年版。

4. 赖大仁 主编:《先锋浪潮中的余华》,华夏出版社 2000 年版。

四、思考练习

1. 从故事构架、人物设置、情节设计三个方面分析《爱丽丝漫游仙境》对本文的影响。

2. 这是一篇武侠小说吗? 做一个双重气泡图,比较这篇小说和一般武侠小说的同和异。

3. 请你设计阮阔海今后的人生,在小说结尾后再加一段后叙。

附录　碎片化思维的整合途径
——八种基本思维导图释例

从 2015 年开始,我们在课堂上针对每届大一新生都会做一项调查——写作中的主要问题是什么? 选项包括:1. 眼高手低,总觉得自己的观点不如人;2. 善于抒情不善于议论;3. 文章表述零碎,逻辑层析不清晰;4. 视野狭窄,总觉得没话说;5. 词不能达意;6. 模式化突出,写文章千篇一律。同学们反映的问题趋同度非常高,选择第 3、4 项的远远超过其他选项。同学们普遍反映出对碎片化思维的忧虑:"写文章抓不住重点,抓不住主旨,跑题","论据老套不充分,论点不突出,会跑题","想法很多,写完一条忘了其他","议论时拓展面狭隘"……我们经常说:大自然遵循着平衡法则,一种问题出现后,总会产生另一种解决问题的对策,而整理碎片化思维的最好方式就是思维导图。

思维导图的好处不胜枚举,如有助于文本的深度阅读、将繁琐的工作进行有条理的梳理、拓展思维等,本教材特意在练习题中设计了一些利用建构思维导图进行文本解读的习题,考虑到有的同学可能没接触过这种学习形式,特在此介绍八种基本思维导图,并举例说明。

思维导图,英文名 Mind Map,也有称 Thinking Map,就是利用图表的形式来分析问题、理清思路。

常见的思维导图有八种:Circle Map 圆圈图、Bubble Map 气泡图、Double Bubble Maps 双重气泡图、Flow Map 流程图、Multi-flow Map 复流程图、Tree Map 树状图、Brace Map 括号图、Bridge Map 桥型图。

1. 圆圈图(Circle map)

基本特点:有助于打开思路,培养发散性思维,使思考更为全面。

基本形状:

举例：

关于中国传统节日的联想，"端午"，可以联想到屈原、粽子、龙舟、五毒、白娘子等等。

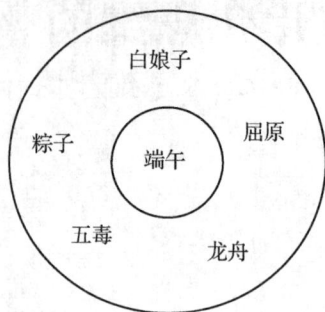

2. 气泡图（Bubble Map）

基本特点：与圆圈图类似，但比圆圈图更具发散性和全面性，有助于准确描述事物的性质和特征，全面但非逻辑地展示解决问题的方式方法及其利弊。

基本形状：

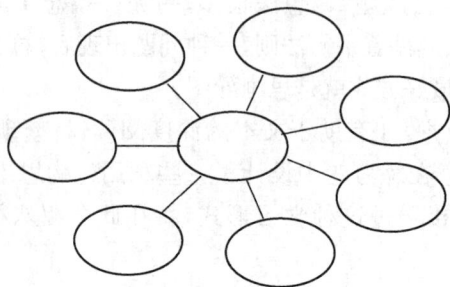

举例：

关于田园诗的描述，气泡还可一级二级三级层层展开。

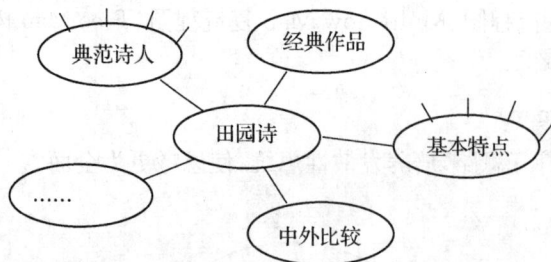

3. 双重气泡图（Double Bubble Maps）

基本特点：这是气泡图的"升级版"，有助于对两个概念或事物进行比较分析，展示其异同。

基本形状:

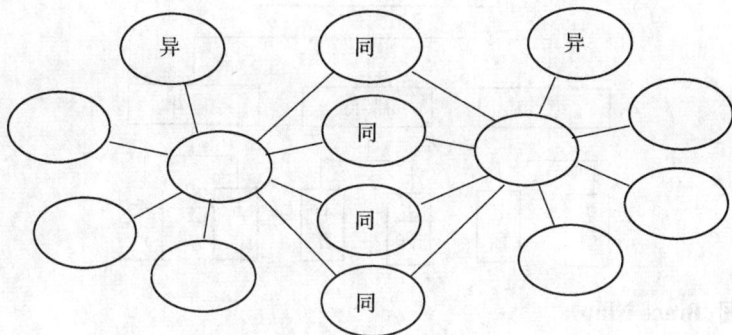

举例:

关于婉约词和豪放词的比较。

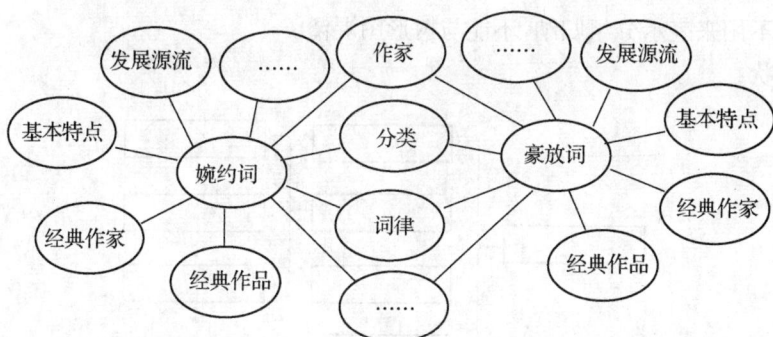

4. 树状图(Tree Map)

基本特点:对分析对象进行归类分组,一般按照"主题——一级分类—二级分类……"进行设计,有助于对知识进行整理归纳。

基本形状:

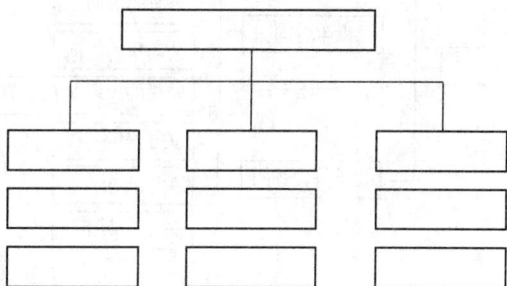

举例:

关于中国古典格律诗基本类型的整理。

5. 括号图（Brace Map）

基本特点：展示整体与局部的逻辑关系，适用于规划设计或者演示一个比较复杂的事物或者概念。现实操作中，往往可以利用气泡图和圆圈图打开思路，再用括号图进行逻辑设计，括号图往往包含多个层次。

括号图不用来表示分组归纳，不能与树形图混淆。

基本形状：

举例：

给《论语》中的"侍坐"一节做一个括号图。

6. 流程图（Flow Map）

基本特点：对事物的发展规划或概念的推演按照先后顺序进行展示。

基本形状：

举例：

给《诗经·关雎》的情感发展做一个流程图。

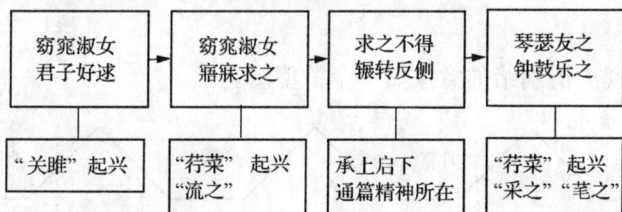

7. 复流程图（Multi-flow Map）

基本特点：该图形主要用来分析因果关系，往往是左边代表事件产生的多个原因，右边展示事件导致的多个影响，有助于培养反思精神和批判性思维。

基本形状：

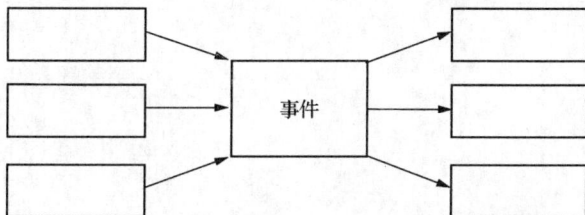

举例：

参照司马迁《史记》，为秦灭六国做一个复流程图。

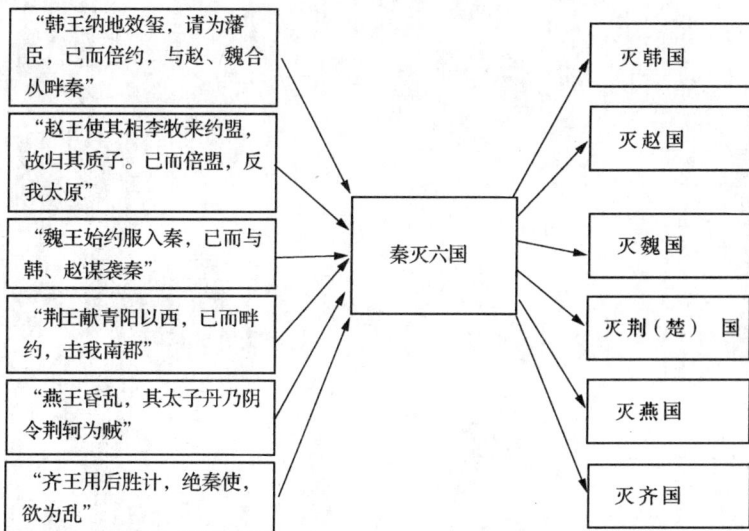

8. 桥型图（Bridge Map）

基本特点：这是一种用来进行类比和类推的图。桥的中间书写"相当于"，横线上方和下方书写具有相关性的一组事物，然后按照这种相关性，进行更多的推演，这个图有助于探索事物的特征，发现事物的规律。

基本形状：

举例：

给古诗词中表现离情别绪的意象做一个桥型图。

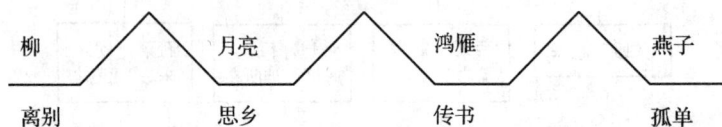

以上介绍的是思维图的基本形式，有助于基础的思维训练。在实际操作中，每种图都可以进行无限延伸，不同图也可以结合起来一起用。